그래도 아직, 우리가 굶주리지 않는 이유

곡물과 팜유에서 대체육까지,
어둠 밖으로 나온
식량 메이저들의 생생한 이야기

조나단 킹스맨 지음 | 최서정 옮김

도서출판 산인

Out Of The Shadows - The New Merchants Of Grain
Copyright ⓒ 2019 by Jonathan Kingsman

All rights reserved.

The Korean edition was published by Sanin publisher in 2022 by arrangement with Jonathan Kingsman.

헌정사

나는 잉글랜드 남부 켄트에 있는 작은 농장에서 자랐다. 아버지는 제2차 세계대전 이후 군대를 떠나 작은 빵집과 찻집을 마련할 만한 돈을 빌려 캔터베리로 터전을 옮겼다. 그 작은 찻집은 영국 성공회의 심장 캔터베리 대성당을 파괴하여 영국인들의 사기를 꺾어놓으려던 히틀러의 폭격을 견뎌낸 몇 안 되는 건물 중 하나였다. 히틀러의 폭격은 다행히 캔터베리 대성당을 비껴갔지만 도시의 대부분은 폭격으로 처참하게 파괴되었다.

아버지는 평범한 가정에서 나고 자랐다. 할아버지는 고래수염을 사용하여 빳빳하게 한 여성용 코르셋을 만드는 사업으로 한때 번창했으나 유행이 바뀌자 사업은 망했고, 할아버지는 사람들의 생활을 윤택하게 만들 수 있는 새로운 사업을 찾다가 별다른 소득 없이 여생을 보냈다.

그 고된 경험은 아버지에게 변화에 적응하는 일의 중요성을 일깨워주었다. "아무도 변화를 좋아하지 않아. 하지만 변화에 적응하는 능력이야말로 성공과 실패를 가르게 마련이다."라고 아버지는 내게 말하곤 했다.

찻집은 점차 규모가 커졌다. 아버지는 영국군이 사용하던 오래된 건물을 사들여 새롭게 식당을 열고 출장뷔페 사업도 시작했다. 그러나 곧 식재료가 부족해졌고 아버지의 유일한 해결책은 직접 이를 기르는 것뿐이었다. 아버지는 교외에 몇 에이커 정도의 농지를 살 수 있을 만한 대출을 받았다. 곧 그곳에 농사를 짓기 시작했고 결국 우리집도 지었다.

처음에는 우리 식당에서 사용할 채소와 과일을 재배하는 것 정도였다. 농장 한구석에 과일나무를 심었고 나머지 땅에는 감자, 순무, 파스닙 같은 근채류와 배추, 콩, 방울다다기양배추(Brussels sprouts) 같은 것들을 심었다. 전부 당시 일반적인 영국인들이 즐겨먹는 것들이었다(나중에 가서야 딸기와 아스파라거스 정도를 더 키웠다).

우리는 과일과 채소 외에도 식당에서 사용할 계란을 낳을 닭, 잔반을 처리해줄 돼지를 키웠다. 닭과 돼지의 배설물은 채소밭의 좋은 천연비료가 되어주었다. 쓰레기 하나 나오지 않는 지속가능한 순환농법으로 우리가 오늘날 '유기농'이라고 부를 만한 것이었다.

농장에서 나는 여덟 살에 트랙터 운전을 배웠고, 열 살 무렵에는 쟁기질도 배우면서 행복한 유년 시절의 기억을 쌓았다. 방과 후나 긴 방학 동안 나는 열심히 농장일을 거들었다.

영국이 점차 전쟁의 상처를 회복하면서 식량 생산은 늘어났고 음식 가격은 떨어졌다. 식당에 필요한 음식은 직접 재배하는 것보다 시장에 가서 사는 것이 시간이 갈수록 더 나아보였다. 하지만 아버지는 여전히 식당에서 나온 잔반과 빵집에서 남은 빵을 먹어치울 돼지들을 계속 키우고 싶어했다. 결국 아버지는 가족이 먹을 정도를 제외한 야채 농사는 포기하고 그 자리에 돼지가 먹을 보리를 심었다. 이후 돼지를 더 사들이고 본격적인 사육을 시작하여 몇 년 내 작지만 그래도 제법 산업화된 규모의 돼지농장을 갖게 되었다.

아버지의 온갖 노력에도 불구하고 농장은 성공적이지 못했다. 돼지가 배출하는 오수가 문제였다. 아버지가 효과적인 해결책을 찾지 못하는 동안 지독한 악취 때문에 점차 주거지로 변해가던 농장 주위의 이웃들은 우리 가족을 싫어하게 되었다. 또 다른 문제는 돼지들의 건강이었다. 좁은 곳에 갇혀 사는 돼지들은 자주 병에 걸렸고 이를 해결하기 위해 지속적으로 항생제가 필요했다. 여기에 들어가는 비용은 그나마 변변찮은 농장수익을 깎아 먹었다. 가장 큰 문제는 농장의 규모였다. 우리의 작은 농장은 영국 내에 있는 농장뿐만 아니라 유럽 대륙에 있는 대규모 농장들과 경쟁이 되지 않았다. 당시 영국 내 돼지고기 가격은 매우 낮았고, 더 저렴한 돼지고기가 네덜란드의 훨씬 크고 효율적인 농장에서 수입되고 있었다.

아버지는 보리 농사를 포기하고 그곳에 돼지들이 자유롭게 다니게 함으로써 돼지들의 건강문제를 해결하려고 했다. 돼지들은 건강해졌고 (아마 더 행복했을 것이고) 질병치료나 약품에 들어가는 비용도 줄어들었으나 더디게 자라기 시작했다. 게다가 이제 아버지는 돼지를 먹이기 위한 보리와 기타 곡물을 사와야만 했다. 수지타산이 맞는 일이 아니었다.

아버지는 102세에 세상을 떠났다. 남은 가족들은 농사를 포기했고 농사를 짓던 땅은 지역 내 하키클럽에 팔았다. 이는 농업과 제조업에서 점차 서비스업으로 넘어가는 영국 내 일반적인 현상을 반영한다. 하지만 만약 아버지가 오늘도 살아계셨더라면 여전히 직접 농사를 짓고 소출을 동네 시장에 내다팔고 있었으리라 나는 확신한다. 영국에서는 이제 잔반을 돼지에게 먹이는 것이 법으로 금지되어 과연 잔반 없이도 아버지가 돼지를 키울 수 있을지는 불분명하지만 내가 아는 아버지라면 적어도 시도는 했을 것이다.

옛말에 아이를 농장에서 내보낼 수는 있지만, 아이의 마음에서 농장을 내보낼 수는 없다고 했다. 대학 졸업 후 나는 당시 카길의 해외무역 조직이었던 Tradax에서 농산물을 사고파는 일을 하게 되었다. 나는 기뻐했지만 아버지는 별로 즐거워하지 않았다. 아버지의 기억 속에 농산물 상인들은 언제나 당신이 수확하여 내다팔려고 했던 보리의 가격은 후려치고 나중에 돼지들을 위해 사야만 했던 보리의 가격은 올려 받는 원수였다. 아버지는 농산물 상인들이 세상에 별로 가치를 더하지 않는다고 굳게 믿었으며, 내가 회계사와 같이 더 바람직한 직업을 선택하길 바랬다.

나는 끝내 농산물 상인들이 세상에 가치를 더하는 존재들이라는 사실을 아버지에게 설득하지 못했고, 지금은 이 책을 읽을 아버지가 더 이상 계시지 않기에 슬프다.

이 책을 아버지와의 추억에 바친다.

머리말

당신이 오늘 먹거나 마신 거의 모든 음식에는 적어도 일곱 식량 메이저 중 하나가 구매, 저장, 운송, 가공, 선적, 유통, 판매를 한 무언가가 들어있을 것이다.

미국의 슈퍼마켓에서 판매되는 4만4천여 종류의 상품 중에는 평균적으로 약 40%가 옥수수를 포함하고 있으며, 약 50%가 팜유나 그 부산물 중 하나를 포함하고 있다. 아마 그중 적어도 하나는 당신이 오늘 먹은 음식에 포함될 것이다. 당신이 먹는 빵, 파스타, 크로와상은 밀로 만들어졌다. 당신이 먹는 쇠고기, 닭고기, 돼지고기, 아마 생선까지도 일곱 메이저 중 하나가 공급한 옥수수나 대두를 먹고 자란 가축의 고기일 것이다.

만약 당신이 오늘 아무것도 먹거나 마시지 않았다 해도, 오늘 일터에 가기 위해 탑승한 버스나 자동차에는 일곱 메이저 중 하나가 유통하거나 가공한 바이오연료가 부분적으로라도 들어있을 것이다.

언론은 종종 이들을 ABCD라고도 부르는데 ABCD는 각각 에이디엠(ADM), 벙기(Bunge), 카길(Cargill), 드레퓌스(Dreyfus)의 앞 글자를 딴 것이다. 이는 오늘날 식량업계의 또 다른 세 거인 글렌코어(Glencore), 코프코 인터내셔널(COFCO International), 윌마(Wilmar)를 빼먹은 단어이기는 하다. 따라서 이를 전부 포함하는 진정한 약자는 CABDCWG가 되어야하겠으나 ABCD만큼 한눈에 들어오지는 않는다.

몇 년 전 노블(Noble), 올람(Olam), 윌마가 아시아의 식량 메이저로 성장하기 시작했을 때 언론은 이들 그룹을 ABCD NOW라고 부르기는 했으나 여전히 Glencore의 G를 처리할 방법은 아무도 찾지 못했다. 이후 노블은 코프코에 인수되었고, 올람은 주류 곡물사업에서 한 발 물러나 틈새시장 공략에 집중하였다. 요즘 업계와 언론에서는 이 일곱 거인을 ABCD+로 부르고는 한다.

ABCD+를 다 합치면 전 세계 곡물과 유지류 교역량의 약 50%에 살짝 못 미치는 비중을 차지한다. 가공에 있어서는 거의 5억톤에 달하는 크러싱 능력(crushing capacity)을 가지고 전 세계 대두 생산량의 약 35%가 되는 물량을 크러쉬(crush)하고 가공한다.

카길은 일곱 거인 중에 가장 크다. 2018년 기준 연간 매출은 138조원(1,150억불), 이익은 3조6천억원(30억불)에 달하며 전 세계적으로 15만명이 넘는 직원을 고용하고 있다. 어떤 통계에 따르면, 카길은 미국에서 생산되는 곡물과 대두의 25%를 움직이며 매년 전 세계적으로 1억4천만톤에 달하는 농산물을 사고팔고 있다. 카길은 미국에서 가장 큰 비상장 회사로 만약 상장이 된다면 약 60조원(500억불)의 시가총액에 달할 것으로 예상된다.

에이디엠은 일곱 거인 중 둘째로, 이미 상장이 되었으며 2018년 기준 연간 매출이 70조원(600억불)이 넘고 이익은 2조4천억원(20억불), 시가총액은 24조원(200억불)에 달한다. 1902년에 세워진 에이디엠은 1924년 뉴욕증권거래소(NYSE)에 상장되었다. 오늘날 약 4만명의 직원을 고용하고 있으며 매년 6천만톤의 농산물을 거의 200개 국가에서 거래하고 있다.

벙기와 윌마도 공개 상장이 이루어진 회사들이다. 하지만 벙기의 시가총액 약 9조5천억원(80억불)은 윌마의 시가총액 약 19조원(160억불)의 절반에 불과하다. 벙기는 이들 그룹에서 가장 오래된 회사로 그 역사가 200년 이상 거슬러 올라가며 오랜 회사의 역사 동안 수차례 본사의 위치와 국적이 바뀌었다. 윌마는 겨우 1991년에 들어서야 세워진 회사이지만 벙기와 비슷한 약 52조원(430억불)의 연간 매출을 자랑한다. 중국에서 윌마의 강점이 더 높은 성장 가능성으로 시장에 인식되고 있다. 윌마는 또한 전 세계 팜유 교역량의 약 40%를 차지하고 있다.

루이 드레퓌스(Louis Dreyfus)는 그룹에서 두 번째로 나이가 많은 거인이다. 1851년에 세워진 드레퓌스는 제네바 공항 활주로를 바라보고 있는 위치에 사무실을 두고 있다. 회사는 아직도 드레퓌스 가문이 소유하고 있으며 곡물, 주스, 면화, 커피, 설탕 등 모든 것을 취급한다(달걀과 베이컨이 빠진 breakfast company라고도 종종 불린다). 드레퓌스는 전 세계적으로 약 1만8천명의 직원을 두고 44조원(370억불)의 매출을 올렸으며, 만약 상장이 된다면 회사가치가 약 7조원에서 9조5천억원(60억에서 80억불)에 이를 것으로 예상된다.

글렌코어와 코프코 인터내셔널은 그룹의 신참들이다. 이미 북적이는 업계에 자신들의 자리를 찾기 위해 이 둘 모두 많은 노력을 거쳤다. 글렌코어는 2015년 광산업과 원유 트레이딩을 주로 하는 모기업에서 분할되었고 약 1만3천명의 직원을 두고 있다. 이들은 연간 8천만톤에 달하는 농산물을 취급하고 있다고 밝혔다. 만약 상장이 된다면 드레퓌스와 비슷한 회사가치에 이를 것으로 보인다.

코프코 인터내셔널은 어찌 보면 이들 기존 그룹의 교란자와도 같다. 중국 국영기업 코프코를 모기업으로 하는 코프코 인터내셔널은 2014년에 탄생했는데 이 과정에 많은 어려움이 있었다. 지금은 드레퓌스와 비슷한 연간 매출 및 기업가치에 이르렀으며, 2018년에는 1억톤이 넘는 물량을 취급했다. 코프코 인터내셔널은 빠르게 성장하면서 기존 메이저 그룹의 아성을 위협하고 있다.

그러나 이들 식량 메이저 그룹의 전통적 사업모델을 — 식량의 구매, 저장, 가공, 금융, 선적, 유통 — 위협하는 것은 코프코 인터내셔널뿐만이 아니다. 오늘날 세계는 그 어느 때보다 정보화가 이루어졌으며, 이는 식량 서플라이 체인에서 기존 중개인들의 필요성을 줄이고 있다. 동시에 인공지능과 알고리즘 트레이딩 프로그램의 출현은 현물을 움직이는 트레이더들이 자신들의 지식과 경험을 활용하여 선물시장에서 돈을 버는 일을 매우 어렵게 만들고 있다. 이에 따라 식량 메이저들은 현대 세계에도 살아남을 수 있도록 거듭나기 위해 끊임없이 노력하고 있다.

이 책은 이들 일곱 거인이 세계 식량 산업의 중심에 서 있기 위한 끝없는 투쟁에 관한 이야기이다.

2019년
조나단 킹스맨
Jonathan Kingsman

2022년 한국어판 서문

내가 이 책을 2019년에 출간했을 때 원자재 시장은 조용했다. 곡물과 유지류의 가격은 변동성이 낮았으며, 트레이딩 회사들은 인프라와 직원들에 대한 투자를 회수하는 데 어려움을 겪고 있었다. 조용한 시장에 트레이더들은 선물 가격의 움직임을 예측하는 것보다 상품을 움직이는 데에 더 많은 시간을 썼다. 그들은 이미 극도로 효율적인 서플라이 체인을 더욱 효율적으로 만드는 데에 노력을 기울였으며, 상품의 운송과 가공과정에서 가장 작은 비용절감까지도 놓치지 않았다.

2019년에는 과연 이 문제가 구조적인 것인지 아니면 업황의 문제인지 많은 논의가 있었다. 많은 이들이 새로운 기술과 정보의 확산으로 더 이상 식량을 움직이는 일에 트레이더가 할 역할은 없다고 말했다. 그들은 트레이더들이 결국 불필요한 존재가 될 것이라 했다. 심지어 어떤 이들은 아마존 같은 회사들이 규모에 힘입어 전통적인 트레이딩 회사들보다 더 효율적으로 원자재를 운송하고 가공하게 될 것이라 말했다.

하지만 2019년 이래 세상이 얼마나 많이 바뀌었는가! 특히 북미 대륙의 서부에서 발생한 가뭄을 비롯한 기후문제는 곡물과 유지류의 수급을 빠듯하게 만들었다. 코로나바이러스의 창궐로 수요가 감소하며 시장에 숨 쉴 공간이 생기는 듯하였으나, 전염병에서 점차 벗어나며 수요는 급격하게 증가하였을 뿐만 아니라 대부분의 서플라이 체인에서 공급 병목현상도 일어났다. 해상운임이 얼마나 올랐는가 보라.

에너지 가격도 폭발했다. 이로 인해 생산과 운송비용이 증가했으며 비료 가격이 폭등했다. 노동력 부족현상으로 세계의 농부들은 작물을 파종하고 수확하는 데 어려움을 겪고 있다. 인도네시아와 말레이시아의 팜유 생산에서 보이는 어려움이 대표적 사례다.

2022년 초 러시아가 우크라이나를 침공하면서 우크라이나의 수출 항구로 접근이 가로막혔다. 우크라이나 농산물의 수출은 급감하였고 매우 적은 물량만이 간간이 철도를 통해 운송되고 있다. 우크라이나는 밀과 해바라기씨유의 주요 수출국이다. 두 품목의 가격은 크게 올랐다. 침공으로 인해 과연 얼마나 원활하게 올해 봄 신곡의 파종이 이뤄졌을 것인지도 의문이다.

내수 시장의 식물성 기름 가격이 가파르게 오르면서 인도네시아는 팜유의 수출을 금지했다. 이로 인해 전 세계 식물성 기름 시장은 더욱 어려워졌다. 이 글을 쓰는 현재 중국에서 코로나로 인한 도시봉쇄는 항구에서 어마어마한 체선을 발생시키고 있다. 상선들이 묶이면서 해상운임은 또다시 치솟고 있다.

모든 일이 순탄하게 흘러갔다면 세상은 트레이더들을 필요로 하지 않는다는 일부 사람들의 의견이 맞았을지도 모른다. 브라질 대두 생산자들은 직접 중국의 대두 크러싱 공장에 판매할 수 있고, 우크라이나 농부들은 직접 터키의 밀 제분업체들에게 판매할 수 있으며, 브라질의 설탕 생산조합들은 원당을 직접 수입국의 정제공장들에게 판매할 수 있을지도 모른다.

그러나 지난 몇 년간 우리에게 일어난 일은 전통적인 서플라이 체인에 혼란이 발생했을 때 세상이 얼마나 트레이더들을 절실히 필요로 하는지 보여주었다. 전 세계에서 활약하는 농산물 트레이딩 하우스들은 이집트에 우크라이나산과 러시아산 밀 대신 인도산 또는 캐나다산 밀을 공급하는 방식으로 무역의 흐름을 재구성하고, 정치 리스크, 가격 리스크 대응에 중요한 역할을 수행하면서 세상에 어마어마한 가치를 더하고 있다.

세계의 농부들은 증가하는 인구를 먹여 살릴 작물을 생산하기 위해 땀흘려 일한다. 그러나 식량을 필요로 하는 사람들이 식량을 얻을 수 있도록 하는 것은 트레이더들의 일이다.

카길의 농산물 트레이딩 총괄 알렉스 산펠리우는 내게 이렇게 말한 적이 있다.

> 세상이 어려움을 겪을 때 카길은 빛난다고 말하는 사람들이 있습니다. 2008년에 그러했고 2020년 또다시 그 일이 일어나고 있습니다. 어려운 도전들은 우리를 움직입니다. 우리의 DNA 안에는 어려움을 견디고 극복할 수 있는 능력이 있습니다.

코로나바이러스가 창궐하는 동안 카길의 직원 6만명은 재택근무를 하면서도 완벽하게 사업을 운영했다는 사실을 생각하면 더욱 인상적이다.

트레이딩 회사들은 어려운 시기에 더 많은 매출과 이익을 창출한다. 어려운 시기에 트레이딩 회사들이 더 큰 리스크를 지고 더 많은 가치를 더한다는 사실을 생각하면 충분히 이해할 만하다. 농산물 원자재 사업에는 주기가 있다. 이에 뛰어든 상인들의 운명도 마찬가지이다.

2022년
조나단 킹스맨
Jonathan Kingsman

추천사

내가 처음 댄 모건의 역작, *Merchants of Grain*을 읽은 건 곡물 비즈니스에 발을 담근 지 2년이 지난 2001년이었다. 당시 나는 파리에 살면서 그곳에 있는 러시아계 곡물 트레이딩 회사에서 일하고 있었다. 우연히도 댄 모건의 책 첫 챕터에 등장하는 똑같은 브로커와 당시 우리는 해상운임을 거래하고 있었기에, 시작부터 그 책은 나의 눈길을 사로잡았다. 나는 특히 비밀스럽고 드라마틱하게 묘사되는 '대곡물강도사건(the Great Grain Robbery)'[1] 부분을 재미있게 읽었는데, 사실 이는 강도사건이 아니라 Exportkhleb(당시 소련의 곡물거래 기관)의 약삭빠른 구매였을 뿐이었다.

2001년에 들어서 러시아는 더 이상 곡물 수입국이 아닌 오히려 수출국이 되었다. 곡물 무역은 그 외에도 다방면으로도 많은 변화가 있었기에, 2001년에도 이미 나는 누군가 댄 모건의 역작에 최신 변화를 반영한 책을 내야 한다고 생각했다.

그로부터 18년 후, 나는 스위스 모르주의 따사로운 햇살이 내리쬐는 테라스에서 이 책의 저자 조나단 킹스맨과 점심을 즐기고 있었다. 조나단은 이제 막 *Commodity Conversations - A Brief Introduction to Trading Agricultural Commodities*의 집필을 마친 참이었다. 이 책의 내용에 내가 기여한 바가 있기에 그는 내게 저자

---

[1] 1970년대 초 소련이 미국에서 대량으로 곡물을 수입한 사건, 이후 곡물 가격이 치솟아 미국 사회에 많은 파장을 일으켰다.

사인본을 한 권 건네주기 위해 로잔에서 자전거를 타고 왔다.

"댄 모건의 책에 대한 업데이트를 써보는 게 어때요?"

나는 조심스럽게 물었다.

댄 모건의 책이 세상에 나온 이래 많은 것들이 변했다. 2017-18년 사이에 러시아는 세계 최대의 밀 수출국이 되었으며, 이 글을 쓰는 지금 솔라리스 코모디티는 러시아 밀을 거래하는 제일 큰 세 곳의 트레이딩 하우스 중 하나가 되었다. 나 개인적으로는 지난 10년간 다른 어떤 영국인보다 가장 많은 러시아산 밀을 거래했을 것이다.

내가 이 제안을 던졌을 때 조나단은 다소 놀란 것처럼 보였다. 그러나 내가 두 잔째 토스카나 와인을 따라주자 그는 굳게 동의했다.

곡물 트레이더는 이 세상에 반드시 필요한 기능을 수행하며 그 과정에서 많은 위험을 감수한다. 이 책은 세상을 먹여 살리는 데 필요한 그들의 소중한 공헌을 보여주고, 우리 곡물 트레이딩 업계를 둘러싼 세간의 많은 오해를 바로잡는데 힘쓰고 있다. 나는 우리 곡물 트레이더들이 투명성, 지속가능성, 인권에 대한 책임감을 명확히 인식하고 있으며 그에 따라 행동한다는 사실이 이 책의 독자들에게 전달되기를 바란다.

사람은 다른 많은 것들은 없이도 그럭저럭 살 수 있지만 먹는 것 없이는 못 산다. 우리 곡물 트레이더들은 삶의 기본 뼈대가 되는 곡물을 다루는 사람들이다. 앞으로 세계 인구가 빠르게 증가할수록 우리의 농업 시스템은 많은 도전에 직면할 것이다. 곡물을 사고파는 우리들은 농부와 소비자들과 함께 세계를 먹여 살릴 수 있도록 도울 의무가 있다.

내 트위터 계정의 팔로워들은 이미 알겠지만 나는 우리 업계가 투명성에서 덕을 본다고 믿는다. 나를 포함한 우리 곡물 트레이더들은 많은 도전을 필요로 하는 멋진 업계에서 일하고 있다. 우리가 곡물 무역에서 하고 있는 일들이 나는 자랑스러우며, 이에 대해 열정적이고 재미있게 이야기를 나눌 수 있게 되어 반갑다.

1970년대 초에 있었던 유명한 곡물 거래들은 사람과 사람이 직접 만나서 이뤄지고 전화나 텔렉스의 도움을 받았다. 오늘날 거래는 다양한 종류의 스마트폰 메신저를 통해 이뤄진다. 앞으로 40년이 또 지나면 트레이더들이 어떤 수단으로 소통을 이어갈지 누가 아는가? 그러나 시간이 흘러도 트레이더들 사이에 변하지 않기를 바라는 것이 있다면 모두가 여전히 가프타(GAFTA)의 모토 "내가 한 말은 반드시 지킨다(My word is my bond)"를 따르는 것이다.

독자 여러분이 이 책을 즐겁게 읽으리라 나는 믿어 의심치 않는다.

스위툰 스틸(Swithun Still)
솔라리스 코모디티 이사
런던곡물협회 회장(2019-20년)

그래도 아직,
우리가 굶주리지 않는 이유

곡물과 팜유에서 대체육까지,
어둠 밖으로 나온 **식량 메이저들의 생생한 이야기**

차례

003 헌정사
007 머리말
011 한국어판 서문
014 추천사 _스위툰 스틸 Swithun Still

022 **1장 음모와 경쟁**
ㄴ 농업은 우리의 근간 _카렐 발켄 Karel Valken

044 **2장 잔치와 굶주림**
ㄴ 역사는 반복된다 _제이 오닐 Jay O'Neil

066 **3장 곡물과 더불어**
ㄴ 더 이상 시장에 바보는 없다 _댄 바스 Dan Basse

088 **4장 음식, 사료 그리고 연료**
ㄴ 정치와 바이오연료 _패트리샤 루이스 만소 Dr. Patricia Luis-Manso

110 **5장 리스크**
ㄴ 길을 잃지 않고 나아가는 방법 _브라이언 잭맨 Brian Zachman

136 **6장 변화**
ㄴ 트레이딩은 우리의 DNA _크리스틴 웰던 Kristen Weldon

그래도 아직,
우리가 굶주리지 않는 이유

곡물과 팜유에서 대체육까지,
어둠 밖으로 나온
식량 메이저들의 생생한 이야기

162 | 7장 | **앙드레**(André & Cie)
└ 가족 사업
　**리카르도 & 에마누엘레 라바노** Riccardo & Emanuele Ravano

182 | 8장 | **콘티넨탈 그레인**(Continental Grain)
└ 바르셀로나의 선수로 뛰면서 _**이보 사르자노비치**_ Ivo Sarjanovic

200 | 9장 | **아처 대니얼스 미들랜드**(ADM)
└ 목적이 있는 트레이딩 _**그레그 모리스**_ Greg Morris

219 | 10장 | **벙기**(Bunge)
└ 굶주린 세상을 먹여 살리는 일 _**그레그 헤크먼**_ Greg Heckman

232 | 11장 | **카길**(Cargill)
└ 트레이딩은 과학이 아니라 예술이다
　**게르트-얀 반 덴 아커** Gert-Jan van den Akker

250 | 12장 | **코프코 인터내셔널**(COFCO International)
└ 트레이딩은 사람의 일 _**이토 반 란쇼트**_ Ito van Lanschot

그래도 아직, 우리가 굶주리지 않는 이유

곡물과 팜유에서 대체육까지,
어둠 밖으로 나온
식량 메이저들의 생생한 이야기

272 **13장** 드레퓌스(Dreyfus)
  └ 우리는 어디로 향해 나아가는지 알고 있습니다
  _이안 맥킨토시 Ian McIntosh

291 **14장** 글렌코어(Glencore)
  └ 스포츠는 비즈니스의 축소판 _크리스 마호니 Chris Mahoney

312 **15장** 윌마(Wilmar)
  └ 사업의 달인 _쿽쿤훙 Khoon Hong Kuok

342 **16장** 치열한 경쟁의 미래
  └ 뉴 노멀 _J-F 랑베르 J-F Lambert

371 트레이더의 역할 _제이슨 클레이 Jason Clay
386 옮긴이의 말
390 찾아보기

ABCD+의 주요 지표 (공식 홈페이지 최신자료 참고)

	ADM	Bunge	Cargill	LDC	COFCO	Viterra	Wilmar
기업가치	495억불	171억불	미상	미상	미상	미상	195억불
매출	852억불	591억불	1,344억불	496억불	330억불	406억불	658억불
순이익	27억불	20억불	49억불	7억불	미상	9억불	19억불
직원	3만8천명	2만2천명	15만5천명	1만7천명	1만2천명	1만7천명	10만명

* COFCO는 COFCO International만 산정
** 공개기업인 ADM, Bunge 그리고 Wilmar의 기업가치는 2022년 6월 초 시가총액 기준

2021/22 전 세계 주요 작물 생산량 및 교역량

	옥수수	밀	대두	팜유
생산량	12억1천6백만톤	7억7천9백만톤	3억5천2백만톤	7천9백만톤
교역량	1억9천7백만톤	1억9천9백만톤	1억5천6백만톤	5천1백만톤

1장

음모와 경쟁

역사학자로서 나는 음모론을 믿지 않습니다.
비밀스러운 방에서 몇 명의 억만장자들이
스카치 와인을 마시며 조종하기에는
오늘날 우리의 세상이 너무나 복잡하기 때문입니다.
_유발 노아 하라리

1979년, 워싱턴포스트의 기자 댄 모건은 *Merchants of Grain: The Power and the Profits of the Five Grain Companies at the Center of the World's Food Supply*를 출간했다. 이 책은 베스트셀러가 되었고 국제 곡물 거래의 역사를 다룬 명저로 지금까지 꼽힌다.

*Merchants of Grain*이 세상에 나온 것은 훗날 러시아에 의한 대곡물강도사건으로 불린 1970년대 소련의 막대한 미국산 곡물 수입이 있은 직후였다. 당시 소련의 곡물 수입은 뒤따른 인플레이션과 미국 정부가 지급하던 수출보조금 논쟁과 얽혀 여론의 큰 주목을 받았다. 이 거래를 체결한 곡물 트레이더들과 곡물업계도 도마 위에 올랐다.

저자 댄 모건은 책을 집필하는 과정에서 업계 내부자들에게서 정보를 얻는데 많은 어려움을 겪었다. 그는 곡물회사들을 어둠 속에 가려진 비밀스러운 존재들이라고 여겼다. 단 하나 카길을 제외하고 곡물 트레이더들은 그의 집필 과정에 거의 도움을 주지 않았다.

곡물회사들이 딱히 댄 모건을 적대시했던 것은 아니다. 그저 업계 생태가 그랬을 뿐이다. 어느 미국 상원의원은 곡물 트레이더들을 가리켜 "아무도 그들이 무슨 일을 하는지, 얼마나 큰 이윤을 남기는지, 세금은 얼마나 내는지, 그리고 국제 외교에 어떤 영향을 끼치는지, 사실상 그 어떤 것에 대해서도 알지 못한다."라고 말한 사실을 그의 책은 전한다.

1976년 프랑스 잡지 *L'Expansion*은 드레퓌스를 가리켜 '아무도 그 속사정을 모르는 상업적 제국'이라고 불렀다. 당시 회장이었던 피에르 루이-드레퓌스는 댄 모건을 초청하여 점심 식사를 함께했다. 식사로 나온 생선과 와인은 최상품이었지만 댄 모건은 회사에 대해 별다른 유의미한 정보를 얻지 못한 채 자리를 떠났다.

앙드레의(ABCD에서 A를 담당하던 원조) 회장이었던 조르주 앙드레도 댄 모건을 초청하여 극진한 점심 식사를 대접했다. 하지만 댄이 얻은 것은 과거 데이터가 전부였다.

댄 모건의 책에서 에이디엠(앙드레가 떠난 자리에 새롭게 ABCD의 A를 담당하게 된 ADM)은 그다지 많이 언급되지 않았지만, 정보가 없기는 마찬가지였다. 1974년 드웨인 안드레아스가 CEO가 되었을 때 처음으로 한 일 중 하나는 당시 27명이 근무하던 홍보팀을 없애버린 것이었다. 그는 "내게 정보를 얻으려는 시도는 마치 물개를 몸수색하는 것과 같다."라고 유명한 말을 남기기도 했다.

콘티넨탈 그레인의 회장 미셸 프리부르는 한 시간가량 댄 모건과의 인터뷰에 응하기로 되어 있었으나, 나중에 회사는 인터뷰에 더 이상 참여하지 않기로 입장을 바꿨다. 콘티넨탈 그레인은 19세기 이래 곡물업계에 있었으나 단 한 번도 회사 안내 책자를 발간한 적이 없다.

그러나 벙기에 비하면 다른 회사들은 양반이었다. "벙기는 아무도 그에 대해 알지 못하고 말할 수 없는 비공개 기업이었다. … 벙기 직원들에게 홍보팀이란 세상의 이목을 끌지 않도록 하는 역할을 의미했다."라고 댄 모건은 그의 책에 남겼다.

당시 벙기를 지배하던 창업자 가문에게는 어둠 속에 가려져 있을 이유가 있었다. 책이 나오기 5년 전인 1974년, 부에노스아이레스에서 벙기 창업 멤버의 손자인 호르헤와 후안이 아르헨티나의 게릴라 단체 몬토네로스에 의해 납치되었다. 후안은 6개월 후인 1975년 3월에 풀려났고 호르헤는 같은 해 6월에 풀려났다. 이들이 풀려나기 위해 얼마의 몸값을 지불했는지 자세한 내막은 끝내 알려진 바 없지만, 몬토네로스는 벙기 가문이 약 6천만불의 몸값을 지불했다고 주장했다.

납치사건 이후에 벙기 가문은 더욱 커튼 뒤로 숨었다. 저자 댄 모건은 끝내 벙기 가문의 근처에도 가지 못했다. 그에게 허락된 최선은 벙기 북아메리카 부문 대표와의 한 시간가량 인터뷰였다. 미팅 이후 벙기 홍보팀은 앞으로 더 이상의 인터뷰는 없을 것이라고 못박았다.

도대체 왜 이토록 1970년대의 곡물 트레이딩 회사들은 기밀유지에 집착했는가? 댄 모건은 다음과 같이 설명한다.

> 이 회사들은 대부분 어둠 속에 숨어 있다. 아마 이는 중간 상인으로서 고대부터 이어진 매우 오래된 전통과 두려움에 근거하고 있는 것인지도 모른다. 세상에 기근이 들고 물자가 부족할 때, 성난 군중들은 이 중간상들을 손가락질하고 비난하며 불행을 이들의 탓으로 돌린다. 이들은 광장으로 끌려나오고 곡물 창고는 군중들에게 짓밟히며 그 재고는 몰수당하는 것이다.

반유대주의 또한 작용했을 것이라고 *The King of Oil*의 저자 다니엘 암만은 말한다.

> 수세기 동안 유럽의 유대인들은 차별로 고통받았다. 유대인들은 땅을 소유하는 것이 금지되었기에 애초에 농부는 될 수 없었다. 유대인들은 직업별 길드에서도 배제되었기에 수공업자도 될 수 없었다. 그러나 그들에게 허락된 자리가 하나 있었는데 바로 대부업이었다. 이는 중세 기독교인들에게는 금지된 것이었다. 다른 선택지가 없었던 유대인들은 곧 대부업자가 되었고 상인이 되었다.
> 유대인들에게 가해진 온갖 박해와 추방이 그들로 하여금 가장 효과적인 교역망을 갖추게끔 만들었다는 것은 역사의 역설이다. 근대에 들어서 유대인 디아스포라는 가장 큰 규모를 자랑했다. 전 세계에

흩어진 유대인들은 다른 어떤 민족보다 뛰어난 상업적 전통을 쌓았고, 시공간적 제약을 넘어 거래를 일으키는 데에 자신이 있었다.

세상에 식량이 부족할 때 받을 비난과 반유대주의에 대한 두려움, 그리고 부를 숨기고 싶어하는 마음이 곡물 트레이딩 회사들이 그토록 기밀유지에 집착하는 원인이었다. 기밀유지는 업무적인 이유에서도 반드시 필요한 것이었다. 곡물업계는 언제나 치열한 경쟁을 마주해왔다. 곡물 시장의 작은 마진을 경쟁자들과 다투기 위해 곡물 트레이더들은 언제나 칼을 간다. 그들은 경쟁자들의 주머니에서 한 푼이라도 더 빼내는 것을 기쁨으로 여긴다.

주식시장과 다르게 원자재 시장에서는 내부자 거래라는 개념이 통하지 않는다. 생산, 정부정책, 심지어 트레이더들이 직접 일으키는 거래 등과 관련된 모든 정보가 시장을 움직인다. 시장을 움직일 수 있는 정보를 가진 트레이더들은 당연히 이를 경쟁자들과 공유하고 싶어하지 않는다. 가능한 오래 정보를 손안에 쥐고 있는 것이 그들이 바라는 일이다. 이처럼 기밀유지에 대한 강조는 트레이딩 업계에 깊이 뿌리내려 있고 앞으로도 그럴 것이다.

댄 모건이 1979년 책을 쓸 때 겪었던 어려움과 2010년 다니엘 암만이 마크 리치에 대한 책을 쓰면서 접근할 수 있었던 정보를 비교해 보자. 다니엘 암만은 다음과 같이 말했다.

원자재 트레이더들은 그들의 생각과 기억을 나와 기꺼이 나누었습니다. 닫힌 사무실의 문을 열어주었고, 문서를 보여주었고, 트레이딩과 파이낸싱의 세세한 기술적 부분들을 설명해주었습니다. 그들은 내게 큰 그림을 보여주려고 했지만 동시에 아주 작은 비밀들도 털어 놓았습니다.

다니엘 암만은 운이 좋았던 것일지도 모른다. 그의 책을 가득 채운 인터뷰가 나오기까지, 마크 리치는 매우 체계적으로 기자들을 피해왔으며 남의 이목을 꺼리는 원자재 트레이더들 사이에서도 가장 비밀스럽고 은밀한 존재로 여겨졌다. 여러 해 동안 어느 누구 하나 그의 사진조차 본 적이 없었다. 언론이 그에 대해 보도할 때면 누군가가 그린 스케치를 사용해야 할 정도였다.

마크 리치에 뿌리를 두고 있는 글렌코어는 이제는 공개기업이다. 에이디엠, 벙기, 윌마도 마찬가지다. 카길과 드레퓌스는 아직도 비공개 기업이지만 둘 다 마치 공개기업인 것처럼 행동한다. 그들은 매우 자세한 사업보고서를 공개 발행하고 채권자, 고객, 은행, 기자 등 이해관계자들과 적극적으로 소통한다. 코프코는 중국 정부가 소유하는 회사지만 홍보팀이 활발하게 활동하고 있으며 트위터 계정도 있다.

사실 규모가 있는 곡물 트레이딩 회사 대부분 소셜미디어를 통해 NGO들과 적극적으로 환경, 지속가능성, 인권문제 등에 대해 소통하고 있다.

더욱 투명해지는 방향으로 나아가는 식량업계의 노력에도 불구하고, 곡물 트레이더들은 주기적으로 광장에 끌려나와 대중의 뭇매를 맞는다. 세상에 일어나는 각종 불행의 배후로 그들은 아직도 비난받게 마련이며 섬뜩한 음모론의 주인공으로 지목받고는 한다.

2014년, 월스트리트저널의 기자였던 케이트 켈리가 출간한 *The Secret Club That Runs the World - Inside the Fraternity of Commodities Traders*에서는 음모론의 냄새가 강하게 묻어난다. 책의 제목에서부터 원자재 트레이더들은 세계를 비밀스럽게 조종하는 존재들이라는 인상을 풍긴다. 출판사는 광고문에서 다음과 같이 책을 소개한다.

원자재 슈퍼사이클이 휘몰아쳤던 2000년대에, 개별 시장 참가자들은 그들이 세상에 끼친 영향에 비해 별로 주목받지 않았다. 지난 몇 년 동안 원자재 시장은 폭발적으로 성장했고 원자재의 가격도 크게 상승했다. 이는 과연 원자재 트레이더들이 의도적으로 원유, 식량, 다른 생필품들의 가격을 끌어올리는 것인가라는 질문으로 이어진다. 도대체 무엇이 이토록 가격을 폭등하게 만들었을까?

세상이 필요로 하는 많은 것들을 조종하는 비밀스러운 이너 서클의 내부로 저자는 안내한다고 출판사는 덧붙인다. 만약 당신이 이 책을 읽으면 오히려 그런 강력하고 비밀스러운 이너 서클은 존재하지 않는다는 것을 알게 될 것이다. 왜냐고? 애초에 그런 비밀 단체는 존재하지 않기 때문이다.

대부분의 사람들은 음모론을 좋아한다. 전능하고, 악랄한 숨겨진 단체가 세상 어딘가에 존재하면서 우리들의 삶을 조종하고 세상을 지배하고 있다고 사람들은 믿고 싶어한다. 정치학자 마이클 바쿤은 왜 사람들이 음모론에 쉽게 빠지는가 세 가지 이유를 들었다.

첫째, 음모론은 제도권 내 분석이 설명하지 못하는 것들을 설명하는 것처럼 보인다. 음모론은 이해가 잘 되지 않는 혼란스러운 세상을 이해할 수 있는 열쇠처럼 보인다. 둘째, 음모론은 세상을 선과 악, 흑과 백의 구도로 단순하게 나눔으로써 사람들의 마음을 끌어당긴다. 그들은 세상의 모든 악이 어둠 속에 숨어있는 세상의 조종자들에게서 기인한 것처럼 주장한다. 셋째, 대부분의 음모론은 마치 대단히 특별한 숨겨진 진실인 것처럼 포장되어서, 세상의 어리석고 세뇌당한 순진한 양들은 알지 못하는 진실을 자신들은 알고 있다는 묘한 심리를 자극한다.

진실은? 곡물 상인들은 자신들이 참여하는 시장에 끼칠 수 있는 영향이 거의 없다. 치열한 경쟁 속에 트레이더들은 시장이 허락한 만큼의 마진만을 가져갈 수밖에 없다. 그 허락된 마진이라는 것조차 대부분 매우 보잘 것 없는 수준이다. 한때 트레이더였으며 지금은 드레퓌스의 지속가능성 부문을 이끄는 가이 호그는 나에게 일찍이 다음과 같이 말한 적이 있다.

> 드레퓌스같이 큰 회사들이 시장을 조작하고 가격을 좌지우지하려 한다는 세간의 인식이 있습니다. 그러나 정확히 반대가 진실에 가깝습니다. 우리는 유동성이 부족해서 조작이 가능한 시장에는 참가하길 원하지 않습니다. 그런 시장은 반대로 우리의 이해와 어긋나게 조작될 수 있는 가능성도 있기 때문입니다. 우리는 유동성이 풍부한 시장을 좋아합니다. 그런 시장이야말로 헷징(hedging)의 기능을 제대로 수행할 수 있고, 진정한 수요와 공급의 상황을 정확히 반영해 줄 수 있기 때문입니다.

지속가능성과 관련된 이슈는 거대 곡물회사들을 비난의 광장으로 끌어내는 또 다른 단골 소재이기도 하다. 지속가능성 문제에 적절히 대응하지 않는다는 이유로 이 회사들은 대중들의 뭇매를 맞는다. 그러나 뒤에서 WWF의 제이슨 클레이가 지적하는 바와 같이, 엉뚱한 대상에게 비난의 화살이 가해질 수 있다.

사회적, 환경적 책임을 다하지 못하는 공급자들을 시장에서 완전히 배제하는 것보다 관계의 끈을 유지하면서 그들의 변화를 유도하는 것이 더 나은 해결책이라고 모든 트레이딩 회사들은 의견을 같이 한다. 이들과 거래를 끊는 것은 문제를 해결하지 못한다. 이는 문제를 잠시 다른 곳으로 옮겨놓을 뿐이다. 드레퓌스의 가이는 다음과 같이 말한다.

문제 상황에 참여하는 것이 문제 자체를 거부해버리는 것보다 더 나은 해결책이라고 나는 믿습니다. 예를 들어 인도네시아 팜유 생산자들과 관계를 유지하면서 더 나은 방향으로 긍정적인 변화를 이끌어낼 수 있습니다. 영세농들을 대하는 방식도 마찬가지입니다. 그들의 자녀들을 올바른 방향으로 교육하는 것이 농장에 일시적인 작은 편의들을 제공하는 것보다 훨씬 중요합니다.

문제가 될 만한 공급자들을 단순히 피해버리는 것은 쉬운 해결책처럼 보이지만, 근본적이고 실질적인 변화를 이끌어내기에는 부족합니다. 정말로 문제를 해결하고 싶다면 다른 이해관계자들과 함께 문제의 속으로 뛰어들어야 합니다.

농업은 우리의 근간

카렐 발켄 Karel Valken

카렐 발켄은 라보뱅크의 글로벌 원자재 무역금융 부문을 이끌고 있다. 네덜란드 위트레흐트에 있는 그에게 전화로 연결했다.

안녕하세요 카렐. 당신의 집안 배경과 어떻게 전 세계 최고의 원자재 무역금융 전문가 중 한 명이 되었는지 잠시 소개해줄 수 있습니까?

저는 네덜란드에서 태어나고 자랐습니다. 아버지는 수로와 항만 건설에 종사하는 토목기사였습니다. 저는 암스테르담의 HES에서 경영학을 공부하고 졸업 후에는 기마정찰부대의 소대장으로 1년 동안 독일에서 근무했습니다. 이후에는 생계를 위해 일을 해야만 했고 뭔가 국제적인 일을 하고 싶다고 생각했습니다. 여느 네덜란드인처럼 저는 우리나라가 좀 작다고 생각했습니다. 때는 마침 원자재 선물시장이 크게 발달하는 시기이기도 했습니다. 그래서 저는 원자재 시장에서 뭔가 길이 있나 찾아보기 시작했고, 암스테르담에 있는 Mees & Hope라는 은행에서 일하게 되었습니다. Mees & Hope는 Mees Pierson을 거쳐 오늘날 ABN AMRO가 되었습니다. 은행 내에서 저는 원자재 쪽 업무를 맡았습니다. 1989년부터 1996년까지 7년 동안 뉴욕에 있었던 시기를 포함하여 그곳에서 14년 동안 일했습니다.

베를린 장벽이 무너지던 1989년은 특히 흥미로운 시기였습니다. 이는 소련의 붕괴로 이어졌고 소련 국영무역회사 Prodintorg와 ExportKhleb도 함께 무너지면서 원자재 무역 흐름에 큰 변화를 가져왔습니다.

1996년에 저는 니데라(Nidera)의 재무담당 이사 포지션을 제의 받았고 그곳에서 2006년까지 일했습니다. 2006년에 전 직장동료이자 원자재 무역금융의 전설 중 한 명인 다이안 부가드가 라보뱅크로 자리를 옮겨 새롭게 원자재 무역금융 부문을 세운 후에 제게 합류하지 않겠냐고 물어왔습니다. 좋은 기회라고 생각되어 기꺼이 승낙했습니다.

네덜란드에서의 군대 생활은 어땠습니까?

네 좋은 시간이었습니다. 저는 아직도 당시 동료들과 연락을 주고받습니다. 군대에서 저는 두 가지를 배웠습니다. 하나는 시간의 중요성입니다. 그래서 조나단 당신이 제게 전화를 하겠다고 말한 시간에 딱 맞추어 전화를 하고, 통화는 한 시간 이내로 마치겠다고 약속한 것을 매우 고맙게 생각합니다. (저자 주: 사실 통화는 정확히 1시간 3분 동안 진행되었습니다)

두 번째는 제가 여우굴 이론이라고 부르는 것입니다. 여우는 언제나 한쪽 구멍을 통해 굴에 들어가지만 빠져나갈 수 있는 또 다른 구멍을 만들어 놓습니다. 이토록 대안을 준비해두는 자세는 인생에서 당신이 이익을 다투거나 뭔가 협상을 해야 할 때 큰 도움이 됩니다.

아직도 말을 타고는 하나요?

훈련기간 동안 승마를 배워야 했지만 솔직히 아주 잘 타지는 못합니다. 영국군과의 합동 훈련 초청을 받은 적이 있었는데 그곳에서 영국 기병대와 네덜란드 기병대 사이의 크나큰 차이를 느끼고 저는 겸손해졌습니다. 질문에 답을 하자면, 아니요 더 이상 말을 타지 않습니다.

당신의 자녀들도 혹시 당신을 따라 무역금융이나 은행에서 일을 하고 싶어하지는 않나요?

그렇지 않아 보이네요. 제게는 33살 쌍둥이 자녀가 있습니다. 아들은 영국계 소셜미디어 광고회사에서, 딸은 개인병원 홍보부서에서 일하고 있습니다. 그렇게 보면 제가 예외일 뿐 우리 집안에 딱히 금융업이나 무역업의 전통이 있는 것 같지는 않습니다.

수년 전에 아이들은 제게 도대체 무슨 잘못된 일이 있었기에 아직도 원자재 시장에서 일을 하고 있냐고 물은 적이 있습니다. 무엇 하나 잘못된 건 없었다고 대답해주었습니다. 저는 그저 네덜란드인으로서 여행과 탐험을 좋아하는데, 원자재 시장에서 일을 하는 것이 그 둘을 계속하게 해줍니다. 또한 원자재 무역금융은 매우 특수한 일입니다. 저는 대부분 비공개 기업들과 일을 하는데 투자자들은 기업의 성과와 아주 긴밀하게 이해관계가 연결되어 있습니다. 그들은 투자한 기업에 대해 열정적이고 저는 원자재 시장에 대해 큰 열정을 가지고 있습니다.

앞서 영국 기병대와 만난 적이 있다고 했습니다만, 왜 이토록 농산물 무역업계에는 영국과 네덜란드 출신 트레이더들이 많다고 생각하나요?

글쎄요. 두 나라는 모두 일찍부터 바다로 진출한 역사를 가지고 있습니다. 하지만 그렇게 보면 스페인과 포르투갈도 마찬가지로 일찍부터 바다에 진출했습니다. 다만 유니레버나 로얄더치셸 같은 성공적인 합작회사들을 보면 네덜란드인들과 영국인들은 서로 닮은 점도 많고 함께 사업을 해나가는 오랜 전통이 있어 보입니다. 두 나라는 관심사가 매우 비슷하기도 하고요.

네덜란드 친구가 제게 이런 말을 한 적이 있습니다. 영국인들은 절대로 자신의 진짜 생각을 말하지 않지만 네덜란드인들은 (듣기 싫다고 말을 해도) 항상 자신이 무슨 생각을 하고 있는지 말해준다고요.

하하 네. 네덜란드인들은 매우 직설적입니다.

니데라에서 일할 때의 이야기를 들려주시겠습니까?

니데라로 처음 자리를 옮긴 1996년을 지금도 생생히 기억합니다. 제 기억에 니데라는 은행과 매우 다른 성격의 조직이었습니다. 그것은 마치 답답한 방에서 창문을 열고 기업가 정신과 새로운 기회로 가득한 신선한 공기를 들이마시는 기분이었습니다.

그러나 은행에서 일할 때에는 너무 당연하게 여겨졌던 법무팀, 인사팀, IT팀 등의 잘 갖춰진 조직체계는 니데라 같은 가족 소유의 중형 트레이딩 회사에서 찾아볼 수 없었습니다. 따라서 저는 일당백의 역할을 수행해야 했고 더욱 창의적이 되어야만 했습니다. 또 하나 큰 차이는 더욱 신속한 일처리의 필요성이었습니다. 트레이더는 전날 답을 원하지 오늘이나 그다음 날은 너무 늦습니다. 스트레스에 내성도 더욱 생겼습니다.

니데라는 매우 전문적으로 운영되었지만, 지배 가문이 자문위원회를 통해 회사에 영향력을 행사했습니다. 제가 니데라에서 일할 때 이토 반 란쇼트가 CEO였습니다. 그는 자신을 콘티넨탈 그레인 출신을 의미하는 '엑스콘(ex-con)'이라고 불렀습니다. 저는 그에게서 리스크 관리를 비롯한 원자재 트레이딩 전반에 대해 많은 것을 배웠습니다.

은행에서는 신용에 주목합니다. 하지만 트레이딩 회사에게 신용 리스크는 관리해야 하는 여러 리스크 중 하나일 뿐입니다. 트레이딩 회사에는 가격, 베이시스, 해상운임, 환율, 거래 상대방이 모두 관리해야 하는 리스크입니다.

당시에 저는 트레이더들과 출장을 많이 다녔습니다. 그중 가장 기억에 남는 출장은 한겨울에 네 명의 러시아인들과 지프차를 타고 누빈 기억입니다. 우리는 볼가강 남쪽을 오고가며 해바라기씨 공급자들을 직접 만나 이들에게 선급금을 지불하는 것에 대한 리스크를 평가했습니다. 파란만장한 나날이었습니다.

코프코가 니데라를 인수하지 않았어도 회사가 계속 남아있었으리라 생각합니까?

아마 ADM이 인수한 토퍼(Toepfer)에 대해서도 비슷한 질문을 던질 수 있겠지요. ADM이 그들을 인수하지 않았어도 토퍼는 살아남았을까요? 저는 니데라와 토퍼 모두 살아남았으리라 생각합니다. 하지만 아마도 아시아계 소수 지분 파트너와 함께 다른 사업 방향으로 나아갔을 테지요.

니데라는 베를린 장벽이 무너진 후 흑해 지역으로 진출하는 게 늦는 바람에 특히 우크라이나에서의 기회를 놓쳤습니다. 반면 글렌코어와 토퍼는 소련 붕괴 후 빠르게 흑해로 진출했습니다. 니데라는 지나치게 보수적으로 머뭇거리다가 수출항만과 내륙 물류시설 투자에 늦었습니다.

트레이딩 회사에 있다가 다시 은행으로 돌아간 이유는 무엇인가요?

저는 고객들과 활발하게 소통하고 상업적인 거래를 하는 것을 좋아합니다. 니데라에서 제게 주어진 상업적 역할은 은행과 협상하여 자금조달비용을 낮추는 것과 구조화금융(structured finance)으로 한정되었습니다. 10년 정도 하다 보니 지루해졌습니다. 라보뱅크가 제게 접근했을 때, Mees Pierson에서의 옛 동료들과 함께 은행 내의 원자재 부서를 다시 시작하는 일에 큰 흥미를 느꼈습니다.

또 다른 이유는 니데라 가문이 기업의 모든 지분을 소유하고 이를 나누지 않는 점에 저는 실망했습니다. 이 같은 태도는 장기적 관점에서 회사의 성장에 악영향을 줄 수 있습니다.

다시 코프코에 대한 주제로 돌아가서, 코프코가 동시에 니데라와 노블 두 기업을 인수한 것이 실수라고 생각합니까?

지나서 돌이켜보면 차라리 벙기를 인수하는 것이 나았을 것입니다. 그러나 당시에 벙기는 매물로 나와 있지 않았지요.

처음에 니데라는 단지 소수 지분 파트너만 찾고 있었습니다. 그들은 몇몇 일본 회사들에게 10% 정도의 지분을 파는 것에 대해 논의하고 있었죠. 그러나 코프코가 나타나서 51%를 사들이겠다고 한 것입니다. 회사의 소유주들은 이 사업의 본질이 변화하고 있다는 것을 알았습니다. 트레이더들은 중개인의 역할을 떠나 서플라이 체인을 운영하고 종합식량 기업으로 진화하고 있었는데 그러기 위해서는 니데라에게는 부족한 대규모 자본이 필요했습니다. 결국 그들은 코프코의 제안을 받아들이기로 결정했습니다.

돌이켜보면 코프코에게는 니데라 하나만을 인수하는 것이 나은 선택이었을 것입니다. 노블은 회사문화가 무척 다른 기업이었고, 두 회사의 문화를 조화시키는 데에 코프코는 많은 어려움을 겪었습니다. 실질적인 사업과 관련된 이슈들은 말할 것도 없고요.

당신이 보기에 코프코의 목적은 이윤을 창출하는 것입니까 아니면 중국이란 거대한 나라를 먹여 살리기 위한 것입니까?

그들의 목표는 글로벌 트레이더 중 하나가 되는 것입니다. 수년 전 코프코의 CEO는 파이낸셜타임즈 원자재 컨퍼런스에서 그들의 목표는 ABCD그룹의 두 번째 C가 되는 것이라고 말한 바 있습니다. 사실상 그 목표는 이미 달성된 것이나 다름없습니다. 이에 중국에서의 비즈니스가 도움이 된 것은 맞지만 중국으로의 거래는 코프코 전체 거래 물량의 일부에 불과합니다. 원자재 트레이딩을 성공적으로 하기 위해서는 장부(book)에 옵셔낼리티(optionality)[1]가 있는 것이 반드시 필요한데 이를 위해서는 중국 외에 제삼국 거래를 가지고 있는 것이 중요합니다.

비공개 기업으로 남아있는 것과 공개 상장을 하는 것 중 어느 쪽이 트레이딩 회사에 유리합니까?

트레이딩 회사의 경우 비공개 기업으로 남아있는 쪽이 유리하다고 저

---

[1] 원산지, 품질, 물량 등의 계약조건을 판매자 또는 구매자(대부분의 경우 판매자)의 선택에 따라 다르게 이행할 수 있는 권한으로 계약시점부터 이행시점까지 상대적 가치 또는 가격 변동 등에 따라 트레이더가 무위험차익을 얻을 수 있는 중요한 원천이 된다. 예를 들어, 특정 등급의 미국산 옥수수를 판매자가 원산지 옵셔낼리티(optionality)를 갖는 조건으로 판매하였는데, 이행 시점에 해당 미국산 옥수수는 가격이 오르고 같은 등급의 브라질산 옥수수가 가격이 내렸다면 원산지 옵션 행사에 따라 브라질산 옥수수로 계약을 이행하고 미산 옥수수는 되팔아서 미산 옥수수와 브라질산 옥수수 사이의 차익을 확보할 수 있다.

는 생각합니다. 원자재 산업은 업황의 주기가 매우 분명합니다. 또한 정치와 날씨 같은 불확실성에 많은 영향을 받습니다. 이는 회사 이익의 변동성을 증대시키는데, 일반 투자자들은 이를 납득하기 어려워합니다. 벙기의 사례에서 경영진의 장기 전략을 일반 투자자들이 어떻게 방해하고 압력을 가하는지 볼 수 있습니다.

그러나 이 또한 회사의 자산 투자 성향에 따라 다르게 살펴봐야 합니다. 비용이 많이 들어가는 자산에 상대적으로 적게 투자한 회사들은 손익의 변동이 매우 크게 나타날 수 있습니다. 하지만 (자산 투자가 많이 이뤄진) ADM 같은 회사는 공개기업이면서 이익이 비교적 변동 없이 꾸준하게 유지됩니다.

트레이딩 회사들의 미래에 대해 어떻게 생각합니까?

곡물 트레이딩 회사들의 핵심 사업은 농부에게서 곡물을 수매하여 저장, 운송 그리고 경우에 따라 가공까지 하는 것입니다. 그러나 이 사업모델은 지난 수년간 너무나 투명해져서 의미 있는 이윤을 창출하기가 무척 어려워졌습니다. 결과적으로 ABCD+그룹의 회사들은 부가가치가 큰 사업 분야로 점차 이동하고 있습니다. 이 새로운 사업 분야는 보통 더욱 자본집약적이기 때문에 가족 소유 기업으로 남아있는 것이 좋은지 아니면 공개 상장을 하는 것이 유리한지의 고민으로 연결됩니다.

그러나 특정 품목과 지역에 따라 작은 트레이더들에게도 여전히 기회가 있을 수 있습니다. 물론 이런 소형 트레이딩 회사들은 물동량이 큰 상품에서는 경쟁하기 어렵습니다. 병아리콩이나 노란 완두콩 같은 두류(pulses)를 아시아 시장으로 판매하는 트레이더들이 이런 기회를 성공적으로 포착한 사례라고 볼 수 있습니다. 선물시장과 연계되지 않고 거래 상대방이나 거래 국가 위험이 주류 곡물 시장보다 훨씬 큰 다른 종류의 시장이기 때문에 가능한 일이기도 합니다.

전 세계로 놓고 보면 위와 같은 몇몇 소형 트레이딩 회사들이 주요 흐름에 끼치는 영향은 거의 없습니다. 거대 트레이딩 회사들이 관심을 갖기엔 너무 리스크가 크거나 너무 작은 시장에서 작은 트레이더들은 계속 활약해나갈 것입니다.

라보뱅크가 농업계에서 어떤 역할을 하고 있는지 말해주시겠습니까?

라보뱅크는 네덜란드 농부들이 세운 작은 협동조합은행에서 출발했습니다. 라보뱅크에는 조합원은 있지만 주주는 없습니다.

농업은 우리의 근간입니다. 우리는 농사의 계절성과 복잡성을 잘 이해하고 있습니다. 조합으로서 충분한 자금을 조달하는 것이 항상 쉬운 일은 아니기에 우리는 다소 보수적이기도 합니다. 그러나 비상장 기업이기에 누릴 수 있는 이점으로 우리는 사업에 대해 보다 장기적 관점을 취할 수 있으며 더 오랜 시간 인내할 수 있습니다. 라보뱅크는 다른 은행들에 비해 사회적 문제에 기여하기 위해 더 노력하는 편이기도 합니다.

마지막에 하신 이야기를 라보뱅크의 강령 '함께 만들어 나가는 더 나은 세상(Growing a better world together)'에서 본 것 같습니다.

최근에 이사회에서 발표하면서 ABCD+그룹의 강령을 살펴볼 기회가 있었습니다. 그들은 전부 비슷한 방향을 추구하고 있었습니다.

Growing은 지속가능성, 건강한 성장, 개발, 진보를 의미합니다. A better world는 단순히 라보뱅크의 고객과 직원을 넘어선 더 넓은 공동체와 이해관계자를 포함한 개념입니다. Together는 협동의 힘을 믿는 협동조합의 정신을 드러내기에 더욱 중요합니다. 떨어져있는 사람들과 지식을 연결하는 데에 우리의 강점이 있습니다. 이는 공허한 구호에 그치지 않습니다.

라보뱅크의 강령은 식량을 위한 은행(Banking for Food, B4F) 전략의 일부입니다. 이는 식량 산업의 전환과정과, 2050년까지 90억명으로 늘어날 지구의 인구를 먹여 살리는 데 있어 라보뱅크가 수행하고자 하는 중요한 역할을 담고 있습니다.

지속가능한 파이낸싱에서 가장 문제가 되는 원자재는 무엇입니까?

제가 담당하는 업무 중에서는 코코아와 커피가 가장 문제가 많습니다. 상품의 유통이 전반적으로 복잡하고 영세한 생산자들의 삶을 개선하는 데도 많은 노력이 필요합니다. 비록 커피와 코코아는 곡물과 유지류에 비해 물동량은 훨씬 작지만, 우리는 이 두 상품에 많은 시간과 노력을 쏟습니다.

우리의 과제는 삼림 파괴를 멈추고 기후변화를 막는 것입니다. 늘어나는 인구를 동시에 부양하면서 말입니다. 어떻게 이 두 상충하는 목표를 향해 나아갈 수 있을까요? 일상적인 사고방식과 비즈니스 전반에 지속가능성 개념이 융합되어 있어야 합니다. 라보뱅크가 제공하는 지속가능한 툴킷(sustainable toolkit)에는 라보 농촌기금(Rabo Rural Fund)뿐만 아니라 UN이 참여하는 아그리3 기금(Agri3 Fund)도 있습니다. 전부 삼림 파괴를 막고 소규모 자작농들의 생활을 개선하기 위한 프로그램입니다.

지속가능성을 인증받은 원자재에만 라보뱅크가 파이낸싱을 하는 날이 언젠가 올 것이라고 보십니까?

올해 라보뱅크는 지속가능성 코디네이터 자격으로 환경친화적 사업에 대한 약 3조원 규모의 회전신용편의(Revolving Credit Facility, RCF)[2] 사업에 참여하였습니다. 지속가능성 관련 기준을 충족하는 고객들은 이미 할인된 이자율을 제공받고 있습니다. 앞으로는 지속가능성 관련 기준들을 충족하지 못하는 회사들이 자금조달을 할 때 오히려 프리미엄을 지불하게 되는 세상이 오지 않을까 싶습니다.

팜유에 대해서는 더욱 엄격합니다. 소비자들의 압력도 다릅니다. 우리는 RSPO 멤버가 아닌 회사들에는 파이낸싱을 기본적으로 제공하지 않습니다. 만약 지금은 아직 인증을 받지 않았지만 미래에 RSPO 인증을 받기로 약속하고 실현 가능한 계획이 뒷받침되는 회사에는 예외를 적용하고 있습니다. 그 과정에 라보뱅크가 도움을 줄 수도 있습니다.

업계의 미래에 대해서는 어떻게 보십니까?

우리의 농업부문 고객들에는 현재 두 가지 전략적인 동인이 있습니다. 첫째는 지속가능성이고 둘째는 혁신입니다. 특히 후자에 대해서는 식량과 사료 산업에서의 혁신 그리고 디지털 혁신으로 구분하고 있습니다.

첫 번째는 변화하는 고객수요를 충족시키는 것입니다. 예를 들어, 드레퓌스는 식물성 버거에 들어가는 가짜 육즙을 비트에서 추출 및

---

[2] 대출 은행이 자금대출 한도를 정하고 차입자에게 일정기간 동안 이 대출 한도 내에서 계속해서 대출해주는 기법. 기업의 마이너스 통장과도 같다.

생산하는 회사에 최근 투자한 바 있습니다. 이런 종류의 혁신을 추구하는 고객들을 우리는 기꺼이 돕습니다. 라보뱅크는 캘리포니아에 푸드바이츠라는 플랫폼을 두어 변화하는 고객수요를 충족시키기 위한 혁신적인 스타트업들이 다음 단계로 나아갈 수 있도록 돕습니다.

두 번째로 기술/디지털 혁신에 관해서 라보뱅크는 블록체인과 로봇 기술의 전문가들을 많이 뽑았습니다. 다시 드레퓌스의 사례를 살펴보죠. 그들은 중국의 거대 e-커머스 플랫폼과 파트너십을 맺고 그들 브랜드의 대두유를 판매합니다.

유통과 마케팅은 빠르게 변화하고 있습니다. 수년 전 당시 카길 아시아의 대표를 만난 적이 있습니다. 그는 막 중국에서 알리바바와 미팅을 마치고 돌아오던 참이었습니다. 알리바바가 잠재적 경쟁자인지 아니면 파트너인지 쉽게 판단을 내리지 못하겠다고 제게 말했습니다. 그의 말을 흥미롭게 여겼습니다.

전통적인 원자재 무역금융의 개념도 바뀌고 있습니다. 지금 하고 있는 실사 기준을 적용하면 작은 트레이더들은 자금조달에 훨씬 어려움을 겪을 것입니다. 자본금 2,500만불에 미달하는 회사들과 거래하지 않는 이유는 그 정도 규모의 회사에서 기대되는 수익은 리스크에 비해 너무 작기 때문입니다.

세계의 인구는 계속 늘어나고 있고 늘어난 사람들을 먹여 살리는데 국제무역은 더욱 중요해질 것입니다. 비록 정보가 투명해지고 단순 중개인의 역할은 줄어든다고 해도 물류와 리스크 관리의 영역에서 국제적인 트레이더들의 역할은 남아있을 것입니다. 전 세계에 펼쳐져 있는 그들의 네트워크에서 옵셔빌리티를 지속적으로 행사하면서 말입니다.

마지막으로 하시고 싶은 말씀이 있습니까?

오늘날 화폐는 가치를 많이 잃었습니다. 제로 금리, 마이너스 금리의 시대에 오히려 돈을 받으며 담보 대출을 받는 것도 가능합니다. 새로운 경제적 질서에 살고 있는 것입니다. 동시에 업계에는 자산의 유휴 용량이 넘쳐나고 원자재 가격은 약세에서 헤어 나오지 못하고 있습니다. 이는 업계 내의 흡수합병을 가속화하여 궁극적으로 마진 회복을 촉진할 것입니다.

레닌은 '곡물은 화폐 중의 화폐'라고 말한 적이 있습니다. 오늘날 화폐는 가치를 잃었을지도 모르지만 곡물은 다릅니다.

2장

잔치와 굶주림

후에 일곱 해 흉년이 들므로
애굽 땅에 있던 풍년을 다 잊어버리게 되고
이 땅이 그 기근으로 망하리니
창세기 41장 30절

댄 모건이 *Merchants of Grain*을 쓴 1979년 세계는 거의 멸망 직전까지 갔다. 대부분의 사람들은 무슨 일이 있었는지 알지도 못하는 사이에 말이다.

1979년 11월 9일, 내 23번째 생일에 미국은 소련의 핵미사일 공격 징후를 감지했다. 미군은 전면 경계태세에 돌입했고 전투기가 하늘을 메웠다. 소련의 미사일이 도달하기 6분 전 미국은 막대한 보복 미사일을 발사하려던 참이었다. 다행히도 이 모든 일이 일어나기 직전에 미사일 감지 시스템을 수행하는 하니웰 컴퓨터에 누군가 잘못된 테이프를 넣었다는 사실을 깨달았다. 그 테이프는 전날 훈련에서 사용한 워게임의 일부로 소련의 미국 공격 시뮬레이션을 담고 있었다. 몇 분을 남겨두고 미국의 보복 공격은 중단되었고 댄 모건의 책은 베스트셀러가 되도록 계속 팔려나갔다.

그날 나는 미네소타에 있는 카길 본사의 원당 부서 내 책상에 앉아 창밖에 내리는 첫눈을 감상하고 있었다. 더없이 행복했던 나는 방금 세상이 멸망할 뻔했다는 사실은 상상조차 못하고 있었다. 그리고 창밖에 내리는 눈이 이듬해 부활절까지 쌓여 있으리라고는 생각도 못했다. 춥디추운 미네소타에서 맞는 첫겨울이었다.

나는 런던에서 1년간의 트레이닝 프로그램을 마치고 미네소타 카길 본사로 9월에 배치되어 근무하기 시작했다. 회사의 트레이딩 포지션을 기록하고 원당 현물을 사고팔때마다 선물 헷징을 하는 것이 주요 업무였다. 상사는 나에게 트레이딩 계정을 주면서 회사의 간접비용 충당에 도움이 되도록 하루에 5만불씩은 벌라고 말했다.

런던에 있는 동안 알게 된 런던 원당 선물시장의 플로어 브로커는 내가 미국으로 옮겨온 이후에도 트레이딩에 도움을 주었다. 물론 중개 거래를 그에게 맡기는 대가로 말이다. 그는 매일매일의 시장 전망을 나와 공유했다. 그의 조언을 참고하여 썩 괜찮은 트레이딩 마진을 만들기 시작했고 이내 상사의 눈에 들었다. 친구의 조언을 따르고 있다는 말은 상사에게 털어놓지 않았다. 그저 내가 바라보는 시장 전망에 대해서만 상사와 나누었다.

몇 년 후 런던으로 돌아갔을 때 그 브로커 친구를 만나 점심을 함께했다. 그는 당시 세계 최대의 설탕 수출국이었던 쿠바를 위해 주문을 넣고 있다고 내게 말했다. 쿠바는 뉴욕선물시장에서 거래를 하는 것이 금지되어 있었기에 런던 시장에서의 거래에 집중하고 있었다. 그들은 시장을 마음대로 좌지우지하면서 시장을 지배하고 있었다. 더 강한 상대를 만나 박살나기 전까지 말이다.

당시 원당 시장은 UN의 후원을 받는 ISA(International Sugar Agreement)의 영향 아래 있었다. 이는 소비자와 생산자 모두를 위해 공정한 가격이 설정되도록 설계된 협정이었다. 지난 수년간 원당과 기타 원자재들을 국가 단위가 아닌 전 세계적으로 고정시키려는 시도가 있어 왔는데 이게 마지막이었다.

각 원당 수출국에게는 고정된 생산량 또는 수출량 쿼터가 주어졌다. 만약 가격이 미리 설정된 '공정가격' 이하로 떨어지면 수출국들은 생산량 중 일부를 재고로 보관하여 시장에서 격리하는 것에 동의했다. 만약 가격이 다시 오르면 그 재고를 풀어 가격을 떨어뜨리도록 되어 있었다.

그러나 현실에서 사탕수수 가공업체들은 가격이 떨어질 때 재고를 들고 있는 것을 꺼려했다. 그들에게는 당장 농부에게 지불할 돈이 필요했다. 가격이 다시 오를 때 판매하는 것은 생산자들이 비교적 편안하게 받아들였다. 다른 생산자들은 그동안 약세 시장에서 격리시켜놓은 재고를 풀면서 가격이 안정되리라 생각했다. 하지만 가격이 오르기 시작할 때, 시장에 풀려야 할 재고는 존재하지 않았고 가격은 그대로 폭발해버렸다.

결국 UN은 원자재에 국제적 공정가격을 설정하려는 아이디어를 포기했다. 그들은 지난 수년간 시도했던 여러 방안들이 오히려 가격 변동성을 키우는데 일조했다고 판단했다. 마치 공산주의처럼, 공정가격을 설정하는 것은 소비자와 생산자 모두에게 이익이 되는 일처럼 보이지만 현실에서는 작동하지 않는다.

쿠바는 원당 가격을 통제하려고 시도했으나 실패했다. UN도 보다 이타적인 이유로 시도했으나 실패했다. 그리고 앞으로 이 책에서 볼 것처럼 이후 수년 동안 여러 트레이더들과 투기꾼들이 같은 시도를 했으나 전부 실패했다. 이처럼 가격을 결정하는 것이 트레이더도 투기꾼들도 아니라면 무엇이 가격을 결정한다는 말인가?

질문에 답하기 위해서 1759년으로 돌아가보자. 스코틀랜드 출신 경제학자 애덤 스미스는 보이지 않는 손의 개념을 세상에 소개했다. 수요와 공급의 균형을 불러오는 것은 가격이라는 사실을 그는 깨달았다. 수요가 증가하거나 공급이 감소하면 가격이 올라 다시 공급이 늘어나고 수요가 줄어든다. 공급이 증가하거나 수요가 감소하면 다시 가격이 내려 수요가 늘어나고 공급이 줄어든다.

애덤 스미스는 아이디어를 발전시켜 1776년 국부론을 썼다. 이 책에서 그는 시장 참여자 각자가 자신의 이익을 위하여 행동하고 정부가 간섭하지 않는 자유 시장에서 경제가 가장 잘 작동한다고 주장했다. 자유 시장에서 각자의 이익을 추구하는 경쟁은 사회 전체의 후생을 높이고 다양한 재화와 서비스의 생산을 촉진한다고 그는 보았다.

수요와 공급의 힘이 가격을 결정한다면 무엇이 수요와 공급을 결정한다는 말인가? 농산물 시장에서 공급을 결정하는 가장 중요한 요소 중 하나는 날씨다. 농산물 시장 참가자들은 날씨를 분석하는데 많은 시간을 할애한다. 정부도 농산물 가격과 다른 원산지 간의 가격 차이에 많은 영향을 끼친다. 이 글을 쓰는 지금 미·중 무역전쟁으로 인해 브라질산 대두는 미국산 대두에 비해 상대적으로 높게 가격이 형성되었다. 각종 전염병 등의 사건도 빼놓을 수 없다. 중국에서 발병한 아프리카돼지열병(ASF)으로 인해 중국에서는 사료 곡물에 대한 수요가 크게 감소하였으며 세계 대두 수요에 막대한 영향을 끼쳤다.

그러나 원자재의 수요와 공급에 가장 큰 영향을 끼치는 것은 원자재 가격 그 자체다. 대체 관계에 있는 상품에 대해서도 마찬가지다. 가격과 수요와 공급의 관계에서 원인이 결과가 되고, 결과가 원인이 되는 순환 상황에 봉착하고 마는 것이다. 원자재의 종류에 따라 시차가 다른 피드백 루프(feedback loop)와도 같다.

앞서 말한 것처럼 대체 관계에 있는 작물의 가격도 상품 가격에 큰 영향을 끼친다. 미국의 많은 농부들은 매년 파종기에 대두와 옥수수 중 무엇을 심을지 고민한다. 옥수수는 토양에서 질소를 흡수하는 반면, 대두는 토양에 질소를 되돌려 놓는다. 따라서 옥수수는 대두보다 많은 비료를 필요로 한다. 이는 농부의 고민 중 하나지만 결국 농부의 결정에 가장 큰 영향을 주는 것은 두 작물 간 상대적 가격의 차이다.

비슷한 사례로 2019년 파종기의 기상상황 악화는 소맥 대비 옥수수의 가격을 크게 끌어올렸다. 그 결과 가축의 사료로 소맥의 수요가 크게 늘어났고 사료용 옥수수를 대체하는 일들이 많이 일어났다. 이른바 '비싼 가격의 해결책은 비싼 가격 그 자체이고, 낮은 가격의 해결책은 낮은 가격 그 자체이다'라는 시장의 격언과 같다.

하지만 이 과정에는 시차가 존재하며 현재의 물량 부족이 미래의 과잉생산으로 이어질 수 있다. 농산물 시장은 완벽한 시장이 아니다. 이 시장은 양방향으로 모두 과잉반응이 일어나기도 하며 다시 균형을 회복하는 데에 시간이 걸린다. 물량이 부족할 때는 가격이 지나치게 많이 오르고 물량이 넘쳐날 때는 가격이 지나치게 떨어지고는 한다. 지나치게 높거나 낮은 가격으로 유지되는 기간도 시장 참여자들의 예상을 벗어나는 경우가 많다.

가격이 오랜 시간 동안 낮게 유지되는 이유는 무엇일까? 가격이 생산비용 아래로 떨어지면 남는 게 없는 농부들은 농사를 멈추고 밭을 놀리는 게 나은 것 아닌가? 가격이 낮더라도 계속 농사를 짓는 것 외에 농부들에게는 주로 선택의 여지가 없는 게 하나의 이유다. 적어도 변동비를 커버할 수 있다면 농부들은 계속 작물을 심고 농사를 지을 것이다. 농부들이 작물을 팔아서 손에 쥐는 돈이 고정비(지대, 금융비, 농기계를 구매하거나 곡물 사일로를 짓는 데에 드는 비용)를 충당하기에는 부족하더라도 변동비보다는 높다면 계속 농사를 짓는 것이 땅을 놀리는 것보다 낫다.

또 다른 이유는 풍년이 든 해에 쌓인 재고가 다음 해로 계속 넘어가면서 소진되기까지 시간이 많이 걸릴 수 있기 때문이다.

선물시장에서 투기자들은 가격 리스크를 떠안는 중요한 역할을 맡지만 때에 따라 가격 변동을 지나치게 증폭시키는 경우가 있다. 미국 상품선물거래위원회(CFTC)는 이를 과도한 투기로 규정하고, 선물시장의 정상적인 작동을 저해하는 행위로 여긴다.

원자재 가격은 수요와 공급이 균형을 이루는 과정 속에서 계속 움직인다. 비록 가격은 대부분의 경우 수요와 공급이 만나는 지점을 반영한다고 우리는 믿지만, 그 가격이란 것은 시장의 다른 참가자들에게는 받아들이기 어려운 것일 수도 있다. 특정 시점의 가격은 구매자들에게 지나치게 높을 수도 있고, 반대로 농부가 파산에 이르도록 지나치게 낮을 수도 있다.

영국의 경제학자 케인즈가 한 유명한 말 중에 "시장은 당신이 지급능력을 유지하는 것보다 오래 비이성적 상태로 머무를 수 있습니다."라는 말이 있다. 케인즈는 주식시장에 대해 이 말을 남겼지만, 원자재 시장에 대해서도 같은 말을 할 수 있다.

경제학자들은 장기에는 수요와 공급이 만나는 균형가격으로 회귀한다고 주장한다. 그 균형가격이라는 것은 대체로 가장 효율적인 생산자의 한계생산비용으로 알려져 있다. 단기에 원자재의 가격이 얼마나 높거나 낮게 출렁이든, 장기에는 결국 한계생산비용과 일치하는 가격으로 회귀해야 한다는 것이다.

케인즈는 또 다른 유명한 말을 남겼다.

"장기로 보면 우리 모두 죽어 있다."

사실 지금 우리는 살아있지만, 우리가 죽은 이후에도 시장에서의 각종 오버슈팅은 시장 사이클을 불러온다. 이 사이클들은 때로는 장기적이고 고통스럽다. 하지만 지금까지 그 누구도 애덤 스미스의 보이지 않는 손보다 가격을 정할 수 있는 좋은 방법을 찾지 못했다.

거래량이 많은 선물과 현물시장에서의 가격은 서플라이 체인의 전 단계에 거쳐 투명하게 설정되어 있다. 시장 참가자들은 투명한 가격을 보고 의사결정을 내리며, 시장은 자원이 가장 효율적으로 배분되도록 작동한다. 시장 참가자들이 보장하는 투명한 가격은 미래의 공급과 수요가 만나는 지점을 보여준다.

댄 모건이 책을 쓴 1970년대는 곡물 가격의 변동성이 매우 심하고 그 속에서 곡물 트레이더들이 큰 이익을 남긴 시기였다. 반면 그보다 앞선 1950-60년대는 곡물 가격과 변동성이 낮고 트레이딩 마진이 거의 존재하지 않았다. 그 20년 동안 미국은 잉여 곡물처리에 골머리를 앓았으며 개발도상국으로의 곡물 원조 프로그램과 복잡한 수출보조금 제도를 도입해야만 했다.

한편 지구 반대편 소련에서는 곡물이 부족하여 허덕이고 있었다. 소련의 농업시스템은 실패를 거듭하며 식량 부족에 직면했다. 동시에 소련의 지도자들은 자신들이 살아남으려면 배부른 인민들의 지지가 필요하고, 이를 위해서는 기존에 여타 산업 부문에 할당된 재원을 재분배하여 사람들이 고기를 먹을 수 있도록 해야 한다는 것을 깨달았다.

러시아 혁명 이전의 러시아는 세계 최대 밀 생산국이자 수출국이었다. 그러나 소련 수립 이후 집단농장체제로 바뀌면서 생산량은 줄어들었고 1970년대에 이르러서는 내부 수요조차 충족하지 못하게 되었다.

1972년 7월 소련의 국영기업 Prodintorg는 약 1천만톤의 미국산 밀과 옥수수를 구매했다. 이는 당시 미국의 지난 5년 평균 연간 밀 생산량의 30%에 해당하고 국내에서 식량으로 소비되는 물량의 80% 이상에 해당하는 것이었다. 이 거래에는 각종 정부보조금도 얽혀 있었는데 그중에는 미국 정부가 제공하는 7억5천만불 상당의 신용 한도도 있었다. 모든 것을 종합해보면 이 거래를 통해 약 3억불 정도가 당시 미국 납세자들의 부담으로 돌아왔다.

이 거래가 세상에 알려지게 되었을 때 미국 내 밀 가격은 오르기 시작했고 몇 달 내 모든 식용 및 사료용 곡물과 가축 가격이 오르기 시작했다. 1973년 밀 가격은 거의 세 배가 올랐으며 옥수수와 대두는 두 배 가까이 올랐다. 그 외에도 각종 농산물의 도매 가격은 66%, 전반적인 식료품 가격은 29% 상승하였다.

이 같은 인플레이션은 닉슨 대통령의 금본위제도 폐지 결정에 기인한 부분도 있다. 미국 달러 가치의 하락은 국제 시장에서 미국 농산물의 가격 경쟁력을 높였으며, 그때 바로 소련의 막대한 구매물량이 유입된 것이다. 1970년에서 1973년 사이 농가의 달러표시 소득은 두 배 이상 늘었다. 그럼에도 불구하고 연방정부는 농산물에 대한 각종 보조금과 지원제도를 그대로 유지하였다.

1970년대 호황의 거품이 이내 꺼지는 것은 필연적이었다. 1979년 미국 연방준비제도이사회 의장 폴 볼커는 인플레이션에 대한 전쟁을 선포했다. 이에 따라 농가들의 부채 부담이 서서히 증가했다. 같은 해 소련이 아프가니스탄을 침공했고 지미 카터 대통령은 소련에 곡물 수출금지 조치로 대응했다. 인플레이션은 이내 진정되었고 달러 또한 다시 강세로 돌아섰다.

높은 가격과 변동성으로 트레이딩 마진이 크게 개선되면서, 1970년대에는 곡물 생산량과 공급 인프라에 대한 투자가 대폭 늘어났다. 그 결과 곡물과 물류시설 모두 과잉공급으로 이어졌다. 뒤에 실릴 대화에서 제이 오닐이 이 부분을 잘 지적하고 있다. 곡물 트레이딩 회사들은 이 불황기를 견디는 데에 많은 어려움을 겪었다. 20세기 말까지 두 개의 거대한 곡물 회사가 사업을 접고 업계를 떠났다. 그들보다 조금 작은 쿡 인더스트리는 1970년대의 가격 변동성조차 이겨내지 못하고 댄 모건의 책이 세상에 나오기 전 문을 닫았다.

1990년대 초까지 이어진 슬럼프는 지난 세기 동안 반복된 불황의 하나였을 뿐이다. 현대사를 살펴보면, 제1차 세계대전 동안 전쟁의 수렁에 빠진 유럽의 생산량이 크게 감소하면서 곡물 가격은 두 배로 뛰었다. 1916년에는 미국 정부가 불에 기름을 붓는 격으로 연방농지대부법을 제정하여 농부들에게 장기 대출을 제공했다. 전쟁이 끝나자 유럽에서의 농업 생산량은 회복되었고 곡물 가격은 반토막이 났다. 1920년대에 많은 농가들은 디폴트를 선언했고 이 위기는 대공황으로 이어졌다. 다시 한 번 미국 정부는 보호주의적 정책으로 수출길을 가로막으면서 상황을 악화시켰다.

1930년대를 지나며 당시 대통령이었던 프랭클린 루즈벨트는 제2차 세계대전 동안 상승한 곡물 가격으로 늘어난 생산량을 더욱 가속화하는 보조금 제도를 도입했다. 전후 1950-60년대는 다시 침체기에 빠졌고 1970년대의 호황을 거쳐 다시 1980-90년대 불황으로 이어졌다. 이는 중국에서 촉발된 2003년에서 2008년 사이의 원자재 슈퍼사이클에 다시 길을 내주었다. 이번에는 소련이 아니라 중국이 어마어마한 양의 대두를 비롯한 미국산 작물을 빨아들이면서 호황을 이끌었다. 또한 미국 정부가 2005년 신재생연료 의무혼합제(RFS)를 도입하면서, 휘발유 및 경유에 혼합할 에탄올 생산을 위한 옥수수의 수요가 크게 늘어났다.

　호황의 끝은 다시 어김없이 불황으로 이어졌다. 도날드 트럼프 대통령이 중국과의 무역전쟁을 선포하고 중국산 수입품에 막대한 관세를 부과하면서 상황은 악화되었다. 중국은 곧바로 미국산 대두, 옥수수, 에탄올 등의 농업 생산물에 보복관세를 부과하며 트럼프 대통령에게 가장 아픈 곳을 찔렀다. 한편 미국 환경보호국이 가솔린 등 연료의 에탄올 혼입의무를 정유공장들에게 면제해주면서 옥수수 수요는 더욱 감소하였다.

　2018년에 트럼프 대통령은 다음과 같은 메시지를 트위터에 올렸다.
"무역전쟁은 좋은 것이고 쉽게 승리할 수 있다."
　그러나 불행히도 무역전쟁은 실제 전쟁과 같아서 절대로 좋을리도 없고 승리하기도 쉽지 않다.

　오늘날 농부와 트레이더들은 지난 호황기를 거치며 유발된 과잉생산과 과잉설비로 인하여 고통받고 있다. 이번에도 전과 마찬가지로 정부 개입이 문제를 더욱 악화시키고 있다.

　곡물 시장의 업황이 순환하는 것은 사실이나 지금의 문제는 구조적인 것이기도 하다. 댄 모건이 책을 쓴 이래 지난 40년 동안 일어난 구조적인 변화는 거의 알아볼 수 없을 정도로 곡물 시장을 바꿔놓았다. 다음 장에서 이러한 변화에 대해 살펴보기 전에, 1970년대와 1980년대의 호황과 불황을 모두 직접 겪었던 제이 오닐을 만나보도록 하자.

역사는 반복된다
제이 오닐 Jay O'Neil

오리건 남부에 살고 있는 제이에게 전화로 연결했다. 그는 최근 캔자스 주립대학교에서 은퇴하고 개인 컨설팅 사업을 하고 있다. 캔자스주립대학교에서는 국제 곡물 프로그램의 운영을 맡아왔다. 그에게 전화를 걸었을 때는 마침 태국에서 있었던 미국대두협회 콘퍼런스의 발표자로 참석하고 돌아오는 길이었다. 그 직전에는 중앙아메리카에서 미국곡물협회가 주관하는 워크숍에 있었다.

안녕하세요 제이. 어떻게 이 업계에서 일을 시작하게 되었는지 말해주겠습니까?

1973년 1월 대학을 졸업하자마자 곡물 산업에 뛰어들었습니다. 캘리포니아 오린다에 있는 콘티넨탈 그레인에 입사했습니다. 훗날 소련의 대곡물강도사건으로 불린 사건이 있기 시작한 막 초창기였습니다. 저는 그곳에서 1977년 5월까지 근무하다 필즈버리로 이직하여 곡물 수출 부서에서 일하게 되었습니다.

네브래스카 오마하에서 1년간 일한 후, 수출 사무소가 있는 세인트루이스 미주리로 옮겼다가 미니애폴리스 본사에서 근무하게 되었습니다. 필즈버리에는 1984년까지 있었습니다. 그해에 필즈버리는 곡물 오리지네이션 사업을 카길에 팔았습니다. 당시 미국 내 90여 개의 시설을 가지고 있었던 필즈버리의 사업은 규모가 제법 있었습니다.

1970년대 소련이 곡물을 수입을 위해 왔을 때, 미국에는 그들이 원하는 양의 곡물을 처리할 수 있는 물류시설이 존재하지 않았습니다. 미국 농업계는 그만큼의 막대한 수요를 감당할 준비가 되어 있지 않았습니다. 화물 차량, 바지선 등 수출시설은 부족한 상태였습니다.

1980년대에 들어서야 미국은 소련이 수입할 것으로 예상되는 곡물을 처리할 수 있는 수출기반을 갖추었습니다. 그러나 소련의 곡물 수요는 감소하였습니다. 지금까지 사 오던 곡물의 양을 계속 수입할 수 있는 돈이 소련에는 없었습니다.

그제서야 농업계는 물류 및 수출과 관련된 끔찍한 과잉설비의 문제에 직면하게 되었습니다. 사람들은 미국 전역을 돌아다니면서 남아도는 화물 차량을 보관할 선로 옆 공터를 찾아 헤맸습니다. 옛 군용부지, 더 이상 사용되지 않는 산업부지, 그 외에도 찾을 수 있는 모든 빈 공간에 쓸모없는 화물 차량을 세워두었습니다. 언젠가 다시 쓸 날이 오기를 바라면서 말입니다. 그러나 과잉설비 문제가 해소되고 다시 수요와 공급의 균형을 찾기까지는 수많은 해가 지나야 했고 많은 금전적 손실이 발생했습니다.

미니애폴리스 필즈버리에 있을 당시, 경영진이 바지선 부문의 책임자에게 미시시피강으로 사람들을 보내서 바지선을 묶어둘 강가의 큰 나무들을 찾아내라고 했던 일이 지금도 생생히 기억납니다.

모두가 과잉 물류 및 수출시설 문제로 허덕이고 적자로 피 흘리고 있었습니다. 80년대 중반에 필즈버리의 곡물 사업은 한 해에 2억불 이상 손실을 봤습니다. 오늘날 기준으로 5억불에 해당하는 돈입니다. 당시 경쟁자들도 비슷한 상황에 처해 있었을 것으로 생각합니다. 우리는 그나마 중형 규모의 회사였지만 우리보다 큰 회사들은 훨씬 더 많은 손실을 봤을 것입니다. 곡물 산업에 있는 모든 회사들이 돈을 잃고 있었습니다.

필즈버리의 경영진은 중요한 질문의 답을 찾기 위해 연구했습니다. 과연 수요가 회복되어 이 남아도는 바지선과 화물 차량들을 다시 쓰게 될 수 있을 것인가, 아니면 녹이 슬고 고철로 처분할 때까지 저렇게 버려져 있을 것인가 말입니다. 1999년에서 2000년 사이에서야 회사는 답을 찾았습니다. 이 얼마나 훌륭한 연구란 말입니까. 과잉설비 문제는 90년대 내내 지속되었습니다. 80년대보다는 그나마 나았지만 모두가 고통 받았습니다. 지나치게 많은 투자가 이뤄졌던 것이 문제였습니다.

1984년 필즈버리가 곡물 사업을 매각했을 때, 저는 뉴올리언스의 페루치로 회사를 옮겼습니다. 그곳에서 루이지애나에 있는 사료 곡물 수출 사업을 맡았습니다.

곡물 산업에 있는 우리 모두는 서로에게 의존적일 수밖에 없습니다. 시장 내에 아무도 자신이 가져갈 수 있는 마진을 정할 수 없습니다. 그저 시장이 허락한 만큼의 마진 밖에 가져갈 수 없지만 당시 시장은 어떠한 마진도 허락하지 않았습니다. 페루치에 근무할 당시 우리가 곡물을 선적한 배들은 적자투성이였습니다. 업계 전체가 불황이었고 적자의 늪에서 헤어 나오지 못하고 있었습니다. 수출을 위해 선적하는 곡물에 받는 돈보다 내륙 바지선이나 기차로 사들이는 곡물에 많은 돈을 지불해야만 했습니다.

결국 손실을 멈추기 위해 두 달 동안 수출시설의 운영을 중단했습니다. 하지만 시설유지에 들어가는 고정비용이 우리가 예상했던 것보다 더 크다는 사실을 알게 되었습니다. 일정 가동물량(throughput)을 유지하면서 매출을 얼마라도 발생시켜 고정비의 일부라도 커버하는 것이 낫겠다는 결론에 이르렀습니다.

오늘날에도 같은 법칙이 적용됩니다. 아예 가동을 중단하는 것보다는 마진이 적더라도 간접비의 얼마라도 건지기 위해 매출을 발생시킬 수 있도록 설비를 계속 가동하는 편이 낫습니다. 이내 수출 엘리베이터를 재가동했지만 전반적인 업황은 여전히 크게 나아지지 않았습니다.

1986년 저는 페루치를 떠나 캔자스시티의 바틀렛 그레인에서 새로운 업무를 맡았습니다. 그곳에서 17년 동안 곡물 수출 사업을 맡았습니다.

1980년 1월 카터 대통령의 곡물 수출금지 조치가 상황을 악화시켰습니까?

미국에는 두 번의 곡물 수출금지 조치가 있었습니다. 한 번은 닉슨 행정부에서였고 또 한 번은 카터 행정부에서였습니다. 둘 다 미국 곡물 산업에 악영향을 끼쳤습니다. 수출금지 조치의 결과 일본은 남미로 진출하여 투자 기회를 찾았고 대두 산업을 크게 발전시켰습니다.

(수출금지 조치가 없었어도) 그 일은 어차피 일어나지 않았을까요?

그랬을지도 모르죠. 하지만 그토록 대규모로 빠르게 진행되지는 않았을 것입니다. 두 금수조치를 통해 우리는 스스로 경쟁자를 만들어냈습니다.

오늘날 역사는 반복되고 있습니까?

중국과의 무역전쟁을 보면 저는 역사가 반복된다는 사실을 믿어 의심치 않습니다. 우리는 또다시 스스로의 경쟁자를 만드는 일에 이바지하고 있습니다. 중국은 정치·경제적으로 곡물 문제를 해결하는 데에 난감한 상황에 빠졌습니다. 이는 중국으로 하여금 더 이상 미국에서의 공급에 의존하기는 어렵겠다는 생각을 심어줍니다. 따라서 당연히 중국은 그들의 공급선을 다변화하려는 노력을 할 것이고 이미 남미, 사하라 이남, 러시아, 흑해에서 대두 생산을 위한 투자를 하고 있습니다.

우리는 제 손으로 경쟁자를 만들고 있고 이는 되돌리기 어려울 것입니다. 그 결과 전 세계적으로 생산량이 늘어날 것이며 이는 앞으로 10-20년 동안 미국 농가를 더욱 어렵게 만들 것입니다.

중국은 어디까지 대두의 대체 공급지를 찾을 수 있을까요? 흑해 국가들 중에서도 우크라이나가 크게 옥수수 생산량을 늘렸지만 대두는 아직입니다. 옥수수가 대두를 대체하기는 어려울 것이고요.

말씀하신 것처럼 옥수수와 대두는 서로 대체 가능하지 않습니다. 가축의 사료는 주로 옥수수에서 에너지를 얻고 단백질은 대두박을 통해 얻습니다.

중국에는 어마어마한 수의 대두 크러싱 플랜트가 있는데, 이곳에 들어갈 막대한 양의 대두는 매년 수입되어야 합니다. 옥수수는 다양한 지역에서 재배할 수 있지만 대두를 키우는 것은 조금 더 어렵습니다. 그러나 최근에는 종자회사들이 생육기간도 짧고 캐나다나 러시아 동부 지역처럼 더 추운 곳에서도 자랄 수 있는 종자들을 개발하고 있습니다. 전에는 대두를 심을 수 없었던 곳에서 말입니다. 이 새로운 지역들이 곧바로 주요 대두 수출국이 될 것이라고 말하는 것은 아닙니다. 여기저기서 아마 몇 백만톤씩은 수출 물량이 나오겠지요. 그러나 중국이 매년 필요한 8천5백만톤에는 턱없이 부족합니다. 중국은 결국 남미와 미국에 기대야만 합니다. 그중에서도 점점 남미로 기울고 있는 것이 현실입니다.

페루치를 떠나신 이후에, 페루치는 시카고 대두 선물시장에 압력을 가해보려고 시도하다 실패하여 회사 문을 닫고 말았습니다. 이러한 위험한 역사도 반복된다고 보십니까?

불행히도 업계 전반적으로 저조한 마진은 몇몇 트레이딩 회사들로 하여금 선물시장에서나 플랫 가격(flat price)에서 더 큰 리스크를 져서 이를 만회해보려는 생각을 갖게 만들었습니다. 그러나 이 같은 일은 거의 성공하지 않습니다.

지난 45년 동안 업계에 있으면서 콘티넨탈 그레인, 쿡 인더스트리, 앙드레와 같은 훌륭한 회사들이 문을 닫거나 업계를 떠나는 것을 보았습니다. 문을 닫은 회사는 내부의 누군가가 과도한 리스크를 지면서 위험 헷지를 안 했거나 투기를 해서 망했습니다. 앙드레는 이탈리아 사무소의 대두 데스크에서 큰 손실을 보고 사업을 접었습니다. 쿡 인더스트리는 대두 크러싱 스프레드에서의 손실로 사업을 접었습니다. 콘티넨탈 그레인이 곡물 사업을 카길에 매각한 이면에는 러시아 채권시장에서의 큰 손실이 있었습니다. 뒤돌아보면 항상 바보 같은 일들이 있었습니다.

잠시 아프리카돼지열병에 대해 이야기를 나누고 싶습니다. 미국 농가에게는 무역전쟁보다 돼지열병이 더 큰 위협이 될 것으로 보십니까?

아프리카돼지열병은 아주 큰 문제입니다. 2017년에 중국은 약 9천5백만톤의 대두를 수입했습니다. 우리는 중국의 수요가 2019년이면 1억톤을 넘길 것으로 보았습니다. 그러나 이는 ASF와 무역전쟁이 발생하기 전의 전망이었습니다. 지금은 중국의 수입량이 8천만톤에서 8천4백만톤 사이에 그칠 것으로 보고 있습니다. 엄청나게 줄어든 양입니다.

미국과 남미 시장 모두 1억톤에 달하는 중국 수요를 예상하고 공급을 늘리고 있었습니다. 그러나 그 수요가 지금은 8천4백만톤을 밑돌 것으로 예상되고 있습니다. 이 상황을 퍼펙트 스톰이라고 불러야 할지 모르겠습니다만 ASF와 무역전쟁이 동시에 닥친 것은 곡물 교역에 엄청난 영향을 끼치고 있습니다.

현재 상황은 1980년대와 비슷하게 보이는군요. 대두와 수출 인프라가 남아도는 상황 말입니다.

정확히 말하면 1980년대나 90년대 초만큼 상황이 나쁜지는 모르겠습니다. 그때는 업계 전체가 적자로 고전을 면치 못하고 있었으니 말입니다. 그러나 수출 수요 전반이 불황의 길로 접어드는 것은 맞습니다. 물류시설, 수출 인프라, 해상 운송 모두 과잉공급인 상태입니다. 거대 곡물회사들의 재무상태를 살펴보면 이들도 많은 도전에 직면해 있는 것은 사실이지만 여전히 8-90년대와 같은 적자상태라고 볼 수는 없습니다.

가난한 나라에 대두를 식량 원조로 보내겠다는 트럼프 대통령의 아이디어에 대해서는 어떻게 생각합니까?

규모가 관건입니다. 미국에는 올해 9억 부셸(약 2천4백50만톤)의 대두 기말 재고량이 예상됩니다. 혹자는 10억 부셸까지 보고 있습니다. 이는 미국 역사상 가장 큰 잉여 재고이자 23-25%에 달하는 수요 대비 재고

(stock-to-use) 비율입니다. 재고가 넘치는 건 옥수수도 마찬가지입니다. 재고 문제가 해소되기 위해서는 몇 년이 걸릴 수 있습니다. 이곳저곳으로 대두 배 몇 척씩 보낸다고 해서 이 문제가 해결되지 않습니다.

잉여 재고에 유전자변형작물의 도입은 어떤 역할을 했습니까?

매우 큰 역할을 했지요. 단위당 수확량이 늘어난 것 외에도 농부들은 유전자변형작물을 심으면 날씨가 좋지 않아도 비교적 잘 자랄 수 있다고 말합니다. 이처럼 농부들에게 자신감을 주기 때문에 농부들은 더 많은 면적을 심을 수 있습니다. 결과적으로 생산량이 크게 늘어납니다.

게다가 과거에 비해 지금은 훨씬 북쪽과 서쪽에 대두를 심고 있습니다. 역사적으로 미국에서는 노스다코타와 사우스다코타에 옥수수나 대두를 지금처럼 많이 심지 않았습니다. 캔자스 서부나 네브래스카 서부도 마찬가지입니다. 이 지역에는 부족한 강수량과 토질 때문에 밀이나 보리 정도를 심었습니다. 그러나 지난 15년 동안 유전자변형기술의 발전은 과거에는 옥수수와 대두를 키울 수 없었던 지역까지 생산 범위를 크게 확장시켰습니다.

이제 농부들은 밀과 보리를 심던 자리에 유전자변형 옥수수와 대두를 심습니다. 캐나다에도 비슷한 현상이 일어나고 있습니다. 생육기간이 짧은 대두 종자 덕분에 대두 생산량이 늘어났고 몇 년 이내 생산량이 두 배로 늘어날지도 모릅니다. 물론 지금의 절대 생산량 자체는 적은 편입니다.

뿐만 아니라 유전자변형기술은 전통적으로 옥수수와 대두를 심던 곳의 단위당 수확량을 크게 향상시켰습니다. 지금까지, 그리고 앞으로도 유전자변형기술은 생산량에 큰 영향을 줄 것입니다.

유전자변형 밀은 없습니까?

만약 종자회사들에 이 질문을 던지면, 밀보다 옥수수와 대두가 훨씬 파종면적도 넓고 상업적으로 매력적인 작물이기 때문이라고 말할 것입니다. 게다가 대두박이나 옥수수는 대부분 가축의 사료로 쓰이지만 밀은 보통 사람이 먹습니다.

2008년에서 2009년 사이 미국 농부들은 종자회사들에게 유전자변형 밀을 개발해달라고 요청했습니다. 밀의 단위당 수확량은 옥수수나 대두만큼 늘지 않고 있었기에, 미국에서 밀은 옥수수와 대두에 파종면적을 점점 내주고 있었습니다. 그러나 미국 밀의 주요 수입국인 일본의 제분업체들은 유전자변형 밀은 수입하지 않겠다고 단호한 입장을 표명했습니다. 결과적으로 유전자변형 밀은 시장에서 받아들여지기 어려울 것으로 판단되어 이를 개발하는 아이디어는 보류되었습니다.

지금까지 미국, 캐나다, 호주에서 유전자변형 밀에 대한 실험적 연구가 있기는 했으나 상업적 생산으로 이어지지는 않았습니다. 한편 어떻게 그곳에 이르게 되었는지는 모르겠습니다만, 캐나다와 오리건, 워싱턴 세 곳에서 non-GMO 밀과 섞여 자라는 유전자변형 밀이 환경보호단체에 의해 발견된 적이 있습니다. 유전자변형기술 실험실에서 수백 마일 떨어진 그곳에서 어떻게 자라게 되었는지는 아무도 알지 못합니다.

이 일이 오리건에서 발생했을 때 일본에서는 미국산 밀에 대한 수입금지 조치를 내렸고 후에 캐나다에서 발견되었을 때 캐나다산 밀에 대해서도 같은 조치를 내렸습니다. 이어서 일본으로 선적된 밀에 유전자변형 밀이 섞였는지 검사하는 규제가 생겨났지만 어떤 배에서도 발견되지 않았습니다. 수입금지 조치는 얼마 가지 않아 해제되었습니다.

살짝 다른 주제에 대해 질문 드리겠습니다. 유기농업이 낮은 단위당 수확량 때문에 더 많은 농지를 사용하는 것을 풍자하는 만평을 리트윗한 바 있습니다. 이 만평에 동의하십니까?

전통적 농업 생산 대비 낮은 단위당 수확량 때문에 비슷한 생산량을 위해서 유기농업이 더 많은 농지를 사용해야 하는 것은 사실입니다. 이 과정에서 탄소가 더 많이 배출됩니다. 농지면적이 늘어난다는 것은 삼림과 생태 다양성이 줄어든다는 것을 의미하기도 합니다. 많은 사람들이 전통적 농업 생산물보다 유기 농산물이 건강에 좋다고 생각하는데, 개인적으로는 동의하지 않습니다. 그러나 여전히 이런 견해와 수요가 시장에 존재하기 때문에 유기농업이 작지만 일정 부분 시장 점유율을 갖게 된 것입니다.

당신의 자녀들에게 농부가 되거나 곡물 트레이더가 되는 것을 권하시겠습니까?

제게는 두 자녀가 있습니다. 두 아이 모두 농사를 짓는 일이나 곡물을 사고파는 일에 관심이 없습니다. 농사를 짓는 것은 단순한 사업이 아니라 삶의 방식입니다. 도시와 멀리 떨어진 농촌에서 장시간 고된 노동을 하는 일은 쉽지 않습니다. 그래서 많은 젊은 사람들이 더 이상 가족 농업을 이어받고 싶어하지 않습니다. 그들은 도시에서 찾을 수 있는 직업과 사회생활을 누리고 싶어합니다.

경제적 관점에서 보면 농업은 업황의 주기가 뚜렷합니다. 현재는 불황 국면에 처해 있습니다. 이 일에 종사하는 것은 금전적으로 고려해 볼 만한 가치가 있고 지적으로도 많은 것을 배울 수 있는 길입니다만, 현재 많은 곡물회사들이 구조조정을 거치고 있으며 직원들을 내보내고 있습니다. 과거 불황의 사이클처럼 지금은 고통스러운 시간을 지나고 있지만 과거에도 그랬던 것처럼 이는 결국 지나갈 것입니다.

덧붙이자면 미국 내부 에탄올 산업의 발전은 농촌에서 곡물을 둘러싼 경쟁을 심화시켰습니다. 이제는 더 이상 곡물 트레이더들만이 농부들에게서 곡물을 사들이는 존재가 아닙니다. 또 다른 변화는 농가들의 농장 내 곡물 저장능력이 크게 늘어났다는 점입니다. 오늘날 미국 내 55%의 곡물 저장능력은 농가에 있습니다. 상업적 트레이더들이 보유하는 건 45%에 불과합니다. 과거에는 트레이더들이 저장능력의 우위를 활용하여 수확기에 곡물을 둘 곳 없는 농부들에게서 싸게 곡물을 사들이고 가격이 오를 때까지 보관하다 비싸게 파는 것이 쉬웠습니다. 이처럼 수출 시장뿐만 아니라 미국 내 시장 구조도 경쟁이 심화되고 핸들링 마진은 쪼그라들었습니다.

나아가 오늘날 더욱 예상하기 어려워진 정치적 개입도 문제입니다. 무역전쟁이 도대체 얼마나 오래 지속될 것인지 예측하기 어렵습니다. 어떤 트레이딩 회사들은 무역전쟁이 얼마 가지 않을 것으로 보았으나, 예상보다 오래 지속되자 크게 데었습니다.

그러나 종합해보면 저는 이 곡물 산업에서 멋진 경험을 했고 앞으로도 할 것입니다. 어려운 순간들도 많았지만 이를 넘어서는 과정에서 지적으로 그리고 금전적으로 크게 보상받았습니다. 따라서 젊은 사람이 이 업계에 들어오겠다면 저는 기꺼이 권하겠습니다.

3장

곡물과 더불어

곡물 시장에 대해 공부하다 보면,
세상이 작아 보이는 순간이 옵니다.
_댄 모건

나는 1979년 카길 유럽지사 런던사무소에서 미네소타 미니애폴리스에 있는 카길 본사로 배치되었다. 그해는 비단 내 인생뿐만 아니라 세계에도 중요한 분수령이 되는 해였다. 세계의 정치·경제적 지각변동이 일어난 시기였다.

내가 영국을 떠날 때 펑크록 그룹 더 클래쉬의 히트곡 '런던 콜링'이 차트를 지배하고 있었다. 미국에서는 여전히 디스코가 주류였고 글로리아 게이너의 '아이 윌 서바이브'가 인기였다. 그해에 소니는 워크맨 카세트 플레이어를 출시했고 필립스는 콤팩트 디스크를 세상에 소개했다. 최초의 스포츠 케이블 채널 ESPN이 출범한 것도 이때였다. 맥도날드에서는 해피밀이 나왔다.

미국에서는 지미 카터가 대통령이었고 소련에서는 브레즈네프가 소련 공산당 서기장을 맡고 있었다. 그해 5월 영국에서는 마가렛 대처가 최초의 여성 수상으로 선출되었다. 그보다 앞선 2월에는 이란 혁명이 일어나 팔레비 왕조가 무너지고 아야톨라 호메이니가 지도자가 되었다. 11월 호메이니의 지지자들은 테헤란에 있는 미국 대사관을 공격하여 90명의 인질을 사로잡았다.

그러나 당시에는 많은 사람들이 크게 관심을 갖지 않았지만 세상을 완전히 뒤바꾼 또 다른 두 개의 중요한 사건이 1979년에 있었다. 하나는 중국 개방의 시작이었고 다른 하나는 소련 붕괴의 서막이었다.

1979년 중국과 미국 간의 공식적 수교가 이뤄졌다. 이는 중국이 공산화된 이래 처음 맺은 미국과의 외교관계였다. 또한 이는 중국이 국제사회로 나오는 첫걸음이었다. 중국은 세계 시장에 문을 열었고

2001년 12월 11일 WTO에 가입하면서 공식화되었다.

지금으로부터 두 세기 전 나폴레옹은 "중국이 그냥 자고 있도록 내버려둬라. 만약 중국이 깨어나면 세계를 뒤흔들 것이다."라고 경고했다. 오늘날 중국은 깨어났고 세계는 뒤흔들리고 있다.

중국의 부상만큼 세계의 정치·경제에 급격한 구조적 지각변동을 일으킨 일은 없었다. 1979년 중국은 세계 생산량의 2%, 미국은 22%를 차지했지만 오늘날 중국은 18%, 미국은 16%로 내려왔다.

대표적 중국통인 호주 전 총리 케빈 러드는 중국의 부상을 영국의 산업혁명과 글로벌 정보혁명이 300년이 아니라 30년에 동시에 축약되어 나타난 현상으로 비유했다.

실감이 나도록 몇 가지 사례를 들어보자. 중국이 2011년부터 2013년까지 3년 동안 생산하고 사용한 시멘트의 양은 미국이 20세기 전체에 걸쳐 사용한 시멘트의 양보다 많다. 2011년에 한 중국 건설회사는 30층짜리 고층 건물을 단 15일 안에 완공하였다. 3년 후 또 다른 건축회사는 57층짜리 건물을 19일 안에 뚝딱 세웠다. 유럽 전체의 주택 수에 해당하는 양을 중국은 단 15년 만에 지었다.

중국의 도시화와 소비자 소득 향상은 그들의 식단과 식량 수요에도 엄청난 영향을 끼쳤다. 일반적으로 사람들은 점차 부유해지면서 더 많은 고기와 생선을 먹는다. 이는 가축 사료로 사용되는 곡물과 유지류의 수요를 급격히 증가시킨다. 소고기 1kg을 얻기 위해서는 7-8kg의 곡물이 필요하다. 돼지고기 1kg에는 3-4kg이 든다. 닭고기의 경우 2kg 남짓, 초식성의 물고기를 양식하는 데에는 2kg이 조금 덜 든다.

사람들이 도시로 이동하면 더 이상 텃밭에서 과일과 채소를 키우지 않는다. 대신 가공된 식량을 슈퍼에서 구매한다. 이는 채소 대신 곡물을 소비하는 경향을 가속화한다. 게다가 도시화 과정에서는 음식물 쓰레기 발생이 증가한다. 식량이 생산지에서 소비지로 더 많은 거리를 이동하게 되는 과정에서 많은 식량이 버려진다. 게다가 아시아인들의 빵과 파스타에 대한 수요가 늘면서 밀 소비가 늘었다.

예상외로 중국의 농업 생산량은 늘어나는 자국 내 밀 수요를 제법 잘 따라갔다. 1979년 6천2백만톤에 불과하던 밀 생산량은 2019년 1억3천2백만톤으로 두 배 이상 늘었다. 옥수수는 더욱 나았다. 6천만톤 남짓의 생산량이 40년 동안 2억5천4백만톤까지 늘었다. 그러나 사료에 사용될 대두 수요 증가를 따라가는 데에는 실패했다. 1979년 80만톤에 불과하던 대두 수입량은 10,000% 이상 증가하여 2019년에 중국은 전 세계에서 거래되는 대두의 절반 이상을 수입했다.

이는 중국만의 현상이 아니다. 아시아 태평양 지역에 위치한 국가들의 수입량은 증가하는 자국 내 수요를 따라가기 위해 빠른 속도로 (곡물과 유지류의 수입이) 늘고 있다. 동아시아 국가들은 2019년에 총 7천2백5십만톤의 곡물을 수입했는데 이는 지난 10년간 50% 이상 증가한 수치다. 일본과 한국은 각각 세계에서 2, 3위 옥수수 수입국의 자리를 차지했으며 중국은 사우디아라비아의 세계 최대 보리 수입국 자리를 추월했다.

동남아시아 국가들의 수입량도 빠른 속도로 늘어나고 있다. 지난 10년간 곡물 수입량은 129% 증가하였으며 앞으로도 성장세가 계속될 것으로 보인다. 특히 이 지역의 밀 소비량이 세계 평균 인당 연간 소비량 78kg을 한참 밑돌며, 중국과 인도에도 미치지 못하는 사실을 고려하면 성장의 여지가 크다는 걸 알 수 있다. 예를 들어, 인도네시아는 이미 세계 2위의 밀 수입국이지만 인당 연간 소비량은 겨우 29kg에 그친다.

동아시아와 동남아시아의 곡물 수입량을 합치면 이미 전 세계 물동량의 3분의 1에 달한다.

이 같은 사료용 단백질의 수요 증가는 전 세계적인 대두 생산량 증가로 이어졌다. 생산량 증가는 미국, 브라질, 아르헨티나에서의 파종면적 증가와 단위당 수확량 향상 덕분에 가능했다. 2019년에 세계 대두 생산량은 3억5천5백만톤을 기록했는데 이는 1979년 생산량 9천3백만톤의 거의 네 배에 달한다. 전 세계 대두 평균 단위당 수확량은 1979년 헥타르당 1.82톤에서 2019년 2.81톤으로 늘었고, 파종면적은 5천1백만 헥타르에서 1억2천5백만 헥타르로 150% 늘었다. 교역량도 덩달아 증가했는데 이 기간 브라질의 수출량이 크게 증가하여 지금은 세계 최대의 대두 수출국이 되었다.

1979년 중국이 미국과 수교하는 동안, 교황 요한 바오로 2세는 모국 폴란드를 방문 중이었다. 교황이 공산국가를 방문하는 것은 처음 있는 일이었다. 나중에 '세계를 변화시킨 9일'로 불린 이 방문은 공산당의 지배에 반대하는 움직임으로 이어졌다. 같은 해 12월 소련은 아프가니스탄을 침공하였고 결국 목적을 이루지 못한 채 실패했다. 이는 소련의 종말을 알리는 신호탄이 되었고 공산권 블록은 1991년 12월에 공식적으로 붕괴했다.

제1차 세계대전과 러시아 혁명 이전, 러시아는 주요 밀 수출국 중 하나였다. 그러나 1960년대에 들어서 농업 정책의 실패로 소련은 주요 곡물 수입국으로 전락하고 말았다. 1979년에 소련은 1천2백만톤의 밀과 1천4백5십만톤의 옥수수를 수입했다. 식량을 확보하기 위한 소련의 절박한 곡물 수입은 1980년대까지 계속되었다. 1984년에서 1985년 사이 소련은 2천8백만톤의 밀과 2천만톤의 옥수수를 수입했다.

1991년 12월 소련이 붕괴하면서 이어진 각종 내부 혼란으로 말미암아 러시아의 곡물 생산량은 크게 줄어들었다. 1990년 여름 밀 수확량은 1억톤에 달했으나, 1999년에 이르러서는 5천6백만톤으로 추락했다. 기상악화도 일조했지만 금융시스템과 농자재 분배가 적절하게 기능하지 않았고 수입 농산물과의 경쟁에 부딪혔다. 국영집단농장들이 민영화되기까지도 시간이 걸렸다. 소련 붕괴 당시 약 2만5천개의 국영집단농장이 존재했으나, 이는 곧 28만5천여 곳의 10에서 100헥타르 사이를 경작하는 사유 농장으로 쪼개졌다. 그러나 러시아 내 40여 곳의 농장은 경지면적이 10만 헥타르를 넘었다.

지난 20년 동안 과거 소련 국가들의 농업 생산량은 크게 증가했다. 농업기술 발전, 농업 관행 개선, 비료 사용의 증가 덕분이다. 밀 단위당 수확량은 1991년 헥타르당 1.58톤에서 2018년 2.54톤으로 증가하였다. 러시아만 보면 헥타르당 1.72톤에서 3.11톤으로 늘었다.

러시아 경작면적의 3% 정도는 크라스노다르와 스타브로폴 지방의 쿠반이라고 불리는 곳에 위치해 있다. 체르노젬이라고 부르는 이 지역의 흑색 토양은 부식토가 풍부하고 생산성이 높다. 쿠반의 밀 단위당 수확량은 헥타르당 7톤을 웃돌기도 한다. 그 외에도 비옥한 러시아 남부 지역에서는 지난 20년 동안 밀의 단위당 수확량이 헥타르당 4-5톤에서 10톤까지 늘었다.

2014년 러시아가 크림반도를 점령한 이후 부과된 국제제재로 인해 러시아 내 농업 생산량은 더욱 증가하였다. 러시아 정부는 식량을 수입하는 대신 자국 내에서 생산이 이뤄지도록 적극 추진하였다. 정책적으로 농업에 대한 투자가 많이 이뤄지고 있으며 이는 비단 곡물뿐만 아니라 각종 채소와 과일, 치즈까지 포함한다.

러시아 내 고기 생산량도 증가세에 있다. 따라서 자국 내에서 생산되는 사료용 밀은 수출보다 국내 사료 생산에 사용된다. 옥수수도 사정이 비슷하다. 러시아 내에서 생산되는 옥수수는 대부분 국내 사료나 전분 생산에 사용된다.

다 합치면 약 4천9백만 헥타르가 러시아 내 곡물 생산에 이용된다. 이 중에서 2천9백만 헥타르가 밀 재배지이며 봄밀과 겨울밀이 대략 절반씩 차지한다. 하지만 겨울밀의 단위당 수확량이 보통 봄밀의 두 배에 이르기 때문에 실제 생산량은 겨울밀이 봄밀에 비해 두 배 정도 많다.

기상조건의 악화로 2019년 러시아의 밀 생산량은 7천만톤에서 7천4백만톤 사이에 그칠 것으로 보인다. 전년도 8천5백만톤에 비하면 대폭 감소한 수치다. 자국 내 밀 소비량은 4천4백만톤에서 4천5백만톤이니 잔여 물량이 수출 시장에 나올 것이다.

러시아의 곡물 생산량은 날씨 의존도가 더욱 크다. 러시아 농지에는 대부분 관개시설이 없다. 따라서 작황은 겨울 동안 얼마나 눈이 많이 쌓여 밀들을 잘 덮어주고 이어 봄비가 적절하게 내리느냐에 달려있다. 그러나 장기적으로 봤을 때 GPS 추적기술, 시비량 증가, 윤작 방식 개선은 단위당 수확량을 꾸준히 개선시킬 것이다. 러시아산 옥수수와 밀의 대부분은, 그중에서도 특히 시베리아에서 생산되는 것들은 화학비료를 거의 사용하지 않기에 유기농산물이라고 볼 수 있으며 non-GMO이기도 하다. 터키나 한국 같은 나라에서 이에 대한 수요가 존재한다.

오늘날 러시아는 다시 세계 최대 밀 수출국이 되었다. 2019년 러시아는 3천6백만톤의 밀과 3백만톤의 옥수수를, 우크라이나는 1천6백만톤 이상의 밀과 2천8백만톤의 옥수수를 수출할 것으로 전망된다. 소련이 미국의 곡물을 쓸어 담던 70년대에는 상상하기 어려운 변화다. 세계 곡물 수출 시장에 러시아와 우크라이나가 복귀하면서 생산비용이 더 높은 호주, 북미, 유럽의 밀 농부들은 난처해졌다.

매년 작황은 날씨에 크게 좌우되지만 러시아 중부, 우랄, 카자흐스탄 인접 지역의 단위당 수확량과 파종면적은 지속 증가할 여지가 많다. 뿐만 아니라 겨울밀을 심기에는 너무 춥지만 봄밀을 심을 수 있는 시베리아까지 밀 생산을 확대하는 계획이 거론되고 있다. 시베리아에서 작물이 생육할 수 있는 기간은 길지 않으나 여전히 낙관적인 전망들이 나오고 있다.

중국과 러시아가 알아볼 수 없을 정도로 변화하는 동안, 지구적으로 가장 큰 변화는 지난 40년간 두 배로 증가한 인구일 것이다. 1979년 세계 인구는 43억명에 불과했다. 오늘날 세계 인구는 77억명이 넘는다. 그중 인도에서 6억5천만명이 늘었고, 중국에서 5억명이 늘었지만 미국과 유럽에서도 각각 1억명과 5천만명의 인구가 늘었다.

맬서스가 『인구론』을 쓴 1798년 세계 인구는 약 10억명에 불과했다. 맬서스는 식량은 산술급수적으로 증가하지만 인구는 기하급수적으로 증가하기에 세계 인구는 식량 생산의 한계에 의해 억제되리라 보았다. 그는 지구가 인간의 생존에 필수적인 물질들을 생산할 수 있는 힘보다 인간의 번식력이 더 강하다고 말했으며, 하느님이 세상을 이렇게 설계한 것은 인간에게 고결한 행동을 가르치기 위해서라고 보았다. 다행히도 그의 암울한 예언은 빗나갔다.

그러나 엄청나게 증가한 인구에도 불구하고 오늘날 많은 사람들이 굶주림보다 과식으로 고통받는 현실은 그 누가 예언할 수 있었을까? 오늘날 대다수의 선진국에서는 비만이 가장 큰 사망 원인 중 하나다. 씁쓸한 현실은, 매년 미국인들이 다이어트에 쓰는 돈이 세계 반대편에서 굶주리는 사람들을 먹여 살리는 데에 필요한 돈보다 크다는 사실이다.

지난 40년간 세계 곡물 생산량의 증가는 기적에 가깝다. 1979년 밀 생산량은 4억1천8백만톤에 불과했다. 이것이 2019년에는 7억3천3백만톤으로 75% 늘었다. 이러한 생산량의 증가는 약 85%의 단위당 수확량 증가에 기초하고 있다. 같은 기간 밀 경작면적은 2억2천8백만 헥타르에서 2억1천6백만 헥타르로 줄었다.

2019년 쌀 생산량은 4억9천만톤에 달했다. 1979년 대비 87% 증가한 수치다. 지난 40년간 쌀 단위당 수확량은 67%, 경작면적은 8%

증가했다.

옥수수는 어떠할까? 2019년 옥수수 생산량은 11억톤을 기록했다. 1979년 대비 두 배 반 늘었다. 이 또한 대부분 크게 향상된 단위당 수확량 덕분에 가능했다. 세계 평균 옥수수 단위당 수확량은 두 배 가까이 느는 동안 경작면적은 50% 정도 증가했다.

그럼 무엇이 이토록 극적인 단위당 수확량의 증가를 불러왔을까? 덕분에 세계가 굶주리지 않을 수 있도록 말이다.

우선 농업 관행의 개선이 한몫하였으며 비료, 제초제, 농약 등의 기술발전과 사용량 증가가 크게 기여했다. 작은 영세농들이 시장에서 퇴출되고 규모의 경제를 달성할 수 있는 대형 농가들로 산업이 재편된 점도 중요하다. 대형 농가들은 기계화가 더 용이하고 새로운 기술에 적극적인 투자를 시도할 수 있다.

또한 빼먹지 말아야 할 것은 종자기술의 발전이다. 이야말로 단위당 수확량의 증가에 50% 가량 차지하는 요소일 것이다. 유전자변형 작물의 도입은 단위당 수확량의 큰 지역 간 편차를 불러왔다. 1979년 미국의 옥수수 단위당 수확량은 헥타르당 6.3톤 정도였다. 이것이 현재 11.2톤으로 증가한 데에는 유전자변형종자의 도입이 크게 영향을 끼쳤다. 한편 유전자변형작물을 꺼리는 유럽에서는 헥타르당 7.3톤 언저리에서 단위당 수확량이 맴돌고 있다. 무척 큰 차이다.

현재 미국과 캐나다에서 자라는 옥수수의 90% 이상은 유전자변형 작물이다. 1997년 이래 상업적 재배가 이뤄지면서 유전자변형 옥수수는 세계 옥수수 생산량의 약 3분의 1을 차지한다. GM 옥수수는 글리포세이트 제초제에 내성이 있으며 병충해에도 강하다. 라운드업이라는 이름으로 판매되는 글리포세이트는 저렴한 비용으로 잡초를 싹 제거할 수 있는 강력한 제초제다.

몬산토는 1996년 라운드업 레디 대두 종자를 출시했다. 출시한 지

10년 내 미국에서 자라는 대두의 80%를 차지하게 되었다. 라운드업 레디 옥수수는 1997년 미국 FDA의 승인을 받았고, 상업적 출시는 1998년에 이뤄졌다. 라운드업 레디 옥수수는 라운드업 레디 대두와 비슷한 기술이 적용되었으나, 그 외에도 병충해에 대한 내성이 특히 강화되었다. 이는 자연 상태의 토양에서 벌레들을 죽이는 바실러스 투린지에스 박테리아 내의 단백질을 활용한 것이다.

과학자들은 옥수수가 가뭄에도 더 잘 견딜 수 있도록 유전자를 변형했다. 가뭄에 내성이 있는 유전자변형 옥수수는 2011년 미 농무부에 의해 승인되었고 2013년 상업화되었다.

지난 20년간 유전자변형기술은 농업 관행을 완전히 뒤바꿔 놓았으며 종자 및 농자재 산업을 변화시켰다. 과거에는 농가의 주된 비용이 화학비료, 제초제, 농약 등을 구매하는 것이었고 화학회사들은 이를 판매하여 돈을 벌었으나, 지금은 대부분의 비용이 종자를 개발하는 데에 들어간다. 이에 따라 대형 화학회사들이 종자 사업을 인수합병하는 일들이 일어났다.

비록 유전자변형기술이 농업계를 혁명적으로 변화시켰으나, 혹자는 단위당 수확량에 끼친 영향에 의문을 갖는다. 그들의 추정에 따르면 1920년 이래 단위당 수확량 증가의 절반은 유전자변형을 포함한 종자기술의 발전으로 설명할 수 있지만 나머지 절반은 그 외 농업 관행의 개선을 통해 이뤄졌다는 것이다. 그 말이 사실이라면 증가하는 세계 인구를 부양하는데 농사기술의 발전을 결코 과소평가할 수 없다.

그러나 놀라운 사실은 유전자변형기술의 주된 목적이 단위당 수확량 자체를 늘리는 데에 있지 않았다는 점이다. 불안정한 외부 환경에 작물이 더 잘 견디게 되면서 단위당 수확량이 덩달아 늘어난 것이지 옥수수가 잠재적으로 맺을 수 있는 알곡 자체를 극적으로 증가시키는 데 유전자변형기술이 사용된 것이 아니다.

미 농무부는 1866년 처음 옥수수의 단위당 수확량을 발표하기 시작했다. 자연 수분(受粉)되는 옥수수 품종의 단위당 수확량은 1936년까지 70년 동안 헥타르당 1.6톤 수준에서 머물렀다. 생산성이 크게 변화하지 않던 70년 동안 농가들에게는 자체적으로 다음 해 파종할 씨를 직접 받고 저장하는 것이 일종의 육종기술이었다.

1930년대 후반 인위적 교배가 이뤄진 옥수수 종자들이 도입되면서 단위당 수확량의 증가는 가속화되었고, 1950년대 중반에 들어 육종기술의 발전, 질소비료와 농약 사용 증가, 기계화가 빠르게 이뤄지면서 더욱 극적으로 늘어났다. 1955년 이래 미국 옥수수의 단위당 수확량은 매년 에이커당 1.9부셸씩 꾸준히 증가했다.

오늘날 농부들은 더 작은 면적의 땅에서 더 많은 식량을 생산하기도 하지만, 더 적은 인원으로 더 많은 식량을 생산하기도 한다. 아득한 중세시대로 돌아가면 유럽 전체 인구의 55%에서 75%가 농업 생산에 종사했다. 이는 현재 5%에서 10% 수준으로 감소했으며 미국의 경우 전체 인구의 2% 미만에 불과하다. 미국이 수출하는 농산물을 고려하면 매우 낮은 수준이다. 게다가 미국에서 감소한 건 인구 비율뿐만 아니라 절대 농업인구수 자체다. 미국에서는 40년 전보다 현재 농업에 종사하는 사람의 숫자가 더 적다.

개발도상국은 농업 인구의 비중이 이보다 높다. 마다가스카르에서는 인구의 75%가, 인도에서는 인구의 절반이 농업에 종사한다. 중국은 28% 남짓이다. 국가가 부유해질수록 식량생산에 더 적은 사람이 필요하다.

늘어난 인구를 부양하기에 충분한 양을 넘어서 자동차 연료로 사용할 정도로 식량 생산은 증가했다. 전 세계적인 바이오연료 산업의 발전은 1979년 시점에서는 전혀 예상하기 어려운 일이었다. 오늘날 미국에서 생산되는 옥수수의 40%는 에탄올 생산에 사용되며, 유럽에서 생산되는 유채유의 절반은 바이오디젤 생산에 들어간다. 이토록 높은 사용 비중에도 바이오연료는 전 세계 육상 교통량에 사용되는 연료의 5.7%밖에 차지하지 않는다.

2000년대 중반 미국 내 에탄올 산업이 부상하기 시작했을 때 옥수수를 자동차 연료로 사용하는 것이 맞느냐 하는 문제로 큰 여론 대립이 있었다. 지금 와서 돌이켜보면 에탄올 생산이 증가했다고 해서 식량이나 사료로 필요한 옥수수가 부족하거나 가격이 심각할 정도로 상승하지 않았다. 유럽의 유채도 사정이 비슷하다.

옥수수에는 탄수화물과 단백질이 함유되어 있다. 에탄올 생산 공정을 거치면 탄수화물(에너지)은 자동차 연료를 만들기 위해 분리되고, 잔여물인 주정박(DDGS)은 단백질 함량이 높아 가축의 사료로 사용된다. 유럽에서 유채유를 생산할 때도 비슷하다. 유채를 짜고 나온 기름은 바이오디젤로 사용되고, 기름을 짜고 남은 채종박은 단백질이 풍부하여 가축의 사료로 사용한다.

종종 간과되는 사실은 제2차 세계대전 이래 유럽 농지의 약 70%는 노동 인구를 부양하는 데에 이용된다는 점이다. 오늘날 유채 농부가 생산한 유채의 기껏 절반 정도만이 자동차 연료를 생산하는데 들어간다. 게다가 연료용 작물의 수요가 늘어났다고는 해도 미국과 유럽 내 경지면적은 2008년 이래 도시화와 삼림 복구에 밀려 감소세에 있다.

농가들은 식량, 사료, 연료로 사용될 작물 외에도 감미료와 공업용으로 사용될 전분을 생산하기 위한 작물들도 생산해야 한다. 이 또한 1979년 시점에서는 예상하기 어려웠던 변화다. 설탕보다 가격이 싼 액상과당은 중국과 미국 시장에서 큰 인기를 끌고 있다. 유럽에서는 이소글루코오스라고 부르는 액상과당은 제한된 생산 쿼터 때문에 2018년 쿼터 제도가 폐지될 때까지 유럽 시장에서는 큰 영향을 끼치지 못했다.

나는 이 책의 독자들이 국제교역 없이는 세계가 굶주릴 수밖에 없다는 사실을 느끼기를 바란다. 이는 1979년의 댄 모건도 잘 알고 있던 사실이다. 1979년 세계 옥수수 교역량은 약 6천5백만톤, 밀은 6천8백만톤에 불과했지만 지난 40년간 두 배 반 증가하였으며, 쌀의 경우 1천1백만톤에서 5천만톤으로 네 배 이상 늘었다. 가장 극적인 증가는 대두로 40년 동안 2천8백만톤에서 1억5천만톤으로 교역량이 급격히 치솟았다.

이토록 생산과 교역량이 늘어나는 동안 농부들은 그 열매를 누렸을까? 지난 40년 동안 높아진 생산성 덕분에 생산물의 톤당 비용은 줄었을 것으로 생각되지만, 생산성의 상당 부분은 비싼 비료와 농약의 투입량 증가에 기인하고 있다. 인건비의 경우 기계화가 이뤄지면서 훨씬 적은 인력으로 농사가 가능해졌다. 과거에 농사일을 거들던 말은 거의 완전히 자취를 감추었다. 그러나 농기계를 굴리는 데에는 연료가 필요하다.

비료, 농약, 연료가 농업 생산의 주된 비용이 되면서 농가의 생산비용과 원유 등 에너지 가격 사이에 높은 상관관계가 생겨났다. 그렇다면 농산물 가격과 생산비용은 그동안 어떻게 움직였을까? 인플레이션을 감안한 다음의 수치들을 살펴보자.

1979년 대두는 부셸당 7.5불에 거래되던 것이 2019년에는 부셸당 8.8불에, 밀은 부셸당 3.5불에 거래되던 것이 2019년에는 4.6불에, 옥수수는 부셸당 2.6불에 거래되던 것이 부셸당 3.8불에 거래되고 있다. 이를 같은 기간 금과 비교해보면 1979년 온스당 260불이 온스당 1325불로 올랐다. 만약 1979년에 농장을 팔아치우고 그 돈으로 주식시장에 투자를 했다면 1979년 S&P 500 인덱스가 100에서 2019년 2800까지 오르는 걸 지켜보면서 여유롭게 해변에서 은퇴를 맞이했을

지도 모른다.

    농업계에 회자되는 이야기를 하나 소개한다. 어느 날 복권에 당첨된 농부가 있었다. 그에게 당첨된 돈으로 무엇을 할 것이냐고 물었다. 그는 뭐라고 대답했을까?

"저는 이 돈이 다 없어질 때까지 계속 농사를 짓겠습니다."

더 이상 시장에 바보는 없다
댄 바스 Dan Basse

위스콘신의 농장에서 자란 댄 바스는 돼지를 키워 마련한 돈으로 위스콘신주립대학교에 들어갔다. 댄은 원래 수의사가 되기를 꿈꿨으나, 몇 년간 돼지 농장을 경영하면서 수익이 좋은 해에는 대학생활을 즐길 수 있었지만 수익이 안 좋은 해에는 사교생활을 줄이고 빡빡하게 살아야 한다는 것을 느꼈다. 그는 곧 시장에 관심을 갖게 되었고 무엇이 가격을 움직이는가 이해하고 싶어졌다. 경제학과 수업 몇 개를 듣게 되었고 이내 경제학에 푹 빠져 전공을 수의학과에서 경제학과로 바꿨다. 1987년 30살이 되던 해에 애그리소스를 세웠고 현재 곡물 리서치업계에서 선두주자의 위치를 점하고 있다.

안녕하세요 댄. 애널리스트로서 지금 당신의 위치에 오르기까지 무엇이 가장 중요했다고 생각합니까?

두 가지 사건이 떠오르는군요. 첫째는 카터 대통령의 곡물 금수조치입니다. 이때 우리는 미국 정부가 잉여 곡물을 엄청나게 사들일 것이라는 것을 눈치챘습니다. 둘째는 바이오연료 산업의 성장과 미국이나 유럽에서 관련 의무규정들이 생기면서 곡물과 유지류에 대한 수요가 급격히 증가한 사실입니다. 이로 인해 미래 수요가 증가할 것은 너무나 자명한 사실이었고 덕분에 2007년에서 2014년 사이의 강세장을 예측하는 건 비교적 쉬운 일이었습니다.

바이오연료 산업이 성숙기에 들어서면서 농업계가 한동안 고생할 것으로 예측하는 건 마찬가지로 쉬운 일이었습니다. 강력한 수요 증가세가 주춤하는 동시에 생산성은 지속적으로 늘고 있었습니다. 현재 상황은 다소 불투명합니다. 무역전쟁의 여파는 바이오연료 사용 의무제도만큼 명확하지 않습니다. 정치 상황의 미래도 훨씬 예측하기 어렵습니다.

중국의 에탄올 프로그램이 앞으로 수요를 이끌어 나가는 강력한 축이 될 수 있을까요?

물론 수요에 영향은 주겠습니다만 이 프로그램이 얼마나 빠르게 시행될지 불투명합니다. (시행이 된다면) 매년 3천7백만톤에서 4천5백만톤의 옥수수가 추가로 필요합니다. 이는 결국 2021년에 이르러 중국의 비축 재고를 소진시키고 이후 수입 증가로 이어질 것입니다. 그러나 옥수수의 생산성 증가와 기술발전은 기존 예상과 수요의 성장보다도 빠르게 증가하고 있습니다. 결국 중국의 에탄올 수요가 세계 옥수수 시장에 도움이 되기는 하겠지요.

1960-70년대에는 세상을 충분히 먹여 살릴 식량이 있는지 사람들은 걱정했습니다. 이러한 우려는 2000년대 초반 바이오연료 산업이 성장하면서 재등장했습니다. 식량을 연료로 사용하는 게 맞느냐 하는 사회적 논의도 활발했고요.

인구증가와 단위 생산성의 장기 모델링을 해보면 아마 2050년 정도부터 농지가 부족해질지도 모릅니다. 그때까지 심각한 기상문제가 있지 않는 한 상황은 크게 바뀌지 않을 것으로 보입니다. 앞으로 수요를 주도할 다음 동인이 저는 딱히 보이지 않습니다. 이를 발견할 때까지 가격의 강세는 날씨 같은 공급의 문제로 발생할 것입니다. 2025년까지 수요가 늘어나는 공급을 따라갈 수 있을 것으로 보이지 않습니다.

바이오디젤은 어떤가요? 미국 대두 농가에 희망을 주는 요소가 될 수 있을까요?

최근 바이오디젤 수요의 급격한 증가가 있었습니다. 사용이 의무화되어 있기 때문에 어느 정도 수요는 지속되겠지요. 그러나 어느 지점에 이르면 에탄올 수요가 성숙기에 이른 것처럼 정체를 맞이할 것입니다. 세계 에너지 수요는 2029년에서 2031년 사이 정점에 달할 것으로 보입니다. 전기차가 점차 널리 보급되면서 바이오연료 수요는 줄어들 것이지만 지금 당장만 놓고 보면 성장세에 있는 것은 맞습니다. 미국은 현재 반덤핑 분쟁을 거치면서 국내 바이오디젤 시장을 보호하려 하고 있습니다.

유전자변형작물이 잉여 곡물 문제를 악화시켰다고 생각하십니까? 돌이켜보면 세계에는 유전자변형작물이 필요 없었고 앞으로도 불필요하다고 할 수 있지 않을까요?

늘어나는 인구를 먹여 살리기 위해서는 유전자변형작물이 필요하다고 저는 생각합니다. 문제의 원인은 돈이 될 것으로 내다보고 지나치게 공격적으로 확장한 농가들에게 있었습니다. 그들은 필요 이상으로 많은 땅에 경작하고 있습니다. 게다가 생산성을 높인 것은 유전자변형 기술뿐만이 아닙니다. GPS, 드론, 비료, 제초제, 농약 사용 등 종합적으로 농업 관행이 개선된 덕분입니다.

1800년대까지 돌아보면 언제나 전쟁, 바이오연료 산업, 아시아의 성장 같은 수요 이동이 곡물 수요를 견인해왔습니다. 현재 무역전쟁은 전반적인 곡물 수요를 증대시키는 것이라기보다 물동량의 흐름에 큰 변화를 불러일으키는 것입니다. 이는 식탁의 좌석 배치를 바꾸는 것일 뿐이지 식탁에 더 많은 음식을 올리는 것과 다릅니다.

아프리카돼지열병이 무역전쟁보다 전 세계적으로 큰 영향을 줄까요?

중국의 돼지 사육두수 추정치에는 큰 편차가 있지만 대개 4억7천만두에서 6억두 사이로 보고 있습니다. 대부분 시장 참여자들은 5억5천만두 언저리일 것으로 보고요. 인구조사와 같이 정확한 조사는 없지만, 이는 전 세계에서 사육되는 돼지의 절반 이상에 해당합니다. 그래서 중국에 아프리카돼지열병이 발생한 사실이 곡물 산업에 그토록 중대한 문제인 것입니다.

지금까지 중국의 연간 대두 수요는 매년 5백만톤에서 7백만톤 사이로 꾸준히 증가해왔습니다. 이토록 꾸준한 수요 증가는 중국이 유일했다고 봐도 좋습니다. 그러나 이제 ASF가 발병하면서 이와 같은 수요 성장이 사라졌습니다. 물론 중국 내 양계와 양어 산업이 성장하면서 대두 수입 수요는 점차 안정화될 것으로 보입니다. 그러나 중국의 수요가 전과 같이 증가하지 않는다는 점이 관건입니다. 중국의 에탄올 산업이 발전하면 옥수수 수요는 사정이 좀 나아질지도 모르겠습니다. 한편 아프리카 서안에 있는 국가들에서 밀 수입이 늘어나고 있기는 하지만 아직 의미 있는 물량은 아닙니다.

중국이 대두 대신 돼지고기를 수입하게 되면 어떻겠습니까? 미국에 남아도는 대두로 돼지를 사육해서 고기를 중국에 수출하면 말이죠.

미래에는 그런 희망이 있을지도 모릅니다. 결국 미국은 하루에 4만 마리분의 돼지를 중국에 수출하게 될 것으로 추정하고 있습니다. 그러나 현재 상황은 이러한 추정치와 아주 멀리 떨어져있습니다. 중국 내 돼지 농가들은 앞다투어 돼지를 내다팔고 있고 이 때문에 중국내 돼지고기 가격이 약세를 면치 못하고 있습니다. 따라서 돼지고기를 수입하는 건 수지타산이 맞지 않습니다. 어느 단계에 이르면 수입 돼지고기가 다시 타당성을 갖게 되겠지요. 먼저 유럽에서 수입이 될 것이고 미국은 그다음일 것입니다. 이르면 올해 늦여름에 그런 일을 보게 될 수도 있습니다. 뿐만 아니라 중국이 닭고기, 소고기, 생선까지 수입할지도 모릅니다.

고기에 대해 언급한 김에, 러시아가 자국 내 고기 생산을 늘리기로 하면서 곡물 수출이 정점을 찍고 내려올 것이라는 견해에 동의하십니까?

러시아의 곡물 수출이 아직 정점에 이르렀다고 보지 않습니다. 러시아 내 현재 가축 사육이 증가하고 있는 것은 사실이지만 마찬가지로 ASF로 고생하고 있습니다. 이 질병은 아프리카에서 유럽을 거쳐 러시아와 중국까지 이르렀습니다. 따라서 러시아도 중국과 같은 문제에 직면해 있습니다. 러시아가 많은 물량의 육류를 수출하려면 아직 갈 길이 멀다고 봅니다. 아마 처음에는 카자흐스탄이나 중국 북서부로 수출이 일부 이뤄지겠지만, 돼지를 위주로 사육량이 더욱 안정적으로 늘어야 합니다.

 유럽은 ASF와 동거하는 방법을 배웠습니다. 러시아는 이제 배우는 과정에 있습니다. 중국도 같은 시도를 하겠지요. 제약회사들은 ASF의 치료제와 백신을 개발하기 위해 큰돈을 쏟아부었지만 아직 의미 있는 성과가 없습니다. ASF는 1900년대 초에 남아프리카에서 처음 발견된 아주 오래된 질병입니다. 돼지 장기 내부에서 출혈을 일으키고 치명률이 높아 돼지에게는 에볼라와도 같습니다. 치료제나 백신이 개발되려면 아직 최소한 5년은 더 있어야 할 것입니다.

최근 채식주의자들에게 유행하는 대체육이나 배양육에 대해서는 어떻게 보십니까? 곡물과 유지류 농가에 위협이 될까요?

배양육은 셀룰로오스 에탄올과 같습니다. 실험 단계에서는 비교적 쉽게 성공을 거둘 수 있겠지만 상업적 생산이 이뤄지도록 규모를 키우려면 지금부터 10년에서 20년은 더 걸릴 것으로 보입니다. 그때는 되어야 세계 농업 생산에 의미 있는 영향을 끼칠 것으로 보입니다. 식물성 단백질을 활용하는 대체육도 마찬가지입니다.

글루텐 거부 운동은 어떨까요? 밀 수요에는 어떤 영향이 있습니까?

아직 큰 영향을 끼치지는 않았습니다. 부유한 서구권 국가들에서는 빵 같은 탄수화물 제품에 대한 수요가 줄었지만 더 큰 수요가 아프리카에서 나타나고 있습니다. 전 세계를 놓고 보자면 밀 수요는 매년 꾸준히 1.7% 정도씩 증가하고 있습니다.

유기농 트렌드는 어떻습니까?

미국 농부들은 유기농을 포함한 대체 시장을 찾아 나서고 있습니다. 그러나 아직 유기농에 대한 수요가 전 세계 곡물 교역의 주요 흐름을 바꾸는 것으로 보이지는 않습니다.

진짜 걱정이 되는 것은 글리포세이트 제초제를 둘러싼 논쟁입니다.

현재 몬산토와 그 모회사 바이엘에는 1천3백여 건의 소송이 걸려 있습니다. 어느 날 갑자기 미 환경보호국이 글리포세이트의 사용을 금지하거나 바이엘이 생산을 중단해버릴지도 모릅니다. 만약 글리포세이트가 시장에서 퇴출된다면 전 세계 농업 생산에 엄청난 영향을 끼칠 것입니다. 우리에겐 글리포세이트를 대체할 수 있는 값싼 대안이 없습니다. 세계 농업계의 지형을 바꿀 열쇠가 무엇인지 제게 물어보신다면 저는 글리포세이트라고 답하겠습니다.

만약 글리포세이트가 시장에서 퇴출되거나 사용이 금지된다면 구체적으로 곡물 생산에 어떤 영향이 가는 것인가요?

글리포세이트 대신 효과적으로 잡초를 제거할 수 있는 대안이 없습니다. 사람이 직접 뽑거나 기계로 땅을 갈아엎는 게 아니라면 말입니다. 1980년대 후반 글리포세이트가 도입되기 전까지 경운기를 이용해 제초작업을 해왔습니다. 만약 글리포세이트가 퇴출된다면 땅을 갈아엎는 방식으로 되돌아갈 가능성이 큽니다. 이건 무척 큰일입니다. 우선 단위당 수확량이 15-20% 줄게 될 것입니다. 게다가 땅을 뒤집어엎으면서 탄소 배출량도 크게 늘어날 것이고 농지에 길도 더 많이 내야 합니다. 결과적으로 같은 양의 식량을 생산하기 위해서 훨씬 많은 땅을 경작해야 될 것입니다.

그 외에 농업계에 어떤 문제들이 있다고 보십니까?

기후변화가 갈수록 문제가 되고 있습니다. 남극과 북극이 따뜻해지면서 기류가 불안정해졌습니다. 2018년에 동유럽과 러시아 서부는 무척 고온건조했던 반면 아이슬란드의 레이캬비크에서는 여름 내내 3일밖에 햇빛을 못 봤습니다.

　양극 사이에 기온 변화도가 줄어들면서 날씨 패턴이 순환하지 못하고 꽉 막혀버리고 맙니다. 이로 인해 폭우가 내리거나 건조한 기후가 계속됩니다. 이러한 현상이 지금은 미국 중부에서 관측되고 있습니다. 춥고 습한 날씨 때문에 파종이 영향을 받습니다.

　기후변화는 현실입니다. 이는 데이터에서 나타납니다. 이미 곡물 생산에 영향을 끼치고 있고 앞으로도 그럴 것입니다.

곡물 트레이딩 회사들의 미래는 어떻습니까? 미래에는 마진율이 개선될 것으로 보십니까?

　아마 몇 년은 더 저조한 마진으로 고생하지 않을까 싶습니다. 당장은 극적인 변화가 일어나지 않을 것으로 보입니다. 북반구와 남반구에서 모두 공급이 늘어나고 구매자들은 더욱 단기적으로 시장에 대응합니다. 업체들 간 합병도 계속될 것입니다.

　농부들은 과거에 비해 더욱 많은 정보를 갖게 되었고 농가 내 저장 능력이 늘었습니다. 더 이상 수확기에 저장할 곳이 없는 농부들에게서 상인들이 곡물을 뜯어내는 것은 가능하지 않습니다. 서플라이 체인 전체에 걸쳐 시장 참여자들은 더욱 고도화되었고 수준이 높아졌습니다. 더 이상 시장에 바보는 없습니다. 마진이 어디에 있는지 시장 참여자들 모두가 꿰고 있습니다. 갈수록 많은 대형 농가들이 트레이더들의 손을 거치지 않고 최종 수요가들에게 직접 판매하고 있으며 이는 블록체인 기술의 발전으로 더욱 가속화될지도 모릅니다. 그러나 농가들이 중국에 직접 판매하는 일은 잘 일어나지 않겠지요. 여전히 트레이더들의 역할은 중요합니다.

4장

음식, 사료 그리고 연료

가장 좋은 것들은 먹고 마시고, 나머지는 태워버려라

Drink the best, and burn the rest

_익명

1979년 댄 모건이 책을 냈을 때, 그는 단 한 번도 바이오디젤이나 에탄올에 대해 언급하지 않았다. 아마 간과했을 것이다.

전 세계적인 원유 가격 폭등이 1970년대에 두 차례 있었다. 인플레이션을 감안하면 원유가격은 10년 동안 배럴당 23불에서 54불로 폭등했다. 1979년에는 다시 두 배로 뛰어 1980년에 배럴당 123불이 되었다. 원유 수입국들은 대체 연료를 찾기 시작했고, 브라질의 군사정권은 국내에서 생산되는 사탕수수를 활용하여 해결책을 찾았다. 댄 모건을 변호하자면, 미국에서 에탄올이 부상하기 시작한 것은 불과 2000년대에 이르러서였다.

미국 옥수수 생산량의 37-40%가 현재 에탄올 생산에 사용된다. 대두유의 경우 30-35%가 바이오디젤 생산에 사용된다. 유럽에서는 유채유의 절반이 같은 용도로 쓰인다.

이토록 많은 작물이 식량 대신 연료로 사용되는 사실에 경악하는 사람도 있겠지만, 생산성의 꾸준한 발전 덕분에 미국과 유럽 대륙에서 모두 경작면적을 크게 늘리지 않고도 사람, 가축, 자동차의 배를 채우는 데에 충분한 옥수수, 대두, 유채가 생산된다. 오히려 유럽에서는 지난 40년간 경지면적이 감소했다.

농부들은 바이오연료에서 파생된 추가수요를 충족시킬 수 있었다. 식량 가격 상승 압박과 인플레이션에서 자유로운 상태로 말이다. 미국에서 식료품 소매 가격 상승률은 경제 전반 소비자물가지수 상승률보다 꾸준히 낮게 유지되어왔다. 2005년 신재생연료 의무혼합제가 도입된 이래 연평균 식량 가격 상승률은 2.2% 수준에 머물렀다. 이는 그

이전 10년 대비 둔화된 수치였다.

유엔식량농업기구가 발표하는 세계 식량가격지수는 2009년에 이어 2018년 두 번째로 낮은 수치를 기록했다. 이는 식량 가격이 급등하던 2007년과 매우 다른 상황이다. 2007년 당시에는 멕시코의 상황이 특히 극심하여 빈곤층의 주식이 되는 옥수수빵의 가격이 400%나 올랐다. 그해 토르티야 가격 상승에 분노한 수천명의 사람들이 멕시코시티로 행진하여 시위를 벌였다. 그들 중 일부는 미국 내 에탄올 생산 증가로 인해 옥수수 수요가 증가한 걸 비난했다. 그러나 멕시코가 토르티야를 만들기 위해 수입하는 흰옥수수는 멕시코에서 사료생산을 위해 수입하거나 미국에서 에탄올 생산에 사용하는 황옥수수와는 다르다.

토르티야 시위는 그해 벌어진 전 세계적 혼란의 시작이었을 뿐이었다. 아이티에서 방글라데시까지 밀과 쌀을 포함한 농산물 가격이 역대 최고 수준으로 오르면서 곳곳에서 시위가 이어졌다. 2007년 UN 산하 특별조사위원들은 바이오연료 생산을 위한 경지 전환을 5년간 금지하도록 요청했다. 이는 인류에 대한 범죄라는 비난과 함께 말이다. 이어서 2008년 세계은행 총재는 불에 기름을 부었다. 그는 많은 사람들이 차량의 연료 탱크를 채우는 일을 걱정하는 동안 지구 반대편에서 수많은 사람들이 배를 채우는 일을 걱정하고 있으며 이러한 상황은 매일 악화되고 있다고 말했다.

이로부터 2년 후 세계은행은 식량 가격 상승에 바이오연료 생산이 어떤 역할을 했는지 거꾸로 추적해보았고, 과대평가가 이뤄졌음을 인정했다. 세계은행은 다음과 같이 발표했다.

식량 가격에 바이오연료가 끼친 영향은 원래 생각했던 것만큼 크지 않았습니다. 그러나 원자재 분야에 이뤄진 금융기관의 투자가 부분적으로 2007년에서 2008년 사이의 식량 가격 상승에 영향을 준 것으로 보입니다.

사실 후자에 대해서도 그들은 틀렸으나 이에 대해서는 5장에서 자세히 살펴보기로 한다.

비록 미국 내 에탄올 산업은 2000년대 중반까지 눈에 띄는 발전이 없었지만 그 역사는 40년 전인 1978년 에너지세금법이 통과된 시점까지 거슬러 올라갈 수 있다. 이 법안은 미국의 수입 원유 의존도를 줄이기 위해 제정되었다. 1980년 미국 정부는 자국 내에서 생산된 에탄올만이 경제성 있는 에탄올이 되도록 수입되는 에탄올에 갤런당 34센트의 관세를 부과했다. 같은 해 미국 내 잠재적 에탄올 생산자들은 플랜트 건설비용의 90%까지 정부보증대출을 신청할 수 있었다.

1979년에서 1990년 사이 미국의 에탄올 생산량은 2천만 갤런(약 7천5백만 리터)에서 7억5천만 갤런(약 28억4천만 리터)까지 증가했다. 1990년에 소규모 생산자들은 갤런당 10센트까지 추가 세액공제 혜택을 받았다. 2004년 미국의 에탄올 생산량은 36억 갤런에 달했다.

2005년의 에너지정책법은 성장하는 에탄올 산업에 날개를 달아주었다. 이 법은 2012년까지 연간 바이오연료 소비량을 75억 갤런으로 의무화하였고, 2007년에는 그 목표치가 2015년까지 150억 갤런으로 상향 조정되었다. 나아가 이미 많은 도시들이 자체적인 바이오연료 의무사용 제도를 도입하고 있었다. 2007년 오리건주 포틀랜드는 도시 내에서 판매되는 모든 가솔린 연료에 최소한 10%는 에탄올을 혼입하도록 의무화하는 첫 도시가 되었다.

MTBE(Methyl Tertiary Butyl Ether)가 지하수를 오염시킨다는 사실이 발견되었을 때 에탄올 산업은 더욱 각광을 받았다. 앞서 MTBE는 납 대신 일산화탄소 배출을 줄이기 위한 산소 공급 첨가제로 사용되었으나 2006년에 이르러 미국 내 20개 주에서 사용이 금지되었다. 이는 에탄올에 새로운 시장을 열어주었다.

정치인, 농부, 환경운동가, 생산자, 소비자 모두에게 에탄올은 윈윈(win-win)이었다. 중동전쟁과 혼란기 동안 에탄올은 미국의 해외 원유 수입 의존도를 낮춰주었다. 환경운동가들은 MTBE를 시장에서 퇴출시키고 신재생연료를 사용한다는 사실을 반겼다. 정치인들은 에탄올이 불러온 농가소득 향상과 농촌경제 활성화가 가져오는 유권자의 표를 기뻐했다.

그러나 모두가 기뻐한 건 아니었다. 미국 의회예산국이 2010년 시행한 조사에서 2009 회계연도에 바이오연료 세액공제는 연방정부세입을 60억불 가량 감소시켰으며 그중 옥수수 에탄올이 52억불을 차지했다. 의회예산국이 2010년 추정한 바에 따르면 1갤런의 가솔린 연료를 1갤런의 에탄올로 대체하려면 1.78불의 추가부담이 납세자에게 돌아간다. 그 외에 토지 사용의 간접적 영향을 제외하더라도, 에탄올에 주어지는 세액공제를 통한 온실가스 감축비용은 1톤의 이산화탄소분에 해당하는 에탄올 생산량당 750불이 납세자에게 돌아간다. 이 조사의 결과가 부분적인 영향을 주어 미 의회는 기존에 수입 에탄올에 부과되던 관세가 효력을 잃도록 두었다.

관세가 없었다 하더라도 일부 애널리스트들은 에탄올 산업이 부셸당 75센트에서 1불 정도 옥수수 가격을 올렸다고 생각한다. 그 추정을 따르자면 부셸당 4불의 옥수수 가격은 에탄올 수요가 없을 시 부셸당 3불이 적정수준이라는 것이다.

에탄올을 둘러싼 논의가 고조되는 동안 미국 자동차업계는 에탄올이 10%까지 혼입된 연료로 작동할 수 있는 자동차들을 생산했다. 2013년에 이르러서는 약 1천1백만대의 E85 가변 연료 자동차와 소형 트럭이 상용화되었다. E85는 에탄올이 51~83%까지 들어간 가솔린-

에탄올 혼합물을 말한다. 그러나 이토록 에탄올 함량이 높은 연료의 실제 사용은 제한적이었다. 대부분의 주유소는 이 신종 연료를 제공할 수 있는 저장 탱크나 펌프를 구비하지 않았다. 2013년 11월 환경보호국은 인프라 구축의 난항이 10% 이상 에탄올이 함유된 혼합 연료의 사용을 가로막고 있다고 발표했다. 이 같은 한계는 훗날 혼합 장벽(blend wall)으로 불리게 된다.

보조금 문제 외에도 미국 내 에탄올 생산을 둘러싼 논쟁 중에는 사탕수수로 생산한 에탄올과 옥수수로 생산한 에탄올 사이의 에너지 효율 및 환경 영향 차이에 대한 것이 있다. 에탄올 생산은 설탕으로 하는 것이 옥수수로 하는 것보다 간단하다. 이스트 발효과정만 있으면 설탕으로 에탄올을 만들 수 있지만 옥수수로 에탄올을 만드는 데에는 추가 가열과정과 효소 사용이 필요하다. 일부 추정에 따르면 옥수수 에탄올 생산비용이 사탕수수 에탄올 생산비용보다 30%가 더 드는데, 이는 옥수수 전분을 일단 당으로 변환한 이후에야 알코올로 증류 과정을 거칠 수 있기 때문이다.

2017년 미 농무부는 옥수수 에탄올의 온실가스 배출 라이프사이클 분석이란 제목의 보고서를 발표했다. 이 보고서에 따르면 미국 내 옥수수 에탄올과 관련된 온실가스 배출량은 같은 양의 에너지를 발생시키는 가솔린의 온실가스 배출량보다 약 43% 적었다. 보고서는 현재 추세가 계속될 경우 2022년에 이르면 옥수수 에탄올의 온실가스 배출량이 가솔린보다 거의 50% 적을 것으로 결론 내렸다.

과거의 추정치는 증가하는 에탄올 생산을 위해 초지와 숲을 옥수수 농지로 전환하는 토지용도 변경의 간접적 영향은 제외하였다. 미 농무부는 전 세계 농부들은 농경지를 확대하는 게 아니라 기존 경작지를 더욱 효율적으로 운영하고 있을 뿐이라고 주장한다. 브라질, 인도, 중국에서는 새로운 땅을 농지로 전환하는 대신 이모작을 늘리고,

관개시설을 확장하고, 수확하지 않고 버려둔 땅의 비중을 줄였다. 그러나 2019년 5월 미국 회계감사원은 에탄올 혼입 의무화 제도가 온실가스 배출에 끼친 영향이 거의 없다고 발표하였다.

　이토록 상충되는 정부 보고서들은 에탄올의 환경성에 대한 논쟁이 쉽게 사그라들지 않을 것임을 보여준다. 이 문제는 결국 에탄올 혼입 의무화 제도를 통해 얼마나 많은 토지가 옥수수 생산을 위한 농지로 전환될 것이냐의 질문으로 돌아오는데 이는 대답하기 어려운 문제다. 그럼에도 모두가 만장일치로 동의하는 옥수수 에탄올의 효용이 있다면, 이는 바로 생산과정에서 3분의 1정도 부산물로 나오는 사료 원료 주정박의 가치다.

　현재 90% 이상의 미국 에탄올 생산자들은 건식공정(dry milling)을 채택하고 있으며 나머지는 습식공정(wet milling)이다. 두 공정의 주된 차이는 초기 곡물 처리방식에 있다. 건식공정에서는 곡물 낱알을 처음부터 가루로 빻아서 반죽처럼 만들기 위해 물에 섞는다. 이후 반죽에 효소를 추가하여 전분을 당으로 만든다. 반죽을 가열했다가 식힌 후 발효를 위해 이스트를 추가한 후에 당에서 알코올로의 변환과정이 시작된다. 발효과정을 마치면 맥주 같은 알코올을 남아있는 찌꺼기에서 분리한다. 에탄올은 다시 증류와 탈수과정을 거친 후 2% 남짓의 가솔린과 같은 변성제와 혼합하여 마실 수 없게 만들면 출하 준비가 끝난다. 남아있는 찌꺼기는 원심 분리기로 보내 용해액에서 고체 성분을 분리한다. 이 부산물이 사료원료 중 하나인 주정박이 되는 것이다.

　습식공정에서는 처음에 옥수수를 물에 담가 푹 불린다. 이후 걸쭉하게 되면 그라인더에 넣어 옥수수 배아를 분리시키고 남아있는 섬유질, 글루텐, 전분 등도 마저 따로 분리한다. 글루텐 성분은 필터링과 건조과정을 거쳐 사료로 사용된다. 전분은 건식공정과 비슷한 과정을 거쳐 에탄올로 발효된다.

미국 외의 국가들에서도 옥수수 에탄올 산업이 점차 발전하고 있다. 중국에서는 2020년까지 개방형 주유소에서 판매하는 모든 가솔린 연료에 10%(E10)는 에탄올을 포함하도록 했다. 이는 40억 갤런의 에탄올을 추가로 필요로 할 것이다. 중국의 현재 에탄올 생산 능력은 대략 10억 갤런 수준이기 때문에 30억 갤런의 부족분은 일단 수입을 통해 충족되어야 하고, 후에 생산 능력이 갖춰지고 나면 에탄올 대신 옥수수를 수입하게 될 것이다.

반대로 유럽의 에탄올 프로그램은 비교적 작다. 유럽은 주로 디젤을 사용하기 때문에 그렇다. 이는 유럽에서 사용되는 교통 수단 연료의 약 70%를 차지한다. 이토록 가솔린에 비해 디젤이 널리 사용되는 건 세제상의 이점 때문에 그렇다. 유럽의 바이오연료 시장에서 바이오디젤은 80%, 에탄올은 20%의 점유율을 차지한다.

유럽에서 현재 판매되는 모든 휘발유는 5%의 에탄올이 혼입되어 있는 E5이다. 그러나 대부분의 2000년 이래 제조된 상용 휘발유 차량은 E10으로도 가동할 수 있다. 벨기에, 핀란드, 프랑스, 독일에서 E10이 널리 사용되며, 판매량으로 보면 프랑스에서는 휘발유의 32%, 핀란드에서는 62%를 차지한다. 한편 E85는 스웨덴, 프랑스, 독일, 헝가리, 오스트리아, 네덜란드, 스페인에서 찾아볼 수 있다. E85는 연료 탱크 구분 없이도 에탄올이나 휘발유 아니면 그 둘을 어떻게 섞은 혼합물로도 가동 가능한 가변연료차량(FFV)에 사용할 수 있다.

가변연료차량을 처음 도입한 나라는 브라질이었다. 브라질에서 판매되는 신규 차량의 90% 이상은 가변연료차량이 차지한다. 이모작이 가능한 옥수수 벨트 지역인 마토 그로소와 파라나를 중심으로 옥수수 에탄올 산업이 꾸준히 성장하고 있다. 이 지역의 농부들은 처음에 대두를 심고 대두 수확을 마치고 나면 사프리나 옥수수를 심는다. 마토 그로소와 파라나에서 수출 항구까지 옥수수를 운송하는 비용이 제법 높기 때문에 지역 내 가까이 위치한 옥수수 에탄올 플랜트들은 경쟁력 있게 값싼 옥수수를 소싱할 수 있다.

미 농무부는 2019년 브라질 내 옥수수 에탄올 생산량을 14억 리터로 전망하였다. 이는 2018년 대비 약 6억 리터 증가한 것이다. 브라질 옥수수 에탄올 협회는 향후 생산량을 2020년 26억 리터, 2028년 80억 리터로 전망하였다. 그러나 2019년에만 350억 리터에 달한 사탕수수 에탄올 생산량에 비하면 아직 미미한 숫자라고 할 수 있다. 일부 생산자들은 결국 옥수수 에탄올 산업이 3천만톤 상당의 자국 내 옥수수를 사용하게 될 것으로 본다. 이 글이 쓰인 시점에 브라질은 역대 최고치인 1억1백만톤의 옥수수를 수확하고 3천4백만톤을 수출한다.

에탄올의 부산물로 나오는 주정박도 업계에 매우 중요한 쓰임을 갖는다. 마토 그로소는 브라질의 대표적인 소 사육 지역으로 약 2억2천만 마리의 브라질 전체 소 사육 두수 중 14%를 차지한다. 마토 그로소의 축산업은 초지에서 방목을 줄이고 비육장을 늘리는 쪽으로 나아가고 있으며, 주정박은 중요한 사료 성분 중 하나다.

왜 이미 사탕수수 에탄올 생산 능력이 높은 나라에서 굳이 옥수수 에탄올 생산을 확장하는지 의아할 수도 있다. 다음 사탕수수 수확을 기다리기까지 옥수수로도 플랜트를 가동할 수 있다는 사실을 발견하면서, 옥수수 에탄올 생산량 증가에도 기여하고 있다.

브라질이 처음 자동차 연료에 에탄올을 사용한 것은 1920년대였다. 이후 70년대 중동발 오일쇼크를 거치면서 사용량이 더욱 폭발적으로 증가하게 되었다. 그러나 90년대 후반 브라질 내 설탕 가격이 치솟고 사탕수수가 더 수익성 좋은 상품 생산에 사용되면서 수산화 에탄올이 동이 나자 에탄올 자동차들은 꼼짝없이 발이 묶이게 되었고 에탄올의 인기는 타격을 입었다. 2003년 가변연료차량 기술이 등장하면서 기존 휘발유와 에탄올 간 연료 선택과 사용이 자유로워지자 에탄올은 다시 큰 인기를 끌게 되었다.

수분 함량이 적은 에탄올은 5%에서 27%까지 기존 휘발유에 섞어 사용할 수 있다. 수분 함량이 높은 수산화 에탄올은 특별히 설계된 엔진에는 휘발유와 섞지 않고도 자체적으로 사용할 수 있다. 가변연료차량은 휘발유와 에탄올을(수분 함량이 적든 많든) 어떻게 섞든 작동 가능하다. 에탄올과 섞은 휘발유는 옥탄 성분이 높아 엔진 노킹을 방지하고 고압 엔진이 높은 출력을 낼 수 있도록 해준다. 브라질에서 판매되는 모든 가솔린 연료에는 18%에서 27%의 에탄올이 혼합되어 있다.

곡물 트레이딩 회사들이 브라질의 사탕수수 에탄올 프로그램에 그토록 관심을 갖는 이유는 뭘까? 이 산업에 많은 투자를 했기 때문이다.

2000년대 유가 강세 속에 드레퓌스와 벙기는 사탕수수 에탄올 산업에 큰 투자를 했다. 설탕과 에탄올 그리고 에탄올과 가솔린 사이의 사업 기회를 넘나들 수 있는 게 매력적이라고 이들은 판단했다.

처음에는 벙기가 일본 종합상사 이토추와 합작하여 2007년 브라질 사탕수수 산업에 발을 담갔다. 그들은 미나스 제라이스에 있는 산타 줄리아나 공장을 인수했다. 그 결정에 고무된 이들은 2010년에 이르러 브라질 비료 사업을 발레에 매각하고 그 돈으로 모에마 그룹에서 다섯 곳의 제당공장을 더 사들이는 전략적 결정을 내렸다. 이듬해 또다시 이토추와 함께 페드로 아폰소 지역에 신규 사탕수수 플랜트를 열었다.

그러나 기상악화로 사탕수수가 부족해진 것을 발단으로 벙기는 첫 타격을 입었다. 벙기의 공장을 다 합치면 2천1백만톤의 사탕수수 가공 능력에 달했으나, 첫해 전체 가동량은 1천3백만톤에 불과했다. 2012년에는 1천7백만톤으로 조금 나아졌으나 2013년 10월에 벙기의 CEO는 브라질 사탕수수 사업을 깊이 재고해보겠다고 밝혔다. 그는 브라질 사탕수수 사업의 자산가치를 3억불 정도로 평가하였으나, 다른 영역에서 벙기의 사업 역량을 원당 사업으로 연결하는 데에 어려움을 겪고 있다고 인정했다. 벙기는 조용히 사탕수수 사업의 매각 절차에 들어갔고 구매의사를 가진 곳이 몇 나타났으나 검토 끝에 거래로 이어지지는 않았다.

사탕수수 사업에 벙기보다 더 큰 투자를 한 건 드레퓌스였다. 상파울루 증권거래소에 상장되었으며 기업 분할을 거친 바이오세프의 지배 지분은 드레퓌스가 가지고 있었다. 바이오세프는 브라질 내에 11곳의 사탕수수 플랜트를 가지고 있었으며 연간 3천6백만톤에 달하는 사탕수수 가공 능력을 보유하고 있었다. 바이오세프는 세계에서 두 번째로 큰 사탕수수 가공업체였고 17,000명의 직원을 두고 1,200명의 농부와 함께 34만 헥타르의 사탕수수 경지를 운영하였다.

현재 바이오세프의 연간 생산 능력은 설탕 2.8백만톤과 에탄올 1.8백만 입방미터에 달한다. 그러나 원료인 사탕수수 부족으로 저조한 가동률에 시달렸다. 지배 주주로서 드레퓌스는 바이오세프의 재무구조를 개선하기 위해 많은 노력을 기울여야만 했다.

2018년에 드레퓌스를 소유하고 있는 드레퓌스 가문 재단은 추가로 10억불의 자금을 바이오세프에 투입했다. 그중 8억불 정도는 부채 상환에 사용되었고, 나머지는 바이오세프의 현금 흐름을 개선하는 데에 쓰였다. 그 외에도 바이오세프는 11곳의 채권자와 11억불에 달하는 채무상환 기한 연장에 동의해야만 했다.

도대체 왜 브라질 사탕수수 사업은 이토록 결과가 좋지 못했을까? 환율변동, 현지 비용상승, 기상악화로 인한 수확량 감소의 합작품이었으며, 가장 중요한 원인은 브라질 정부가 국내 휘발유 가격 상한을 두면서 에탄올도 자연스레 가격 상승에 제한을 받게 되었다. 한때 곡물 트레이더 출신으로 사탕수수 플랜트를 운영하게 된 혹자는 내게 "저는 지금까지 밀이 가장 정치적인 원자재라고 생각했는데 사탕수수에 비하면 아무것도 아닙니다."라고 토로했다.

또 다른 문제는 곡물 트레이딩 회사들이 대두 크러싱과 사탕수수 가공의 차이를 제대로 인지하지 못했다는 점이다. 대두는 크러싱 공장 정문 앞까지 너무나 쉽게 운송되는 게 관행이다. 반면 사탕수수는 생산자들을 구슬려야 확보할 수 있다. 사탕수수 플랜트를 운영하려면 작물의 생산과정부터 아주 깊게 관여되어 있어야 한다.

일반적으로 트레이더들은 작물 생산에 소질이 없다. 트레이더들은 단기에 집중하는 경향이 있고 농부들은 보다 장기적으로 생각한다. 트레이더들은 재빠르게 포지션을 전환하는 것을 즐기지만, 농부들은 작황이 한 해 안 좋았다고 해서 농장을 팔아넘기지 않는다.

곡물 트레이딩 회사들은 지난 수년간 브라질 사탕수수 산업에서 큰 교훈을 얻었다. 그리고 이 교훈을 통해 그들의 사업을 개선시키고 있다. 한편 브라질 정부는 국내 휘발유 가격이 국제 시장에 연동하여 자유롭게 변동하도록 놔둠으로써 브라질 에탄올 산업이 다시 경쟁력을 찾을 수 있도록 만들고 있다.

2019년 7월 벙기는 브라질 사탕수수 사업 관련 자산을 영국계 에너지 회사 BP와 합쳐 BP 벙기 바이오에너지아라는 이름의 합작회사를 만들었다. 이 합작회사는 연간 사탕수수 3천2백만톤의 가공 능력을 가진 브라질 내 11곳의 사탕수수 플랜트를 운영할 것이다. 벙기는 계약에 따라 약 7억7천만불을 현금으로 받았으며 15억불에서 17억불 사이를 손상비용으로 처리했다. 이 글을 쓰는 시점에 드레퓌스는 아직도 그들의 사탕수수 플랜트를 가지고 힘든 싸움을 계속 해나가고 있다.

정치와 바이오연료
패트리샤 루이스-만소 Dr. Patricia Luis-Manso

패트리샤는 S&P Global Platts의 바이오연료 시장 분석 부문을 이끌고 있다. S&P Global Platts는 시황, 가격 정보, 에너지 및 원자재 시장 분석을 제공하는 회사다. 과거에 패트리샤는 드레퓌스의 설탕 및 에탄올 리서치 부문을 이끌며 트레이딩 전략 수립에 집중해왔다.

안녕하세요 패트리샤. 지난 2005년 한 UN 관리는 바이오연료는 인류에 대한 범죄라고 비난했습니다. 오늘날 바이오연료에 대한 인식은 어떻습니까?

지금은 수년 전만큼 적대적이지는 않습니다. 현재의 논의는 단순한 흑백논리에 입각하여 이분법적인 선과 악으로 바이오연료를 바라보는 것에서 한 발 나아갔습니다. 오늘날 주된 이슈는 지속가능성에 있습니다. 문제가 되어왔던 간접적 토지이용변화(ILUC)의 개념도 더 명확해졌습니다. 정부 규제도 늘어났으며 보다 합리적인 방향으로 나아가고 있습니다. 이러한 현상은 2020년부터 재생가능에너지 수정안(RED II)이 시행되는 EU에서 더욱 두드러집니다.

    게다가 지금은 기후변화 문제가 매우 절박합니다. 정부와 개인 모두가 나서서 뭔가 신속한 조치를 취해야 한다는 광범위한 인식이 퍼졌습니다. 바이오연료는 당장 이용 가능한 기술입니다. 바이오연료는 탄소 배출을 줄일 수 있고, 사용 가능한 인프라가 이미 갖추어져 있습니다. 이는 문제의 해결책 중 하나가 될 수 있습니다. 뿐만 아니라 재생가능 디젤이나 수소화 식물성 기름과 같은 한 단계 발전된 차세대 바이오연료 기술에 대한 연구도 이뤄지고 있습니다.

조금 더 자세히 설명해주시겠습니까?

차세대 재생가능 디젤은 버리는 잔여물에 수소를 첨가하여 화석연료 디젤과 같은 화학적 구성을 갖게 만듭니다. 전통적인 바이오디젤은 식물성 기름이나 지방을 에스테르화하여 글리세린을 제거합니다. 나쁘지 않은 방법이기는 한데 이 같은 전통적인 방법은 사용한 원료의 특성에 따라 품질에 많은 영향을 받습니다. 원료에 따라 낮은 온도에서 응고하기도 합니다. 따라서 추운 겨울에는 필터막힘점과 구름점(cloud point)에 따라 바이오디젤 혼합 연료의 사용이 어렵기도 합니다. 차세대 재생가능 디젤에는 이러한 제한이 없습니다.

그렇다면 바이오디젤의 유용성을 인정하는 것으로 논쟁이 끝난 것인가요?

그렇지는 않습니다. 바이오연료에 사용되는 작물의 생산을 둘러싼 논쟁이 남아있습니다. 유럽에서는 특히 유채 생산을 둘러싼 농약 사용의 논쟁이 뜨겁고요. 바이오연료는 단일 작물로 생산되기에 생태 다양성을 잃게 되는 것도 문제입니다. 그러나 사실 이 논쟁들은 비단 바이오연료에 특정된 것이라고 보기는 어렵습니다. 이는 농업 전반에 대한 문제에 가깝습니다.

　오늘날 삼림 파괴는 또 다른 주요 논쟁거리입니다. 자동차 연료를 생산하기 위해 숲을 베어내는 것이 맞느냐 하는 질문이죠. EU의 재생 가능에너지 수정안은 이 문제를 다룹니다. 수정안은 간접적 토지이용 변화의 관점에 따라 작물의 리스크를 높고 낮음으로 구분합니다. 수정안에 따르면 팜유는 리스크가 높습니다. 이는 즉 2030년까지 바이오연료 생산과정과 EU 내 서플라이 체인에서 퇴출되어야 함을 의미합니다. 그렇다고 해서 팜유를 음식이나 샴푸와 같은 다른 제품에도 사용할 수 없다는 말은 아닙니다. 게다가 금지 조치에는 영세농이 생산한 팜유는 예외를 둔다는 규정이 있는데, 예상하시겠지만 영세농을 어떻게 정의하느냐 하는 문제가 생깁니다.

바이오연료는 현재 전통적인 화석연료와 대비하여 온실가스 배출량을 비교합니다. 하지만 만약 경제 전체가 점차 탄소 제로 상태로 나아간다면 바이오연료는 탄소 배출이 거의 없는 풍력이나 수력에너지와 비교당할 것입니다. 그렇게 비교하면 바이오연료의 온실가스 배출 감소효과는 좋지 않아 보일 것입니다. 아직 탄소 제로를 가능하게 하는 기술들이 경제성이나 기술적 측면에서 완전하지 않다고 하지만, 이는 어디까지나 아직일 뿐입니다.

전기차의 상용화도 바이오연료에 큰 문제입니다. 일부 환경운동가들은 바이오연료를 생산할 것이 아니라 전기차로의 전환을 앞당기는 데에 힘을 집중해야 한다고 주장합니다. 일리가 있는 말이기는 합니다만 이미 생산된 내연 차량도 아직 많습니다. 게다가 전기차 생산의 전체 과정을 들여다보면 배터리나 전기가 생산되는 방식이 지속가능성 측면에서 완벽하다고 할 수 있을까요?

바이오연료를 둘러싼 논쟁거리는 여전히 많지만 다행히도 다양한 이해관계자들이 긍정적으로 논의에 참가하면서 전과 같이 적대적인 시선만 있는 것은 아닙니다.

EU 의회가 승인한 재생가능에너지 수정안의 주요 골자는 무엇인가요?

첫 번째는 앞서 말했듯이 바이오연료를 간접적 토지이용변화에 따라 리스크의 높고 낮음으로 분류하는 것입니다. 팜유를 점차 바이오연료 시장에서 퇴출시키려는 노력이 그 일환입니다.

두 번째는 앞선 RED I의 경우 2020년까지 재생가능에너지 사용 목표를 교통 수송의 10%로 설정했으나, 수정안은 2030년까지 14%로 늘리는 것입니다. 그중 7%는 전통적인 바이오연료로 제한하고 나머지 7%는 차세대 바이오연료 기술로 대체되어야 합니다.

그럼 모든 문제가 정리된 것인가요?

팜유 금지를 둘러싸고 팜유의 주요 생산국인 인도네시아 및 말레이시아와 논의 중입니다. 영세농 예외규정에 대한 협의도 남아있고요. 나아가 팜유 생산과정에서 나오는 부산물도 사용을 금지해야 하는가 하는 문제가 남아있습니다. 일부 부산물들은 재생가능 디젤의 중요한 원료로 쓰이기도 합니다. 규제에 대해 말하자면 간접적 토지이용변화에 대해서는 정리가 되었으나, 실제 시행에 있어서 아직 마찰이 있습니다.

EU에서 에탄올 생산에 주로 사용하는 원료는 무엇인가요?

EU에서 생산되는 에탄올의 약 65%는 곡물로 만듭니다. 대부분은 옥수수고 밀도 둘 간의 가격 변동에 따라 조금 쓰입니다. 작황에 따라 사탕무가 20%까지 쓰이기도 하며 나머지는 보리와 셀룰로오스 화합물이 차지합니다.

EU는 아메리카 대륙에서 에탄올을 수입하기도 합니다만 대부분의 유럽 내 에탄올 수요는 역내 생산으로 충족됩니다. 과거에 EU는 미국산 에탄올 수입에 반덤핑 관세를 부과했으나 지금은 폐지되었습니다. EU에서 판매되는 모든 에탄올은 지속가능성 인증을 받아야 합니다. 인증절차는 비용과 시간이 들기에 소수의 미국 생산자들만이 인증을 받았습니다.

규제에 대해 말할 때 꼭 언급해야 하는 게 있습니다. 전통적으로 각종 규제는 에너지 성분이나 수량에 맞추어 이뤄졌습니다. 그러나 특히 독일에서 최근의 경향은 온실가스 감축 정도에 따라 규제가 이뤄지고 있습니다.

에탄올의 원료에 따라 온실가스 감축효과에 차이가 있습니까?

셀룰로오스 바이오연료의 감축량이 가장 높고 이어서 사탕수수 에탄올이 약 70% 정도 감축효과를 보입니다. 사탕무 에탄올은 약 60%, 에탄올 생산에 사용되는 기술에 따라 밀이나 옥수수 에탄올은 35%에서 65% 사이입니다. 다만 옥수수는 전반적으로 다른 원료에 비해 효과가 낮습니다.

바이오디젤의 온실가스 감축효과는 어떤가요? 에탄올만큼 좋습니까?

재생가능 디젤은 에탄올과 비슷한 수준이지만 전통적인 바이오디젤은 이보다 낮아 보통 35%에서 60% 사이의 효과를 보입니다.

EU 내 바이오연료 생산자들의 수익성은 어떻습니까?

우리가 설계한 생산 마진 모델에 따르면, 에탄올 생산자들은 수익을 내고 있지만 바이오디젤 생산자들은 인도네시아와 말레이시아에서 수입되는 저가의 팜유 메틸에스테르(PME) 때문에 허덕이고 있습니다. 아르헨티나에서 수입되는 대두 메틸에스테르(SME)도 있고요.

에탄올과 달리 유럽 내 바이오디젤 수요는 절반 정도가 수입을 통해 충족됩니다. 수입되는 팜유와 대두유는 지방산메틸에스테르(FAME)와 혼합되어 사용됩니다. 추운 겨울에는 유채 메틸에스테르(RME)를 더 써야 하고, 여름에는 팜유 메틸에스테르와 대두 메틸에스테르를 더 사용할 수 있습니다.

폐식용유(UCO)는 어떻게 사용됩니까?

폐식용유 메틸에스테르(UCOME)와 기타 폐기물은 EU 바이오디젤 시장의 약 10% 정도를 차지합니다. 일부 폐식용유는 중국에서 수입되기도 합니다. 만약 EU가 팜유의 수입을 중단한다면 그 공백은 유채유와 대두유가 채워야 할 것입니다. 그러나 한편으로 재생가능 디젤 생산이 프랑스와 이탈리아를 필두로 계속 성장하고 있습니다. 재생가능 디젤 생산에 사용되는 수입 팜유 부산물을 계속 허용할 것이냐가 관건입니다.

유럽을 잠시 벗어나 전 세계 에탄올과 바이오연료 프로그램의 동향은 어떻습니까?

중국은 2020년까지 10%의 바이오연료 혼합 의무 제도를 시행하겠다고 2017년 발표했습니다. 이는 중국 내 옥수수 재고가 넘쳐나는 상황에서 발표되었습니다. 이후 바이오연료 생산 능력에 투자가 이뤄지고 있으며, 서서히 혼합량을 늘리고 있습니다.

중국이 정말 무언가를 원한다면 행동이 말을 따를 것입니다. 그러나 제 생각엔 일단 중국은 자국 내 에탄올 수요를 자국 생산 능력으로 충족시키려고 할 테지만, 현재의 생산 능력은 10% 혼합률을 달성하기에 턱없이 부족합니다. 신규 건설되는 에탄올 플랜트를 추적해보아도 현재의 페이스는 목표를 달성하기에 너무나 더딥니다.

무역전쟁의 맥락 속에서도 이 문제를 살펴보자면, 만약 중국이 에탄올 수요를 수입을 통해 달성하고자 할 때 가장 저렴한 공급자는 미국일 텐데 과연 중국이 목표를 달성함에 있어 미국에 의존하고 싶어할까요? 저는 그렇게 생각하지 않습니다. 중국이 정말로 10% 혼합률을 달성하고자 한다면 현실적으로 대부분의 에탄올은 수입되어야 합니다. 이 모든 문제를 고려했을 때, 올해 3%, 2025년에 5.5%를 거쳐 2030년에 이르러서야 10%를 달성하게 될 것으로 저희는 전망합니다.[1]

옥수수를 얼마나 구할 수 있느냐에 달려 있는 에탄올 생산 능력을 증가시키면서 중국은 에탄올 소비량을 서서히 늘려나갈 것입니다. 그러나 크게 봤을 때, 중국의 에탄올 프로그램이 단기에서 중기적으로 곡물 시장에 큰 영향을 주지는 않을 것으로 보입니다.

미국 내 E15(에탄올 15%, 가솔린 85% 혼합유) 프로그램의 광범위한 정착이 세계 곡물 시장에 영향을 줄까요?

미 환경보호국은 하절기 E15 판매 규제를 해제했습니다. 에탄올 혼합업체뿐만 아니라 정유업계 그리고 일부 환경운동가들도 이 조치를 그

---

1   2019년 말 중국 정부는 해당 계획의 전면 보류를 발표했다. 2021년 기준 중국의 에탄올 혼합률은 2.1%에 불과했다.

다지 반기지 않습니다. 규제 해제는 E15를 사용할 수 있도록 허락한 것뿐이지 사용을 의무화한 것은 아닙니다. 단순히 E15를 허용했다고 해서 사람들이 곧바로 E15를 사용하리라는 보장은 없습니다. 이는 소비자가 선택할 수 있는 혼합유가 하나 늘어난 것에 불과합니다. 게다가 미국 내 모든 주에서 E15를 허용하는 것도 아닙니다. 모든 주유소들이 E15 전용 급유기를 추가하는 것도 아닙니다. 따라서 미국이 즉각적으로 E10에서 E15로 전환하는 것이나 그에 따라 에탄올 수요가 곧바로 50% 증가하는 일은 현실적이지 않습니다.

그 외에 다른 에탄올 프로그램에 대해 말씀해주시겠습니까?

인도에서도 최근 사탕수수 작황이 좋아지면서 에탄올 소비가 늘고 있습니다. 그러나 사탕수수 생산량이 감소하면 이러한 경향은 주춤하거나 뒤집힐 수 있습니다. 그 외에 호주, 캐나다, 브라질, 아르헨티나, 콜롬비아 등에 바이오연료 사용 의무 제도가 있습니다. 수단, 말라위, 모잠비크 같은 아프리카 국가들에서는 현재 논의가 진행 중이며, 아시아에는 중국과 필리핀에 의무 사용 제도가 있습니다. 일본의 에탄올 프로그램은 미국으로 수출된 브라질 에탄올을 ETBE로 변환하여 일본으로 재수출하는 구조였습니다만, 최근에는 관련 제도 개정에 따라 옥수수 에탄올 수입도 가능합니다.

한편 브라질에서는 레노바바이오라고 불리는 신규 프로그램을 2020년 도입할 예정입니다. 시행 시 추가 에탄올 수요를 창출할 것입니다. 따라서 브라질 내 수요에 대해서는 낙관적으로 보고 있으나 오히려 공급 측이 생산 능력 한계에 따라 제약을 받을 것으로 보입니다. 브라질의 옥수수 에탄올 생산은 증가하고 있으나 여전히 규모가 작습니다. 옥수수 에탄올은 브라질 전체 에탄올 생산량의 4% 수준에 불과합니다. 브라질은 자국 내 생산되는 에탄올의 5% 가량을 수출합니다. 일부는 일본에 ETBE의 형태로 최종 수출되나 주요 수입처는 캘리포니아입니다. 한국으로도 일부 산업용 알코올 수출이 이뤄지고 있습니다.

파리기후협약에 따라 정해진 각국의 목표 달성을 위해 앞으로 더 많은 국가들이 바이오연료 프로그램을 도입할 것으로 보입니다. 장기적으로 바이오연료 수요는 화석연료 수요보다 더 빠르게 증가할 것입니다. 바이오연료 시장의 장기 성장률 전망을 살펴보면 명백한 성장이 예상되는 곳은 아시아지만 이 지역의 성장세는 인도와 중국 두 나라에 크게 의존하고 있습니다.

에탄올 산업이 직면한 과제는 무엇입니까?

에탄올 산업이 발달한 큰 시장들을 한번 보십시오. 이를 살펴보면 에탄올은 대부분 자국 내에서 생산과 소비가 이뤄지는 것을 알 수 있습니다. 국제 교역은 상대적으로 규모가 작습니다. 브라질에서 캘리포니아 또는 일본으로 수출되는 경로가 비교적 꾸준한 편이지만 전체 생산량에 비하면 미미한 수준입니다. 결과적으로 에탄올 산업의 과제는 국내 문제일 것이고 이 말인즉슨 국내정치에 좌우될 것입니다.

10-15년 앞을 내다보면 바이오연료 시장은 전기차와 경쟁할 것입니다. 그러나 가장 큰 과제는 업계 전체가 환경적으로 지속가능하면서 경제적으로 수익성을 유지하는 데에 있습니다. 기술이 발전하고 있고 신규 플랜트들은 규모만 더욱 큰 것이 아니라 효율성도 높아지고 있습니다. 원료 작물이 지속가능한 방식으로 차질 없이 생산되는 것도 필수적입니다.

기회라면 무엇이 있겠습니까?

개인적으로 바이오연료 산업의 미래는 재생가능 디젤이나 기타 온실가스 감축효과가 높은 차세대 바이오연료에 달려 있다고 생각합니다. 셀룰로오스 에탄올은 규모화를 성공적으로 이룰 수 있을지 증명되지 않아 아직은 미래가 불투명합니다.

항공과 해운업계에도 미래가 있습니다. 해운업계에 2020년부터 도입되는 연료 기준은 유황 함유량을 0.5% 이하로 낮추도록 되어 있습니다. 지금 당장은 이를 바이오디젤과 연결지어 얘기하지 않지만 앞으로 주의 깊게 살펴볼 변화입니다.

결국은 바이오연료 산업의 미래에 대해 낙관적으로 보시는 것 같군요.

저는 10년 전보다 지금 바이오연료 사업의 미래를 낙관적으로 보고 있습니다. 관련 기술에 많은 발전이 이뤄지면서 수익성도 향상되었습니다. 환경문제를 둘러싼 규제도 점차 합리적이고 우호적인 방향으로 나아가고 있고, 재생가능 디젤 같은 차세대 바이오연료는 더 많은 관심을 끌고 있습니다.

더욱 먼 미래를 보면 기후변화와 탄소 배출 문제에 대응하기 위해 운송 수단에 있어 전기 차량의 역할이 커질 것입니다. 그러나 이미 존재하는 차량들과 인프라가 완전히 대체되기까지는 적지 않은 시간이 걸립니다. 바이오연료는 이미 손안에 있는 기술이고 화석연료보다 친환경적인 것은 분명한 사실입니다. 우리는 이를 받아들이고 적극적으로 활용해야 합니다.

5장

리스크

원자재 트레이딩이란
손안에 쥐고 있지 않은 무언가를
원하지 않는 누군가에게 파는 것입니다.
_익명

인류가 처음 농경을 시작한 건 약 11,000년 전이니 아마도 곡물 트레이더는 그즈음 어느 무렵부터 존재했을 것이다. 곡물 트레이더의 일상이란 사람들이 먹는 식량을 끊임없이 운송하고, 저장하고, 가공하는 일이다. 그들이 없으면 우리의 윤택한 식단과 일상은 존재하지 않을 것이다.

기원후 4세기, 그리스의 리바니우스는 다음과 같이 말했다.

> 신은 지구의 모든 곳에 고르게 물품과 자원을 주지 않았습니다. 그러나 신은 인간이 사회를 통해 서로를 도울 수 있도록 그의 재능을 방방곡곡에 나누어 주었습니다. 그리하여 상인을 창조하였고, 그로 인해 사람들은 어느 지역의 물산이라도 함께 즐거움을 나눌 수 있게 되었습니다.

리바니우스는 전 세계 모든 곳에서 모든 농작물이 똑같이 자라지 않는다는 걸 알았다. 어떤 나라는 다른 나라에 비해 특정 작물을 키우는 데에 훨씬 유리하다. 트레이더들은 작물이 남아도는 곳에서 부족한 곳으로, 필요하지 않은 곳에서 필요한 곳으로 옮기는 일을 한다.

캐나다에서 생산되는 밀의 일부는 캐나다 내에서 소비되겠지만, 자국 내 수요를 넘는 약 2천5백만톤의 초과 생산량은 미국과 중남미 등으로 수출된다. 브라질에서 생산되는 대두의 일부는 브라질 내에서 소비되겠지만 약 8천만톤의 초과 생산량은 대부분 중국과 기타 국가들로 수출된다. 만약 어떤 상품이 부족한 지역에서의 가격이 남아도는 지역에서의 가격보다 높고 그 차이가 이를 운송하는 비용보다도 클 때, 트레이더들은 이를 움직인다.

그러나 트레이더가 상품을 움직이는 데에는 리스크가 존재한다. 예를 들어, 트레이더가 운송비용을 확정하기도 전에 운송비용은 급등할 수도 있다. 마찬가지로 상품을 운송하는 보험료가 오를 수도 있고, 농장에서 항구까지 움직이는 동안 부두 노동자나 트럭 운전사들이 임금 인상을 위한 파업을 벌일 수도 있다.

하지만 가장 큰 리스크는 상품의 가격 자체에 있다. 상품이 부족했던 지역에서의 가격이 트레이더가 운송하는 물건이 도착하기도 전에 폭락하는 경우처럼 말이다. 이런 리스크를 줄이기 위해서 트레이더는 상품이 부족한 지역에서의 판매와 남아도는 지역에서의 구매를 동시에 시도할 수도 있겠지만 불행히도 이는 항상 가능한 일이 아니다. 결국 자신이 예상했던 것보다 훨씬 싼 가격에 상품을 털어버려야 할 수도 있다.

오늘날 트레이딩 업계는 경쟁이 매우 치열하다. 지역 간의 가격 괴리를 포착하는 건 대부분 결코 한 사람의 트레이더만이 아니다. 만약 어느 재빠른 트레이더가 가장 앞서 물건을 움직여 첫 번째 배로 수입항에 도착한다면 같은 물건을 실은 배가 항구에 다섯 번째로 줄을 서서 하역을 기다리는 경우보다 더 좋은 가격을 받을 것이다. 과거에는 이토록 운송 수단의 속도가 중요해서 가장 빠른 배를 가진 트레이더가 이긴다는 말도 있었다.

만약 상품이 도착하기 전에 시장 가격이 폭락한다면 구매자는 계약을 불이행하려고 할 것이다. 여느 리스크와 마찬가지로 이는 관리 대상이다. 이 때문에 트레이딩 회사들은 언제나 특정 계약 상대방과의 거래 금액에 한도를 둔다. 상대방이 얼마나 큰 회사이건 간에, 모든 트레이딩 회사들은 자체적인 거래 한도를 둠으로써 특정 상대와의 리스크를 제한하고자 한다.

　이러한 한도는 한 회사나 한 구매자뿐만 아니라 거래를 하는 국가에 대해서도 마찬가지다. 때로는 정부가 바뀌기도 하고, 정부가 바뀌지 않아도 정부의 마음이 바뀌기도 한다. 현지 농부들을 보호하기 위해 수입국 정부는 언제든 곡물수입금지 조치를 내릴 수도 있다.

　국제 무역을 둘러싼 리스크가 얼마나 큰지를 생각하면 트레이딩의 마진율이 매우 클 것이라고 상상할 수도 있다. 특히 신문이나 미디어 등에서 이러한 인상을 사람들에게 심어주지만, 이는 사실이 아니다. 트레이딩의 경쟁은 너무나 치열해서 트레이딩 마진은 박하기 그지없으며 지난 수년간 더욱 쪼그라들었다. 왜 그렇게 되었는지는 다음 장에서 다루기로 한다.

　단순히 곡물이 넘쳐나는 곳에서 부족한 곳으로 운송하는 일만이 트레이더가 하는 일의 전부가 아니다. 트레이더의 손을 통해 곡물은 저장되고 가공되기도 한다. 트레이더들은 세상이 곡물을 필요로 하지 않을 때부터 필요로 할 때까지 보관한다. 트레이더들은 세상이 필요로 하지 않는 형태의 곡물을 필요한 형태로 가공한다.

　예를 들어 살펴보자. 곡물이 넘쳐나는 수확기에 트레이더들은 농부들에게서 곡물을 구매하여 사일로라고 부르는 창고에 보관한다. 그리고 이듬해까지 조금씩 조금씩 곡물을 필요로 하는 제분회사에 판매한다. 제분회사는 사람들이 필요한 형태로 곡물을 가공하는 대표적인 사례. 대부분의 사람들은 밀 낱알을 있는 그대로 먹지 않기 때문에 밀가루의 형태로 가공되어야 한다. 가공과정의 다른 예는 트레이더가 농부에게서 구매한 대두를 크러싱 공장에서 가공하여 대두유와 대두박을 생산하는 것이다. 전자는 식용유나 바이오디젤 등으로 사용되고 후자는 주로 가축 사료로 사용된다.

　이처럼 원자재 트레이딩이란 행위는 원자재가 필요하지 않은 시기,

장소, 형태로 구매하여 저장, 운송, 가공을 통해 필요한 시기, 장소, 형태로 판매하는 것이다. 만약 원자재 트레이더들이 존재하지 않았다면 지금 우리의 아침 식탁은 꽤나 다른 모습이었을 것이다. 밀은 토스트가 될 수 없었을 것이고, 설탕이 과일잼이 되거나 팜유가 초콜렛잼이 되지 못했을 것이다. 그뿐인가, 식탁보를 만드는 원면은 쓰임 없이 어딘가 창고에 처박혀 있었을 것이다.

이 문제에 대해 조금만 깊게 생각해본다면, 트레이더가 가장 관심을 갖는 것은 원자재의 높고 낮은 액면가격이 아니라 다른 시간, 공간, 형태 사이에 존재하는 가격 차이, 즉 상대적 가격이라는 것을 이해할 수 있을 것이다.

이와 달리 러시아의 농부는 밀의 액면가격 그 자체에 관심을 가질 것이다. 가격이 높을수록 농부의 수중에 들어오는 돈은 많아지고 그 돈으로 가족을 먹여 살리고 다음 해 농사를 계획할 수 있다. 그러나 트레이더에게는 밀의 가격이 톤당 300불이든 200불이든 큰 상관이 없다. 트레이더에게 중요한 것은 러시아의 농부에게서 밀을 구매해서 저장하고 운송하여 이집트의 제분회사에 판매하기까지 발생하는 가격 차이일 뿐이다. 거듭 말하지만, 트레이더에게 중요한 건 가격 차이일 뿐이지 높고 낮은 액면가격이 아니다.

비슷한 논리로 제분회사는 밀의 액면가격을 크게 걱정하지 않는다. 제분회사에게 중요한 건 원료인 밀과 가공을 거친 완제품 밀가루 사이의 가격 차이일 뿐이다. 만약 밀에 비해 밀가루의 가격이 너무 저렴하다면, 공장을 돌리는 비용도 충당하기 어려울 것이다. 이는 대두 크러싱 공장도 마찬가지다. 중요한 건 원료인 대두와 완제품 대두박 및 대두유 사이의 가격 차이일 뿐이다.

대부분의 사람들이 생각하는 것과 달리 트레이더들과 트레이딩 회사들은 플랫 가격(flat price)이라고도 하는 원자재의 가격 그 자체가 변동하는 리스크에 노출되기를 꺼린다. 트레이더들은 주로 플랫 가격을 (선물계약을 통해) 헷지하고 상대적 가격의 차이에서 이윤창출을 선호한다. 그러나 다음 장에서 살펴볼 앙드레의 사례에서 알 수 있듯이, 완벽하게 가격 변동을 헷지했다고 생각하더라고 문제가 생길 수 있다. 선물계약은 미래에 일어날 거래에 대한 계약이기 때문에, 선물거래소는 그사이에 발생할 수 있는 계약 당사자들의 디폴트 위험을 방지하기 위한 역할을 수행한다. 이를 위해 선물거래소는 보통 계약 당사자들에게 개시증거금(initial margin)을 안전장치로 요구한다. 시장의 변동성이 클수록 보통 개시증거금도 올라간다.

선물거래를 체결하는 시점부터 계약의 만기나 청산시점까지 가격은 매우 큰 폭으로 출렁일 수 있다. 이 같은 가격 변동으로 인한 디폴트를 방지하기 위해 선물거래소는 매일 장 종료 후 그날의 가격 변동에 따른 추가증거금을 정산한다. 또한 모든 선물포지션은 그날그날의 시가로 평가된다(marked-to-market).

만약 선물 가격이 오르면 매도포지션(short)에 있는 사람들은 그날 포지션을 청산한다고 가정했을 때 발생했을 손실만큼 추가증거금 납입을 거래소로부터 요구받을 것이다. 그 돈은 반대편에 있는 매수포지션(long)에 있는 사람들의 계좌에 입금될 것이다. 선물 가격이 내리는 경우도 위의 과정이 정반대로 이뤄진다.

증거금은 기본적으로 시장 참가자들을 디폴트의 위험에서 보호하기 위한 것이다. 그러나 현물포지션을 헷지하기 위한 목적의 선물포지션이라고 하더라도 변동성이 심한 시장에서는 큰 부담이 될 수도 있다. 밀 현물을 구매하고 가격 변동 헷지를 위해 밀 선물을 매도한 어느 시장 참가자의 경우를 생각해보자. 이론적으로는 현물과 선물에서 반대의 포지션이 가격 변동으로부터 시장 참가자를 보호해줄 것이다. 하지만 실제 현물이 판매되고 대금을 회수하기 전에 선물 가격이 급등한다면 추가증거금 납입을 거래소로부터 요구받을 것이고 그 금액은 경우에 따라 무척 클 수도 있다. 큰 물량을 거래하는 곡물 트레이딩 회사의 경우 선물 가격 변동에 따른 추가증거금 부담이 수억 불에 이를 수도 있다. 이는 회사의 현금 흐름에 큰 부담으로 작용할 수 있다.

농장에서 식탁까지 식량 시장의 대부분 참가자들은 액면가격 그 자체보다 상대적 가격의 차이에 관심을 갖는 트레이더와 비슷한 사고를 한다. 다만 양 끝단에 있는 농부와 최종소비자들은 예외에 속한다. 농부는 자신이 키운 작물에 최대한 높은 가격을 받기를 원할 것이고 최종소비자들은 구매하는 식료품의 액면가격이 가능한 저렴하기를 바랄 것이다. 그러나 최종소비자들조차 식료품의 상대적 가격의 차이를 비교하는 사고방식을 보인다. 이를테면 오늘 저녁으로 소고기를 먹어야 할지 닭고기를 먹어야 할지, 사과를 먹을지 오렌지를 먹을지 같은 고민들이다.

농부들은 보통 수확 이전에 미리 작물의 일부를 팔고, 식품 가공업체들은 사용 전에 미리 원료의 일부를 구매한다. 이는 각각 수확과 사용 시점까지 발생할 수 있는 가격 변동 리스크를 줄이기 위한 것이다. 그러나 농부가 수확 전에 미리 작물의 일부를 팔았어도 리스크에서 완전히 자유로워지는 것은 아니다. 판매 후 가뭄이 들 수도 있고 예상한 만큼 소출이 나오지 않아 가격이 급등한 때에도 농부는 미리 정해진 가격으로 판매한 계약을 이행해야 한다. 만약 계약을 이행할 작물이 부족하다면 부족분을 시장에서 구매하여 이행하거나, 계약 상대방에게서 워시아웃(washout)을 통해 판매한 걸 (현재의 상승한 시장 가격으로) 되사들여야 할 수도 있다.

따라서 아직 심지도 않은 밀을 판매하는 일은 농부에게 위험한 행동일 수도 있으나, 아예 아무것도 팔지 않고 (가격이 떨어지는 상황에서) 모든 것을 손에 쥐고 있는 것보다는 여전히 리스크가 작은 일이다. 어쨌든 수확기에는 작물을 거둘 것으로 농부는 예상하는 게 일반적이고, 수확기에는 가격이 약세를 보이리라 다들 생각하기 때문이다. 게다가 농부가 거래하는 은행 입장에서는 농부가 예상 수확물의 일부라도 미리 판매를 통해 가격을 확정함으로써 예측 가능한 마진이 있어야 농부에게 비료, 종자, 농기계 연료 등 농사에 필요한 자재들을 구매하기 위한 돈을 빌려주기 쉽다. 은행은 대출을 해주기에 앞서 농부의 판매 계약서를 보기 원할 것이다.

　서플라이 체인 내의 모든 이들은 크든 작든 가격 변동 리스크에 노출되어 있고 이를 각자의 방식으로 관리한다. 농부들은 처음 밀을 심는 순간부터 가격 하락을 걱정하지만 미리 일부를 판매함으로써 리스크를 줄인다. 트레이더는 농부에게서 밀을 구매하면서 리스크를 떠안지만 선물시장에서 반대로 판매함으로써 리스크를 회피한다. 제분업체들은 원료로 사용될 밀을 구매하기까지 가격이 오를 것을 걱정하지만 대신 선물시장에서 구매를 하거나, 생산되는 밀가루를 판매하는 시점과 밀을 구매하는 시점 사이의 간격을 최대한 단축함으로써 리스크를 줄일 수 있다.

　농부가 되었든 트레이더가 되었든 만약 누군가가 아직 갖고 있지도 않은 것을 미리 판매하는 건 숏(short), 갖고 있는 물건을 아직 팔지 못하고 손에 쥐고 있다면 롱(long)이라고 한다. 가끔 이 개념을 처음 접하는 사람들은 갖고 있지도 않은 물건을 판매한다는 사실을 쉽게 이해하지 못한다. 이를 이해하는 열쇠는 계약을 이행하는 시점에 있다. 물론 판매와 동시에 당장 인도해야 하는 물건이라면 그 물건을 갖고 있지 않은 사람은 이를 판매할 수 없다. 그러나 판매 이후 미래에 인도하는 물건이라면 나중에 인도 시점에 이르러 가격이 내릴 것을 예상하고 먼저 갖고 있지 않은 상태에서도 판매할 수 있다. 상품을 인도해야 하는 시점 전에만 물건을 확보하면 되는 것이다. 수확기에 인도될 미래 소출의 일부를 수확 이전에 판매하는 농부가 대표적인 사례다.

갖고 있지도 않은 물건을 파는 건 농부뿐만이 아니다. 다른 예를 하나 더 들어보자. 3개월 후에 아프리카 서안으로 인도될 쌀을 판매하려는 트레이더가 있다. 이 트레이더는 쌀 가격이 3개월 후 떨어질 것으로 생각한다. 이런 상황에서 그는 일단 지금 가격으로 쌀을 팔고 인도 시점 전에 더 싸게 되살 것을 기대하면서 판매계약을 체결할 수 있다. 현물은 전혀 만지지 않는 선물시장의 투자자들도 마찬가지다. 만약 어느 상품의 가격이 미래에 떨어질 것으로 예상한다면 투자자는 지금 선물계약을 팔고 나중에 되살 수 있다. 전망이 틀려 가격이 오른다면 그만큼 비싼 가격으로 되사야 하기에 손해를 볼 것이고, 전망이 맞는다면 더 싸게 사는 만큼 이익을 볼 것이다.

보통 주식시장에서는 숏포지션이 롱포지션보다 위험한 것으로 간주된다. 어느 주식 투자자가 어떤 주식을 산다면 그의 손주들에게 물려주든 이론적으로는 영원히 보유할 수 있다. 하지만 갖고 있지도 않은 주식을 공매한다면 사전에 정해진 기한 내에 공매한 주식을 되갚아야 하는 시간 제약이 있다. 기한이 닥친다면 공매도자는 그때의 시장 가격으로 주식을 반환해야 한다. 이런 시간 제약 때문에 투자자는 스퀴즈(squeeze)의 위험에 노출된다. 그러나 주식을 가지고 있는 사람은 언제까지 반드시 팔아야 한다는 제약이 없다. 따라서 주식시장에서 숏포지션과 롱포지션의 리스크는 다소 비대칭적인 측면이 있다. 이는 원자재 시장과의 차이점이다. 보관비용과 물리적 유통기한이 있는 원자재는 주식과 다르게 롱포지션으로 무기한 들고 있을 수 없으며 시장 가격에 따라 팔아치워야 하는 순간이 온다.

앞서 언급한 것과 같이, 트레이더들은 상품을 필요로 하는 시간, 공간, 형태의 차이를 올바로 포착함으로써 이윤을 창출한다. 이와 무관하게 그저 상품의 가격 변동 리스크를 떠안는 일은 바람직하지 않게 여겨진다. 생산자에서 소비자까지 연결되는 사슬에서 발생하는 시간, 공간, 형태상 수급의 괴리야말로 트레이더들이 온 힘을 집중하는 영역이다.

여기서 잠깐 시장 참가자들의 종류와 그들이 각각 떠안는 리스크에 대해 살펴보자. 먼저 살펴볼 트레이더는 계약의 당사자가 된다. 트레이더는 계약의 일방으로서 실제로 상품을 구매하거나 판매하는 당사자가 된다. 이 과정에서 그는 선물 헷지를 안 했을 경우 플랫 가격 리스크에 노출되거나, 선물 헷지를 하더라도 선물 가격과 현물 가격의 차이인 베이시스(basis)[1] 리스크에 노출되게 된다. 이러한 트레이더들이 모여 원자재 트레이딩에 종사하는 회사들은 보통 트레이드 하우스라고 부른다.

현물 브로커(physical broker)는 현물거래 과정에서 커미션을 대가로 바이어와 셀러를 연결해주는 일을 한다. 현물 브로커는 가격 리스크를 전혀 떠안지 않으며, 오직 자신이 연결해준 바이어 또는 셀러가 계약을 이행하지 않을 때 커미션을 떼이는 리스크가 있을 뿐이다. 따라서 브로커의 이익뿐만 아니라 손실도 커미션 금액으로 한정된다.

선물 브로커(futures broker)는 고객 대신 선물거래소에서 주문을 담당하는 사람이다. 대부분의 선물 브로커는 거래소의 청산회원(clearing member)이지만 꼭 그래야만 하는 것은 아니다.

브로커와 에이전트는 비슷한 것 같으나 중요한 차이가 있다. 보통 브로커는 바이어와 셀러 모두를 위해 일하며 어느 한쪽의 편도 아니다. 그러나 에이전트는 어느 한편을 대리하여 움직인다. 예를 들어 브라질에 있는 대두 생산자 조합은 자신들을 대리할 판매 에이전트를 중

---

[1] 베이시스(basis)란 선물 가격에 대비한 현물 가격의 차이를 의미한다. 달리 말해 선물 가격에 베이시스를 더하면 현물 가격과 같다. 상대적 수요, 운송비, 보관비, 금융비 등이 반영된 현물가격은 기초 선물 가격과 정확하게 일대일로 대응하여 움직이지 않는다. 선물 가격 상승 대비 현물 가격이 더 오르거나 덜 오를 수도 있고 반대로 선물 가격 하락 대비 현물 가격이 더 내리거나 덜 내릴 수도 있다.

국에 둘 수 있다. 이 에이전트는 자신을 고용한 브라질 대두 생산자 조합의 이해관계를 위해 중국에서 움직이며 바이어들을 찾는다. 반대로 중국의 대두 크러싱 공장이 브라질에 구매 에이전트를 두고 자신들을 위해 가장 좋은 가격으로 대두 소싱을 위해 일하도록 할 수 있다.

선물시장 참가자들 중에 현물의 흐름에는 관여하지 않으면서 오직 시세차익을 통한 이익을 추구하는 사람들은 상품 투기자(commodity speculator)라고 보통 부른다. 미국 상품선물거래위원회는 이러한 시장 참가자들을 비상업적(non-commercial)이라고 부른다. 비상업적 시장 참가자들은 개인일 수도 있고, 헤지펀드일 수도 있고, 연기금이나 은행일 수도 있다. 이들의 공통점은 실제 현물이 생산자에서 소비자까지 이르는 과정에는 전혀 개입하지 않는다는 점이다.

그러나 한편으로는 비상업적 시장 참가자들도 간접적으로는 서플라이 체인에 가치를 더하면서 현물의 흐름에 관여하고 있다고 볼 수도 있다. 비상업적 시장 참가자들은 (현물을 움직이는) 상업적 시장 참가자들이 헷지를 통해 떠넘기고 싶어하는 가격 리스크를 떠안는다. 이는 서플라이 체인에서 아주 중요한 역할로 만약 이들이 존재하지 않는다면 현물을 움직이는 사람들은 더 많은 가격 리스크를 떠안아야 하거나 판매와 구매 사이의 시차를 최소화할 수밖에 없다.

생산자들은 미리 판매를 함으로써 리스크를 줄이고 싶어하고, 소비자들은 소비 직전 가능한 늦게 구매함으로써 리스크를 줄이고 싶어한다. 시세차익을 위해 기꺼이 리스크를 떠안는 비상업적 시장 참가자들 덕분에 이 시차는 좁혀질 수 있다. 그들은 서플라이 체인에서 생산자와 소비자들이 원하지 않는 리스크를 떠맡음으로써 중요한 역할을 수행하고 그들이 있음으로써 풍부한 유동성과 함께 시장이 원활하게 기능할 수 있다.

비상업적 시장 참가자들이 선물시장에 참여하는 동기는 현물 흐름에 종사하는 참가자들과 다르다. 연기금 같은 펀드들은 자신들의 포트폴리오에 주식, 채권, 부동산 등과 함께 원자재를 포함시키고 싶어 한다. 헤지펀드나 은행들은 원자재의 미래 가격을 남들보다 잘 예측함으로써 시장 수익률을 상회할 수 있다고 믿는다. 그 외에 단순히 리스크가 높은 투자를 즐기는 사람들도 있다.

그러나 비상업적 시장 참가자들이 하는 역할은 단순히 남들이 원하지 않는 리스크를 떠안는 것으로 끝나지 않는다. 이들은 공급 부족이 예상될 때 미리 매수를 한다거나 공급 과잉이 예상될 때 미리 매도를 함으로써, 실제로 사건이 닥치기 전에 예상이 가격에 미리 반영되게 한다. 그 결과 수요와 공급은 균형을 향해 재빠르게 반응할 수 있으며 덕분에 더 심각한 위기를 피해갈 수 있다. 미리 사건을 내다보는 투기적 행위는 시장이 가격을 통해 스스로 문제를 피해가도록 돕는다.

길을 잃지 않고 나아가는 방법
브라이언 잭맨 Brian Zachman

브라이언은 벙기의 글로벌 리스크 관리 총괄을 맡고 있다. 그는 밀레니엄에서 포트폴리오 매니저로 농산물 파생상품을 트레이딩하다 벙기에 합류했다. 포트폴리오 매니저로 일하기 전에는 SAC 캐피탈에서 일했고 카길과 콘아그라에서 트레이딩과 관련된 여러 역할을 맡았다. 그는 미네소타대학교 덜루스 캠퍼스 경제학과를 졸업했다. 나는 제네바의 벙기 사무실에서 브라이언과 만났다.

<u>인터뷰의 내용은 브라이언 잭맨의 개인적 견해로 벙기의 공식적 입장이나 정책을 대변하지 않습니다.</u>

안녕하세요 브라이언. 어떻게 처음 이 일을 시작하게 되었습니까?

저는 미네소타의 세인트 마이클이라는 작은 마을 출신입니다. 저희 가족은 낙농업에 종사하고 있었으나 집안의 사업을 이어가는 것은 제 희망이 아니었습니다. 집에서 멀리 떨어진 미네소타대학교 덜루스 캠퍼스로 진학하는 바람에 뜻하지 않은 행운이 함께 왔는데 농장에 계신 아버지가 오후에 젖 짜는 일을 도와달라고 하셔도 시간 내에 집에 돌아가 도와드릴 수가 없었습니다.

 시장에 흥미를 느껴 대학교에서 경제학과 수학을 공부했습니다. 이후 카길의 금융시장 부문 포지션에 지원했으나 카길은 아마 저희 집안 내력을 보고 노스다코타 웨스트 파고에 있는 유지 가공 부문의 트레이딩 견습생 자리를 제안했습니다. 그곳은 당시 카길이 북미에서 운영하던 플랜트 중 유일하게 해바라기, 아마, 카놀라 등 여러 종류의 유지류를 가공하고 원유와 정제 식용유를 모두 취급하는 곳이었습니다.

그곳에서 커리어를 시작하게 된 것은 대단한 행운이었습니다. 국내 및 국제 수입 수출 시장을 모두 경험할 수 있었고 그 과정에서 트럭, 바지, 철도 같은 운송 수단과 정제과정, 환율, 선물과 옵션을 활용한 헷징, 플랫 가격 및 베이시스 리스크 관리, 플랜트 운영 등을 폭넓게 배울 수 있었습니다.

수습기간이 끝나갈 무렵 당시 매니저는 저를 받아들였고, 플랜트의 크러싱 스케줄을 관리하는 상업적(commercial) 역할[2]로 승진하게 되었습니다. 당시 웨스트 파고 플랜트에서 상업적 역할을 수행하는 직원은 다섯 명에 불과했으나 동료들은 모두 매우 경험이 풍부하였으며 기꺼이 시간을 내어 제게 시장과 사업 전반에 대해 친절히 가르쳐주었습니다.

가족 소유의 농장은 어떻게 되었습니까? 지금도 있나요?

1990년대 초에 부모님께서 은퇴할 나이가 되시자 제 형제들 중 마땅한 후계자들이 없어 소들을 전부 팔아버리셨습니다. 하지만 아버지는 아직도 농장에 살고 계십니다. 교외 지역에 부동산 개발이 많이 일어나면서 땅값이 올라가고 농지는 점점 줄어들고 있는데 말입니다. 대단한 옛날 얘기 같지만 지금도 미국 농촌 전역에서 계속 일어나고 있는 현상입니다.

---

[2] 트레이딩 업계와 이 책에서 자주 등장하는 상업적(commercial) 역할이란 표현은 판매, 구매, 포지션 및 리스크 관리 등 손익에 직결된 결정을 내리거나 관여하는 위치를 의미한다.

다시 웨스트 파고로 돌아가 보겠습니다. 크러싱 공장에서 일한 후에는 무슨 일이 있었습니까?

카길은 미니애폴리스 본사로 저를 재배치시켰습니다. 저는 카길이 소유한 미국 내 14곳의 대두 크러싱 공장을 관리하는 국내 대두 가공 부문에 배치되어 대두유 프로그램과 리스크 관리를 맡았습니다. 이는 규모가 훨씬 큰 대두 가공 산업에 대해 배우고 리스크 관리에 대해 배울 수 있는 좋은 기회였습니다. 특히 상품을 인도하고(making delivery) 인도받는(taking delivery) 메커니즘과 이를 통해 어떻게 가격이 움직이고 선물시장이 작동하는지 이해하는 좋은 경험이 되었습니다. 선물시장에서 제대로 프랍 트레이딩(자기자본매매)을 해볼 수 있는 첫 기회를 저는 무척 즐겼습니다. 대두유 프로그램을 관리하는 것 외에도 카길의 고객들을 위한 가격 리스크 관리와 카길의 국제 거래에서 발생하는 가격 리스크를 관리하는 팀과 가깝게 일할 수 있었습니다. 돌이켜 생각해보면 당시 24살에 불과했던 저는 세계에서 가장 큰 식량회사의 핵심 사업부에서 업계의 가장 뛰어난 사람들에게서 마음껏 배울 수 있는 기회를 누렸습니다.

그런데 왜 카길을 떠났죠?

어려운 결정이었습니다. 당시에 저를 필리핀으로 보내 야자 크러싱과 코코넛오일 사업을 맡게 한다는 얘기가 오고갔으나 끝내 이뤄지지 않았습니다. 카길은 당시 조직 구조에 큰 변화를 앞두고 있었고 저는 열린 마음으로 다른 기회들을 바라봤습니다.

결국 저는 카길을 떠나 네브래스카 오마하에 있는 콘아그라에 합류했습니다. 당시 콘아그라는 그레그 헤크먼이 이끌었는데, 지금 벙기의 CEO이기도 합니다. 콘아그라는 팀을 조직하여 그들의 식료품, 소매, 곡물, 가축, 가공 사업에서 발생하는 전 세계 원자재 가격 리스크를 종합하여 관리하도록 하였습니다. 콘아그라는 자체 대두 크러싱 공장을 세우는 방안을 검토하다가 끝내 브랜드 사업에 주력하기로 결정했습니다. 저는 이 같은 다운스트림 사업에 큰 흥미를 느꼈고 새로운 것들을 배웠으나 이내 원자재와 보다 시장지향적인(market-oriented) 사업 요소들이 그리워졌습니다.

콘아그라에서 일한 2년 동안 식용유와 대두박의 공급처로서 벙기와 일을 하게 되었습니다. 당시 벙기도 조직 구조에 큰 변화를 겪고 있었습니다. 벙기는 기존의 복잡한 사업 구조에서 곡물 트레이딩과 유지 가공으로 압축되는 핵심 사업에 집중하는 것으로 변화를 모색했습니다. 또한 수출국의 FOB(본선인도) 공급자에 그치는 것을 넘어 전 세계 판매망으로 영역을 넓히고 새로운 사업모델을 뒷받침할 수 있는 원자재 리서치 데스크와 리스크 관리팀을 구축하고자 했습니다. 저에게 딱 맞는 자리로 보였고 저는 벙기의 가격 리스크 관리팀에 합류했습니다. 이때가 1999년이었는데 그해는 벙기가 본사를 상파울루에서 뉴욕 화이트 플레인스로 옮긴 해이기도 했습니다.

커리어적 측면에서 벙기로 옮긴 것은 올바른 선택이었습니다. 제 지식과 경험이 유용하게 쓰일 수 있는 유지 가공 부문에 되돌아 온 것에 무척 만족했습니다. 또한 성장세에 있는 조직에서 새로운 일을 기초부터 만들어나가는 일도 즐거웠습니다. 다시 생각해도 시의적절한 선택이었습니다.

이때가 지금까지의 커리어 중에서 가장 즐거운 때였습니까?

가장 즐거운 때는 아직 오지 않았다고 생각하고 싶지만 지금까지 놓고 보면 그렇습니다. 직업적인 측면에서의 러닝커브와 회사의 성장 그리고 함께했던 좋은 동료들을 생각하면 원자재 시장이 질적으로 진화하던 2000년대 초반은 멋진 시기였습니다. 그 시기의 식량 산업과 금융시장은 양극단을 오고갔습니다.

1999년에서 2001년 사이는 식량 산업에 악몽과도 같은 시기였습니다. 업계는 과잉공급과 넘쳐나는 재고로 시달렸습니다. 브라질 통화 평가절하는 급속한 생산 증가를 초래했고 업계 전반적으로 물류와 가공 설비의 과잉으로 고전을 면치 못했습니다. 이 시기에 앙드레가 시장에서 퇴출되고 콘티넨탈 그레인이 트레이딩 부문과 자산들을 카길에 팔아넘기지 않았습니까. 트레이딩 하우스들은 쪼그라들고 있었고 훌륭한 인재들이 일을 찾지 못하고 있을 때 벙기는 재차 국제 시장으로 확장을 모색했던 것입니다.

결과적으로 벙기는 식량 산업에서 경험이 풍부하고 능력 있는 인재들을 끌어모을 수 있었습니다. 다른 회사들에서 다양한 배경을 가진 사람들을 끌어모았고 이는 독특한 조합을 만들었습니다. 당시 벙기 내에는 카길, 앙드레, 콘티넨탈 그레인 등에서 다루던 각기 다른 방식이 융합되어 독특한 결과물을 낳았습니다. 매우 개방적이고 네트워크가 풍부한 이 집단의 일원이라는 사실이 기뻤습니다.

벙기는 2001년 공개 상장회사가 되었습니다. 그 결과 더 엄격한 리스크 관리 절차가 요구되었습니다. 우리는 전사적 관점에서 시장 기회를 포착하고 이에 부합하는 선물 및 현물포지션을 취할 수 있도록 돕는 분석 도구를 만드는 일을 하였습니다.

2005년에서 2015년까지 식량 시장은 곡물 및 유지 재고가 비교적 부족하고 밸류 체인 내 변동성이 큰 편에 속했습니다. 생산자들은 높은 가격을 받을 수 있었고, 현물 트레이더나 펀드를 포함한 밸류 체인 내의 모든 참가자들에게 더 많은 기회를 가져다주었습니다. 돌이켜 생각하면 이 시기는 업계의 일반적 모습이 아닌 예외적 시기였던 것 같습니다. 아마 많은 사람들이 이 10년의 모습이 다시 찾아오기를 바라면서 그리워할 것입니다.

무엇이 그 10년의 사이클을 초래했다고 보십니까?

여러 상승요인이 복합적으로 작용했습니다. 세계에서 인구가 가장 많은 지역의 폭발적 GDP 성장이 육류 소비와 사료 수요의 증가로 이어졌습니다. 이 시기에 식용유, 옥수수, 사탕수수 등을 원료로 하는 바이오연료 산업도 정부 정책과 유가 상승에 힘입어 크게 발전했습니다. 에너지 가격의 상승은 다시 작물 생산비용의 증가로 이어졌습니다. 원자재가 투자자산으로 관심을 끌면서 바이사이드의 자금이 원자재 선물시장으로 엄청나게 유입되었습니다. 덩달아 변동성도 커졌습니다. 마지막으로 작황에 영향을 끼치는 날씨는 언제나 가격의 중요한 요소이지만 이는 수급 상황이 이미 빡빡할 때 더욱 큰 영향을 끼칩니다.

한편 이처럼 농산물 가격이 상승하면서 관련된 생산, 농자재, 물류 및 가공 인프라에 대한 투자가 크게 증대되었습니다. 이 와중에 2008년에서 2009년 사이 글로벌 금융위기가 닥쳤고 농산물 가격은 절반으로 폭락하였습니다. 곧 회복세를 거치면서 무척이나 변동성이 컸던 장으로 기회도 많았던 시기였습니다.

그런데 벙기를 떠나 헤지펀드로 옮긴 이유는 뭘까요?

네, 그 역시 어려운 결정이었습니다. 2012년은 벙기에서 일한 지 13년째 되는 해였습니다. 저와 아내는 처가가 가까운 캘리포니아로 2019년까지 이사하려는 계획을 갖고 있었습니다. 미네소타로 가자고 했지만 아내는 추운 겨울을 싫어했습니다. 사실 저의 커리어적 측면에서 보았을 때 캘리포니아에서 할 수 있는 일은 딱히 많지 않았습니다. 아마 시장에 대해 자유롭게 기고를 하거나 학생들을 가르치는 일을 할 수도 있었겠지요. 동시에 제 개인 자본으로 원자재 시장에서 트레이딩을 계속하고 싶은 마음은 있었습니다.

트레이더들이 자신이 속한 큰 조직을 벗어나 실시간으로 서플라이 체인 내에서 일어나는 일들을 보지 않고도 트레이딩에 성공할 수 있느냐 하는 질문들은 늘 있어 왔습니다. 저는 벙기에서 매우 행복한 시간을 보냈고 그곳의 동료들은 가장 친한 친구들이기도 하지만 벙기 같은 조직을 벗어나서도 자금을 성공적으로 운용할 수 있는지 도전해 보고 싶었습니다.

헤지펀드의 삶은 어땠습니까?

즐거운 경험이었습니다. 헤지펀드에서의 존재 목적은 매우 명료합니다. 성과를 창출해야 한다는 그 간단명료함이 집중을 돕습니다. 또한 헤지펀드에 대한 세간의 인식과는 다르게, 제 경험에 따르면 헤지펀드들은 매우 엄격하고 규율 있는 집단입니다. 성과는 불확실할 수밖에 없고 누구도 불확실성에서 자유로울 수 없기 때문에 리스크를 올바로 관리하는 것이 사업의 큰 부분을 차지한다는 인식이 확실하게 자리잡고 있습니다. 다만 제가 헤지펀드에서 답답함을 느꼈던 부분은 거래소에서 거래되는 상품들밖에 포지션을 취할 수 없고 기초가 되는 현물이나 밸류 체인 내 다른 영역은 건드릴 수가 없다는 점이었습니다. 시장을 분석하는 과정 자체는 거의 같았습니다.

실제 현물시장에 관여하고 있는 것은 훨씬 흥미로운 일입니다. 밸류 체인 내의 물류 및 가공 자산의 가치는 수요와 공급의 법칙에 따라 끊임없이 변동하기 때문입니다. 이 퍼즐을 해결하는 도전 과정은 보다 좋은 지적 자극이 되고, 현물시장에 관여하고 있다면 단순히 금융시장에만 머무르는 것에 비해 퍼즐의 결론을 곧바로 써먹을 수도 있습니다.

헤지펀드에서 담당했던 포지션의 규모는 벙기에서 맡았던 것과 비슷했습니까?

보통 사람들은 헤지펀드가 시장에서 큰 스윙을 노린다고 생각합니다. 물론 그런 곳들도 있습니다. 그러나 저는 벙기에서 담당했던 규모의 포지션에 비해 훨씬 작은 규모의 포지션을 맡았습니다. 이는 전 세계로 실물을 움직이는 벙기의 사업 규모와 무관하지 않습니다. 벙기는 불가피하게 선물시장에서 큰 포지션을 취할 수밖에 없습니다. 더 간단하게 말하자면 벙기는 자신들이 곡물을 구매하는 업스트림의 농가들이 언제 곡물을 판매할지 아니면 다운스트림의 식품 및 사료 가공 업체들이 언제 곡물을 구매할지 마음대로 선택할 수 없기 때문입니다. 벙기는 밸류 체인 내 중간에 서서 자신들에게 떠넘겨진 리스크 관리를 수행합니다. 반대로 헤지펀드는 리스크를 취사선택할 수 있고 리스크를 떠안아야 할 의무도 없습니다. 만약 헤지펀드가 어느 리스크를 싫어한다면 그저 건드리지 않으면 그만입니다.

리스크 관리 측면에서 벙기와 헤지펀드의 차이를 설명하는 좋은 비유가 있습니다. 벙기에게 포지션 관리는 마치 버스를 운전하는 것과 같지만 헤지펀드는 스포츠카를 운전하는 것과 같습니다. 헤지펀드의 포지션은 규모가 작기 때문에 마음대로 교통 상황을 요리조리 빠져나갈 수 있습니다. 그러나 벙기는 막대한 물량의 실물을 움직이기 때문에 헤지펀드처럼 마음대로 운전하기 어렵습니다. 또한 벙기는 밸류 체인 전체에 걸쳐 공급자, 구매자, 직원, 지역사회 등 이해관계자와도 훨씬 복잡하게 얽혀 있습니다. 따라서 버스를 운전하는 일은 더 많은 책임과 주의를 요합니다. 비가 오든 눈이 오든 버스는 출발해야 하지만 스포츠카는 그냥 차고에 세워둘 수도 있습니다.

헤지펀드에서의 경험과 함께 이제 2019년이 되었는데 캘리포니아로 이사하겠다는 아내와의 약속을 지킬 차례가 된 것입니까?

아직입니다. 2018년 가을 당시 벙기의 CEO였던 소렌 슈뢰더를 저는 오랫동안 알고 지냈습니다. 그와 벙기로 돌아가는 일에 대해 논의하기 시작했습니다. 논의가 진전될수록 제 마음은 움직였습니다. 저는 벙기의 사업 구조에 대해 이미 잘 알고 있었고 그곳의 동료들을 마음속 깊이 좋아했으며 헤지펀드에서의 경험이 가치를 더할 것이라고 생각했습니다. 제 커리어에 있어 벙기는 매우 큰 부분을 차지하고 있었기 때문에 이내 마음을 굳혔습니다. 그리고 나서 오랫동안 캘리포니아로의 이사를 계획하던 아내와 의논하였습니다. 처음에 아내는 그다지 반기지 않았으나, 결국 제 편을 들어주었습니다. 캘리포니아로 이사하는 계획은 몇 가지 조건과 함께 연기되었습니다. 그 조건이 무엇이었는지는 제게 물어보지 마십시오!

만약 캘리포니아로 갔다면 다른 사람들의 돈을 맡아 운용했겠습니까?

어려운 질문입니다. 다른 사람의 돈을 맡아 투자하는 일은 의무가 수반되는 스트레스가 많은 일입니다. 특히 당신에게 돈을 맡긴 투자자가 고정된 수수료를 지급한다면, 당신은 자금의 관리인으로서 24시간 최선을 다해야 하는 의무가 있습니다. 이는 수명도 짧고 무척 고된 일입니다. 이와 반대로 자기자본만으로 거래를 한다면 타인에 대한 의무에서 훨씬 자유롭습니다. 만약 시장 상황이 마음에 들지 않는다면 잠시 접어두고 몇 주 동안 여행을 떠날 수도 있습니다.

그러나 벙기에서 타인의 자본을 이미 관리하고 있지 않습니까?

사실입니다. 그러나 저 혼자 하는 일이 아니죠. 이는 큰 차이입니다. 물론 책임과 의무는 드러나게 되어 있습니다. 그래야만 하고요. 하지만 이는 팀 공동의 노력이고 한 개인에게 모든 게 집중되지 않습니다. 누군가에게는 혼자서 일하는 게 만족감을 줄 수도 있겠으나, 적어도 저는 더 큰 집단의 일원으로서 일하는 것에서 더 만족감을 얻습니다. 큰 집단의 성공에 기여했다는 사실에서 저는 성취감을 느낍니다.

지금 현재 포지션에서 하고 있는 일은 무엇입니까?

벙기는 상장기업입니다. 투자자들과 이사회로부터의 명확한 요구 중 하나는 수익의 변동성을 줄이라는 것입니다. 우리는 이를 위해 여러 변화를 주고 있습니다. 버킷(bucket)이라고 부르는 리스크 감수(risk-taking) 지역을 분할하여 각각 개별 한도를 주었습니다. 이는 포트폴리오의 다양성을 높이려는 시도입니다. 우리는 모든 지역이 항상 동시에 수익성이 좋을 수는 없다는 사실을 알고 있습니다. 그러나 전체 포트폴리오를 봤을 때 어느 특정 지역의 수익성이 감당할 수 없을 정도로 곤두박질치는 리스크는 줄이고자 합니다.

 리스크는 곡물 사업에 있어 불가분한 요소입니다. 우리는 이를 받아들이고 올바로 관리해야만 합니다. 만약 미래를 정확하게 내다보는 것까지는 아니더라도 가능한 결과치의 범위를 올바로 평가할 수 있다면 우리는 현재 시장 상황에 부합하는 적정규모의 리스크를 기꺼이 떠안을 것입니다. 쉬우려면 쉽고 어려우려면 어려운 일입니다.

현재 시장 상황의 가장 큰 어려움은 무엇입니까?

시장은 항상 어려웠습니다. 그러나 지금은 제가 이 일을 시작한 이래 가장 지정학적 리스크가 큰 시기로 보입니다. 1970년대와 80년대 초를 경험했던 사람들은 지금 상황이 더 익숙할지 모르겠습니다만 제게는 새로운 일입니다.

중국이 2001년 WTO에 가입했을 때, 저는 앞으로의 시장은 경제적 논리에 의해 좌우되고 세계는 효율적인 자원 배분으로 수혜를 입을 것이라고 생각했던 기억이 납니다. 그리고 트레이더의 관점에서 이러한 경제적 논리를 잘 이해하고 철저한 분석을 거친다면 큰 강점이 되리라고 말입니다. 그런데 지금 어떤지 보십시오. 트위터의 트윗 한 줄이 모든 걸 바꿀 정도로 지정학적 변동성이 무척 커졌습니다. 이러한 상황은 관리가 어려운 리스크를 낳고 있습니다.

식량 산업 전반적으로도 많은 어려움이 있습니다. 저는 업계가 불황의 사이클에 있다고 생각합니다. 공급 과잉의 시장에는 기회가 적습니다. 기회의 크기 자체도 작습니다. 따라서 트레이딩과 포지션에 집중하는 전통적 수익 구조라면 지금의 시장 환경에서 많은 어려움을 겪을 것입니다. 그러나 시간이 흐름에 따라 사이클은 바뀔 것이고 지금의 공급 과잉도 점차 해소될 것입니다.

디지털화도 시장을 빠르게 변화시키고 있습니다. 제가 일했던 밀레니엄에는 월드퀀트라는 부문이 있었습니다. 몇 년 전에 월드퀀트의 창립자는 이미 천만 개의 알파(고품질 트레이딩 신호, high quality trading signal)를 보유하고 있다고 공개적으로 밝힌 바 있습니다. 전통적인 트레이딩 회사들은 이와 경쟁할 수 없습니다. 그러나 트레이딩 회사들이 가지고 있는 강점은 전 세계 현물시장의 흐름에 참여하면서 획득하게 되는 값진 정보들입니다. 이 정보들을 잘 모아 정확하게 분석할 수 있다면 (펀드들은) 쉽게 모방하기 어려운 귀중한 자산이 될 것입니다. 또한 현물시장에는 이행과정에서 큰 가치가 될 수 있는 옵셔널리티도 유연하게 활용할 수 있습니다.

세간에는 거대 곡물 트레이딩 회사들이 농부들과 소비자들의 희생을 대가로 엄청난 수익을 올린다는 인식이 있습니다. 이는 분명하게 거짓입니다. 이 곡물 트레이딩 회사들의 주가를 한번 보십시오. 시장에서 투자자들의 평가는 이 산업이 엄청나게 경쟁이 치열한 산업이라는 사실을 반영합니다. 필요 자산에 대한 투자는 돈이 많이 드는 반면 투자의 성과는 예측하기가 어렵습니다. 이 자산들은 서플라이 체인을 더욱 효율적으로 만들어 결과적으로 농부에게는 더 많은 돈이 돌아가고 소비자들에게는 저렴한 가격으로 식량이 제공되도록 만듭니다.

업계의 미래에 대해서는 낙관적입니까?

네. 낙관적입니다. 우리는 전 세계에 자산을 가진 글로벌 기업입니다. 식량 서플라이 체인에 우리는 필수적인 존재이며 소비자들의 필요에 부응하는 한 우리는 계속 남아있을 것입니다. 향후 트렌드는 더 나은 품질과 추적가능성(traceability)에 대한 요구로 보입니다. 우리는 매해 7천만톤의 곡물과 유지류를 취급하며 농가에서 식탁까지 연결합니다. 이는 쉽게 모방하기 어려운 구조적 강점이라고 할 수 있습니다.

가격 리스크 관리의 관점에서 본다면 전 세계에 뻗어나간 벙기의 네트워크는 밸류 체인을 보다 효율적으로 운용할 수 있는 귀중한 정보를 제공합니다. 우리의 자산은 서플라이 체인의 변동성에 대응하는 콜옵션이라고도 볼 수 있습니다.

또한 세계를 먹여 살리는 산업은 절대로 사라지지 않을 것입니다. 물론 변화는 거치겠지요. 우리 일은 이 변화에 전략적으로 맞춰나가는 것이기도 합니다.

원자재 트레이딩이 제로섬 게임이라고 생각합니까?

그렇게 말하는 사람들이 많습니다. 하지만 현실에서 일어나는 시장 거래의 대부분은 거래 쌍방에게 모두 이익이 됩니다. 애덤 스미스는 가격이 한정된 자원을 효율적으로 배분하는 보이지 않는 손이라고 말하지 않았습니까. 저는 식량 산업에서 일하면서 그 말이 얼마나 맞는 말인가 새삼 느끼고 있습니다. 비효율은 금세 시장에서 퇴출됩니다. 상품은 넘쳐나는 지역에서 부족한 지역으로 물 흐르듯 이동합니다. 정말 효율적으로 말입니다. 만약 시장에 단 두 명의 투기자밖에 없다면 한 사람은 이기고 한 사람은 지는 제로섬 게임이겠지요. 하지만 시장 거래의 대부분은 거래 쌍방의 필요를 충족시켜주며 서로에게 이익이 됩니다.

원자재 트레이딩 산업에 뛰어들려는 젊은이에게 어떤 조언을 해주시겠습니까?

(웃음) 지금 시간이 얼마나 남았지요? 이 업계에서 25년 넘게 일한 지금 이에 대해 하루 종일 이야기를 나눌 수도 있습니다.

제 첫 번째 조언은 항상 지적 호기심을 유지하라는 것입니다. 이 업계에서 가장 성공적인 사람들은 항상 다음 질문을 던지는 모습을 보았습니다. 단순히 많은 정보를 얻기 위해서가 아니라 시장에서 나타나는 원인과 결과를 연결하기 위한 의도에서 말입니다. 무엇이 이러한 결과를 낳았는가? 지금 이 일이 왜 일어나는가? 이 일의 연쇄적인 결과는 무엇일까? 그건 무엇을 의미하는가? 같은 질문들 말이죠.

두 번째 조언은 항상 겸손하십시오. 만약 겸손하지 않으면 시장이 겸손을 가르쳐줄 것입니다. 그러나 이는 비싼 수업료를 지불하게 됨을 잊지 마십시오. 사고과정에 결함이 있어 보이는데도 시장에서 수익을 올리고 사고의 논리가 튼튼함에도 큰 손실을 보게 되는 경우를 현실에서 종종 봅니다. 제가 들은 좋은 조언 중에 "자신의 논리를 방어하고 틀리지 않는 것에 너무 집착하지 마라. 어차피 모든 정보를 가질 수 없기 때문이다."라는 말이 있었습니다. 결과가 좋지 않았다고 해서 반드시 당신의 능력이 부족했다는 것을 의미하지 않습니다. 결과가 좋지 않았다면 이를 넘어서고 계속 앞으로 나아가십시오. 틀리는 게 문제가 되는 경우는 이게 만성적인 문제가 되거나, 자신의 주장을 너무 고집하다가 감당할 수 없는 손실을 입게 되었을 때입니다.

세 번째 조언은 절대로 '절대'라고 말하지 마십시오. 어떤 일이 일어날 가능성이 무척 낮다고 말할 수는 있지만 절대로 일어날 수 없다고는 말하지 마십시오. 우리는 절대로 일어날 것 같지 않은 일들이 자주 일어나는 것을 보았습니다.

네 번째 조언은 자신에게 맞는 업무 방식을 찾고 자신만의 스타일을 찾으십시오. 동시에 당신의 감정이 가장 격할 때에도 당신을 진정시키고 억누를 수 있는 믿을 수 있는 사람들의 조언을 구하십시오.

마지막 조언은 이 세상에서 원자재가 갖는 중요한 역할에 대해 감사하십시오. 우리는 이 중요한 산업에 숭고한 목표를 갖고 몸담고 있는 것입니다.

고맙습니다 브라이언. 제 생각에 당신은 책을 한 권 내야 할 것 같군요.

6장

변화

새로운 질서를 도입하는 것보다
어렵고, 위험하고, 그 성공이 불확실한 일은 없다.
_니콜로 마키아벨리

1970년대 소련의 곡물 수입은 곡물회사들에게 엄청난 기회였다. 그러나 엄청난 물량이 시장에 가져다준 가격 변동성의 증대에 따라 리스크도 덩달아 커졌다.

콘티넨탈 그레인은 비싼 수업료를 내고 교훈을 얻었다. 트레이더들은 소련의 옥수수 수입규모를 과소평가하면서 나중에 싼 가격으로 충분히 모든 물량을 구매하여 판매계약을 이행할 수 있을 것을 기대하고 숏포지션을 가져갔다. 그러나 옥수수 가격은 그들의 기대를 저버리고 떨어지지 않았다. 반대로 옥수수 가격은 계속 치솟아 콘티넨탈 그레인은 꼭지에서 그들의 숏포지션에서 벗어날 수밖에 없었다.

콘티넨탈 그레인의 소유주 미셸 프리부르에게 이는 트라우마를 남겼다. 그리하여 1975년 10월 소련이 다시 곡물 수입을 위해 미국 시장을 찾았을 때, 그들은 더 이상 판매를 시도하지 않았다. 몇 달 후 그는 회사의 구조조정을 시행했고 몇몇 트레이더들을 해고한 후 리스크 관리 인력을 채용했다. 댄 모건이 그의 책에 쓴 것처럼 이토록 큰 판매계약에는 큰 리스크가 따랐다.

> 대소련 수출로 만루 홈런을 치는 영광스러운 나날은 끝났습니다. 이제 대부분의 곡물 트레이딩 회사들은 소련이 리스크를 분담해야 한다고 주장합니다.

1970년대에는 원자재 수입의 대부분이 수입국 중앙정부 기관의 손에 달려 있었다. 일반적으로 민간 기업 대비 정부는 신용 리스크가 적은 거래 상대방으로 여겨져 왔으나, 1975년 초 이 믿음은 깨졌다. 밀 가격이 떨어지자 터키의 수입기관은 높은 가격으로 기존에 콘티넨탈 그레인, 벙기, 카길에서 구매한 밀 수입계약을 취소해버렸다. 뿐만 아니라 이 구매기관들에 연관된 정치인과 공무원들이 비즈니스 성사를 위해 곡물 트레이딩 회사들에서 뇌물을 받는 일이 미국 정부의 주의를 끌었다. 이 관행이 파헤쳐짐에 따라 미국 비즈니스계에 더 엄격한 도덕성이 요구되었고 1977년 미국에서 해외부패방지법(FCPA)이 통과되었다.

곡물을 선적하고 운송하는 과정도 수사의 대상이 되었다. 1975년 미국 FBI는 미시시피 곡물 터미널에서 이뤄진 선적서류 위조와 선적수량 조작 혐의를 수사했다. 또한 곡물 트레이딩 하우스들은 곡물의 내륙 운송을 둘러싼 담합 혐의도 받았다.

소련의 곡물 수입에서 촉발된 변동성에도 불구하고 현물 서플라이 체인 내 트레이딩 마진은 여전히 매우 저조했다. 큰 곡물 트레이딩 회사들은 현물시장에서의 강점을 바탕으로 선물시장에서 주된 이윤을 창출해내고는 했다. 그러나 그곳에도 새로운 규제가 등장했다. 선물시장의 관리감독을 목적으로 독립된 정부기관인 상품선물거래위원회(CFTC)가 1975년 4월 설립되었다. CFTC는 처음 메릴랜드 록빌 경찰서보다도 적은 인원으로 출발하였으나 앞으로 다가올 많은 것들의 신호에 해당했다.

사실 1970년대에 이미 거대 곡물 트레이딩 하우스들은 선물시장에서의 영향력을 상실하기 시작했다. 거대한 자본의 투자기관들이 시장에 들어왔는데 그중에 가장 유명한 건 은 시장을 스퀴즈(squeeze)하여 막대한 돈을 벌고, 이제는 대두 시장을 노리는 헌트 형제들이었다. 그들이 치솟게 만든 가격은, 면화 트레이딩으로 시작하여 70년대 중반 전통적인 곡물 트레이딩 회사들을 위협한 쿡 인더스트리의 종말을 앞당겼다. 쿡 인더스트리는 자신들이 보유한 곡물 엘리베이터를 팔아치울 수밖에 없게 되면서 일본 종합상사 미쓰이와 마루베니가 미국 곡물 사업에 진입할 수 있도록 문을 열어주었다.

이 모든 걸 고려했을 때 전통적인 곡물 산업은 이미 1970년대에 근본적인 변화를 겪고 있었고, 소련의 곡물 수입으로 발생한 가격 변동성과 뒤따른 전반적인 인플레이션은 변화의 촉매가 되었다. 단조로운 1950년대와 1960년대를 지난 곡물 트레이딩 하우스들은 이 같은 변화를 기대해왔다. 그러나 정부의 관리감독으로 인한 투명성 증대와 거대한 투기자본의 유입은 생각보다 큰 파장을 시장에 가져왔다. 더욱 규모가 커진 교역 물량과 전 세계에 걸친 신용 리스크를 다루는 데에 이미 고전하고 있던 업계에 도입된 이 같은 변화가 의미하는 것은 분명했다. 육감과 경험에 의존하는 모험적 트레이딩의 시대는 저물었고, 전문적인 리스크 관리, 비용통제, 새로운 경영 윤리가 지배하는 시대가 들어섰다.

댄 모건이 책을 쓴 1979년 이래 거대 곡물회사들이 처한 사업 환경은 꾸준히 변화해왔다. 곡물 트레이딩 하우스들은 새로운 변화에 뒤처지지 않기 위해 최선을 다하거나, 앙드레와 콘티넨탈 그레인의 사례에서 볼 수 있듯이 시장에서 완전히 철수하는 것이 최선의 선택이라고 판단했다.

그럼 지난 40년 동안 무엇이 그토록 극적으로 바뀐 것일까? 무엇이 업계의 지형을 뒤바꿔놓았을까?

정보통신기술의 발달은 정보가 빠르고 폭넓게 확산되도록 만들었다. 그 결과 시장 참가자들의 정보 비대칭 문제가 상당부분 해소되었고 어디서나 투명한 가격 때문에 트레이딩 마진은 크게 쪼그라들거나 적자로 접어들었다.

서플라이 체인 내의 전반적인 교육수준 향상도 큰 변화라고 할 수 있다. 오늘날 인도네시아 자카르타에 있는 밀 수입자는, 스위스 제네바에서 그에게 밀을 판매하는 트레이더와 다를 바 없이 하버드나 여타 명문대학을 졸업했을 가능성이 크다.

정보통신기술의 발달은 탈중개화(disintermediation)로 불리는 현상으로 이어졌다. 이는 비단 곡물 트레이딩 업계에 한정된 이야기가 아니며 오늘날 여러 산업에서 나타나고 있는 현상이다. 내가 처음 이 업계에서 일을 시작했을 때 나는 여행사에 연락해 항공편과 호텔을 예약했으나, 지금은 인터넷을 통해 직접한다. 더 이상 여행사가 나와 항공사를 중개해 줄 필요가 없다. 비슷한 이치로 원자재의 소비자나 구매자는 트레이딩 하우스들을 건너뛰고도 판매자와 연락을 취할 수 있다.

향상된 교육수준과 쉬워진 정보습득으로 서플라이 체인 내의 힘의 균형도 바뀌었다. 지난 수세기 동안 농부들은 가격 결정력을 서서히 곡물 상인들에게 내주었다. 이후 상인들은 서서히 가격 결정력을 가공업자들과 소매상들에게 내주었다. 인터넷과 소셜미디어의 발달은 브랜드와 슈퍼마켓의 힘을 약화시켰고 궁극적으로 소비자들의 힘을 키웠다.

부유한 선진국의 소비자들은 자신들이 먹는 음식이 어디서 오는지 알고 싶어한다. 또한 자신들이 먹는 음식이 지속가능한 방식으로 생산되었는지 알고 싶어한다. 이에 따라 그들이 먹는 음식이 생산과정에서 환경과 사회문제에 끼치는 영향을 인증하기 위한 많은 기관들이 생겨났다.

거래가능성(tradability)에서 추적가능성(traceability)로의 전환이다. 거래가능성이란 원자재의 상대적 가격 및 운송료의 변동에 따라 원산지와 목적지를 자유롭게 바꾸는 것을 의미한다. 추적가능성이란 특정 상품의 생산 및 유통과정을 서플라이 체인을 따라 최초의 생산현

장까지 쭉 추적하는 것을 의미한다. 블록체인 기술은 이 추적과정을 보다 용이하게 만들었다. 2018년에 카길은 블록체인 기술을 사용하여 소비자들이 추수감사절에 사용할 칠면조 고기 포장의 코드를 스캔하면 칠면조가 자란 농장까지 알 수 있도록 만들었다. 이 기술이 광범위하게 퍼질수록 추적가능성의 비용은 떨어질 것이다. 그러나 원산지와 목적지를 자유롭게 바꿀 수 있는 거래가능성을 제한하면 곡물 트레이더들의 수익성은 타격을 받을 것이다.

해결책은 시장에서 거래되는 모든 상품이 인증을 거치는 것이다. 그렇게 하면 트레이더들은 인증이 필요한 추적가능성에 구속받지 않고 변화하는 시장 환경에 따라 대응할 수 있을 것이다. 그러나 현재는 비용문제 때문에 시장에서 거래되는 상품 중 매우 적은 비중만이 인증절차를 거치고 있다.

인증과 추적가능성을 위해 만약 별도의 창고, 터미널, 선박 등의 사용이 필요하다면 이는 비용증가로 이어질 수 있다. 그러나 대부분의 인증 프로그램은 매스밸런스(mass balance)라고 불리는 방식을 취하고 있다. 예를 들어 만약 어느 트레이더가 인증을 거친 생산자에게서 4만톤의 상품을 구매한 경우, 그는 이 물량을 다른 미인증 상품과 함께 창고에 보관하다가 나중에 4만톤만 꺼내서 팔 때 여전히 인증의 유효성을 주장할 수 있다. 나중에 꺼내서 판 물건이 처음에 인증을 받은 4만톤과 정확하게 같은 물건은 아니지만 인증의 유효성은 사라지지 않는다.

추적가능성과 인증제도의 도입은 원자재(commodity)를 재료(ingredient)의 성격으로 탈바꿈시키고 있다는 주장이 있다. 인베스토피디아(Investopedia)가 정의한 원자재는 '산업에 사용되는 기초 상품으로 같은 종류의 원자재는 호환하여 사용 가능하며, 다른 제품이나 서비스 생산의 원료로 주로 사용된다. 특정 원자재의 정확한 품질은 조금씩 차이가 있을 수 있으나 본질적으로는 같다고 여겨진다. 원자재가 거래소에서 거래될 때에는 등급 기준이 되는 최소 조건들을 충족해야 한다. (중략) 중요한 점은 동종의 원자재는 생산지가 다르더라고 차이가 거의 없다는 점이다. 원유 한 배럴은 어디에서 생산되든 기본적으로 똑같은 원유 한 배럴이다. 반면에 전자 제품의 품질과 기능은 생산자에 따라 천차만별의 모습을 보인다.'

재료는 원자재일 수도 있으나 보통 더 구체적인 등급이나 품질 기준이 요구된다. 예를 들어 코코아는 점점 더 특화된 재료의 모습을 보이고 있다. 오늘날 구매자들은 코코아가 사용되는 원료의 품질을 더욱 까다롭게 살핀다. 커피의 경우 로부스타는 원자재지만, 아라비카는 원자재가 아니라 마치 고급 와인과 같다.

나중에 살펴보겠듯이, 전통적인 트레이딩 하우스들은 부가가치와 마진이 낮은 원자재에서 부가가치와 마진이 높은 재료 쪽으로 이동하려 한다. 이론적으로 재료의 물동량은 작지만 더 높은 수익률로 상쇄될 수 있다. 곡물 트레이딩 회사들 중에서는 에이디엠이 이 방면으로 적극적인 전환을 꾀했다.

소비자들은 우리가 먹는 식량이 지속가능한 방식으로 생산되는 것뿐만 아니라 당연히 몸에도 좋기를 바란다. 그러나 불행히도 무엇이 건강한 음식이고 아닌지에 대해서는 상충되는 정보들이 많다. 이 때문에 식문화의 빠른 트렌드 변화는 예측하기가 어렵고 이를 취급하는 농부들이나 상인들이 잘못된 결정을 내리도록 만들 수도 있다. 최근 많은 공격을 받고 있는 설탕이 가장 좋은 사례라 할 수 있다. 설탕에 가해진 잇따른 공격에 따라 전 세계 설탕 수요가 감소했다. 비단 설탕뿐만 아니라 과일과 오렌지주스의 수요도 크게 감소했다. 또 다른 사례는 미국 내 생산된 유전자변형작물이나 글루텐에 대한 거부 움직임이다.

강력해진 소비자들은 식품 안전 및 교역 방식에 정부 개입을 불러올 수 있다. 소비자 트렌드는 쉽게 방향을 바꾸기도 하며 정부는 이를 충실히 따른다. 이는 식량 산업계의 (정책) 리스크와 규정 준수 부담을 증대시킨다. 동시에 소비자들은 미디어가 부추기는 식량 기업들에 대한 적대감에도 이끌리고 있다. 미디어들이 부추기는 적대감 때문에 식량 기업들은 정치적 영향력을 점차 상실하고 있으며 인재 채용에도 어려움을 겪고 있다.

그러나 역설적이게도 미국의 농부들 또한 더욱 강력해졌다. 거대 농장주들은 곡물회사들에게 더 높은 가격을 요구하거나 직접 소비자들에게 연결하려는 움직임을 보이고 있다. 또한 많은 농가들이 곡물 가격이 높았던 2007년에서 2012년 사이의 수익으로 농가 내 저장시설에 투자하였다. 이러한 경향은 2018년까지 지속되었고 연이은 풍년으로 더욱 농가 내 저장시설 확대가 이뤄졌다. 2007년에서 2017년까지 10년 동안 미국의 농가 내 저장시설 용량은 14% 증가하였다. 그 결과 2017년 한 해 동안 생산된 거의 모든 옥수수를 저장할 수 있는 용량에 이르렀다. 이는 서플라이 체인 내에서 농가들에게 더욱 많은 힘을 실어주었다.

정보통신기술의 발달과 시장 정보 접근이 더욱 용이해지면서 농부들의 협상력도 크게 늘어났다. 이는 미국 농업계의 인구 구조 변화와도 밀접한 관련이 있다. 미국 농부들의 평균 연령이 58세 이상으로 점차 고령화되면서 많은 이들이 은퇴하고 있으며, 첨단기술과 자본으로 무장한 새로운 농가들에게 점차 더 많은 기회가 열리고 있다. 현재 연간 1백만불 이상의 매출을 올리는 농부는 전체 농부의 4%에 불과하지만 이들의 농업 생산량은 전체의 3분의 2에 달한다.

그 결과 북미 카길은 2018년까지 지난 4년 동안 미국 내 곡물 처리시설을 120곳에서 85곳으로 줄였고 철도나 강가에서 멀리 떨어진 곡물 엘리베이터는 처분하였다. 그럼에도 카길은 전반적으로 전과 비슷한 물량의 곡물을 취급하고 있는데 이는 남아있는 시설들 중 처리 용량이 큰 곳들 위주로 물량의 흐름을 재편했기 때문에 가능했다. 그 와중에 카길이 처분한 곡물 엘리베이터의 일부는 농부들의 손으로 들어갔다.

주제를 돌려, 세계적인 기후변화는 미래의 농부들과 곡물 상인들에게 큰 과제가 될 것이다. 기후변화에 따라 작황과 교역의 흐름은 점점 예측하기가 어려워질 것이며 고정된 창고나 항구 수출 터미널 투자의 리스크를 증가시킬 것이다. 지난 수십 년간 곡물 트레이더들은 상품의 시간, 공간, 형태의 차이에서 이윤을 포착하는 데에 한계를 느꼈다. 그들은 현물시장에 참여하면서 얻게 되는 지식과 강점을 지렛대로 활용하여 선물시장에서 올바른 가격 예측을 통해 돈을 벌고자 했다. 어느 트레이더는 내게 말하길 자신은 현물시장에서 배운 것을 전부 들고 선물시장에서 돈을 벌러 간다고 했다. 그러나 원자재 시장에 점차 거대 금융자본이 유입되고 최근 인공지능 기술의 발전 등이 병행되면서 과거에 현물시장을 통해 얻게 되는 선물시장에서의 강점이 크게 줄어들었다.

전통적으로 농산물 원자재 시장은 외부 투자자들이 참가하기엔 너무 투기성이 크고 특화된 시장이라고 간주되었다. 코코아에 투자를 하려면 코코아에 대해 정말 잘 알아야 했고, 오렌지주스에 투자하려면 마찬가지로 오렌지주스에 대해 전문가여야만 했다. 개별 상품의 가격은 개별 상품 각각의 수요와 공급 같은 근본적인 정보에 달려 있었다. 오렌지주스의 가격은 소비성향이 변화하면서 떨어지고, 코코아의 가격은 주산지인 코트디부아르의 분쟁 때문에 오르곤 했다. 오렌지주스와 코코아 두 상품의 가격 사이에는 상관관계가 크게 존재하지 않았다.

게다가 각각의 상품 시장은 주식시장에 비하면 규모가 훨씬 작았으며 연기금 같은 거대 투자 자본을 흡수하기에는 유동성도 부족했다. 무엇보다 중요한 것은 원자재의 경우 가장 효율적인 생산자의 한계비용으로 가격이 되돌아가는 평균회귀성향(mean reverting) 때문에 좋은 투자 대상이라고 여겨지지 않았다. 이러한 인식은 당시 와튼 스쿨의 개리 고튼과 예일대학의 게르트 룬웨호스트가 발표한 '원자재 선물시장에 대한 사실과 환상'에 의해 반박되었다. 그들은 논문의 초록에서 다음과 같이 말했다.

> 우리는 1959년 7월에서 2004년 12월까지 원자재 선물 월간 수익률의 동일가중지수를 구성하여 하나의 자산군(asset class)으로 원자재 선물의 특성을 연구하고자 했습니다. 완전담보(fully collateralized) 원자재 선물은 역사적으로 주식시장과 같은 수익률 및 샤프지수(Sharpe ratio)를 보였습니다. 원자재 선물에 대한 리스크 프리미엄이 주식과 거의 같은 반면, 원자재 선물의 수익률은 주식 수익률과 음의 상관관계를 보였습니다. 원자재 선물과 다른 자산군 간에서 보이는 음의 상관관계는 비즈니스 사이클에서 나타나는 다른 행동 양상 때문이며 인플레이션과는 양의 상관관계를 보였습니다.

이를 풀어 말하면, 만약 한 개별 원자재가 아니라 여러 원자재로 구성된 집합의 가격은 채권 및 주식 가격과는 반대 방향으로 움직인 반면 인플레이션과는 같은 방향으로 움직인다는 사실을 논문의 저자들은 발견했다. 이는 투자자들에게 신선한 충격이었다. 인플레이션 위험과 주식 및 채권시장이 좋지 않을 때에 보호가 필요한 연기금 등에게 원자재 선물 투자는 상당한 의미를 갖게 되었다. 저자들의 관찰에 따르면 주식이나 채권 가격이 떨어졌을 때 전체 포트폴리오의 손실은 원자재 선물 가격의 상승으로 만회될 수 있었다. 연기금들은 이에 재빠르게 반응하여 원자재 선물 지수가 유용한 헷지 수단이 될 수 있다는 사실을 반겼다.

이 연구가 히트를 친 시기는 우연히도 세계가 중국의 폭증하는 원자재 수요에 들떠 있던 때였다. 철광석과 구리는 중국의 마천루를 짓는데 빨려 들어갔고, 증가하는 돼지고기 수요를 감당하기 위해 어마어마한 양의 대두가 수입되었다. 연기금들은 중국의 성공 신화에 투자하는 일환으로도 원자재 선물 투자를 선호했다.

연기금들은 다양한 원자재를 바구니에 담고 있는 원자재 인덱스 펀드로 뛰어갔고 대부분 은행들이 운영하는 원자재 인덱스 펀드는 빠르게 성장했다. 은행들은 규모가 큰 원자재 트레이딩 데스크를 세웠고 이들은 비단 펀드를 운영하는 것뿐만 아니라 원자재가 이동하는 과정 이곳저곳에서 트레이딩을 일으켰다.

이 모든 일은 언론과 대중들의 관심을 끌었다. 특히 세계적으로 식량 가격이 상승하던 때에 말이다. 자연스레 선의의 평론가들은 식량 가격의 상승과 이어진 몇몇 나라들에서의 폭동을 원자재 시장에 유입된 투자 자본의 탓으로 돌리며 손가락질했다.

그러나 과연 원자재 가격이 상승한 이유가 투자자들이 시장의 공급을 왜곡시키고 굶주리는 사람들에게서 식량을 빼돌렸기 때문인가? 아니면 투자자들이 원자재 시장에 들어온 이유는 증가하는 수요와 작황 악화로 타격을 입은 공급으로 인해 이미 상승하고 있던 가격 때문인가?

여론은 첫 번째 설명에 더 격렬하게 반응하면서 인덱스 펀드를 비롯한 투기꾼들이 식량 가격의 상승을 부추기고 있다고 믿었다. 많은 이들이 선물시장의 폐지를 주장하기도 했다. 실제로 원자재 인덱스 펀드는 존재도 하지 않는 인도에서 농산물 선물시장이 잠시 문을 닫기도 했다. 은행들은 농산물 선물에 투자하지 못하도록 압력을 받았다.

2010년 한 기사는 골드만삭스가 굶주리는 사람들의 등뒤에서 이익을 취했다고 비난했다. 이 기사는 골드만삭스가 대량으로 구매한 밀 선물시장에서의 콜옵션이 밀 시장에 수요 충격을 가져왔으며 일반적인 시장에서의 수요와 공급을 교란하고 가격 상승을 부추겼다고 주장했다. 그러나 같은 해 OECD가 발간한 보고서는 인덱스 펀드들이 보유한 포지션이 시장 수익률에 영향을 끼쳤다는 납득 가능한 증거가 없다고 발표했다. OECD는 원자재 시장에서 인덱스 펀드의 포지션과 원자재의 가격 상승 사이에 상관관계가 존재하지 않는다고 주장했다. 또한 OECD는 선물시장이 존재하지 않는, 따라서 인덱스 펀드가 존재할 수 없는, 원자재들도 이 기간 가격 상승을 겪었다는 사실을 강조했다.

하지만 이 주장에 반대하는 사람들은 선물시장이 없는 원자재의 가격이 오른 것은 선물시장이 있는 원자재의 가격 상승에 기인한 것이라고 본다. 예를 들어 (선물시장이 있는) 밀 가격의 상승이 (선물시장이 없는) 쌀 가격의 상승을 초래했다는 것이다. 유엔무역개발협의회(UNCTAD)는 인덱스 펀드가 가격에 상당한 영향을 끼치고 투기적인 거품을 초래하며 시장 효율성과 일반적인 교역 흐름에 악영향을 끼칠 수 있다고 밝혔다.

이 모든 난리법석은 식량 가격이 다시 추락하면서 잠잠해졌다. 그러나 인덱스 펀드들은 여전히 농산물 선물시장에 활발하게 참여하며 남아있다. 미국 상품선물거래위원회에 따르면 2019년 3월 기준으로 곡물 선물시장 거래량의 약 70%는 전통적인 곡물 거래 회사들이 아닌 외부 알고리즘 펀드 등에 의해 일어난 것이다.

위에서 언급한 많은 변화들은 전 세계적인 차원에서 일어났다. 강력해진 소비자, 그리고 이들을 재빠르게 지지하는 각국 정부는 지속가능성과 건강문제에 있어 긍정적인 변화들을 이끌어나가고 있다. 이러한 변화에 부응하기 위해 전통적인 곡물 트레이딩 회사들은 어떠한 노력을 기울이고 있을까?

일반적으로 수익성이 떨어질 때 회사들이 보이는 첫 번째 반응은 비용절감이다. 그러나 원자재 트레이딩 산업이 제로섬 게임이라 생각한다면 이는 해결책이 아니다. 제이 오닐이 앞 장에서 말한 것처럼 원자재의 가격을 결정하는 것은 시장이다. 원자재 생산자들과 상인들은 시장이 정한 가격을 받아들일 뿐이다. 이 말인즉슨 서플라이 체인 내의 누군가가 더 많은 이익을 가져간다면 체인 내의 다른 이들은 덜 가져갈 수밖에 없다. 시장 점유율에 대해서도 같은 논리를 적용할 수 있다. 수요가 정체되어 있거나 아주 서서히 증가한다면 한 생산자가 더 많이 판매할수록 다른 판매자는 판매량이 감소한다.

서플라이 체인 내에서 더 많은 이윤을 창출할 수 있는 유일한 방법은 자신들의 시장 영향력을 최대한 활용하여 다른 이들을 쥐어 짜내는 것이다. 원자재 트레이더들은 과거에 비해 더 작은 마진밖에 가져가지 못하고 있다.

수익성 저하에 직면했을 때 취하는 비용절감 중 대표적 항목은 인건비. 직원수를 줄임으로써 남아있는 직원들이 더 많은 일을 하게 만들어 효율성을 높이고 급여를 줄이는 것이다. 트레이더들의 경우 성과에 연동된 보너스로 조절하는 것이 또 다른 옵션이 된다.

회사들이 더 저렴한 비용으로 같은 작업을 수행할 수 있다면 이를 아웃소싱함으로써 비용을 줄일 수도 있다. 2018년 벙기가 자신들의 원당 트레이딩 부문을 윌마에 매각하여, 브라질 사탕수수 플랜트의 생산물을 (더 효율적으로) 판매하도록 한 사례가 대표적이다.

업무방식이나 기술 혁신도 인건비 절감과 효율성 증대에 이바지한다. 사무실 간 커뮤니케이션 방식이나 데이터 처리방식, 생산과정의 기계화 및 자동화 등이 이에 해당한다. 혁신은 가속화될 것이며 서플라이 체인을 따라 더욱 비용절감에 도움을 줄 것이다.

농업 서플라이 체인 내에서 기술 혁신으로 가장 많은 혜택을 본 분야는 농사다. 하이브리드 종자, 첨단기술이 집약된 농기계, 향상된 농약기술, 드론 및 GPS 기술 등은 전부 비용 절감에 크게 기여했다.

규모의 경제는 일반적으로 비용절감의 원천이다. 1백만톤의 처리 능력을 가진 수출 터미널이나 가공 플랜트는 50만톤밖에 처리하지 못하는 시설에 비해 두 배의 비용까지 들지 않는다. 그러나 단위 비용을 낮게 유지하기 위해서는 설비에 설계된 용량이 최대한 활용될 수 있도록 물량을 확보하는 것이 중요하다.

마지막으로, 비용절감은 쓰레기와 낭비의 감축을 통해 가능하다. 이는 모두에게 이로운 일이기도 하다. UN의 추정에 따르면 음식물 쓰레기와 생산 및 유통과정에서 버려지는 작물의 손실은 연간 1조불에 달한다. 이는 비단 환경에 가해지는 부담뿐만 아니라 농업 서플라이 체인에 엄청난 비용이다. 이토록 막대한 낭비를 조금만 줄이는 것만으로도 서플라이 체인 참여자들의 수익성을 크게 개선시킬 수 있다.

서플라이 체인이 제로섬 게임이라고 한다면, 다른 이의 주머니를 털지 않고 수익성을 향상시킬 수 있는 방법은 자신의 비용을 줄이는 것이다. 그러나 불행히도 개별 참여자 단계에서는 가능한 해결책이 집합적으로 전체 산업에는 적용이 어려울 수도 있다. 어느 한 농부가 기술 혁신으로 더 많은 소출을 낼 수 있다면 그는 가능한 많이 작물을 심고 더 많이 생산하길 원할 것이다. 규모의 경제를 실현하기 위해 가공업체들은 규모가 큰 플랜트를 지을 것이며 단위 비용을 줄이기 위해 최대한 많은 물량을 확보하고자 할 것이다. 생산 및 유통과정에서 버려지는 작물들이 줄어든다면 당연히 이는 식량 공급의 증가를 의미

할 것이다.

따라서 서플라이 체인 전체가 비용절감을 위해 노력하는 결과는 공급 증가로 이어지고 공급 증가는 보통 낮은 가격으로 이어진다. 서플라이 체인 내의 개별 참여자가 비용절감을 통해 수익성 향상을 기대할 수 있을지도 모르나, 모두가 같은 일을 한다면 전체적으로 늘어난 생산량이 가격 하락을 초래해 기껏 감축한 비용을 깎아 먹고도 남을지 모른다.

다른 관점으로 설명하자면 장기적으로 어느 특정 상품의 가격은 가장 효율적인 생산자의 한계비용으로 수렴한다고 경제학은 말한다. 생산자가 효율적일수록 비용은 더욱 낮아진다.

결국 비용절감이 해결책이 아니라면 무엇이 해결책이란 말인가?

일부 트레이딩 하우스들은 원자재에서 탈피하여 재료 사업으로 진출하고자 한다. 커피나 코코아 같은 원자재는 이미 원자재로서의 속성을 점차 잃어버리고 원산지에 따른 차별화가 이뤄지고 있다. 최종소비자들은 이미 글루텐이나 락토오스가 들어가지 않은 제품, 유기농, non-GMO 식품, 로컬 농산물 등에 기꺼이 더 많은 돈을 지불할 용의가 있으며, 거대 식품 브랜드들 또한 자신들의 레시피에 부합하는 특정 식재료에 더 많은 돈을 지불하고자 한다.

이러한 흐름을 좇아 일부 곡물 트레이딩 하우스는 전통적인 트레이딩에서 벗어나 서플라이 체인을 따라 생산자와 소비자 양방향 모두 더 가까이 나아가는 쪽으로 확장을 꾀하고 있다. 다른 말로 이들은 농장에서 식탁까지 전 서플라이 체인을 아우르는 사업모델을 구축하고자 한다. 이 전략은 추적가능성 요구 증대와 블록체인 활용에도 부합한다. 다른 곡물 트레이딩 회사들은 한 발 더 나아가 완벽하게 수직계열화가 이뤄진 식품회사가 되기 위해 노력하고 있으며 소매 브랜드까지 진출하였다. 또 다른 이들은 반대 방향으로 나아가 직접 농지에 투자하여 농업 생산에 뛰어드는 길을 선택하고 있으며, 누군가는 원자재가 아닌 틈새시장에 집중하거나 혹해 지역처럼 새로운 기회의 땅에 진출하는 데에 전념하고 있다.

이 책의 독자들이 앞으로 이어질 장에서 확인하게 될 바와 같이 원자재 트레이더들은 변화에 적응하기 위해 부단히 노력하고 있다. 그들은 이 변화에 저항하지 않고 각자 다양한 방식으로 받아들이고 있다. 어떠한 전략이 최선의 전략으로 판명날지는 불분명하다. 그러나 찰스 다윈이 말한 것처럼 가장 강력한 종이 살아남는 것도 아니고, 가장 똑똑한 종이 살아남는 것도 아니며, 결국은 변화에 가장 잘 적응하는 종이 살아남는다.

트레이딩은 우리의 DNA
크리스틴 웰던 Kristen Weldon

크리스틴 웰던은 루이 드레퓌스의 식품 혁신 및 다운스트림 전략 부문 총괄을 맡았다. 그의 아버지는 이 타이틀이 세계에서 가장 오래된 직업 중 하나가 아닐까 생각한다. 그는 뉴욕에서 태어나 휴스턴에서 자랐으며 조지타운대학교를 졸업했다. 그곳에서 그와 같은 해에 금융 및 국제 비즈니스 학위를 취득한 약 200여 명의 동기 중 단 4명 만이 여성이었다. 크리스틴은 처음에 마케팅을 공부하고 싶어했으나 수학의 명료함이 주는 매력에 빠져 금융으로 관심을 바꾸었다.

스스로를 수학자라고 생각하십니까?

저는 문제 풀이와 답을 찾는 과정을 좋아합니다. 인문학에서는 결론에 도달하지 않고도 언제나 다른 질문을 던질 수 있습니다. 금융 전공자의 일에는 정해진 마침표가 있지만 인문학 전공자들은 언제나 더 읽을거리를 끝없이 찾아야만 합니다.

닷컴 열풍이 정점에 이르렀을 때 대학을 졸업했습니다. 당시 많은 동기들이 스타트업에 합류했습니다. 저는 제이피 모건에 들어갔습니다. 조지타운대학교에서 알고 지냈던 많은 사람들은 트레이딩보다는 투자은행에 입사했습니다. 저는 트레이딩이 주는 라이프스타일에 매료되었습니다. 언제나 긴장감 속에 빠른 결정을 내려야 하고 그다음 날까지 리스크를 끌고 가지 않는 방식이 마음에 들었습니다.

채권부서에서 일을 시작했는데 일이 마음에 들지 않았습니다. 무척 지루했기 때문입니다. 대부분의 시간을 트레이딩 모델 설계에 사용했고 그곳에서 일한 18개월 동안 단 한 건의 트레이드만 성사시켰습니다. 당시 그룹의 임원 중 한 명이 원자재 쪽으로 이동하면서 저를 데리고 갔습니다. 금속부서의 영업사원으로 시작했고 애널리스트 업무도 맡았습니다. 제게는 훨씬 재미있는 일이었습니다. 현실과 밀접하게 연관되어 있는 유형의 상품을 다룬다는 것이 마음에 들었습니다.

원자재의 밸런스시트(balance sheet)를[1] 통해 수요와 공급을 이해하고 모든 것을 종합하는 일을 특히 좋아했습니다. 또한 모든 요소들을 종합했을 때 도출되는 모델의 정밀함에 매력을 느꼈습니다. 고객들은 주로 비금속(base metal)을 다루는 기업들이었습니다.

저보다 어린 쌍둥이 남동생은 뉴욕에 살면서 음악을 하고 있습니다. 동생들과 만나면 우리 남매는 모두 방식은 조금 다르지만 금속을 만지며 살고 있다는 사실에 웃고는 합니다. 동생들은 그들의 영역에서 큰 성공을 거두고 있습니다.

가족들 모두가 성공적인 삶을 살고 있는 것으로 보이는군요?

동생들이 어렸을 때 부모님께서는 조금 걱정을 하셨지만 지금은 매우 기뻐하십니다. 저희는 마치 세쌍둥이처럼 자랐습니다. 동생들과 저는 나이 차이가 16개월밖에 나지 않아, 부모님은 저희 남매를 모두 똑같

---

[1] 원자재의 밸런스시트(balance sheet)란 기업의 대차대조표가 아닌, 상품의 수요와 공급과 관련된 모든 요소들을 일목요연하게 종합하여 특정시점의 수급상황을 나타낸 것이다. 밸런스시트는 지역이나 국가 단위로 작성될 수도 있고, 전 세계를 단위로 작성될 수도 있는데 대표적인 것이 미 농무부(USDA)가 작성하는 월간 WASDE(World Agricultural Supply and Demand Estimates) 보고서이다.

이 키우셨습니다.

열 살 무렵에 아버지의 사무실에 놀러갔던 기억이 납니다. 당시 아버지는 휴스턴에 있는 병원의 CEO셨습니다. 아버지의 사무실에는 작은 냉장고가 있었는데, 그 안에 있는 음료수를 골라 마실 수 있다는 사실에 무척 들떴습니다. 아버지 비서의 의자에 앉아 나중에 자라면 이 의자에 앉고 싶다고 아버지께 말했습니다. 그 말을 들으신 아버지는 정색을 하시며 너는 내 의자를 원해야지 내 비서의 의자를 원해서는 안 된다고 하셨습니다.

2003년에 제이피 모건은 저를 런던으로 보내 북미와 유럽의 비금속 및 에너지 고객들을 담당하도록 했습니다. 14살 때 런던에 놀러가 친구와 함께 지내며 즐거운 시간을 보냈던 기억이 있습니다.

런던에 도착했을 때는 마침 런던 금속거래소(LME)의 여름 파티가 있는 주간이었고 미국 시장은 마침 독립기념일 휴일로 문을 닫았습니다. 당시 25살 미국 여성이었던 저는 도대체 내가 지금 어디에 온 건가 싶었습니다만 최대한 오래 고역을 버텨냈습니다.

LME가 주관했던 저녁을 처음 참석했던 기억이 나는군요. 정장을 한 신사들의 홍수였습니다. 우리는 밤새 술을 마셨고 저는 집에 새벽 5시에 도착했다가 잠깐 쉬고 아침 7시에 출근하여 오전 미팅에 참석했습니다. 저는 플레이보이 클럽까지 따라가지는 않았지만 파티에 가는 일은 나름 즐겁고 네트워킹에도 필요하다고 느꼈습니다.

이토록 남성 중심적인 문화에 적응하기 위해 저는 최선을 다했습니다. 장난기가 가득했던 쌍둥이 남동생이 있었던 가족 분위기와 남자 동기가 많았던 대학시절을 보낸 게 도움이 되었습니다. 따라서 은행과 트레이딩 업계의 남성 중심적 분위기가 제게는 그다지 낯설지 않았습니다. 단지 LME의 분위기는 그 극단에 있었을 뿐입니다. 2000년대에 일어나지 않아야 할 일들이 종종 있었습니다.

일전에 뉴욕에 있는 포지션을 놓고 블랙스톤과 얘기를 나눈 적이 있던 저는 지인에게 연락하였습니다. "내가 실수를 한 것 같아, 블랙스톤과 일하는 건 좋은데 그게 런던이었으면 좋겠어."라는 제 제안에 그는 선뜻 동의했고 저는 2004년 6월 제이피 모건을 떠나 7월에 블랙스톤에 합류했습니다. 그곳의 젊은 분위기는 제이피 모건의 LME 데스크와는 전혀 달랐습니다.

블랙스톤에 13년 반 동안 있으면서 원자재 헤지펀드 플랫폼을 세웠습니다. 무척 즐거운 일이었고 적극적으로 지지해주는 상사도 있었습니다. 그는 제가 미팅에서 더 목소리를 내고 질문을 던지거나 의견을 표명하는 일을 주저하지 않도록 격려해주었습니다.

2008년 인사 평가 시즌에 승진이 되지 않아 실망했던 기억이 납니다. 상사에게 이유를 물었습니다. 그가 뭐라고 대답했는지 아십니까? "네가 (승진을) 요청하지 않았기 때문이야." 그래서 다음 해 그의 말대로 저는 승진을 요청했습니다. 당시 첫 아이를 임신하고 있었습니다만 제 개인적 생활은 철저히 분리하고 업무 성과로만 평가를 받고 싶었습니다. 그 결과 2009년에 상무이사로 승진하였고 2013년에는 파트너가 되었습니다. 당시 저는 젊었고, 런던에서 업계 최초의 여성 파트너가 되었습니다.

워라밸(work-life balance)은 어떻게 유지했습니까?

둘째를 가졌을 때 남편은 제이피 모건의 트레이딩 포지션을 그만두었습니다. 당시 저희 부부는 제 커리어에 더 긍정적인 기회가 있다고 보았습니다. 트레이딩이 점차 전산화되면서 남편의 커리어는 반대 방향으로 가고 있었습니다. 대신 디자인과 건축에 대해 가지고 있던 그의 진짜 열정을, 당시 새로 구입한 집의 리노베이션에 활용하고 저는 계속 직장을 다니는 것으로 합의했습니다. 3년 후 저희 가족은 그 집으로 이사했습니다.

지금은 저보다 남편이 아이들을 돌보는 데에 더 많은 시간을 보냅니다. 부모 모두가 일에만 집중하면 가정을 돌보기가 어렵다고 생각합니다. 사회는 점차 변화하고 있고 이제 아버지들은 가정에서 더 많은 역할을 담당합니다. 아이들을 보지 못하는 건 아버지에게도 힘든 일입니다. 육아는 부모 공동의 노력이 필요합니다.

2017년 원자재 헤지펀드 사업이 점차 주춤해졌습니다. 펀드들은 문을 닫았고 사업 환경은 녹록지 않았습니다. 저는 이를 오히려 잠시 삶을 정돈하고 가족들과 더 많은 시간을 보낼 수 있는 기회로 여겼습니다. 아들들이 점차 자라고 있었고 부모의 손길을 더 많이 필요로 하던 때라 집에서 시간을 더 많이 보내는 게 좋겠다고 결심했습니다.

런던 비즈니스 스쿨의 슬론 리더십 및 전략 석사 과정에 진학했습니다. 1년 동안 가족과 더 시간을 보내지 않았어도 매우 즐거운 시간이었다고 말할 정도로 유익한 과정이었습니다.

이후 루이 드레퓌스(LDC)에 합류했군요?

네. 저는 이안 맥킨토시를 오랫동안 알고 지냈습니다. 이안은 2018년 5월 제게 연락하여 LDC에 대해 가지고 있던 그의 아이디어들을 저와 나누었습니다. 저는 석사 과정 중 배운 혁신에 대한 생각들을 공유했고요. 이안이 LDC의 CEO가 된 이후인 그해 10월 그는 제게 LDC에 합류하기를 권했고 저는 그 기회를 받아들였습니다.

LDC에 합류한 이후에는 어떤 일을 맡았습니까?

LDC에 합류한 건 혁신의 문제를 다룰 수 있는 좋은 기회였습니다. 제가 처음 집중한 건 식량의 미래였습니다. 이를 위해 무엇이 LDC를 성공적인 회사로 만들었는가를 우선 이해해야 했습니다. LDC의 발자취가 큰 지역들을 돌아보았습니다. 회사가 가진 자산들을 방문하고 산업의 공정을 이해하고자 했으며, 무엇보다 사람들을 만나 회사의 문화를 이해하고자 했습니다. 이 초창기 기간 동안 저는 각기 다른 지역에 있는 사람들이 종종 같은 문제에 직면하고 있는 모습을 보았습니다. 그들의 경험이 공유되지 못한 상태로 말입니다. 제 생각에는 각기 다른 지역에서 발견한 가장 성공적인 사례와 해결책들을 활용하는 것이 중요했기에 흩어진 경험들을 연결해보고자 했습니다.

두 번째로 LDC의 투자 정책을 정립하는 데에 집중했습니다. 식량의 미래라는 주제는 워낙 폭넓기 때문에 우리 앞에 놓인 선택지는 무수히 많았습니다. 업스트림에서 농부들을 도와 더욱 효율성을 증진시키는 건 유의미한 접근이나 이미 경쟁이 치열하고 점차 종자와 기술회사들의 영향력이 커지는 영역이었습니다. 제가 보기에는 다운스트림에 더 많은 기회가 있었고 현재 LDC가 영위하는 사업에 더 연관되어 있었습니다. 물론 그중에 무엇이 LDC와 보다 관련이 있고 우리가 더 많은 영향력을 행사할 수 있는지 결정해야 하지만 말입니다.

드레퓌스가 MOTIF라는 스타트업에 투자한 이야기에 대해 더 자세히 말해줄 수 있습니까?

제가 LDC에 합류했을 때는 기업 실사(due diligence)가 이미 거의 끝난 상태였습니다. 이 투자는 LDC의 기존 사업 영역의 관점에서 보아도 가장 최첨단을 다루는 흥미로운 투자였습니다. 보스턴에 위치한 MOTIF는 생명공학기술을 활용하여 동물성 단백질의 맛과 질감을 구현하는 혁신적인 재료들을 생산하고자 합니다. MOTIF에 이뤄진 투자는 식량의 미래에 대한 우리의 이해를 돕는 하나의 방법이기도 했습니다.

다른 곡물 트레이딩 하우스들은 이미 해당 섹터에서 기업들을 인수하며 점차 특화된 영역으로 나아가고 있습니다. 드레퓌스의 차별화 전략은 무엇입니까?

우리는 모든 식음료 기업에게 그들이 필요로 하는 특화된 재료(ingredient)들을 일괄적으로 제공하고자 하는 게 아닙니다. 우리는 전략 국가와 특정 영역에 집중하여 합작투자(joint venture)와 같은 파트너십을 통해 더 민첩하게 대응하고자 합니다.

LDC가 타 경쟁사에 비해 조금 늦게 뛰어들었다고는 생각하지 않습니까?

그렇게 볼 수도 있습니다. 그러나 비즈니스 스쿨에서 귀에 못이 박히도록 듣는 말은 선도자(first mover)의 이점이 그리 크지 않다는 것과 실패하려면 빨리 실패하라는 것입니다. 앞선 투자 사례들에서도 배울 점이 많았으면 좋겠지만 그렇다고 우리가 너무 늦었다고도 생각하지 않습니다. 여전히 기회는 많고 우리는 덜 포화된 영역에서 충분히 가치를 더할 수 있다고 생각합니다.

90년대 후반 콘티넨탈 그레인은 원자재 트레이딩의 리스크가 기대 수익 대비 너무 크다고 판단하여 원자재 트레이딩 부문을 카길에 매각했습니다. 이후 그들은 마치 벤처캐피탈처럼 식량 체인 내에 가장 빠르게 성장하는 분야에 투자했습니다. 이것이 바로 LDC가 검토하는 모델인가요?

전혀 아닙니다. 트레이딩은 우리의 DNA와도 같습니다. 이는 사라지지 않을 것입니다. 새로운 영역을 검토할 때에는, 더할 수 있는 가치가 무엇인지 질문해야 합니다. 투자하고자 하는 대상이 과연 우리가 가장 잘하고 잘 아는 영역과 인접해있는지 말입니다. 우리는 리스크 관리 능력과 규모화를 더할 수 있습니다. 전 세계에 펼쳐진 LDC의 발자취는 큰 강점이 될 수 있습니다. 각종 규제, 정치문제 등 때문에 스타트업들이 홀로 진출하기는 어려운 나라들에 우리는 이미 진출해있습니다.

브랜드에 대해서는 어떻게 생각합니까? LDC는 중국에 대두 크러싱 플랜트를 보유하고 있습니다. 제가 이해하는 바에 따르면 LDC의 계획은 남미에서 싣고 온 대두를 자체 브랜드의 대두유로 중국 소비자들에게 유통하기까지 전과정을 아우르고자 하는 것입니다. 이 시도는 LDC에게 새로운 것 아닌지요?

브랜드 소비자 상품(branded consumer product) 그 자체는 LDC에게 새로운 것이 아닙니다. 지난 수년간 우리는 브랜드 소비자 상품에 진출해왔습니다. 인도에서는 비보르 식용유, 브라질의 빌라 벨랴, 미국의 제퍼 커피, 그리고 몇몇 쌀과 설탕 브랜드도 있습니다. 오늘날 우리의 계획은 더 구조적인 접근으로 기존 사업의 강점을 최대한 활용하여 다운스트림에 진출하고자 하는 것입니다. 각 품목의 최고 전문가들과 각 지역의 소비자 수요를 이해하는 현지 인적 자원들을 적극 활용하고자 합니다.

방금하신 마지막 대답이 제게는 가장 중요한 질문으로 이어지는군요. 소비자가 원하는 것은 도대체 무엇입니까? 지속가능성, 건강, 인권, 공정무역 또는 다른 무엇인가요?

죄송하지만 질문이 잘못되었군요. 각기 다른 소비자는 각기 다른 것을 원합니다. 그 점이 바로 수많은 기회를 제공하고 이 직업을 흥미롭게 만드는 것입니다.

우선 소비자의 지리적 위치가 중요합니다. 만약 유럽이나 미국을 살펴보면 아마 건강이 첫 번째 고려사항일 것입니다. 이어서 환경적 지속가능성과 인권문제가 뒤따르겠습니다. 그러나 중국과 기타 아시아 국가들을 살펴보면 품질과 식품의 안전문제를 최우선시합니다. 가장 가난한 나라들에서는 어떻게 가족의 일용할 식량을 구할지가 첫 번째 고려사항이고요.

두 번째로 지리적 위치에 상관없이 각기 다른 사람들은 각기 다른 우선순위가 있습니다. 누군가는 채식주의자일수도 있고 육식주의자일수도 있습니다. 다양한 소비자에게 다양한 해결책을 제공하는 데에 기회가 있습니다.

우리 회사의 다운스트림 진출 방식은 다양한 지역과 시장 특성에 맞게 설계되어야 합니다. 동시에 거시적인 차원에서 세계에 지속가능하고 안전한 방식으로 식량을 공급하는 데에 집중해야 합니다. 우리의 글로벌 목표가 무엇인지 잊지 말아야 하며, 밸류 체인 전체를 들여다보는 작업을 소홀히 해서는 안 됩니다.

매일 사무실을 나설 때 스스로에게 지금 올바른 일을 하고 있는지 질문을 던져야 합니다. 제가 하는 일이 세상에 이로운 일인지, 그에 대해 기쁨을 느끼는지 말입니다. 그 질문은 바로 제가 LDC에서 혁신과 관련하여 하고 있는 일들에 있어 무척 중요합니다. 우리는 지속가능하고 안전한 방식으로 세상에 식량을 공급하고 있는지, 우리가 공급하는 식량이 어디에서 오고 이 과정에서 사용된 노동력이 정당한 대가를 받고 있는지 정확히 알고자 합니다.

저는 세상에 긍정적인 일을 하는 사람이 되고 싶습니다. 그리고 이러한 가치를 공유하는 사람들과 함께 일하고 싶습니다. 그것이 우리가 직접 투자한 회사들이건 이 회사들에 투자한 동료 투자자들이건 관계없이 말입니다.

7장

앙드레(André & Cie)

"메시도르 길 5/7로 가주십시오"
"앙드레에 가십니까?" 택시 기사가 대답했다.
"앙드레를 아십니까?"
"모든 사람이 앙드레를 알고말고요."

1995년, 고객들을 만나기 위해 스위스를 찾았다. 당시 카길 다음으로 세계에서 두 번째로 큰 곡물회사였던 앙드레 앤 컴퍼니는 이제 막 원당 트레이딩 데스크를 세운 참이었다. 내가 스위스를 찾았을 때 앙드레는 이미 쿠바 원당 사업에서 활약하고 있었다.

1991년 소련이 붕괴하자 쿠바는 자신들의 비싼 설탕을 받아줄 수출 시장을 잃어버렸다. 쿠바는 설탕을 내다팔 새로운 수출 시장을 찾느라 절박했고, 자신들이 필요로 하는 식량을 수입할 외화가 절실했다. 이런 종류의 사업은 당시 앙드레의 전문이었다. 앙드레는 복잡한 물물거래(barter)를 수행할 FINCO라는 전문 부서를 보유하고 있었다.

90년대 내내 앙드레는 밀과 기타 식량을 쿠바에 공급하고 대신 원당을 받아갔다. 훗날 앙드레의 어느 직원이 내게 말했다. "당시 앙드레는 쿠바를 먹여 살리고 있었습니다. 만약 앙드레가 쿠바를 돕지 않았다면 무슨 일이 일어났을지 상상하기 어렵습니다."

곧 택시가 멈춰서고 나는 택시에서 내렸다. 1962년에 건축된 앙드레의 본사 건물은 스위스 로잔의 주거지대 한복판에 감춰져 있었다. 건물을 둘러싼 우거진 나무들이 비밀스러움을 더했다. 건물의 입구 부근에는 관목 수풀에 반쯤 가려진 작은 간판에 앙드레 앤 컴퍼니의 이름이 적혀있었다. 이는 내가 미니애폴리스 교외의 숲속에 감춰진 카길 본사 건물을 처음 찾았을 때의 기억을 떠올리게 만들었다. 앙드레의 건물은 도시 한복판에 있었으나, 마찬가지로 비밀스럽게 감춰져 있었다.

자동문이 열리자 널찍한 로비가 나타났다. 로비 창문 밖으로는 제네바 호수와 저 멀리 알프스의 풍경이 그림처럼 보였다. 벽에는 거대한 오렌지색 융단이 걸려있었고 그 앞에 리셉션 직원이 앉아있었다. 21살의 조르주 앙드레가 1877년 회사를 세운 후 오랜 시간이 흘렀다. 앙드레는 본래 니옹에서 밀가루, 말린 채소, 파스타 등을 판매하는 도매상이었다. 창업주의 아버지는 부유한 시계공이었다. 조르주 앙드레는 아버지의 돈으로 사업을 시작하였고 그 당시 회사는 아버지의 이름을 따 H. André & Fils라고 불렸다.

앙드레는 언제나 가족 소유의 기업이었다. 대부분의 지분은 창업주 가문과 그 친척들의 손에 있었다. 앙드레 가문의 후손들은 언제나 회사의 경영을 맡았다. 창업주로부터 4대째 조르주 A. 앙드레는 1940년 회장으로 선출되어 앙드레를 세계 5대 곡물회사의 반열에 올려놓았다.

1941년 조르주 앙드레는 스위스-아틀란티크라는 별도의 해운회사를 설립했다. 이 사업은 대단히 성공적이어서 내가 1995년 앙드레의 사무실을 찾았을 때, 그들은 12척의 선박을 소유하고 50척의 선박을 용선하고 있었다. 스위스-아틀란티크는 그로부터 5년 후 앙드레의 소멸에 중요한 역할을 하게 된다.

조르주는 그의 동생 장과 함께 연간 2천5백만톤의 곡물을 선적하는 회사로 규모를 키웠다. 아마 당시 물량적으로는 앙드레가 제법 큰 차이가 있는 카길의 뒤를 이어, 벙기와 LDC를 제치고 2위의 자리를 차지했을 것이다.

소련의 정보통을 통해 조르주는 소련이 70년대에 곧 주요 곡물 수입국이 될 것을 알았다. 앙드레는 현물 곡물의 롱포지션을 쌓았고 러시아의 곡물 수입이 현실화되면서 가격이 폭등하자 엄청난 돈을 벌었다.

앙드레 가문은 독실한 기독교 가문이며, 그들의 신앙은 앙드레의 비즈니스 방식에도 큰 영향을 주었다. 앙드레 가문은 존 넬슨 다비의 가르침을 따르는 신앙 그룹의 멤버이기도 하다. 다비는 아일랜드 출신의 사제였으나 1831년 교회를 떠나 여러 종파가 섞여있는 단체의 일원이 되었다. 오늘날 플리머스 형제단으로 알려진 이 단체는 1848년에 하나는 개방적인, 하나는 보다 폐쇄적인 두 그룹으로 분할되었다. 다비는 이 중 폐쇄적인 집단의 주요 인물이 되었으며 이 집단은 나중에 다비파 형제단으로 불리게 된다. 바로 이곳에 앙드레 가문이 속해 있었다.

캐롤라인 무어헤드는 그의 저서 *Village of Secrets*에서 다비파 신도들이 어떻게 제2차 세계대전 동안 유대인 피난민들을 도왔는지 자세히 묘사했다.

> 다비파 사람들은 그들 자신이나 선행을 베푸는 것에 대해 그다지 생각하지 않았다. 그저 지금까지 늘 해오던 대로 박해받는 사람들에게 피난처를 제공했을 뿐이다.

그는 또한 다비파 사람들의 비밀스러운 모습에 대해서도 말한다.

> 신앙을 실천하며 신실한 기독교인으로 사는 유일한 방법은, 악으로 가득한 세상의 일들과 가능한 최소한으로 얽히는 것뿐이었다.

다비파의 신앙은 검소함을 가르쳤다. 앙드레 가문에게 검소함이란 이익은 배당금으로 지급하지 않고 전부 사업에 재투자하는 것이었다. 덕분에 회사는 상당한 유보금을 쌓을 수 있었으며 어려운 시기에 큰 도움이 되었다. 그러나 한편으로는 지나친 안정감을 심어주어 외부변화에 무디게 만들고 구조조정이나 사업 다각화에 뒤처지게 만들었을

지도 모른다.

　재투자된 이익은 아르헨티나의 원면과 밀가루 사업에 너무 많이 사용되었다. 당시 앙드레는 아르헨티나에서 라 플라타 시리얼이라는 이름으로 사업을 하고 있었다. 이때의 투자는 훗날 큰 실패로 판명났으며 회사에 타격을 주었다.

　1990년대 초의 거시 환경은 농산물 원자재 기업들에게 녹록지 않았다. 많은 회사들이 적자에 허덕이고 있었다. 앙드레는 콘티넨탈 그레인 다음으로 가장 많이 수출에 집중하고 있던 회사였으며, 전 세계적인 약세장과 작은 변동성은 앙드레의 트레이더들에게 어려움으로 작용했다. 90년대가 지나면서 앙드레는 전통적으로 자신들이 활약하던 지역 외에서 새로운 기회를 엿보았다. 콘티넨탈 그레인이 트레이딩 부문을 카길에 매각했을 때, 앙드레는 콘티넨탈 그레인의 이탈리아 트레이딩팀을 인수하여 현지 판매 시장을 개발하도록 하였다. 이 팀은 시카고상품선물시장(CBOT)의 대두 옵션에 지나치게 큰 투기를 벌이다가 1억불 가까이 손실을 보았다.

　앙드레의 전 직원이 말하길 이탈리아 트레이딩팀 인수는 당시에도 제법 큰 논쟁이 있었다고 한다. 앙드레의 전통은 갓 대학을 졸업한 지원자들을 뽑거나 스위스의 도제식 훈련을 통해 직원들을 키웠다. 일단 앙드레에 들어오면 교육은 매우 엄격했으며 직접 트레이딩을 담당하기까지는 보통 7년에서 10년이 걸렸다.

　그러나 현물 트레이딩 마진 압박이 지속되면서 앙드레는 회사 밖에서 경력직 트레이더들을 데려오는 것으로 인적 자원을 확장하고자 했다. 경력 있는 트레이더들을 데려오기 위해서는 높은 연봉을 지급해야 했기에 이 외부인들이 오히려 회사 내에서 성장한 직원들보다 더 많은 급여를 받는 상황이 생겨났다. 때문에 두 그룹 간에 알력이 생겼고 회사 분위기가 망가졌다. 앙드레 내에서 성장한 트레이더들은 외부인들을 연말 보너스를 챙기기 위해 단기적인 이익에만 급급한 용병으로 생각했다.

한편 스페인에서도 문제가 터졌다. 트랜스 아프리카라고 하는 스페인의 무역 및 물류 기업에 앙드레는 49%의 지분을 소유하고 있었다. 트랜스 아프리카는 제네바에 본사를 둔 SOCIMER라고 하는 작은 은행을 가지고 있었는데, SOCIMER는 앙드레 가문에 통보 없이, 파산에 이른 MEDEFIN이라는 아르헨티나 은행을 인수했다. MEDEFIN의 손실은 이후 걷잡을 수 없이 커졌고 SOCIMER는 손실을 숨기려고 했다. 스페인 정부 당국은 앙드레 가문을 사기 혐의로 고소했고, 앙드레 가문의 무죄를 입증하는 데에는 10년의 기나긴 법적 분쟁이 뒤따랐다.

그 당시 앙드레는 이미 아르헨티나에서의 사업 손실로 허덕이고 있었다. 지난 50년간 아르헨티나 정부는 매우 엄격한 환율 통제 정책을 시행하여 외국계 기업들이 아르헨티나에서의 수익을 본국으로 송금하기 거의 불가능하도록 만들었다. 앙드레는 그 수익을 다시 대두 크러싱과 면직 사업에 투자했으나, 90년대 후반에 이르러 이때의 투자는 손실을 거듭하며 회사에 큰 부담으로 작용하게 되었다. 아르헨티나보다 규모는 작았지만 브라질 사업도 문제였다. 앙드레의 사업은 남미와 과거 소련 국가들에 편중되어 있었는데, 이 두 지역에서의 사업이 회사 전체 자산의 3분의 2와 매출의 절반을 차지했다.

환율 문제는 특히 앙드레에게 골치였다. 1998년 이전 거대 트레이딩 회사들의 재무 담당자들은 보통 스위스 프랑이나 미국 달러를 저리로 빌렸다. 그런 다음 이 자금을 개발도상국의 사업 상대방에 현지 통화로 높은 이자를 받고 빌려주었다. 그러나 개발도상국 정부들이 현지 통화를 평가절하하자 금리 차이마저 다 깎아 먹고 큰 손실로 돌아왔다. 내가 1996년 앙드레의 사무실을 방문했을 때 그들은 약 20

억불의 운전자본을 가지고 있었는데, 그 대부분은 대출에 사용되고 있었다.

설상가상으로 1990년대 후반 곡물 가격이 치솟자 앙드레는 현물 포지션을 헷지하기 위한 반대 선물포지션을 유지하기 위해 엄청난 증거금을 선물거래소에 납입해야 했다. 앙드레는 생산자들에게서 매입한 현물 롱포지션의 가격 리스크를 헷지하기 위해 선물시장에서 같은 양의 선물을 매도한 숏포지션에 있었는데 원자재의 가격이 치솟자 증거금 부담이 크게 늘어난 것이다.

1999년에 이르러 상황은 더없이 안 좋아졌다. 앙드레는 2억8천5백만 스위스 프랑의 손실을 기록하였다. 회사는 구조조정을 거칠 수밖에 없었으며 많은 트레이더들을 해고해야 했다. 그러나 이는 너무 늦었고 불충분한 조치였다. 2000년도 말, 앙드레의 자본은 1천9백만 스위스 프랑으로 쪼그라들었고 매달 6백만 스위스 프랑의 손실을 보고 있었다.

스위스 은행 UBS는 앙드레에 대해 2000년 12월 만기가 도래하는 9천8백만불의 채권이 있었다. 20억불의 운전자본을 생각하면 작은 규모처럼 보일지도 모르겠으나, UBS는 이를 활용하여 앙드레 가문이 트레이딩과 해운 사업을 합치도록 압력을 가했다. 앙드레의 트레이딩 부문은 돈을 잃고 있었지만 해운 사업은 여전히 수익성이 좋았다. 게다가 회사가 소유한 선박들은 금전적으로 큰 가치가 있었다. UBS는 이 배들을 담보로 원했고, 대출 만기 연장의 조건으로 해운 사업과의 합병을 요구했다.

앙드레 가문은 이를 완강히 거절했다. 그들은 이미 트레이딩 사업에서 너무 많은 돈을 잃었고, 트레이딩 사업에서의 리스크 대비 형편없는 수익성이 더 이상 자신들의 목을 조르도록 하고 싶지 않았다. UBS는 대출 상환을 요구했고 2001년 1월 20일 앙드레는 파산 절차에 들어갔다. 이에 따라 앙드레는 아르헨티나 곡물 사업 라 플라타 시리얼을 벙기에 7천만불에 매각했다. 당시에 일부 애널리스트들은 아르헨티나 사업의 가치가 그 두 배는 될 것으로 보았다.

회사가 완전히 청산되는 데에는 10년 이상이 걸렸다. 그러나 앙드레 가문은 끝까지 직원들의 급여를 포함한 회사의 모든 의무가 다 지켜지도록 가족의 사적 재산까지 사용했다. 청산절차가 완료되었을 때 모든 채권자들은 자신의 몫을 온전하게 받았고, 심지어 주주들에게도 돌아갈 돈이 조금 남았다.

과연 앙드레는 계속 살아남을 수 있었을까? 나는 이 질문을 앙드레의 몇몇 직원들에게 던졌고 그들은 모두 같은 답을 했다.

> 아마 회사는 구조조정을 거쳐 계속 살아남았을지도 모릅니다만, 앙드레 가문은 사업에 대한 믿음을 잃어버렸습니다. 그들의 마음은 이미 떠나 있었습니다.

혹자는 앙드레 가문의 재정 상태가 트레이딩 사업을 떠나면서 개선되었다고 말한다. 그들의 해운 사업은 여전히 지난 수년간 수익이 좋았다. 그러나 이에 동의하지 않는 이들도 있다. 곡물 사업을 떠나면서 앙드레는 2004년에 시작된 원자재 슈퍼사이클을 놓쳤다.

내 개인적 의견으로는 단순히 앙드레 가문이 사업의 지속을 원했느냐 원하지 않았느냐의 문제가 아니라, 앙드레가 처음 사업을 시작했을 때로부터 엄청나게 변화한 새로운 환경에서 과연 이를 헤쳐 나갈 전략과 경영 능력이 있었느냐의 문제가 아니었나 싶다. 앙드레는, 특히 앙드레 가문은, 변화에 성공적으로 대응할 수 있었을까?

3대 회장이었던 조르주 앙드레는 1986년에 공식적으로 은퇴하고 그의 아들 앙리가 회장직을 이어받았다. 그러나 은퇴 이후에도 조르주는 회사 일에서 손을 떼지 않았다. 앙드레에서 일했던 사람들은 조르주가 앙리를 신뢰하지 않았다고 말한다. 변화하는 사업 환경 속에서 그의 아들이 회사를 올바로 이끌지 못할 것으로 보았다는 것이다.

무력감을 느낀 앙리는 아버지에 대해 악담을 퍼부었다. 앙리는 말했다. "아버지가 있는 한 그룹을 구조조정하는 아이디어는 전부 폐기되어야 했습니다. 아버지는 구조조정을 그와 그의 아버지(앙리의 할아버지)가 함께 쌓아올린 것들을 내다버리는 것으로 받아들였습니다."

아버지와 아들 중 누가 옳았는지 우리는 이제 알 길이 없다. 조르주 앙드레는 1997년에 세상을 떠났고, 이때는 이미 앙리가 회사를 변화시키기에 너무 늦었다. 적어도 아버지가 그의 평생을 바친 회사의 종말을 직접 보지 않았다는 것으로 위안 삼아야 할까? ABCD의 원조였던 앙드레(André)가 가까이 제네바 호숫가에 유럽 본사를 두고 있는 ADM에게 새롭게 A의 자리를 내주는 모습을 보지 않은 것도 말이다.

가족 사업

리카르도 라바노 & 에마누엘레 라바노
Riccardo & Emanuele Ravano

리카르도와 에마누엘레는 스위스 로잔에 위치한 국제 해운 브로커 IFCHOR의 회장과 CEO직을 각각 맡고 있다. IFCHOR는 아시아 태평양, 유럽, 중동, 미국에 12곳의 사무소를 두고 있다.

리카르도, 처음에 어떻게 사업을 시작했는지 말해주시겠습니까?

저희 집안은 배를 가지고 있었습니다. 20살이었던 1964년 이탈리아 제노바에서 해운업에 뛰어들었습니다. 당시에 저희 가족은 탱크선을 몇 척 가지고 있었으나 1972년에 제가 전부 팔아버렸습니다. 첫 10년 동안 꽤 규모가 있는 해운회사로 사업을 키웠습니다.

1970년대에 이탈리아 정치 상황은 위험할 정도로 악화되었습니다. 고객들 중 상당수가 해외로 이주하기를 원했고 1976년에는 저도 그들을 따라갔습니다. 처음에는 모나코로 갈 생각을 하다가 제네바로 생각을 바꾸었습니다. 친구 하나가 로잔에 있는 자기 건물의 사무실 한 칸을 내주었습니다.

처음에는 비서 한 명과 일을 시작했습니다. 그 비서는 42년이 지난 지금 아직도 회사에 있습니다. 시간이 흐르면서 회사는 방 한 칸 사무실에서 두 층을 차지할 정도로 성장했으나 여전히 같은 건물을 사용하고 있습니다.

처음 로잔에 왔을 때 저는 변호사에게 회사 이름을 ISCHOR라고 말해줬습니다. ISCHOR는 Italo-Swiss Chartering Organisation의 약자였습니다. 제 손글씨를 잘못 읽은 그의 실수인지 아니면 상공회의소의 실수인지 회사는 IFCHOR란 이름으로 등록이 돼버렸습니다. 처음에 IFCHOR로 잘못 등록되었다는 것을 알게 되었을 때 다소 놀랐으나, 그제 와서 바꾸기도 번거롭고 너무 바쁘기도 하여 회사의 이름은 그대로 IFCHOR로 굳어졌습니다. 저희는 아직도 제노바에 지사를 두고 있습니다.

에마누엘레 당신은 언제 합류했습니까?

IFCHOR는 집안 사업이기 때문에 태어나자마자 합류했다고 봐도 좋겠네요. 그러나 공식적으로 일하기 시작한 것은 2002년입니다. 2008년까지 5년 동안 계속된 해운 시장의 슈퍼사이클 직전이었지요. 이때는 바로 중국이 아무도 상상할 수 없었던 속도로 철강 생산량을 늘리기 시작한 때였습니다. 철강을 생산하기 위해서는 철광석과 석탄이 필요합니다. 이때의 해운 시장은 황금기를 맞이했습니다.

제가 IFCHOR에 합류했을 당시 회사는 이미 어느 정도 성장한 후였습니다. 30-40명의 직원이 이 건물의 5층에서 일하고 있었습니다. 오늘날도 건화물(dry bulk) 시장에서 가장 많이 거래되는 파나막스(Panamax) 선형에서 IFCHOR는 특히 적극적으로 활약하고 있으며, 파나막스 시장에서 곡물은 매우 중요한 화물입니다.

오늘날 회사 규모는 어느 정도인가요?

전 세계에 약 180명의 직원을 두고 있습니다. 한 해 성약 건수는 3천에서 4천건 사이 정도 됩니다. 이게 대략 몇 톤에 해당하는지는 정확하게 계산해보지는 않았습니다만 한번 해보는 것도 재미있을 것 같네요.

리카르도, 당신의 다른 아들들은 무슨 일을 하고 있나요?

저는 아들들이 가족 사업에 합류하기 전에 보다 큰 회사에서 경험을 쌓고 오기를 원했습니다. 그래서 아들들에게 나가서 다른 이들은 어떻게 사업을 하는지 보고 다양한 관점을 가지고 돌아오라고 말했습니다. 네 아들 중 하나는 앙드레에서 일을 시작했습니다. 앙드레가 파산했을 때는 벙기로 옮겼습니다. 다른 아들 하나는 쿼드라에서 해운부문 총괄로 일하고 있습니다. 셋째 아들은 가족 사업과 관련 없는 일을 하고 있으며, 집안 사업에 합류한 건 에마누엘레가 유일합니다. 사실 에마누엘레는 다른 회사에서의 경험이 없는 유일한 아들이기도 합니다. 나머지 두 아들은 다른 곳으로 나가더니 돌아오지 않았고요.

그렇게 두 아들은 트레이딩 회사들의 해운부문에서 일하고 있군요. 큰 트레이딩 하우스들은 전부 해운부서를 가지고 있습니까?

전부 가지고 있습니다. 지난 여러 해 동안 그들의 해운부서는 갈수록 커졌습니다. 40년 전이라면 아마 항해용선(voyage charter) 정도나 하는 직원 한 명을 두고 있었겠지요. 그러나 지금은 수천만불의 손익을 책임지는 별도 해운부서를 두고 있습니다. 트레이딩 회사들은 자신들이 움직이는 곡물의 흐름을 따라 해운업에 점점 영역을 넓혔습니다. 그들은 서플라이 체인에 대한 통제를 강화하면서, 그들이 다루는 원자재와 전혀 다른 시장에서 이윤을 창출하기 원했습니다. 이러한 추세가 트레이딩의 유연성을 더욱 키웠습니다. 다시 40년 전을 생각한다면 아마 트레이딩 회사들은 기껏 화물 한 카고를 중국에 팔고 이를 운송할 배를 찾는 수준이었다면, 지금은 해운 시장에서 자유롭게 롱 포지션과 숏포지션을 넘나들며 운임을 트레이딩하고 있습니다.

트레이딩 하우스들은 직접 배를 보유하기도 합니까?

거대 트레이딩 하우스들은 배를 직접 보유하기도 하고 그렇지 않기도 했으나 최근에는 직접 소유하지는 않는 추세입니다. 그들은 직접 배를 보유하는 것이나 항해용선보다는 정기용선(time charter)을 선호하는 편입니다.

40년 동안 굉장히 큰 변화가 있었군요. 또 어떤 변화가 있었을까요?

지난 40년 사이 해운 시장에 일어난 가장 중요한 변화를 뽑으라면 운임선도거래(FFA) 시장의 발달입니다. 매일 활발하게 거래가 이뤄지는 FFA 시장은 해상운임 포지션의 헷지를 가능하게 합니다. 본래 FFA 시장은 OTC(over-the-counter)로 장외에서 거래되었습니다. 지금도 OTC 시장이기는 하나, 모든 FFA 계약은 런던이나 싱가포르에서 청산이 이뤄집니다.

2008년에는 대체 무슨 일이 일어난 겁니까?

해운 시장이 완전히 붕괴했습니다. 파나막스의 용선료는 일당 7만불에서 7천불로 추락했습니다. 운임 시장의 변동성은 많은 사람들을 충격에 빠뜨렸고 수많은 해운회사와 FFA 트레이딩 업체들이 파산했습니다. FFA는 실물 해운 시장과 밀접하게 연결되어 있습니다. 어디까지나 실물 해운 시장이 FFA 가격을 결정하는 것이지 그 반대가 아닙니다.

　IFCHOR는 1999년 FFA 브로커로 활약한 최초의 회사 중 하나입니다. 그러나 2010년 이후로는 실물 시장에만 집중하기로 결정했습니다. 그러나 여전히 FFA 브로커들과 긴밀한 관계를 유지하고 있으며 FFA 시세 화면을 사무실에 두고 있기는 합니다. 많은 FFA 트레이더들이 실물 해운 시장에는 관여하고 있지 않은 경우가 많습니다. 그들은 저희에게서 실물 시장에 대한 정보를 듣고 싶어하고, 저희는 그들에게서 선도 거래 시장에 대한 정보를 얻습니다.

FFA 시장에 헤지펀드들도 참여합니까?

참여하는 헤지펀드의 수가 많지는 않습니다. 그러나 일단 참여하는 헤지펀드들은 매우 활발히 시장에 참여합니다. FFA 시장을 빼놓고 얘기하더라도 헤지펀드들은 약 50-60억불을 해운회사들에 투자했습니다. 한때 이러한 투자가 해운 시장의 과잉공급 상황을 더욱 악화시킨 적이 있습니다.

곡물 트레이딩 회사들은 어떻습니까?

FFA 시장의 모든 참가자들은 거대 트레이딩 회사들이 무슨 일을 하나 주의 깊게 쳐다봅니다. 만약 카길이 큰 규모의 곡물 판매계약을 맺었다면 아마 FFA 시장에 와서 운임포지션을 헷지하려 들 것입니다. 그래서 모두가 카길을 쳐다봅니다. 카길이 FFA 시장에서 물량을 사들이기 시작하면 다른 참가자들도 따라서 사려고 합니다. 그러나 그들은 필요에 의해서가 아니라 가격이 오를 것으로 보고 따라서 사는 것입니다.

발틱 해운거래소(Baltic Exchange)의 역할은 무엇인가요?

40년 전에는 발틱 해운거래소가 세계 해운 시장의 중심이었습니다. 지금은 싱가포르 거래소(SGX)가 발틱 해운거래소를 소유하고 있습니다. FFA 거래들을 직접 청산하는 역할은 SGX가 수행합니다. 발틱 거래소의 현재 주요 역할은 FFA에서 일어나는 거래들로 지수를 구성하는 것입니다. 그들은 우리 같은 브로커들과 이야기하며 시장에서 일어나는 거래들을 참고하여 독립적인 지수를 만듭니다. 이 지수는 세계 운임 시장을 나타내는 가장 중요한 지표라고 할 수 있습니다. 현재 많은 배들이 발틱 지수에 연동한 가격으로 용선되고 있을 정도로 신뢰도가 높습니다.

배를 소유하고 있는 건 대체 누구입니까?

정확한 최근의 통계를 보지는 않았습니다만, 오늘날은 중국인들과 그리스인들이 건화물 선박의 절반 정도를 가지고 있을 것입니다. 북유럽 선주들도 여전히 많습니다. 그러나 정확한 국적을 파악하기엔 어려운 점이 있는 것이, 예를 들면 모나코에 살고 있는 그리스인 선주나 싱가포르에 사는 벨기에 선주 같은 경우가 많기 때문입니다.

곡물 시장에서 사용되는 주요 선형은 무엇입니까?

약 3분의 2가 파나막스라고 볼 수 있습니다. 흑해 지역에서 이뤄지는 연안 거래들은 더 작은 배들로 거래되지만, 중국의 곡물 수입은 대부분 파나막스나 그보다 더 큰 캄사르막스(Kamsarmax) 혹은 포스트 파나막스(Post-Panamax)로 이뤄집니다. 케이프(Cape) 선형은 곡물 시장에서 거의 사용되지 않습니다.

해운 시장에 가해지는 비난 중 하나는 편의치적(flag of convenience)[1]의 관행입니다.

과거에는 이러한 비난이 타당한 측면이 있으나, 지난 40년 동안 많은 변화가 있었습니다. 해운 시장은 상대적으로 규제가 느슨하다고 하나 점차 나아지고 있으며 더러운 관행들이 사라지고 과거에 비해 투명해지고 있습니다. 선주들이라고 해서 자기 마음대로 할 수 있는 게 아닙니다. 그들도 국제 무역 규범을 충실히 따라야 합니다. 또한 UN 산하의 국제해사기구(IMO)는 안전과 선박으로 인한 환경오염 방지를 책임지고 있습니다. 민간업체들도 선주 및 용선자들과 협력하여 선박들에 적절한 유지보수가 이뤄지고 환경문제를 방지하며 선원들이 올바른 대우를 받을 수 있도록 노력하고 있습니다. 선원협회 같은 단체는 선원들의 안전문제에 노력을 기울이며 마찬가지로 선주 및 용선자들의 협조를 받고 있습니다.

배들이 잘 관리되고 선원들의 처우가 개선되는 것은 선주들에게도 이익이라는 사실을 선주들 자신이 잘 알고 있습니다. 그러나 선주들이 내리는 모든 사업적 결정들이 우리와 같은 잣대로 이해하고 판단할 수 있는 문제는 아닙니다. 비단 해운 시장뿐만 아니라 사업을 하는 모든 사람들은 가능한 범위 내에서 금전적으로 가장 최적화된 결정을 고민하는 것이 당연합니다.

온실가스 배출문제를 생각해봅시다. 해운은 전 세계 물동량의 90%를 운반합니다. 그러나 이 과정에서 전 세계 석유 소비량의 7%밖

---

[1] 세금 회피와 값싼 외국인 선원 승선을 목적으로 선박을 자국에 등록하지 않고 파나마, 라이베리아, 싱가포르 등 제3국에 적을 두는 것을 말한다.

에 사용하지 않으며, 전 세계 온실가스 배출량의 3%밖에 차지하지 않습니다.

국제해사기구는 저유황 연료를 사용함으로써 약 20-30%의 온실가스 감축을 목표로 하는 새로운 규제를 2020년 1월부로 시행했습니다. 규제에 맞추어 일부 선주들은 고유황 연료에서 황 성분을 제거하는 탈황장치 스크러버(scrubber)에 투자했습니다. 그러나 개인적으로 스크러버가 환경적 측면에서 장기적 해결책인지는 잘 모르겠습니다.

화물선들이 돛을 다시 사용하는 날이 올까요?

그럴지도 모르죠. 하지만 더 가능성이 큰 방향은 배들도 자동차처럼 하이브리드 전기 엔진을 사용하는 게 아닐까 싶습니다.

액화천연가스(LNG)는 어떻습니까?

LNG를 연료로 사용하는 것에는 현재 많은 논란이 있습니다. 일단 비싼 비용이 문제입니다. 일부 용선자들은 LNG를 연료로 사용하는 배들이 환경친화적이라는 이유로 더 많은 비용을 지불할지도 모르겠으나, 현재 트레이딩 마진이 너무나 박하기 때문에 트레이딩 회사들이 수익성을 지키기 위해 과연 그럴 용의가 있을지 모르겠습니다. 또한 항구에서 LNG를 어떻게 공급할 것인가 하는 문제가 남습니다. 전 세계적으로 모든 항구에서 LNG 공급시설을 갖추는 건 쉬운 일이 아닙니다. 따라서 LNG 연료 선박들이 급유를 하지 못해 오도 가도 못하게 되는 일이 생길 수 있습니다.

배의 수명은 일반적으로 얼마나 되나요?

지난 40년 동안 바뀐 많은 것들 중 하나가 배의 수명입니다. 제 아버지가 이 사업을 시작했을 때 일반적인 화물선의 수명은 25년에서 30년 사이였습니다. 오늘날은 온갖 새로운 규제들이 더해지면서 15년 정도에 가깝습니다.

저는 지금 15년 정도 된 배 하나를 시장에 내놓는 데 어려움을 겪고 있습니다. 광산업체 BHP는 12년 이상 된 배들을 용선하는 게 썩 내키지 않는다고 말합니다. 아마 다른 용선자들도 곧 이런 추세를 따를 것입니다. 예를 들어 카길은 선령에 상한을 두지 않지만 다른 선택지가 없는 경우에만 15년 이상 된 배를 사용할 것입니다. 그러나 어떤 배들은 25년이 되었어도 유지보수가 잘 이뤄졌다면 곡물을 나르는 데에 아무 문제가 없습니다. 어떤 배들은 12년밖에 되지 않았는데도 유지보수가 잘 되지 않아 운송에 문제가 있을 수 있습니다. 우리는 어떤 배들이 잘 관리되었고 어떤 배들이 아닌지 잘 알고 있습니다.

폐선 작업은 어디서 이뤄집니까?

현지 고철 가격에 따라 달라지겠습니다만, 요즘은 주로 방글라데시와 인도에서 이뤄집니다. 전통적으로 터키에서도 작업이 많이 이뤄졌으나 현지 고철 가격이 톤당 200불에서 150불까지 최근 떨어졌습니다. 한편 방글라데시에서는 고철 가격이 톤당 400불에 이릅니다.

지난 40년간 컨테이너선의 괄목할 만한 성장이 해운업에 일어난 큰 변화였습니다. 곡물 산업에는 어떤 영향을 주었습니까?

곡물 산업에는 큰 영향이 없습니다. 어제 밀 5만톤의 운송 입찰이 있었고 컨테이너 업체가 이를 따내는 것을 보고 놀랐습니다만, 컨테이너가 현재 구조적으로 과잉공급 문제에 시달리고 있기 때문에 일부 선주들은 빈 배로 돌아가지 않기 위해 절박하게 화물을 찾는 경우들이 간혹 있습니다. 컨테이너가 갖는 이점은 생산지에서 컨테이너에 실린 그대로 최종 목적지까지 도착한다는 점입니다. 반면 벌크 운송은 중간 작업이 많지요. 생산지에서 수출 항구까지 곡물을 운송해야 하고, 항구에 운송된 곡물을 배에 선적해야 하고 다시 수입국 항구에서 이를 하역해야 합니다. 그러나 컨테이너의 이점에도 불구하고 대량의 벌크 운송은 여전히 값싸고 주된 곡물 운송 수단으로 남을 것입니다.

현재 해운 시장은 어떻습니까?

오늘날 브라질 산토스항에서 중국까지의 파나막스 운임은 톤당 30불 정도입니다. 2008년 피크에 해당 구간은 톤당 70불 정도였습니다. 이것이 지난 몇 년간 저점에는 톤당 15불에서 16불까지 추락하기도 했다가 지금 수준으로 회복한 것입니다. 한편 15만톤 정도 실을 수 있는 케이프 사이즈 선박들의 브라질에서 중국 구간은 2008년 피크에 톤당 100불 수준이었습니다. 그러나 2015년에서 2016년 사이에 톤당 8불에서 9불까지 추락했습니다. 지금은 그때의 저점에서 어느 정도 회복하였습니다.

미래에 해운업의 혁신은 어디에서 찾아오겠습니까?

해운업은 원자재 산업이 직면한 문제들과 같은 문제를 겪고 있습니다. 정보통신기술의 발달은 정보가 시장 참여자들 사이에 빠르게 돌도록 만들어 트레이딩 마진을 위축시켰습니다. 이에 따라 트레이더들은 규모의 경제를 추구하였고 선박들은 점점 커졌으며, 이토록 커진 선박들을 받을 수 있도록 항구들의 인프라도 개선되었습니다. 우리는 빨라진 정보와 더욱 커진 배들이 넘쳐나는 현실에 맞추어 대응해 나가야 합니다.

8장

콘티넨탈 그레인
(Continental Grain)

성공을 위해선 지속적인 재투자가 이뤄져야 합니다.
콘티넨탈 그레인에서 우리는
이를 200년 동안 실천해왔습니다.
_폴 프리부르

1813년 시몽 프리부르는 지금은 벨기에의 일부가 된 프랑스 아를롱에서 콘티넨탈 그레인을 세웠다. 초기의 콘티넨탈 그레인은 주로 지역 곡물 시장의 브로커 사업으로 시작했다.

기존 무역 흐름과 시장에 교란이 일어날 때 트레이딩 회사들은 기회를 발견한다. 1848년 벨기에에 대기근이 닥쳤을 때 프리부르 가문은 기회를 포착했다. 회사에 전해지는 이야기에 따르면, 시몽의 아들 미셸은 금화를 들고 지금의 루마니아에 해당하는 베사라비아 지역에 찾아가 잉여 곡물을 사들였다.

1930년대에 콘티넨탈 그레인은 미국 내륙 곡물 터미널, 항구 수출시설 등에 크게 투자했다. 그 결과 카길 다음가는 오리지네이션(origination)[1] 규모를 자랑하게 되었다. 제2차 세계대전이 끝나고 상대적으로 시장이 조용했던 1950년대와 60년대에 회사는 점점 번창했다.

1964년 소련에서 밀 농사에 흉작이 들자 콘티넨탈 그레인은 소련에 1백만톤의 밀과 쌀을 수출한 첫 미국 기업이 되었다. 당시 8천만불에 달하는 계약을 체결하고 나서 프리부르는 "누구나 소련에 곡물을 수출할 수 있습니다. 우리의 사업은 아이디어와 상상력에 기초하고 있습니다."라고 발표했다. 또한 이 계약은 외교가 혼자서는 하지 못하는 일을 무역이 할 수 있고 무역을 통해 경제발전이 촉진될 수 있다는 사실을 보여준다고 그는 덧붙였다.

이 계약을 통해 얻은 수익으로 콘티넨탈 그레인은 사업을 점차 다

---

[1] 원산지(origin)에서 생산된 곡물을 수매, 운송, 저장, 선적하는 일련의 행위.

각화하면서 1972년에 이르러 많은 언론의 주목을 받게 되었다. 경제 전문 주간지 비즈니스위크는 커버스토리를 장식한 콘티넨탈 그레인에 대해 집중 보도하면서 "적어도 100개의 회사가 프리부르 그룹의 산하에 있으며 지금도 여러 시장에서 계속 추가되고 있습니다."라고 말하였다.

트레이더의 DNA를 가진 미셸 프리부르는 소련이 곧 미국의 곡물을 다시 수입할 수밖에 없게 될 것으로 보았다. 그의 전망대로 1970년대에 소련은 두 차례 미국 곡물을 대량으로 수입하였으나, 모든 일이 콘티넨탈 그레인의 뜻대로 움직이지는 않았다. 비록 소련의 곡물 수입에 대비하고 있었으나 그는 수입 규모를 과소평가하였다.

1975년 콘티넨탈 그레인은 소련에 4.5백만톤의 옥수수와 1.1백만톤의 보리를 숏포지션으로 팔았다. 콘티넨탈 그레인의 트레이더들은 미국 수확기에 맞추어 가격이 하락할 것으로 내다보았다. 그러나 소련의 곡물 구매가 예상외로 계속되면서 곡물 가격은 치솟았고 콘티넨탈 그레인은 꼭지에서 큰 손실과 함께 숏포지션을 커버할 수밖에 없었다. 그들이 커버하자마자 시장은 다시 주저앉았다. 이후 소련이 구매를 위해 다시 찾아왔을 때, 크게 데인 콘티넨탈 그레인은 판매 오퍼를 내지 않았다.

한편 사업 다각화는 계속 진행되었고 댄 모건이 책을 쓴 70년대 후반 콘티넨탈 그레인은 이미 식량 서플라이 체인 전반에 걸쳐 사업을 벌이는 대기업 집단이 되었다. 그러나 콘티넨탈 그레인의 트레이딩 전통은 사라지지 않아서 단순히 새로운 사업에 투자만 하는 것이 아니라 과소평가된 회사들을 계속 사들이고 되팔며 이제는 회사를 트레이딩의 대상으로 삼았다.

1980년대 콘티넨탈 그레인은 여전히 주요 곡물 트레이딩 회사 중 하나였으나 사업 다각화와 함께 회사를 공개하기로 결정했다. 1982년 그들은 독립 이사회를 구성하였는데 초기 이사진 중에는 헨리 키신저도 포함되어 있었다. 그렇다고 콘티넨탈 그레인의 모든 사업이 성공적이었던 것은 아니다. 그들의 금융 계열 자회사 콘티파이낸셜은 상장된 공개기업이었으나 75%의 지분을 콘티넨탈 그레인이 소유하고 있었다. 콘티파이낸셜은 상업용 모기지(commercial mortgage)와 주택담보대출을 주업으로 삼았으나, 모회사의 수차례 자금 투입에도 불구하고 결국 2001년 5월 파산에 이르렀다.

1997년 미셸 프리부르의 아들 폴이 6대 회장 겸 CEO가 되었다. 그는 곡물 사업의 타개책을 찾기 위해 노력했고 처음에는 파트너를 찾고자 했다. 그러나 파트너를 찾는 일은 쉽지 않았고 차선책은 카길에 사업을 매각하는 것이라고 재빠르게 판단을 내렸다. 당시 카길은 미국 곡물 수출의 20% 정도를 차지하고 있었으며 콘티넨탈 그레인은 15%를 차지했다. 그러나 카길의 강점은 가공시설을 통해 판매 기회를 높이고 전반적인 수익성을 끌어올리는 데에 있었다. 이러한 대비를 잘 보여주는 당시 뉴욕타임스의 기사에 따르면 콘티넨탈 그레인의 곡물 사업은 단순 중개인의 역할을 벗어나지 못한 상태로 마진이 박한 수매, 저장, 판매 활동에 그치고 있었다.

곡물 사업을 매각함에 따라 그동안 곡물 재고에 묶여있던 운전자본에 여유가 생기면서 이를 축산업같이 그들이 선두를 달리는 다른 사업 부문에 더 효율적으로 활용할 수 있었다. 카길 입장에서는 주요 경쟁자 하나를 제거했을 뿐만 아니라 콘티넨탈 그레인이 가지고 있던 6곳의 수출 터미널, 27곳의 강변 터미널(river terminal), 32곳의 곡물 수매 거점, 65곳의 미국 내 곡물 처리시설, 그리고 19곳의 해외 곡물 엘리베이터를 삼킬 수 있었다. 어느 애널리스트의 평을 전한 뉴욕타임스에 따르면 "카길은 언제나 거대한 트레이더였지만 이제는 완전히 괴물 트레이더가 되었다."라고 했다. 매각의 구체적인 조건들은 공개

되지 않았다. 뉴욕타임스는 약 3억불로 추정하였고, 월스트리트저널은 부채를 포함할 시 10억불 이상으로 추정하기도 하였다.

이 인수 작업에 참여한 카길 측 인사에게 콘티넨탈 그레인을 인수하면서 배운 점이 무엇인지 물었다. 그는 고객에 대해 더 많이 이해할 수 있게 되었다고 답했다. 당시 콘티넨탈 그레인의 고객관리는 카길보다 앞서 있었으며, 인수를 통해 고객을 대하는 방법을 재고하게 되었다고 한다. 이는 어찌 보면 새롭게 얻은 물리적 자산이나 트레이딩팀보다 더 값진 것이었을지도 모르며 향후 카길의 사업 성장에 자양분이 되었다.

그러나 2001년 4월 10일에 작고한 폴의 아버지 미셸은 자신이 평생을 바친 곡물 사업 철수를 어떻게 생각했을까? 매각 논의가 진행되면서 폴은 직원들과 함께 아버지가 휴가를 보내고 있던 스위스에 찾아가 계획을 설명했다. 회사의 방향에 대한 여러 의견과 곡물 시장의 불확실성 그리고 가문이 오랜 시간 이룩한 사업을 남기고 떠나는 계획을 다 듣고 난 아버지는 단 하나의 질문만 던졌다. "직원들은 어떻게 되는가? 그들의 일자리는 있는가?" 남아있는 직원들에게 충분한 일자리가 있을 것이라고 납득된 아버지 미셸은 그제야 매각 계획에 동의했다. 아버지가 걱정한 것은 돈이 아니라 사람이었다고 폴은 회상한다. 곡물 사업의 매각 작업이 완료되자 세계 농업의 다른 분야에서 콘티넨탈 그레인은 계속하여 독립된 사업 부문들을 키워나갔다. 콘티그룹(ContiGroup)의 홈페이지에는 다음과 같은 설명이 있다.

> 콘티넨탈 그레인은 혁신과 장기적 가치를 창출하는 농식품 분야에 집중하고 있습니다. 최근 지속가능한 식품 기술에 이뤄진 벤처캐피탈 투자는 식물성 대체육을 만드는 임파서블 푸드(Impossible Foods)와 세포 배양 기술로 가죽을 만드는 모던 메도우(Modern Meadow)

를 포함합니다.

결국 200년 동안 이어져 온 콘티넨탈 그레인의 국제 곡물 사업은 막을 내렸다. 그러나 정말 그럴까? 콘티그룹 컴퍼니(ContiGroup Company)는 어느새 조용히 회사의 이름을 같은 약자를 사용하는 콘티넨탈 그레인 컴퍼니(Continental Grain Company)로 바꿨다. 한편 벙기에 대한 투자가 회사 홈페이지에 널찍하게 게시되어 있으며, 폴 프리부르는 벙기의 이사회에 참여하고 있고, 최근 벙기의 전략검토위원으로 지명되어 활동하고 있다.

바르셀로나의 선수로 뛰면서
이보 사르자노비치 Ivo Sarjanovic

이보는 카길 스위스에서 중역을 맡으며 카길의 대두와 설탕 사업을 책임지고 중동과 아프리카 지역을 이끌었다. 또한 카길과 브라질의 설탕회사 코페르수카르가 합작으로 세운 알비언의 CEO를 맡기도 했다. 현재 여러 사외 이사직을 역임하면서 스위스 제네바대학교, 아르헨티나 오스트랄대학교 등에서 농산물 원자재 과목을 가르치고 있다.

어떻게 이 업계에서 출발하게 되었는지 말씀해주시겠습니까?

저는 대학에서 회계학을 공부했습니다만 경제학에 큰 매력을 느꼈습니다. 원래는 학계에 남아 선생님이나 대학교수가 되고 싶었습니다. 아르헨티나 로사리오에서 학업을 마친 후 뉴욕대학교에서 경제학 박사학위 과정을 시작할 기회가 있었지만 개인적인 이유로 아르헨티나로 돌아가 일을 해야 했습니다.

증조부는 19세기 후반 크로아티아에서 아르헨티나로 건너왔습니다. 1903년에 두 명의 파트너와 함께 산타페 남부와 로사리오 부근에 사일로를 지은 후, 곡물을 저장하고 판매하는 일을 시작했습니다. 후에 아버지의 파트너에게 저도 사업에 합류하고 싶다고 말하자 그는 얼마든지 환영하지만 2년 동안은 거의 대가 없이 일을 해야 한다고 말했습니다. 그래서 저는 카길에 먼저 들어갔습니다. 아버지는 저의 결정을 지지하면서도 강한 호기심을 느꼈습니다. 가족 사업의 구성원들은 국제 곡물 트레이딩 회사들을 의심스러운 눈초리로 바라보고 있었습니다. 저는 곡물 트레이딩 회사들은 아무런 가치도 더하지 않고 단순 중개인의 역할만 한다는 말을 듣는 게 익숙했습니다. 그래서 조나단 당신처럼 그게 사실이 아니라는 걸 가족들에게 설득하는 데에 많은 시간과 노력이 들었습니다.

1989년 7월 카길에 합류했습니다. 그때는 아르헨티나가 가장 심각한 인플레이션으로 고생하던 때였습니다. 7월 한 달 동안 197%의 물가 상승률을 기록했습니다. 제가 회사에 들어간 첫날부터 첫 월급을 받은 날까지 제 급여는 세 배로 올랐습니다. 당시 우리는 한 달에 두 번 급여를 받았으나, 돈을 들고 상점에 가도 살 수 있는 게 없었습니다. 힘든 시기였습니다.

부에노스아이레스와 상파울루에서 일한 후 카길은 저를 1993년에 제네바에 밀 트레이더로 보냈습니다. 1994년 후반 카길은 다시 저를 대두 데스크로 보냈습니다. 주니어 트레이더로 시작하여 2001년 대두 데스크의 총괄까지 올라가 2011년까지 해당 직책을 맡았습니다. 카길의 대두 크러싱 활동을 포함한 전 세계 대두 프로그램을 책임졌습니다. 이는 트레이딩과 보다 전략적인 측면의 사업 영역이 결합된 흥미로운 역할이었습니다.

슈퍼사이클 내내 대두 데스크를 맡고 있었던 셈이군요?

1997년 중국을 처음 방문했을 때 그들은 대두를 거의 수입하지 않았습니다. 20년 후 그들은 매년 8천5백만톤에서 9천만톤 가까이 수입하고 있습니다. 이는 전 세계 교역량의 약 60%를 차지합니다. 매년 우리의 일은 중국이 대두를 얼마나 수입할 것인가 예측하는 어려운 작업이 되었습니다. 중국의 수입에는 불확실성이 많았고 이로 인해 시장 변동성이 증대되었습니다.

비록 중국의 수입 수요가 농산물의 슈퍼사이클을 주도한 것은 사실이나 다른 두 가지 요인도 있었습니다. 첫째는 많은 사료 작물 수요를 가져간 바이오연료이고 둘째는 원자재 시장에 급격하게 유입된 금융자본입니다. 특히 후자에 대해서 말하자면, 기존에 주식과 채권에 집중되어있던 포트폴리오를 분산하기 위한 연기금 등의 막대한 자금이 주식이나 채권시장보다 훨씬 규모가 작았던 원자재 시장에 흘러들어 왔습니다. 어느 날 이러한 펀드들이 자신의 포트폴리오 중 1-2%만 농산물 원자재 분야에 투자해도 시장은 크게 들썩이고 이에 따라 단기적 변동성이 늘어났습니다.

이 모든 것들이 대두 데스크에 큰 기회를 가져다주었습니다. 그 시기에 제가 이미 필요한 경험을 갖추고 훌륭한 팀을 이끌면서 그 역할을 맡았던 것은 행운이라 생각합니다. 축구로 따지면 스페인 라리가에서 FC 바로셀로나의 선수로 뛰었던 것 같습니다.

당시 전 세계 대두 교역에서 카길의 점유율은 어떠했습니까?

아마 15% 정도 차지했을 것입니다. 매우 경쟁이 심한 사업으로 거대 트레이딩 하우스들뿐만 아니라 곧 직접 원산지에서 대두를 구매하고 트레이딩하기 시작한 중국 회사들과의 경쟁이 치열했습니다. 아직도 기억하는 대두 입찰 중에는 스무 곳의 업체들이 대두를 팔기 위해 늘어섰습니다. 모두의 응찰 가격이 다닥다닥 붙어있었습니다. 모든 참가자들이 판매 오퍼의 가격을 같은 방식으로 책정하고 있었다는 말입니다.

당시 현물시장에서 마진을 만드는 게 가능했습니까?

마진이 매우 박했습니다. 트레이더들은 종종 숏포지션을 가져가기 위해 CNF(운임포함인도) 가격을 깎아서 팔았고 대두는 적자거래가 만연했습니다. 그때도 그렇고 지금도 그렇지만 FOB(본선인도)에서 CNF로 이어지는 단계에서 마진을 만드는 것은 거의 불가능합니다.

중국의 주요 바이어들은 누구였습니까?

초기에는 코프코와 기타 국영기업들에게 팔았습니다만 이내 민간 기업들이 빠르게 성장하고 더 활발히 시장에 참여하기 시작했습니다. 게다가 국제 곡물 트레이딩 회사들이 직접 중국 내 대두 크러싱 공장을 짓기 시작하여 자체 물량을 공급하기 시작했지요.

큰 디폴트를 겪은 적은 없었습니까?

2004년 4월에서 5월 사이에 대규모 디폴트가 있었습니다. 제 커리어를 통틀어 가장 끔찍한 경험이었습니다. 이 사건은 훗날 붉은 대두 사건(Red Soybeans Crisis)으로 불리게 됩니다. 브라질 대두 중에 종자용으로 사용되는 건 종종 붉은색을 띱니다. 중국 바이어들은 하역항에서 이 붉은 대두가 발견되었다며 이는 계약 품질 조건 위반으로 인수를 거절했습니다. 갈 곳이 없어진 배들을 우리는 다른 곳으로 보내야만 했습니다. 이는 업계 전체에 엄청난 손실을 초래했습니다. 대두 가격과 베이시스가 폭락하였으며 운임도 마찬가지였습니다. 일부 트레이더들은 중국의 인수 거절이 필요보다 지나치게 많이 구매한 탓이라고 주장했습니다만 저는 이게 사실인지 모르겠습니다.

당시 카길의 경영진은 저희를 탓하기는커녕 오히려 지원을 아끼지 않았습니다. 모두가 협력하여 최선의 해결책을 찾기 위해 노력했습니다. 물론 즐거운 기억은 아닙니다.

카길이 콘티넨탈 그레인을 인수할 당시 상황에 대해 듣고 싶습니다.

저는 인수 작업에 직접 관련되어 있지는 않았으나, 콘티넨탈 그레인의 기존 사업과 사람들을 카길과 결합시키는 일에 참여했습니다. 카길의 인수는 시의적절했습니다. 기존 약세장의 저점에서 인수가 이뤄졌고 우리는 그로부터 몇 년 후 시작된 슈퍼사이클 직전에 두 회사의 결합을 완료하였습니다. 카길과 콘티넨탈 모두에게 이익이 되는 일이었습니다. 콘티넨탈 그레인은 여유가 생긴 자본으로 다른 분야에 투자할 수 있었습니다. 제 생각에 콘티넨탈 그레인의 경영진은 시황을 덜 타는 사업 분야에 진입하고 싶었던 것 같습니다. 계속 곡물 사업부문을 가지고 있었을 수도 있겠으나 이를 위해서는 막대한 투자가 지속적으로 이뤄져야 했을 것입니다. 아마도 그 돈이면 리스크가 적으면서 더 수익성이 좋은 사업에 투자할 수 있다고 판단했던 것 같습니다.

카길에게는 어떻게 도움이 되었습니까?

1990년대 후반 업계에는 과잉공급 문제가 심각했습니다. 인수를 통해 이 과잉공급 문제를 일부 해소할 수 있었습니다. 또한 카길이 자신들의 기존 자산을 더 잘 운영할 수 있도록 도움이 되었습니다. 새롭게 카길에 들어온 콘티넨탈 그레인 출신 사람들은 회사에 새로운 문화를 불어넣었습니다.

2011년 카길 대두 데스크에서 원당 데스크로 자리를 옮겼습니다. 이유가 무엇입니까?

저는 거의 20년 동안 대두 트레이딩에 몸담았고 이제는 변화를 원했습니다. 또한 트레이딩 중심의 역할보다 자산 활용도가 높고 경영 능력이 요구되는 역할을 맡아보고 싶었습니다. 카길의 원당부문 총괄은 그러한 제게 완벽한 기회였습니다. 곧바로 기회를 잡았지요.

원당과 대두 시장의 차이는 무엇입니까?

가장 큰 차이는 인도 메커니즘(delivery mechanism)입니다. 원당 트레이딩은 여러 원산지 간의 옵셔낼리티를 활용하여, 선물시장에서의 실제 상품 인도 절차와 계속 착종되어 이뤄집니다. 원당은 진정으로 '세계적인' 상품입니다. 원당 트레이딩은 상품의 플랫 가격이 아니라 스프레드와 베이시스를 중심으로 이뤄집니다. 이를 완벽히 소화하는 데에 꽤 시간이 걸렸습니다.

제가 놀란 건 원당 현물시장의 마진이 대두보다도 훨씬 저조하다는 사실이었습니다. 원당 트레이더들은 대두 트레이더들보다 숏포지션을 쌓기 위해 원가 이하로 현물을 판매하는 일에 더욱 익숙해 있었습니다.

원당의 오리지네이션 또한 대두의 그것과는 완전히 다릅니다. 불행히도 곡물 트레이딩 회사들이 이 차이를 잘 이해하지 못하고 브라질 사탕수수 산업에 큰 투자를 했습니다. 완전한 판단착오였습니다. 사탕수수 가공 플랜트 운영을 위해 사탕수수를 조달할 수 있는 지역적 범위는 매우 한정되어 있습니다. 반면 대두는 훨씬 넓은 지역에서 수매를 할 수 있습니다. 예를 들어 항구 근처에 거대한 대두 크러싱 플랜트를 짓고 대두를 수매하고자 하면 얼마든지 광범위한 지역에서 수매가 가능합니다. 그러나 사탕수수를 원거리로 수송하는 것은 경제적이지 않기에 규모의 경제를 달성하기가 더 어렵습니다. 따라서 사탕수수의 오리지네이션은 대두보다 훨씬 어려우며, 이 때문에 직접 사탕수수를 경작하게 되고는 합니다. 아시다시피 트레이더들은 농사에 소질이 없습니다. 곡물 트레이딩 회사들은 사탕수수 플랜트를 대두 크러싱 플랜트와 비슷하게 보았으나 사실 둘은 매우 다른 것이었지요. 설상가상으로 지난 10년간의 에탄올 정책이 업계에 큰 타격을 주었습니다.

결과적으로 돌아보면 곡물 트레이딩 회사들의 브라질 사탕수수 산업 투자는 수십억불의 손실을 본 곡물 산업 역사상 가장 큰 실패 중 하나로 기록될 것입니다.

카길의 원당부문을 몇 년간 이끈 후 카길과 코페르수카르의 합작회사인 알비언으로 옮겼습니다.

알비언은 아마 제 커리어상 생각해낸 가장 좋은 아이디어가 아니었나 싶습니다. 합병이 절실한 시장 내의 가장 큰 두 트레이딩 회사들을 결합시키는 일이었습니다. 카길은 글로벌한 트레이딩 강점이 있었고 코페르수카르는 브라질 내륙의 오리지네이션 인프라를 가지고 있었습니다. 그 결과 매우 강력한 결합이 탄생했습니다. 라보뱅크의 카렐 발켄은 이를 가리켜 원자재업계의 우버라고 불렀습니다.

현재는 트레이딩 회사들의 리스크 관리 자문단으로 활동하고 있군요.

리스크 관리는 여행과도 같습니다. 우리는 계속 더 나은 방향으로 나아갈 뿐입니다. 또한 리스크 관리에 정답이 있다고 생각하지 않습니다. 다른 회사들은 각기 다른 방법들을 가지고 있습니다.

30년 전에는 포지션의 규모를 톤 단위로 측정하여 리스크를 관리했습니다. 이후 중량 대신 금전적 가치를 보기 시작했고 더 나아가 금융업계에서 사용하는 DVaR(일일최대예상손실액, Daily Value at Risk) 등의 툴을 접목했습니다. 모든 툴을 종합하여 플랫 가격, 스프레드, 베이시스, 해상운임의 균형 있는 포지션 한도를 찾고자 노력합니다.

처음에는 어려운 작업이었지만 이제는 대부분의 사람들이 이러한 툴을 사용하지 않고 트레이딩을 할 수 없다는 사실을 납득합니다. 이러한 장치가 없으면 회사가 흡수할 수 있는 것 이상으로 지나치게 큰 거래를 일으킬 수 있고 잘못하면 파산에 이를 수도 있습니다.

트레이딩 회사들은 어떻게 리스크를 관리합니까?

원자재 트레이더들은 DVaR을 사용하여 리스크를 측정합니다. 회사 내 리스크 관리 담당자들은 과거 가격 변동성을 통해 미래의 변동성을 읽어내고자 합니다. DVaR은 기본적으로 과거 데이터에 의존하는 방식이기 때문에, 블랙 스완 같은 극단적인 경우를 포함한 다양한 시나리오의 스트레스 테스트를 통해 이를 보완할 수 있습니다. 한 트레이더 또는 트레이딩 부서에 주어진 리스크 한도는 DVaR과 스트레스 테스트를 통해 제한될 것입니다.

리스크 한도가 중요한 이유는 두 가지입니다. 첫째 트레이더는 본인에게 주어진 DVaR 대비 얼마나 많은 성과를 냈는지 평가될 것입니다. 보통 뛰어난 트레이더들은 주어진 한도의 여섯 배에서 일곱 배까지 성과를 만들어냅니다. 둘째 트레이딩 회사가 떠안는 리스크 한도는 회사의 자기자본과 비교해서 보아야 합니다. 회사의 트레이더들에게 주어진 리스크 총량은 자기자본 규모와 밀접하게 연결되어 있습니다.

다양한 상품을 트레이딩하는 것이 리스크를 감소시킵니까?

그렇기도 하고 아니기도 합니다. 이는 상관계수와 주기성(seasonality)에 달려있습니다. 어느 한 해는 밀에서 수익을 많이 내고 그다음 해에는 옥수수나 대두에서 수익을 많이 내는 등, 다양한 상품을 거래함으로써 수익이 고르게 분산되는 효과가 있을 수 있습니다.

현물시장에서의 마진이 박할 때 더 큰 리스크를 떠안고자 하는 유혹이 있습니까?

그렇습니다. 시장이 단조롭고 변화가 없을 때 트레이더들은 답답하고 지루해하면서 투기에 관심을 돌릴 수 있습니다. 이 때문에 조용한 시장에서의 리스크 관리가 변동성이 큰 때의 리스크 관리보다 더욱 중요하다고 볼 수 있습니다. 과거 실제 사례에서 얻은 교훈이지요.

컴퓨터가 이제는 인간 트레이더들을 뛰어넘었다고 볼 수 있을까요?

알고(Algos)라고 부르는 알고리즘 트레이더들은 오늘날 선물시장에서 일일 거래량의 큰 비중을 차지하고 있습니다. 모두가 그들이 트레이딩의 미래라고 말하지만 저는 이를 믿지 않습니다. 그들이 거래하는 물량에 비해 그다지 많은 수익을 내고는 있지 못한 것으로 보입니다. 저는 가끔 사람들이 알고리즘 트레이딩의 성공을 과장하고 있는 게 아닌가 싶기도 합니다. 아마 더 변수가 많고 복잡한 금융시장에서는 수익을 내는지 모르겠습니다만 원자재 시장에서 구조적 성공이 일어나고 있는지는 잘 모르겠습니다. 오늘날은 인간도 로봇도 트레이딩으로 돈을 벌기 쉽지 않습니다. 그러나 사람들은 기술을 과신하는 경향이 있습니다. 제가 보기에 데이터 분석이 큰 역할을 할 수 있는 분야는 프로세스 개선이 아닐까 싶습니다.

현물시장에서의 활동이 선물시장에서의 트레이딩에 얼마나 강점이 됩니까?

과거에 비해 강점이 훨씬 줄었습니다. 누구나 쉽고 빠르게 정보에 접근이 가능합니다. 다만 현물시장에서는 현물과 선물 가격의 차이인 베이시스를 트레이딩할 수 있습니다. 그러나 헤지펀드처럼 실물의 흐름에 참여하지 않는다면 베이시스를 거래할 수 없지요.

오랜 경험만큼이나 전 세계에서 사업을 벌이는 게 물론 도움은 됩니다만 정보 그 자체가 가장 중요한 건 아닙니다. 중요한 건 정보의 해석입니다. 그러나 이를 위해 현물시장에 얼마나 깊이 관여해야 하는지에 대해서는 오늘날 많은 이견이 있습니다.

오늘날 현물 트레이더들 간의 경쟁은 그 어느 때보다 치열하지 않습니까?

업계 전반의 마진 개선을 위해 합병이 필요하다는 이야기가 나온다는 사실이 저는 흥미롭습니다. 카길이 콘티넨탈 그레인의 사업을 인수했을 때, 잠시 마진이 개선되었으나 금세 신규 진입자들이 나타났습니다. 오늘날 우리 업계는 그 어느 때보다 경쟁이 치열합니다. 타 산업에 비해 진입 장벽이 상대적으로 낮다는 점이 문제이며, 이는 끝이 없습니다.

최근 중국 국영기업 코프코가 새롭게 뛰어들었을 뿐만 아니라 러시아의 국영은행 VTB도 흑해 지역에 국한된 규모이지만 이에 가담했습니다. 이러한 정부의 개입을 어떻게 보십니까?

지정학적 요인이 중요해질 때 이런 회사들은 강점을 가질 수 있습니다. 오늘날 미·중 무역전쟁이 좋은 사례입니다. 게다가 국영기업들은 ADM이나 벙기처럼 분기마다 평가되는 공개기업에 비해 장기적 관점으로 사업에 임할 수 있습니다. 특정 환경에서는 이처럼 국영기업들이 강점을 가질 수 있습니다. 다만 이미 글로벌 플레이어인 코프코에 비해 과연 VTB가 흑해 지역을 벗어나 활동을 할 수 있을지는 의문입니다. 제한된 지역적 사업 범위는 글로벌 트레이딩 회사들에 비해 약점으로 작용하지 않을까 싶습니다.

현재의 미·중 무역전쟁이 교역 흐름에 지속적인 영향을 줄까요?

그렇습니다. 중국은 수입처를 다변화하고 미국에 대한 의존성을 줄이기를 원할 것입니다. 트레이딩 사업에서 무역전쟁은 예측할 수 없는 변동성을 초래했습니다. 우리는 기상 패턴, 작황, 수요의 움직임 등을 분석하기 위해 엄청난 노력을 들입니다만 트럼프 대통령이 내일 트위터에 무엇을 올릴지 아무도 알 수 없습니다. 정치적 변동성으로 인해 트레이딩 회사들은 리스크 한도를 줄였고 이는 수익성에 당연히 영향을 주고 있습니다.

더 하시고 싶은 말씀이 있나요?

곡물 트레이딩 회사들은 매우 어려운 시기를 지나고 있습니다만, 이 업계에 들어오고자 하는 젊은 사람들이 흥미를 잃게 해서는 안 됩니다. 저는 이 시장에서 멋진 커리어를 보냈고 지금도 보내고 있으며 이 업계에 들어오고자 하는 젊은이들에게 기꺼이 이 일을 추천하겠습니다. 현재 하고 있는 일에 더해 저는 결국 학생들을 가르치는 꿈을 이뤘습니다. 저는 제네바대학교에서 석사과정 학생들에게 농산물 원자재에 대해 가르치고 있으며 아르헨티나 부에노스아이레스와 로사리오에서도 학생들을 가르치고 있습니다. 저는 젊은이들에게 우리의 사업을 가르치는 일을 무척 사랑하며 이 일에 저의 열정을 함께 나누고 싶습니다.

조나단 저와 당신은 두 가지 비슷한 점이 있습니다. 우리는 둘 다 곡물 트레이더들이 가치를 더한다는 사실을 아버지들에게 납득시키는 데에 실패했으며, 우리는 둘 다 먼 옛날의 꿈을 이루며 살고 있습니다. 당신을 글을 쓰면서, 저는 학생들을 가르치면서 말입니다.

9장

아처 대니얼스 미들랜드 (ADM)

식량 산업에 자유무역은 반드시 필요합니다.
_후안 루치아노

댄 모건의 책 *Merchants of Grain*의 부제는 *The Power and the Profits of the Five Grain Companies at the Center of the World's Food Supply*였다. 그가 가리킨 다섯 곡물회사는 앙드레(André), 벙기(Bunge), 카길(Cargill), 콘티넨탈 그레인(Continental Grain), 루이 드레퓌스(Dreyfus)였다. 당시 아처 대니얼스 미들랜드(ADM)는 댄 모건의 책에서 거의 언급조차 되지 않았다. 각주에서 워터게이트 스캔들 즈음에 닉슨 대통령에게 돈을 건넸다는 간단한 언급이 전부였다.

40년이 지난 오늘날 ADM은 곡물업계에서 두 번째로 큰 회사이며 600억불이 넘는 매출과 200억불이 넘는 시가총액 그리고 2018년 기준 20억불의 이익을 기록한 회사가 되었다. 1924년 뉴욕증권거래소에 상장된 이래 ADM은 약 200여 개 국가에서 4만명의 직원을 고용하고 있으며, 450곳의 곡물 수매 거점과 330곳의 식품제조 및 가공시설을 보유하고 있다. ADM은 매년 6천만톤 이상의 농산물을 취급하고 있다.

ADM의 역사는 1902년까지 거슬러 올라간다. 존 W. 대니얼스는 미네소타 미니애폴리스에 대니얼스 아마씨 컴퍼니를 세웠다. 아마씨유 생산을 위한 착유공장은 1903년 처음 세웠는데 당시 아마씨유는 페인트의 건성유(drying oil)로 쓰였다. 회사는 곧 아마씨 착유 사업의 미국 내 선두주자가 되었다.

조지 A. 아처는 당시 회사의 절반을 소유하고 있었으며 1905년 이사직을 맡고 있었다. 그들의 이름을 절반씩 따 회사의 이름은 아처 대니얼스 아마씨 컴퍼니가 되었다. 이어 1923년 미들랜드 아마씨 컴퍼니와 합병하여 최종적으로 아처 대니얼스 미들랜드 컴퍼니가 되었다.

ADM은 꾸준히 성장을 거듭했다. 지리적으로 활동 반경이 넓어지고 취급하는 품목들도 늘어났다. ADM이 50주년을 맞은 1952년에는 당시 미국 내 가장 큰 대두 가공업체의 자리를 차지했다. ADM에는 은행 차입금이 없었고 1927년부터 매해 배당금을 지급했다. 그러나 1960년대 초반 식품 가공업에 불확실성이 증대되면서 ADM의 수익성이 줄어들었다. 1966년 ADM은 48살의 드웨인 O. 안드레아스와 그의 형제 로웰을 경영진으로 맞아들였다.

드웨인 안드레아스는 1918년 미네소타에서 여섯 형제 중 다섯째로 태어났다. 그의 아버지는 가족들과 함께 아이오와로 이사하여 곡물 엘리베이터를 구매하고 작은 농장에서 가축을 키웠다. 드웨인은 아홉 살 무렵부터 곡물 엘리베이터에서 일을 시작했다. 그는 1970년 ADM의 CEO가 되었고 이어 회장직에 올라 30년 가까이 자리를 지켰다.

2016년 11월 드웨인 안드레아스가 일리노이에서 98살로 세상을 떠났을 때 뉴욕타임스의 부고란에는 그를 가리켜 '글로벌 곡물 무역에 대한 깊은 이해와 정치적 영향력으로 ADM을 전 세계 곡물업계의 거인으로 만들고 미국 내 업계의 선두주자 반열에 올린 경영자'라고 평했다.

1979년 안드레아스가 회사를 경영하는 동안 ADM은 전 세계에서 카길 다음으로 가장 큰 대두 가공업체가 되었고, 미국 내 최대 기초 식품 공급자 중 하나가 되었다. ADM의 착유 사업은 1980년대까지 계속되어 곧 대두 가공이 아마씨와 기타 종자들을 넘어서면서 안드레아스에게 대두의 왕(Soybean King)이라는 별명을 가져다주었다. 옥수수 부문에서도 에탄올과 고과당(high-fructose) 제품들을 생산하며 빠른 성장을 이룩했다.

ADM은 1990년대 초 하비스트 버거(Harvest Burger)라는 대두 기반의 대체육 브랜드를 출범시키면서 처음으로 소비자 상품 시장에도 진출했다. 1993년 인터뷰에서 안드레아스는 이를 가리켜 20세기에 이뤄진 가장 중요한 식품 개발이라고 평가했다.

ADM은 1990년대 저조한 마진 압박에 기존 일부 사업들을 합병 및 철수하고 새로운 사업 분야에 뛰어드는 것으로 대응했다. 후자의 예로는 코코아 산업 진출을 꼽을 수 있다. 90년대 말에 이르러 ADM은 세계 코코아 생산량의 20%에 달하는 45만톤의 코코아를 매년 가공했다.

1997년 4월 드웨인 안드레아스의 조카 G. 알렌 안드레아스가 CEO로 지명되었다. 이보다 앞서 드웨인 안드레아스의 아들 마이클 D. 안드레아스가 라이신, 고과당 옥수수시럽, 구연산 같은 옥수수 부산물의 가격 담합 혐의에 연루되어 고초를 겪었다. ADM은 라이신과 구연산의 가격 담합 혐의를 인정하고 1억불의 벌금을 지불하였으며 소비자들과 투자자들이 제기한 손해배상으로 추가 1억불을 지출했다. 이와 관련된 에피소드는 훗날 책과 영화로도 제작되었다.

2009년 ADM은 패트리샤 워츠를 회장 겸 CEO로 지명하였다. 그는 앞서 29년을 석유회사 셰브론에서 일했다. ADM의 CEO로 지명된 그는 포츈지가 선정한 500인의 톱 CEO 중 가장 높은 자리를 차지한 여성이 되었고 포브스가 선정한 세계에서 가장 영향력 있는 여성 중 26번째의 자리에 올랐다.

포츈지와의 인터뷰에서 패트리샤 워츠는 자신을 ADM의 아웃사이더로 소개했다.

> 저는 ADM 출신도 아니며, 곡물업계 출신도 아니고, ADM 가문의 일원도 아니며, 남성도 아닙니다.

그가 CEO가 되어 기민하게 내린 결정 중 하나는 윌마에 대한 투자를 늘린 것이었다. 두 회사의 관계는 중국에서 대두 크러싱 합작회사를 세운 것까지 거슬러 올라간다. ADM은 중국 대두 크러싱 합작회사의 지분을 윌마에게 내어주고 윌마의 지분 10%를 받았다. 이후 ADM의 윌마 지분은 25%가 조금 못 미치도록 꾸준히 증가하였다. ADM은 윌마를 아시아 시장에서의 전략적 파트너로 바라보고 있으며 ADM의 CFO는 윌마의 이사진이기도 하다.

패트리샤는 그 외에도 향미료와 건강식품 방면으로 진출하는 전략적 결정을 내렸다. 2014년 ADM은 회사 역사상 최대 규모의 인수작업을 진행했다. ADM은 스위스 및 독일계 천연 식료품회사 와일드 플레이버를 30억불에 사들였다. 이를 인수함으로써 ADM은 가공 식음료에 사용되는 천연원료 성분의 다양한 향미료와 색소 사업에 진출하게 되었다.

2015년 패트리샤가 은퇴한 이후 후안 루치아노가 CEO의 자리를 이어 받았다. ADM에 합류하기 전 후안 루치아노는 다우 케미칼에서 25년간 근무했다. ADM에 합류한 이래 그는 식음료, 재료, 향미료, 첨가물 등의 다양한 포트폴리오를 제공하는 글로벌 영양회사로 ADM의 사업 전략을 발전시켜 나갔다. 또한 루치아노는 마진이 박하고 성장이 정체되었다고 판단되는 사업 영역에서 철수하는 결정을 내렸다. ADM은 코코아와 초콜릿 사업을 버리고 에탄올 건식공정 플랜트의 전략적 대안을 모색하고 있다.

혹자는 이러한 ADM의 전략적이고 구조적인 변화를 고려할 시 ADM은 더 이상 곡물 트레이딩 회사로 보기 어렵다고 주장한다. 그러나 ADM은 대규모 물량의 원자재 트레이딩 사업을 독립적인 사업이 아니라 그들의 가공 사업을 지원하는 활동으로 여기고 있다.

2018년 초 ADM이 벙기와 합병한다는 이야기가 시장에 흘러나왔다. 두 회사는 이러한 논의가 오고갔다고 공식적으로 확인해주지 않았으나, 합병이 일어날 경우 적어도 매출에 있어 카길의 규모에 버금가는 농산물 트레이딩 회사가 탄생했을 것이다. 2019년 로이터와의 인터뷰에서 루치아노는 합병 논의에 대한 소문을 대수롭지 않게 여기면서 "ADM을 경영하면서 벙기가 시장에 나와있는데 한 번도 검토한 적이 없다고 말할 수는 없다."라고 답했다. ADM이 시장 내 다른 플레이어들을 검토한 것은 사실이지만 결국 더 작은 규모의 인수와 합작투자를 통해 회사의 영양 사업을 성장시키는 쪽으로 결론을 내렸다고 그는 밝혔다.

> 그토록 엄청난 규모의 합병이 필요하다고 생각하지는 않습니다. 벙기와 합치는 것은 최적화를 위한 좋은 방안이 될 수 있겠으나 우리는 이미 벙기가 가진 많은 것들을 가지고 있습니다.

이후 뒤따른 ADM의 실제 행동들은 그 발언을 뒷받침했다. 와일드 플레이버를 인수한 이후 영양 사업 부문에서 ADM은 몇 차례 손쉬운 인수작업을 진행했다. 그 결과 ADM은 각종 향미료, 바닐라, 유자 추출물 등까지 취급하는 회사가 되었으며, 대체육처럼 빠르게 성장하는 시장에서 주요 플레이어로 자리잡았다. 뿐만 아니라 일련의 파트너십과 인수를 통해 마찬가지로 빠르게 성장하는 개인 맞춤 영양 시장에도 진출했다. ADM은 건강과 웰빙 보조식품에 들어갈 재료 공급 능력을 크게 확장시켰다. 그리고 가장 최근에는 글로벌 동물영양 솔루션 회사인 네오비아를 인수하여 그 방면의 선두주자로 자리매김하겠다는 포부를 밝혔다. 이를 뒷받침할 글로벌 물류망 확충에도 투자하여 기존처럼 항구에서 항구까지가 아닌 주요 시장의 고객에게 직접 곡물을 운송할 수 있게 하였다.

창립 115년이 넘게 지난 현재 ADM은 전 세계에서 가장 큰 농산물 가공회사 중 하나이다. 그들은 나아가 자신들을 글로벌 영양 사업의 선두주자로 인식하고 있으며 이 같은 정체성은 그들의 슬로건 '자연의 힘을 해방하여 삶을 풍요롭게 만든다(to unlock the power of nature to enrich the quality of life).'에서 잘 드러나고 있다. 40년 전 댄 모건의 책에서 거의 언급조차 되지 않았던 점을 생각하면 ADM의 미래는 더욱 기대가 크다.

목적이 있는 트레이딩

그레그 모리스 Greg Morris

그레그 모리스는 ADM의 농업 서비스 및 유지사업부를 이끄는 최고 임원 중 한 명이다. 지금까지 ADM의 글로벌 트레이딩, 오리지네이션, 물류, 유지 사업 등에서 두루 요직을 거쳤다.

간단한 소개와 함께 어떻게 이쪽 업계에서 일을 시작하게 되었는지 말씀해주시겠습니까?

저는 시카고에서 서쪽으로 약 100마일 정도 떨어진 작은 마을에서 자랐습니다. 어머니는 간호사였고 아버지는 지역 공기업에서 일했습니다. 근면성실하게 일하신 부모님의 모습은 제게 좋은 롤 모델이 되었으며, 제 자신도 커리어 내내 이를 본받기 위해 부단히 노력하고 있습니다.

일리노이주립대학교에서 금융을 전공했습니다. 졸업 후 몇몇 회사의 면접을 보았는데 원자재 트레이딩이 마음을 움직였습니다. 어느 직업 박람회에서 맞닥뜨린 ADM은, 미국 중서부의 시골 마을에서 자란 저를 더 넓은 시장으로 연결해줄 수 있는 다리처럼 느껴졌습니다. 1995년 1월 ADM의 판매(merchandising) 트레이닝 프로그램에 들어갔습니다.

ADM은 주로 대학 졸업생들을 신입직원으로 뽑습니까?

몇 년 전까지 ADM은 주로 대학 졸업생들을 뽑았습니다. 그러나 우리는 진화했고 세상은 그 어느 때보다 빠르게 변화하고 있기 때문에 각기 다른 레벨에서 더 넓은 관점을 가지는 태도가 필요합니다. 빠르게 성장하는 시장으로 지리적으로 넓게 뻗어나가는 데 차질이 없도록 적합한 능력을 갖추고 끝없이 변화하는 소비자들을 대할 수 있는 자세를 가진 다양한 인력을 확충하는 일이 매우 중요합니다.

ADM에 합류한 이후 커리어에 대해서 간단히 설명해주시겠습니까?

지난 24년 동안 ADM에서 보낸 시간은 우리 사업의 이쪽 끝에서 저쪽 끝까지 꿰뚫어볼 수 있는 시각을 제게 주었습니다. 지금까지 다양한 역할과 여러 지역에서 시간을 보내면서 원자재 트레이딩과 일반적인 사업 관리 측면의 일들에 대해서도 이해를 키울 수 있었습니다. 저는 27살에 대두 가공 플랜트 관리자 역할을 맡았습니다. 초창기 이러한 경험들은 더 큰 책임을 맡기 위한 시간 관리의 중요성을 일깨워주었습니다.

    2003년 저는 일리노이 디케이터의 본사로 자리를 옮겨 전사 리스크 관리 업무를 하다가 옥수수 가공 사업 부문의 포지션을 관리하는 자리를 맡았습니다. 각기 다른 두 역할을 통해 저는 전사적인 차원의 리스크 관리와 개별 사업부 단위의 리스크 관리에 대해 생각해볼 수 있었습니다. 그 경험을 가지고 2006년에는 북미 대두 가공 사업을 이끄는 역할로 유지사업부에 다시 돌아왔고 이어서 5년은 가공 사업 포트폴리오에 면실, 카놀라, 해바라기씨, 아마씨 등을 추가하는 데에 보냈습니다.

포트폴리오 탈바꿈의 일환으로 ADM은 와일드 플레이버를 2014년에 인수했습니다. 당시 와일드 플레이버는 향미료와 식용 색소 분야의 글로벌 선두주자였습니다. 저는 이 포트폴리오를 이끄는 새로운 사업부의 총괄로 지명되었습니다. 그러나 얼마 지나지 않아 글로벌 유지사업부의 전임 책임자가 회사를 떠났고 제게 그 빈자리를 채워달라는 회사의 요청이 있었습니다. 글로벌 유지사업부는 ADM의 가장 큰 사업 단위였고 제게 익숙한 유지 사업에 돌아오는 건 자연스러운 결정이었습니다. 이 역할을 맡게 된 것을 저는 영광으로 생각했습니다.

올해 초 오리지네이션 사업과 유지사업부를 통합하여 농업 서비스 및 유지사업부를 탄생시켰고 현재 이끌고 있습니다. 새로 탄생한 이 통합 사업 부서는 ADM의 전체 매출, 수익, 고용 인원의 상당한 비중을 차지하고 있습니다. 다행히도 우리 부서에는 회사 내부뿐만 아니라 업계에서 으뜸가는 인재들이 많아 그들과 함께 매일 일하는 것을 저는 행운이라 생각하고 있습니다.

ADM이 지속가능성과 기업의 사회적 책임과 관련해 기울이는 노력으로는 어떤 것들이 있을까요?

ADM은 농업에 오랜 뿌리를 둔 회사입니다. 우리는 소중한 땅, 물, 공기를 잘 보존하고 관리하는 일의 중요성을 알고 있습니다. 이는 우리의 사업과 우리가 섬기는 고객들에게도 중요한 것들이기도 합니다.

지속가능성과 기업의 사회적 책임에 있어 그동안 ADM이 기울인 노력과 성취를 우리는 자랑스럽게 생각합니다. 2015년 삼림 벌채, 이탄지 파괴, 노동 착취에 반대하는 NDPE 정책을 선언한 이래 팜의 경우 98%, 브라질과 파라과이 대두의 경우 99%, 서플라이 체인 내의 추적가능성을 확보했습니다. 또한 우리에게 농산물을 공급하는 농가들에서 인권침해나 노동착취는 없는지, 자체 인권존중 방침과 국제적으로 널리 사용되는 SEDEX 인증 기준에 따라 엄격히 감시를 수행하고 있습니다. 뿐만 아니라 위성지도 기술에도 크게 투자하여 브라질 내륙 세라도 같은 지역의 대두 공급자들이 우리의 소싱 방침에 부합하고 있는지 관찰할 수 있게 되었습니다.

에너지 및 수자원 사용량을 줄이고 온실가스와 쓰레기 감축에도 ADM은 많은 노력을 기울이고 있습니다. 2020년까지 설정한 목표를 조기에 달성했으며 이제는 다음 단계의 목표를 향해 나아가는 중입니다. 올해 이사회는 지속가능성과 기업의 사회적 책임을 담당할 새로운 위원회를 구성했습니다. 앞서 언급된 지속가능성, 환경문제, 기업의 사회적 책임 등과 관련한 여러 문제는 수잔 해리슨이 이끄는 이 위원회의 소관이 될 것입니다.

ADM이 한 해에 취급하는 물량은 얼마나 됩니까?

매년 약 6천만톤의 농산물을 처리하고 있습니다. 정확한 트레이딩 물량은 따로 발표하지 않지만 이보다는 당연히 더 클 것입니다.

업무에서의 압박과 워라밸은 어떻게 관리하고 있습니까?

업무적으로는 제가 믿고 의지할 수 있으며 오랫동안 함께 해온 강력한 팀이 있는 게 큰 도움이 됩니다. 팀원들 중 누가 더 많은 책임을 맡을 준비가 되어 있는지 알 수 있어야 하고 성과를 낼 수 있는 직원들에게 힘을 실어줘야 합니다. 개인적 삶에 있어서는 아내가 집안을 지탱하는 기둥입니다. 가정에서 생기는 일들의 압박은 회사에서 업무적으로 일어나는 일들만큼이나 무겁습니다. 이를 함께 헤쳐 나갈 수 있는 좋은 파트너가 제게 있어 참 다행이라고 생각합니다.

일과 삶의 완벽한 균형을 찾는다는 게 정말 가능할까요? 그때그때 상황에 따라 달라지며 끝없이 풀어 나가야 하는 숙제가 아닌가 싶습니다. 분명히 제게 가족은 우선이지만 저를 필요로 하는 회사의 일들도 많습니다. 원칙과 유연성 사이에서 균형을 찾는 일이 중요합니다. 저는 하루를 최대한 효율적으로 보내려고 하며 사무실을 제시간에 나서는 원칙을 지키려 합니다. 가족들과 보내는 시간은 매우 즐겁지만 24시간 돌아가는 글로벌 사업의 책임자로서 간단히 업무 스위치를 끌 수는 없습니다. 사무실의 책상 앞에 앉아있건, 집에서 가족들과 함께 있건, 야구나 축구 경기를 보고 있건 우리의 사업은 상시 돌아가고 있기 때문에 일과 삶 사이를 항상 유연하게 오갈 수 있도록 노력하고 있습니다.

일하는 방식에도 많은 변화가 있었습니다. 화상회의와 이메일을 통해 여행경비도 아끼고 가족과 떨어질 필요 없이 여전히 저희 팀과 저는 연결을 유지할 수 있습니다.

제 자신과 건강을 위해서도 기꺼이 시간을 투자합니다. 규칙적인 운동을 우선순위로 삼고 있으며 일과 가정에서 다른 일들과 부딪치지 않도록 이른 아침에 운동을 하고 있습니다. 건강을 유지하는 데에는 일생 동안 노력이 필요합니다. 솔직히 조금만 더 노력하고 엄격하게 습관을 지키면 우리 모두 건강을 위해 더 많은 일을 할 수 있습니다.

기억하기 싫은 트레이드가 있었다면 말해줄 수 있습니까?

당연히 결과가 좋지 못한 트레이드가 꽤 있었습니다만 딱 하나를 꼽으라면 글쎄 잘 떠오르지 않는군요. 분명한 건 결과가 좋지 못한 트레이드를 통해 오히려 리스크 관리에 대해 많이 배울 수 있다는 점입니다. 처음 이 일을 시작했을 때보다 오늘날 시장은 많이 바뀌었습니다. 알고리즘 트레이딩이 일상화되었고, 작물 생산은 더 많은 국가로 널리 퍼진 반면 소비는 몇몇 국가들에 집중되고 있습니다. 이 모든 변화들이 리스크 관리 방식에도 영향을 주고 있으며 리스크 관리 방식도 이와 함께 진화했습니다.

원자재 트레이딩에 뛰어드는 젊은이에게 해줄 조언이 있습니까?

오늘날의 시장 환경에서 트레이딩에 뛰어드는 사람에게 제가 해줄 수 있는 가장 좋은 조언은 정신을 바짝 차리고 주위에서 일어나는 일들을 끝없이 살피라는 것입니다. 정치, 경제, 날씨, 환율, 소비자 트렌드 등에 대해 끝없이 관심을 기울여야 합니다. 원자재 트레이더는 신문을 읽거나 뉴스를 보면서 우리의 사업과 자연스레 연관지어 생각하는 습관을 가지지 않을 수 없습니다. 모든 것이 관련되어 있기 때문입니다. 커리어 성장의 측면에서 말한다면 지금 현재 맡고 있는 일을 넘어서 늘 생각하는 습관을 기르십시오. 회사에 기여할 수 있는 방법을 찾고 리더십과 사업 감각을 키우기 위해 자신의 한계에 도전하라는 조언을 저는 이 업계에 몸담은 젊은이들에게 건네겠습니다. 트레이딩 경험은 좋은 바탕이 될 수 있겠지만 그렇다고 직업적 선택지에 선을 긋지는 마십시오.

혹자는 ADM이 트레이딩 회사가 아니라 제조업에 가까운 자산 중심의 식품 기업이라고 생각합니다. 동의하십니까?

우리 업계에 있는 많은 회사들이 트레이딩을 주업이라고 생각합니다. ADM의 철학은 다릅니다. ADM은 목적을 가지고 트레이딩을 합니다. 우리는 트레이딩을 위한 트레이딩을 하지 않습니다. 이는 지난날의 모델이라고 생각합니다.

ADM은 보유하고 있는 자산을 최대한 효율적으로 활용하기 위해 트레이딩을 합니다. 또한 고객들에게 우리의 제품을 공급하는 것을 돕기 위해 트레이딩을 합니다. 따라서 저는 ADM이 꼭 트레이딩 회사라고 생각하지 않습니다. 다만 전 세계 고객들의 수요를 충족하기 위한 서플라이 체인 관리의 중요한 수단으로 우리는 트레이딩에 임합니다.

와일드 플레이버 인수에 대해 말씀해주십시오

제가 있었던 사업부에서 재료 사업을 맡게 되었을 때 세운 사업 계획이 와일드 플레이버의 인수로 결국 이어졌습니다. 이는 ADM 역사상 가장 규모가 큰 기업 인수였습니다. 인수 후 와일드 플레이버와 재료라는 이름의 네 번째 사업부가 창설되었고 현재는 영양사업부로 명칭이 바뀌었습니다.

와일드 플레이버를 인수한 이래 몇 차례 추가 기업인수를 통해 우리는 재료 사업의 외연을 천연 바닐라에서 글루텐프리 밀가루까지 확장했습니다. 이 같은 확장을 통해 ADM의 영양사업부는 건강을 중시하는 소비자들이 즐겨 찾는 식음료에 들어가는 재료들을 공급하는 글로벌 선두주자가 되었습니다.

향미료와 재료에 대한 투자는 밸류 체인을 따라 다운스트림으로 내려가는 노력입니까 아니면 사업 다각화의 일환입니까?

이러한 투자는 기존 식품가공 사업의 밸류 체인을 확장하여 고객들에게 부가가치를 더하기 위한 것입니다. 이를 통해 우리는 고객들과 더욱 긴밀하게 연결될 수 있고 빠르게 성장하는 시장에 참여할 수 있으며 더 안정적인 사업을 구축할 수 있습니다.

제가 앞서 말한 식품 재료와 향미료 등 외에도 ADM의 영양사업부는 여러 사업들을 하고 있습니다. 그중 하나는 동물영양입니다. 작년에 우리는 동물영양 솔루션을 제공하는 네오비아를 인수했습니다. 또한 프로바이오틱스, 효소 같은 건강 웰빙 식품으로도 진출하고 있습니다. 이는 모두 ADM에게 중요한 성장 기회를 제공하는 사업들입니다. 소비자들은 자신들이 먹고 마시는 것뿐만 아니라 동물들에게도 먹일 더욱 건강한 제품들을 찾고 있습니다. 그러한 측면에서 오늘날 ADM은 원스톱 서비스를 제공합니다.

이 업계의 미래 성장 기회는 어디에서 찾아올 것으로 보십니까?

농업 서비스와 유지 사업 부문에서 미래의 성장은 과거와 같은 방식으로 찾아오지 않을 것입니다. 과거에 우리는 많은 자본을 투자하여 물량을 확대하고 수익을 증가시켜 왔습니다. 이는 새로운 공급 능력이 추가 수요를 초과하지 않을 때만 가능한 일입니다. 만약 그렇지 않으면 물량만 늘어나고 마진은 줄어들겠지요.

미래의 성장 기회는 인적 자원의 재능과 기술에 달려있습니다. 물론 인적 자원의 재능은 언제나 중요했습니다. 그러나 앞으로는 프로세스를 개선하고 데이터와 기술을 전략적으로 사용할 줄 아는 인력이 더욱 필요할 것입니다. 복잡한 세상을 헤쳐 나갈 올바른 전략을 수립할 수 있는 능력도 빼놓을 수 없겠지요. 새로운 기술은 우리 미래의 중요한 일부가 될 것입니다. 센서 기술과 데이터 분석을 생산과 트레이딩 분야에 접목하고, 새로운 기술을 활용하여 생산자 및 소비자 모두와 더 현대적인 방식으로 교류하게 될 것입니다.

ADM은 식재료와 향미료 사업을 의도적으로 확장해왔습니다. 이 분야는 수요 성장이 GDP 성장보다 빠르게 일어나고 있습니다. 예를 들어 대체육 시장의 소비자 트렌드를 생각해보십시오. 빠르게 성장하는 대체육 시장에 식물성 단백질 원료를 제공하는 가장 큰 공급자가 누구인지 아십니까? 바로 당신 앞에 있는 사람입니다. 우리는 지난 수십 년간 식물성 단백질 사업에 발을 담가왔고 이제는 이를 새롭고 다양한 방식으로 활용할 지식과 능력이 있습니다. 이를 활용하여 고객들과 함께 트렌드에 부합하는 신제품들을 개발하는 일은 엄청난 기회입니다.

물론 전통적인 사업에도 성장의 기회는 있습니다. 제가 맡고 있는 대두 크러싱과 정제유 사업은 인구증가와 함께 앞으로도 꾸준히 성장할 것입니다. ADM의 슬로건 '자연의 힘을 해방하여 삶을 풍요롭게 만든다'를 실천하는 일은, ADM이 가지고 있으며 세계가 필요로 하는, 영양에 대한 깊은 이해와 자연이 제공하는 가장 기초적인 식량들에 대한 뛰어난 접근성, 전 세계에 퍼져있는 독창적이고 헌신적인 동료 직원들의 결합으로 가능할 것입니다.

현재 생산과 물류의 과잉공급 상황에 영향을 받고 있습니까?

곡물과 유지류의 과잉공급은 저희에게도 물론 영향을 주었으며 마진도 위축되었습니다. 그러나 이는 결국 어떤 사업 철학을 갖느냐 따라 다른 문제로 볼 수 있습니다.

앞서 말한 것처럼 우리는 트레이딩을 위한 트레이딩을 하지 않습니다. 우리는 생산지에 있는 자산들을 지원하고 고객들에게 한 걸음 더 가까이 다가가기 위해 트레이딩을 합니다. 또한 전 세계적인 과잉공급 상황이 모든 지역에 똑같이 적용된다고 볼 수는 없습니다.

최근의 무역 정책들은 지역 간 기존 교역 흐름에 혼란을 가져왔습니다. 미국 주요 생산지의 날씨문제도 영향을 끼쳤습니다. 미국 일부 지역은 홍수로 큰 피해를 보았습니다. 그러나 전 세계에 펼쳐진 네트워크 덕분에 우리는 고객들에게 계속 공급을 이어나갈 수 있습니다. 미국에서 필요한 물건을 구할 수 없으면 유럽이나 남미에서 구하면 되고 반대의 경우도 마찬가지입니다. 이는 우리 업계에서 매우 중요한 능력입니다. ADM같이 글로벌한 사업 범위를 가진 회사들은 식량을 넘쳐나는 곳에서 부족한 곳으로 옮길 수 있습니다. 전반적으로 매우 역동적인 상황들이 최근 전개되었지만 어려운 환경 속에서도 우리는 비교적 잘 헤쳐 나갔다고 생각합니다.

앞으로는 업계 전체적으로 파트너십의 중요성이 증대되지 않을까 생각합니다. ADM도 투자 리스크 감소와 신규 시장 진입을 위한 파트너십을 구축해왔습니다. 예를 들어 우리는 최근 카길과 소이벤이라는 이름으로 이집트의 대두 크러싱 사업의 합작투자를 진행했고, 그레인 브릿지라는 이름의 농부들을 위한 디지털 플랫폼 합작사업을 진행했습니다. 또한 ADM은 글로벌 농산물 무역의 오퍼레이션을 디지털화 및 표준화하려는 업계의 구상의 창립 멤버이기도 합니다.

월마에 대한 투자도 파트너십으로 보십니까?

ADM은 월마와 함께 중국에 대두 가공 공장을 여럿 지었습니다. 월마가 처음 기업공개를 했을 때 그들의 지분에도 투자했습니다. 월마에 대한 신뢰가 있었기 때문에 이후 지분을 꾸준히 늘려나갔습니다. 월마를 통해 우리는 빠르게 성장하는 중국, 동남아, 인도, 아프리카 시장에 더 잘 접근할 수 있습니다. 이 지역의 인구증가는 앞으로도 세계의 나머지 지역을 앞설 것입니다. 따라서 투자이자 파트너십이라고 볼 수 있습니다.

트레이딩 회사들에게 기업공개가 필요합니까?

공개기업이든 비공개 기업이든 회사의 주된 목적은 주주가치를 증대시키는 것입니다. 앞서 대화를 나눈 것처럼 우리는 서플라이 체인의 리스크를 관리하고 자산 활용도를 높이기 위해 여러 시장에서 트레이딩하는 식품 가공회사입니다. 제 주된 과제 중 하나는 포트폴리오의 변동성을 축소시키고 꾸준한 수익을 발생시키는 사업군을 만들어내는 것입니다. 농업서비스 및 유지사업부에 있어서 이는 사업 영역의 지리적 다각화를 통해 가능할 수도 있고, 제공하는 서비스를 늘리는 일을 통해 가능할 수도 있으며 더 신중한 리스크 관리 정책을 통해 전반적인 사업의 흐름을 안정화시키는 방법으로도 가능할 수 있습니다. 회사 전체로 놓고 본다면 향미료와 식품 재료 방면으로의 진출이 좋은 사례입니다. 두 사업은 성장 기회를 제공하면서도 안정적이고 예측 가능한 사업입니다.

우리의 사업 전략은 투자자들이 원하는 방향에 부합해야 합니다. 투자자들은 안정성과 예측 가능성을 원합니다. 그들은 믿고 맡길 수 있는 투자를 원합니다. 투자자들은 능력 있는 경영진과 자신들이 원하는 가치를 가져다 줄 수 있는 전략을 원합니다. ADM의 모든 사업부에는 이를 제공할 수 있는 여건이 있습니다.

추가로 하실 말씀이 있다면?

ADM은 많은 변화를 거쳤지만 그럼에도 변하지 않는 게 하나 있습니다. 우리가 세상에서 담당하는 역할을 스스로 자랑스럽게 생각한다는 점입니다. 우리의 슬로건 '자연의 힘을 해방하여 삶을 풍요롭게 만든다'에는 숭고한 명분이 담겨있다고 믿습니다.

동시에 ADM은 진화하고 있습니다. 사업 포트폴리오는 계속 탈바꿈하고 있고 우리 자신의 능력과 고객과 소통하는 방식도 변화해왔습니다. 가공 사업에 더 집중하는 잘 통솔된 조직이며, 성장 전략은 탄탄한 아젠다들을 포함하고 있습니다.

ADM은 24년 전 제가 처음 들어왔을 때보다 많이 달라졌습니다. 우리는 더 성장했고 그 성장과정을 함께했다는 사실이 저는 자랑스럽습니다.

10장

벙기(Bunge)

> 다가오는 미래를 위해 벙기는 사업을 간소화하고
> 선택과 집중에 계속 매진할 것입니다.
> _그레그 헤크먼

오늘날 벙기의 기원은 2세기 전인 1818년까지 거슬러 올라간다. 요한 P. G. 벙기는 네덜란드의 해외 식민지에서 들어오는 고무, 향신료, 가죽 등을 수출입하는 회사를 암스테르담에 세웠다. 1859년에 이르러 요한의 손자 샤를이 본사를 벨기에 앤트워프로 옮겼을 때, 벙기는 이미 전 세계에서 가장 큰 원자재 트레이딩 회사 중 하나였다.

샤를에게는 두 아들이 있었다. 에두아르는 아버지와 함께 앤트워프에 머물렀고 에르네스토는 부에노스아이레스로 1876년에 건너가 아르헨티나 사업을 확장했다. 1884년 에르네스토는 처남 호르헤 보른과 의기투합하여 벙기 & 보른을 세워 아르헨티나에서 곡물을 수매하고 트레이딩하기 시작했다. 1897년에는 알프레도 허시가 합류하였고 그는 30년 후 벙기 & 보른의 회장이 되어 30년 동안 회장직을 유지하게 된다. 20세기에 접어들어 벙기의 아르헨티나 사업은 앤트워프의 사업보다 커졌다.

1905년 벙기는 브라질의 제분 사업으로 진출했다. 이어 1938년에는 비료 사업에도 진출했다. 벙기 북아메리카 곡물법인은 1923년 뉴욕에 설립되어 주로 내수 트레이딩을 담당했다. 1935년에는 미니애폴리스 철도 터미널에 인접해있는 곡물 처리시설을 처음으로 구매하여 곡물 트레이딩 능력을 키워나갔다.

1946년 후안 페론이 아르헨티나의 대통령이 되었을 때, 페론 정부는 내수 곡물 트레이딩의 기능 일부를 가져갔다. 이에 따라 벙기는 브라질로 사업을 옮겼으며 미국 중서부의 곡물수매 사업을 확장해나갔다. 1950년대에 벙기는 다운스트림으로 진출하여 브라질의 브랜드 식용유와 마가린 소매 사업에 뛰어들었다. 1969년에는 라틴아메리카 최초의 대두 크러싱 플랜트를 브라질에서 시작했다.

1960년대 불황에 대응해 1970년 벙기는 사업의 중심을 곡물 트레이딩에서 아메리카 대륙의 주요 고정자산 투자로 전환하는 전략적 결정을 내린다. 이 과정에서 벙기는 유럽과 아시아에 있는 대부분의 해외 트레이딩 사무소를 닫았다.

1975년 벙기는 글로벌 본사를 상파울루로 옮기고 고정자산에 대한 투자를 계속했다. 1988년에는 최초로 기업어음을 발행하면서 외부 자금을 조달했다. 계속된 사업 확장과 다각화에 따라 능력 있는 경영인들이 더욱 많이 필요하게 되었고, 175년 동안 이어진 가족 경영 끝에 1992년 벙기는 외부 전문 경영인들에게 회사의 경영을 맡기기로 결정했다. 창업가문은 이사회로 물러났다.

1994년 벙기 & 보른은 여전히 상파울루에 본사를 둔 채로 벙기 인터내셔널 유한회사로 이름을 바꿨다. 1996년에는 농산물과 식품 사업에만 집중하고 그 외에 관련이 없는 사업들에서는 철수하기로 전략적 결정을 내렸다. 벙기 경영진은 북아메리카 유지 크러싱 사업 투자 증대, 아르헨티나와 브라질에서 크러싱 능력 증설 그리고 해외 판매 역량을 확대하여 벙기를 세계 농산물 산업의 메이저 플레이어로 확고히 자리잡도록 하는 일에 착수한다.

1998년에는 본사를 상파울루에서 뉴욕 화이트 플레인스로 옮겼다. 이후 1970년대 이래 거리를 둔 원자재 트레이딩 사업으로 복귀하고 다시 집중했다. 벙기는 트레이딩 사업부를 벙기 글로벌 마켓이라고 불렀으며 화이트 플레인스에 사무실을 두었다. 또한 유럽과 아시아에 다시 트레이딩 사무소를 열고 스위스 제네바에 트레이딩 거점을 두었다.

21세기에 들어서면서 벙기는 뉴욕증권거래소에 상장했다. 공개기업이 된 벙기는 사업 다각화를 지속 추진하고 중국과 베트남에 대두 크러싱 플랜트를 열었다. 벙기는 파트너십을 통해 바이오연료 산업에도 진입했다. 미국에서는 옥수수 에탄올, 독일에서는 바이오디젤을 생산하였고 나중에는 이탈리아의 바이오디젤 공장도 인수하였다. 계속된 사업 다각화의 일환으로 벙기는 터키를 시작으로 라트비아와 베트남에서 항구 건설과 운영에도 관여했다. 2003년에는 힌두스탄 레버의 식용유 사업을 인수하면서 식용유 소매 사업에도 박차를 가했다. 2007년에는 루마니아에서 식용유 브랜드를 론칭하였고 독일계 마가린 및 드레싱 제조회사를 인수했다.

벙기는 식용유 시장에서의 발자취를 꾸준히 확대하고 있다. 2017년에만 터키의 올리브유 생산업체 아나 기다, 독일 제빵업계에 식용유와 지방을 공급하는 린더만, 아르헨티나의 식용유 생산 사업 등을 인수했다. 그중에서도 가장 규모가 컸던 프로젝트는 B2B 팜유 시장의 선두주자 IOI Loders Croklaan의 지분 70%를 인수한 것이다.

브라질 사탕수수 사업은 벙기의 최근 투자 중 가장 큰 투자로 꼽힌다. 2007년 벙기는 일본 종합상사 이토추와 합작으로 브라질의 사탕수수 공장을 처음 사들였다. 2년 후 처음으로 자체 사탕수수 공장의 건설을 시작했고 추가로 또 다른 사탕수수 공장의 지배지분을 사들였다. 2010년에는 브라질 비료 사업을 매각하고 모에마 그룹의 사탕수수 공장 다섯 곳을 인수했다.

이 모든 결과 벙기는 전 세계에 걸쳐 여러 상품의 서플라이 체인에서 다각화된 사업 구조를 가진 식량회사로 탈바꿈했다. 벙기의 사업은 밀가루 제분, 대두 크러싱, 옥수수 가공, 바이오연료, 식용유, 사탕수수, 항만 운영을 아울렀다. 벙기의 시가총액은 80억불, 매출은 460억불에 달하며 40여 개국에서 3만여 명의 직원을 고용하고 있다. 곡물과 유지 트레이딩은 이토록 다양한 사업과 불가분의 관계에 있으나 벙기는 오래전에 단순 트레이딩 회사에 머무는 것에서 탈피하였다. 이

점에서 농산물의 종합 서플라이 체인 회사가 되기를 지향하는 LDC와 닮았다.

벙기와 LDC는 또 닮은 점이 있다. 두 회사 모두 원자재업계의 거인 글렌코어의 관심 대상이 되었다. 글렌코어는 2000년대 초반 LDC의 인수를 검토하였다가 결국 무산된 바 있다. 2017년 5월에는 글렌코어와 벙기가 인수합병 논의를 시작했고 한때 마치 성사가 될 것처럼 보이기도 했다. 그 당시에 벙기는 글렌코어 농업 부문보다 두 배 이상의 매출을 자랑했으나, 브라질 사탕수수 사업 투자로 회사 체질이 약화되어 있었으며 저조한 트레이딩 마진에 허덕이고 있었다. 벙기와 글렌코어 어느 쪽에서 판을 깬 것인지는 분명하지 않으나, 추가적인 발표 없이 합병 논의는 결렬되고 말았다. 글렌코어가 손을 떼고 한동안 조용하다가 2018년 1월 파이낸셜타임즈가 ADM이 벙기와 합병 논의를 시작했다고 보도했다. 그러나 또다시 아무 일도 일어나지 않고 논의는 중단되었다. 2018년 10월 블룸버그는 벙기가 향후 사업 전략을 검토할 새로운 이사진을 들이기로 했다고 보도했다. 벙기는 콘티넨탈 그레인의 CEO 폴 프리부르에게 검토를 맡겼다. 이 전략위원회의 소관으로는 잠재적 인수합병 및 사업 매각을 검토하는 것이 포함되어 있었다.

2019년 벙기의 새로운 CEO로 지명된 그레그 헤크먼은 브라질 사탕수수 사업의 해결책을 찾았다. 그는 BP를 새로운 합작 파트너로 끌어들였다. 이 합작사업은 2011년 로얄더치셸이 코산과 합쳐 라이젠을 세운 이래 브라질 사탕수수 산업에서 가장 큰 거래가 되었다. 벙기는 계약에 따라 약 7억7천5백만불의 현금을 받았으나, 외화 환산 손익 관련 약 15억불에서 17억불을 손실처리 하였다.

몇 달 후 그레그 헤크먼은 글로벌 본사를 미주리주 미시시피 강변의 세인트루이스로 옮긴다고 발표했다. 2018년 한때 벙기는 곡물 사업을 ADM이나 글렌코어에 팔아버리고 곡물 사업에서 곧 철수할 것처럼 보였으나 이러한 논의는 무산되었다. 그러나 2019년 또다시 글렌코어와의 매각설이 흘러나오고 있다.

처음 벙기에 대한 조사를 시작했을 때 인터넷 맞춤법 자동완성기능은 Bunge를 계속 번지 점프의 Bungee로 변환하였다. 우스운 얘기지만 자동완성기능에도 일리가 있었다. 벙기의 지난 역사 동안 외부자들이 벙기의 미래를 곧 바닥으로 추락할 것으로 전망하였을 때 벙기는 이내 곧 점프하듯이 솟아오르고는 했다. 지난 200년 동안 벙기의 역사에서 반복적으로 나타난 현상이 앞으로 200년 동안도 계속 반복되기를 개인적으로 소망한다.

굶주린 세상을 먹여 살리는 일

그레그 헤크먼 Greg Heckman

그레그 헤크먼은 벙기의 CEO다. 그는 플랫워터 파트너스의 창립 멤버이며 농산물, 에너지, 식품가공 산업에서 30년 넘게 일했다. 가장 최근에는 가빌롱의 CEO를 맡았으며, 그 이전에는 콘아그라 그룹에서 COO 등 요직을 거쳤다. 그레그는 일리노이대학교 어바나-샴페인에서 농업경제학과 마케팅을 전공했다.

안녕하세요 그레그. 어떻게 이 커리어를 시작했는지 간단히 소개해주십시오.

저는 일리노이 세로 고도에서 자랐습니다. 세로 고도는 ADM의 본사가 있는 디케이터에서 13마일 정도 떨어진 주민 1,200명 남짓의 작은 농촌입니다. 아버지는 농부들과 농업 관련 일에 종사하는 사람들에게 돈을 빌려주는 은행가였습니다. 숙부는 수천 에이커의 땅을 경작하며 농기구를 판매하는 일을 했습니다. 따라서 농업과 매우 친숙한 환경에서 성장했습니다.

일리노이대학교에서 농업경제학을 전공하고 주로 농업회사들과 면접을 봤습니다. 몇몇 회사들에서 오퍼를 받은 후에 끝내 콘아그라에 트레이더 수습생(trader trainee)으로 들어갔습니다. 콘아그라에서 24년을 일했습니다. 그동안 회사의 매출은 50억불에서 290억불로 성장했다가 식품 사업으로 사업의 중심을 옮기면서 120억불로 줄었습니다. 제가 성장할 수 있도록 기꺼이 시간을 내어주는 고마운 동료들과 함께 그곳에서 즐거운 커리어를 보냈습니다.

처음 CEO를 맡은 건 2008년 가빌롱에서였습니다. 우리 팀은 가빌롱을 업계 2위 자리에 오르도록 회사를 성장시켰습니다. 이후 2013년 두 차례에 걸쳐 회사를 일본 종합상사 마루베니에 매각했습니다. 저는 가빌롱이 마루베니에 인수된 이후에도 2015년까지 CEO로 남아있었습니다. 콘아그라와 가빌롱에서 팀원들과 함께 직원, 고객, 지역사회를 위해 이룬 뜻깊은 성취에 대해 특히 자랑스럽게 생각합니다.

2018년 벙기의 이사회에 합류하였고 CEO의 자리를 맡게 된 것은 이듬해 2019년입니다. 벙기는 제가 항상 동경했던 회사입니다. 벙기는 전 세계에 펼쳐진 글로벌한 사업 범위와 폭넓은 고객층을 보유하고 있었습니다. 벙기에 합류하면 개인적 성장과 함께 그룹을 위한 가치 창출에도 기여할 수 있으리라 생각했습니다.

ABCD 중 하나의 CEO를 맡는 데에는 어떤 어려움이 있습니까?

오늘날 글로벌 사업 환경이 가장 큰 어려움입니다. 현재 업계의 과잉 공급 문제에는 합병이 일부 필요합니다. 기술은 빠른 속도로 발전하고 있는 반면 농식품계는 이를 받아들이는 데에 늦은 편입니다. 뿐만 아니라 소비자 트렌드도 빠르게 변화하고 있습니다.

기본적으로 현재 업계는 세계화와 자유롭고 공정한 무역이 계속될 것이라는 가정하에 설계되어 있습니다. 그러나 최근 민족주의와 보호무역주의로 회귀하는 현상을 우리는 경험하고 있으며, 이는 주요 무역 흐름에 큰 혼란을 초래하고 있습니다.

> CEO로서 브라질 원당 사업의 문제 해결과 마진 회복에 많은 노력을 기울였습니다. 또 어떤 계획들을 가지고 있는지 묻고 싶습니다.

우리는 고객과 고객의 수요를 충족하기 위한 자산들 그리고 그 자산을 운영하는 사람들 중심으로 사업을 재편하고 있습니다. 이로 인해 우리의 사업은 고객들과 만나는 밸류 체인의 양 끝단에서 모두 더욱 고객중심적으로 변화할 것입니다. 의사결정 속도는 더욱 빨라질 것이고 비용도 절감될 것입니다. 사업의 투명성과 책임성 향상에도 많은 노력을 기울이고 있으며, 회사의 보상체계가 주주가치 증대에 부합하도록 하여 하나의 벙기로서 최대한 힘을 끌어올릴 수 있도록 만들고 있습니다. 강점을 갖기 어려운 영역에서는 과감히 사업을 철수할 뿐만 아니라 보유 자산과 사무실들을 효율적으로 간소화하는 중입니다.

> 벙기의 비전은 무엇입니까?

농부들과 소비자들을 연결함으로써 굶주린 세상을 먹여 살리는 일입니다. 벙기는 세계에서 가장 큰 유지 크러싱업체입니다. Loders Croklaan을 인수한 후 전통적인 유지 사업과 통합시켰습니다. 이로 인해 탄생한 거대 플랫폼이 고객들에게 제공하는 유지 제품들에서 더욱 많은 가치가 창출됩니다. 벙기는 아메리카 지역의 선두 제분업체이며 단백질 제품과 관련된 여러 프로젝트도 진행 중입니다.

　식품, 사료, 연료 시장에서 모든 고객들을 섬기기 위한 밸류 체인에 벙기는 계속 투자할 것입니다. 더욱 투명하고 지속가능한 서플라이 체인 구축, 종자에서 최종 제품까지 전 단계에서의 가치 창출 그리고 고객니즈를 충족하기 위해 고객들과 함께 혁신의 기회들을 찾는 모든 작업이 여기에 포함될 것입니다.

벙기만의 강점은 무엇입니까?

벙기는 200년 이상의 역사를 가진 몇 안 되는 회사 중 하나입니다. 우리는 오랜 세월 변화에 적응하고 살아남았으며, 오랜 시간 고객들과 신뢰를 유지할 수 있는 회사라는 사실을 증명했습니다.

벙기가 갖춘 글로벌 농식품 사업과 플랫폼은 쉽게 모방할 수 있는 게 아닙니다. 모방을 할 수라도 있다면 말이죠. 벙기는 앞으로 전 세계를 먹여 살리는 데에 핵심적인 생산기지 역할을 할 남미 지역의 농식품 산업에서 선두주자입니다. 우리에게는 높은 교육과 훈련을 받고 고객의 성공을 원하는 열정적인 직원들이 있으며, 그들은 벙기의 일부라는 사실을 자랑스러워 합니다.

최근 사업 전반에 대해 전략적 검토가 이뤄지고 있다는 얘기가 들립니다. 벙기가 트레이딩 사업을 접고 부가가치가 높은 사업에 집중할 수도 있다는 루머도 들리고요. 어떻게 대답하시겠습니까?

주주가치를 증대시킬 수 있는 모든 방안을 검토하고 있습니다. 말이 나온 김에, 굶주린 세계를 먹여 살리기 위한 농산물의 양적 성장은 계속 일어날 것입니다. 그러나 대부분 공급의 증가는 수요의 증가가 일어나는 지역과 일치하지 않을 것입니다.

벙기는 전 세계에 걸쳐 식량 가공 인프라를 보유하고 있습니다. 우리는 전 세계에서 가장 큰 대두 크러싱업체이자 기타 유지 종자 크러싱에도 강점을 가지고 있으며, 남미에서는 밀 제분, 북미에서는 밀과 옥수수 제분 사업에 강력한 경쟁력을 지니고 있습니다. 가장 신규 사업인 Loders Croklaan은 기존 유지 사업에 부가가치를 더하며 시너지를 일으키고 있습니다.

대체육 시장에도 기민하게 투자를 했습니다. 혹자는 이러한 투자가 빠르게 성장하는 식물성 식단 소비 트렌드에 대한 헷지라고 설명합니다. 식물성 식단의 성장이 정말로 기존 사업에 위협이 됩니까? 그 외에 어떤 위협이 있습니까?

벙기에는 잠재적 리스크나 기회가 될 수 있는 혁신의 흐름에 뒤처지지 않도록 돕는 내부 벤처 펀드가 있습니다. 비욘드 미트(Beyond Meats)는 리스크이자 기회인 대표적 사례입니다. 이는 육류 소비 나아가 (사료용) 단백질 수요에 대한 리스크가 될 수도 있고 아니면 기존 육류와 식물성 단백질 소비 전반을 모두 촉진시킬 수도 있습니다.

벙기는 무역전쟁에 잘 대응하고 있는 것으로 보입니다만 이 같은 상황이 앞으로도 계속 사업에 위협이 되겠습니까?

물론입니다. 우리 사업은 자유롭고 개방적이며 공정한 무역이 세계화를 계속 이끌어나갈 것이라는 믿음에 기반하고 있습니다. 굶주린 세계를 가장 비용 효율적이고 지속가능한 방식으로 부양하기 위해서 이 같은 환경은 반드시 필요합니다. 비교우위가 가장 큰 곳에서 작물이 자라도록 하고, 이는 비용이 가장 낮은 밸류 체인을 통해 가공과 최종 소비가 이뤄지는 곳으로 옮겨져야 합니다.

공개기업의 투자자들은 꾸준한 성장을 원합니다. 그러나 곡물 및 유지 트레이딩은 사업의 주기가 뚜렷합니다. 이 같은 이해의 충돌을 어떻게 해결합니까?

우리는 단순한 농산물 트레이더가 아닙니다. 그러나 수익의 변동성을 낮추고 사업 주기의 영향을 덜 받도록 하는 사업 다각화 노력은 계속 될 필요가 있습니다. 그 밖에 우리가 반드시 해야 할 일은 사업 내용을 투자자들과 더 잘 소통하는 것입니다. 투자자들이 이해하기 쉽도록 소통과정을 더 투명하고 단순하게 만들 필요가 있습니다. 그리하면 투자자들은 이 사업에 내재된 계절성과 주기성을 긍정적으로 받아들이고 그것이 수익성에 어떤 의미를 갖는지 더 잘 이해하게 될 것입니다.

처음 이 업계에 발을 들였을 때 ABCD 중 하나의 CEO가 되리라 예상했습니까?

아닙니다. 그렇게 멀리 생각해보지 않았습니다. 지금까지 저와 제 팀은 당장 눈앞에 닥친 문제를 해결하고 정복한 후 그다음에 올라야 할 언덕을 쳐다보았을 뿐입니다. 개인적으로는 팀을 이끄는 일이 무척 즐겁습니다. 팀원 개개인이 성장할 수 있고 조직에서도 최대한 자원을 효율적으로 쓸 수 있도록 사람들을 적재적소에 배치하며 그런 조직을 만들어 나가는 일을 좋아합니다. 조직 내에서 각자 성공을 이루고 함께 일함으로써 가능하리라 상상했던 것보다 더 큰 성과를 만들어내는 일들을 보는 게 즐겁습니다. 직원들이 회사에서 거둔 성공을 통해 본인과 가족들을 위해 원하는 집을 사고 자녀들을 교육시키며 함께 즐거운 시간을 보내는 모습도 저를 행복하게 만듭니다.

더 하시고 싶은 말씀이 있다면?

이 사업은 다뤄야 할 물량은 많은 반면 마진은 박하고 수익은 변동성이 클 뿐만 아니라 날씨, 환율, 정책 등 통제할 수 없는 것들이 너무나도 많습니다. 그런 어려움에도 저는 이 일을 항상 좋아했습니다. 이 사업은 그 어떤 사업보다 사람이 만들 수 있는 변화가 큰 사업입니다. 우리 업계에서 고객을 즐겁게 만들고 리스크를 관리하며 결국 수익을 창출해내는 것은 모두 사람이 하는 일입니다. 이 점이 우리의 사업을 어렵게도 즐겁게도 만듭니다.

우리는 굶주린 세상을 먹여 살립니다. 이는 무척 숭고한 비전입니다.

11장

카길(Cargill)

그것 아십니까?
농부들에게서 곡물을 사서 저장해두었다가
더 높은 가격에 팔겠다는 계획,
이미 지난날의 일들입니다.
_데이비드 맥레넌

1979년에 들어간 카길의 트레이닝 프로그램에서, FOB 수출국 선적항부터 CNF 수입국 하역항까지의 단계에서 곡물을 사고팔며 벌 수 있는 돈은 없다고 나는 들었다. 회사는 이러한 매매를 필요악으로 보았다. 그럼 돈은 어디에서 벌었는가? 종자, 비료 등을 농부에게 팔고, 수확기에 곡물을 사서 저장한 후, 미시시피 강가를 따라 곡물을 바지선에 선적하고, 다시 수출항에서 저장해두었다가, 배에 선적하는 엘리베이션이 이뤄지는 업스트림이었다. 카길은 농부들에게 리스크 관리 서비스를 제공하면서도 수익을 창출했다. 마지막 단계에서 곡물을 수출하는 건 최대한 돈을 잃지 않으면서 끝낼 수 있도록 최선을 다하는 게 고작이었다. 카길과 다른 거대 곡물회사들이 40년 전에 알았던 것과 같이 곡물 트레이딩의 이익은 업스트림에 있었지 수입국으로 판매하는 데에 있지 않았다.

트레이닝 프로그램을 마친 후 나는 카길 원당 부문의 선물 헷지 부서에 배치되었다. 처음에는 런던에서 일하다가 미니애폴리스에서 근무했다. 다시 런던으로 돌아가게 되었을 때 카길은 나를 원당 현물 데스크에 배치했다. 새로운 역할은 유럽 생산자들에게서 백설탕을 사서 중동 및 북아프리카(MENA) 지역으로 판매하는 것이었다. 당시 대부분의 수입국은 설탕을 정부 입찰로 구매했다. 나는 FOB 유럽으로 구매하여 CNF MENA로 판매하는 데에 돈을 잃지 않기 위해 (결국 실패했다) 골머리를 앓으며 우울한 시간을 보냈다. 이러한 사업이 딱 내가 트레이닝 프로그램에서 들었던 경고에 부합하는 사업이었다.

카길의 역사는 1865년까지 거슬러 올라간다. 윌리엄 월리스 카길은 아이오와 코노버에서 카길을 세웠다. 그는 1844년 뉴욕 포트 제퍼슨에서, 1830년대 후반 스코틀랜드에서 뉴욕으로 이주해 온 선장 윌리엄 딕 카길의 일곱 자녀 중 셋째로 태어났다.

윌리엄 월리스의 동생 샘이 1866년에 회사에 합류하였고 10년 후 카길은 위스콘신 라크로스로 회사를 옮겼다. 또 다른 동생 제임스가 합류한 것도 이 무렵이다. 1898년 존 맥밀란 시니어와 그의 동생 대니얼은 윌리엄을 위해 일하기 시작했다. 이후 존 맥밀란은 윌리엄 월리스의 장녀 에드나와 결혼하는 영리한 결정을 내렸다.

윌리엄 월리스의 아들 윌리엄은 몬타나의 관개 사업과 철도 사업 같은 아무 관련이 없어 보이는 외부 사업에 회사의 돈을 투자했다. 아버지 윌리엄은 1909년 몬타나를 방문하여 아들의 관개 사업 프로젝트를 둘러보았고 크게 낙담하면서 집으로 돌아온 지 얼마 되지 않아 폐렴에 걸려 사망했다. 카길의 채권자들이 외부 사업에 대해 들었을 때 그들은 채권의 상환을 요구했다. 1909년에서 1916년 사이 회사는 아슬아슬하게 파산의 위험을 피해갈 정도였다.

그 무렵 카길 가문과 맥밀란 가문은 회사의 지분을 놓고 다툼을 벌였다. 끝내 맥밀란 가문이 승리했다. 아들 윌리엄 카길은 약 2만5천 불의 현금과 25만불 정도의 채권을 받고 바이아웃 당했다. 그러나 카길 가문이 전부 쫓겨난 건 아니었다. 아버지 윌리엄 월리스의 후손들은 아직도 회사의 10% 정도를 소유하고 있다.

제2차 세계대전 이후 카길은 오늘날의 카길을 있게 한 전략적 결정을 내렸다. 바로 대두 크러싱 사업에 진입한 것이다. 또한 브라질에 곡물 엘리베이터를 지으면서 지리적으로 사업반경을 확장했다. 댄 모건이 그의 책에서 서술한 바와 같이 당시 브라질은 벙기의 영역으로 간주되어왔다. 카길은 세계 곡물 사업을 나눠먹는 전쟁의 신호탄을 쏘아 올린 셈이었다.

카길의 확장방식에는 나름 탄탄한 논리가 있었다. 대부분의 투자는 농업, 벌크 원자재, 트레이딩, 물류와 연결고리가 있었다. 예를 들어 1950년대 카길의 곡물 바지선들은 미국 걸프에서 빈 배로 돌아오고는 했다. 카길은 그 빈 바지선들에 돌과 소금을 싣고 돌아오기 시작했다. 이후 캔자스의 소금 광산을 인수했으며 가정집 식사용 소금에서 고속도로의 제빙용 소금까지 판매하기 시작했다.

1979년 내가 미니애폴리스에 배치되었을 당시 카길은 여전히 확장을 거듭하고 있었다. 그로부터 몇 년 전까지 카길은 제철회사, 칠면조 가공회사, 제분회사, 캐나다의 곡물 엘리베이터, 면방회사 그리고 생명보험회사를 사들였다. 석탄 사업에도 뛰어들었으며, 고과당 옥수수 시럽 공장을 지었고, 미국 전역에 곡물 처리시설들을 지었을 뿐만 아니라 뉴욕에서 금속 거래도 시작했다.

내가 1978년 9월 처음 들어간 카길의 트레이닝 프로그램은 카길의 유럽 트레이딩 부문 산하에 있었다. 카길의 영국 사무소는 메이든헤드에 있었다. 메이든헤드는 템스 강변의 평화로운 도시였지만 21살 젊은이에게는 다소 따분한 곳이었다. 3개월의 트레이닝 프로그램을 거친 후 대두박 데스크에 배치되었고 영국 전역에 있는 농가들의 리스트를 받았다. 내게 주어진 일은 농부들에게 전화를 걸어 사료용 대두박을 판매하는 것이었는데 그다지 큰 성공을 거두지는 못했다. 이후 시티 오브 런던에서 원당 데스크의 수습 포지션이 생겼다는 소식을 듣고 나는 곧바로 지원했다. 지금은 이름이 기억나지 않는 또 다른 지원자와 함께 우리는 런던으로 향했다. 그는 이미 원당 사업에 대해 꽤 많은 조사를 한 것으로 보였으며 내가 메이든헤드에서 벗어나고 싶어하는 것보다 더 절박해보였다.

인터뷰는 그렇게 공식적이지 않았다. 원당 트레이딩 데스크의 팀장이 우리를 데리고 점심을 먹으러 나가 잔뜩 취하게 만들었다. 그리고 나서 우리 둘을 각기 다른 시간에 사무실로 돌려보낼 구실을 만들었는데, 먼저 떠난 다른 지원자는 끝내 사무실로 돌아오지 않았고 나는 사무실로 돌아온 바람에 기회를 잡았다.

그로부터 10개월이 지난 어느 금요일 오후 사무실을 막 나서려던 참에 미니애폴리스에 있는 원당 데스크의 총괄로부터 전화를 받았다. 그는 내게 월요일 아침에 미니애폴리스로 올 수 있냐고 물었다. 갈 수 있다고 대답한 후에 그곳에 얼마나 있어야 하냐고 물었더니 돌아오는 대답은 "2년 정도"였다. 나는 일요일 아침에 비행기를 탔다. 비행기의 탑승객들은 전부 독일제 무릎까지 오는 가죽 바지를 입고 오리털 모자를 쓰고 있는 모습에 깜짝 놀랐다. 미니애폴리스에 사는 사람들은 다 저렇게 입고 사나 의아하던 참에 그중 한 명의 설명에 따르면 그들은 뮌헨에 있던 맥주 페스티벌에 갔다가 돌아가는 길이며 아무도 미니애폴리스에서 그렇게 입지 않는다는 사실을 듣고 안도했다.

카길 본사 사무실은 미네소타 미네통카에 있었다. 호수 사무동(Lake Office)이라고 불리는 호숫가 건물 안에는 웅장한 대리석 계단과 13곳의 벽난로가 있었으며 건물은 전부 프랑스 귀족 저택 양식을 본떠 지어졌다. 주위 숲에 가려진 사무용 건물 단지는 낮은 피라미드 모양이었으며 호수 사무동에서 지하 통로를 따라 5분이면 닿는 거리에 있었다.

호수 사무동의 구조는 이상적이지 않았다. 카길의 내수 곡물 트레이딩 헷지 부서 전체가 과거에 집사의 방으로 쓰였던 작은 방에서 일했다. 게다가 회사의 최고 관리자 40여 명은 자신들이 관리하는 팀과 동떨어져 근무하고 있었다. 호수 사무동 건물을 매물로 내놓고 메인 사무실 건물로 방을 옮긴 2016년까지 최고 관리자들은 그곳에 머물렀다.[1]

---

[1] 호수 사무동 건물은 2020년 8월 노후화와 안전 문제를 이유로 철거되었다.

카길은 통상 수익의 80%를 재투자한다. 1980년대 후반 회사의 소유주들이 IPO를 추진하기 시작했을 때 긴장이 고조되었다. 1993년 회사는 카길과 맥밀란 가문 72명 소유의 지분 17%를 약 7억3천만불을 주고 사들이는 것으로 대응했다. 이 주식으로 회사 내 우리사주제도가 시작되었다. 우리사주제도 시행 이후 카길은 몇 년 동안 어려운 시기를 보냈다. 1998년 러시아가 국채에 디폴트를 선언했을 때 재무 부서에서는 수억불의 손실을 보았다. 한편 카길 전체 매출의 75%를 차지하던 원자재와 재료 사업은 1997년 아시아 금융위기로 큰 타격을 입었다. 그러나 2002년에 이르러 회사의 매출은 500억불 이상으로 회복하였으며 이는 가장 근접한 라이벌인 ADM의 두 배에 달했다. 2008년 카길의 분기 이익은 처음으로 10억불을 돌파했다.

오늘날 카길은 아직도 미국에서 가장 큰 비공개 기업이다. 2018년 매출은 1천1백50억불, 이익은 30억불을 넘었다. 회사 홈페이지에 따르면 카길은 66개국에서 15만5천명이 넘는 직원을 고용하고 있다. 미국 곡물 수출의 25%, 미국 내수 육류 시장의 22% 그리고 미국 내 맥도날드에서 사용되는 모든 계란이 카길의 손으로 공급되고 있다.

수익의 80%는 재투자하고 20%만 배당하는 방침은 여전히 유지되고 있다. 이에 따르면 2019년의 카길은 24억불을 다양한 사업에 재투자할 수 있었다는 말이다. 보다 작은 경쟁자들이 고작 수억불밖에 재투자하지 못하는 상황에 비하면 이는 엄청난 금액이다. 이러한 차이로 인해 앞으로 몇 년 동안 카길과 나머지 경쟁자들의 격차는 더욱 벌어질지도 모른다. 현물 곡물 트레이딩은 언제나 어려운 사업이었고 곡물 트레이딩 회사들은 살아남기 위한 계속적인 재투자가 필수적이었다. 운이 따라주었건 뛰어난 사람들이 있었건 카길은 나머지 그룹보다 앞서 나가는 데에 성공했다.

트레이딩은 과학이 아니라 예술이다
게르트-얀 반 덴 아커 Gert-Jan van den Akker

게르트-얀 반 덴 아커는 카길의 농산물 서플라인 체인 사업 전략을 담당하고 있다. 1987년 카길 암스테르담에 입사하여 쿠알라룸푸르에서 팜유 부산물, 도쿄에서 내수 곡물 시장, 제네바에서 옥수수와 대두 트레이딩과 관련된 여러 포지션을 맡았다. 그는 카길의 에너지, 물류, 금속 사업을 이끄는 역할을 맡기도 했으며 2007년에서 2011년 사이에는 세계 해상물류 사업의 매니징 디렉터를 역임했다. 2013년에는 카길을 떠나 LDC에 합류하여 최고 경영진의 일원으로 리스크 위원회, 곡물 및 유지 사업 개발 등에 관여하다가 2015년 12월 다시 카길로 돌아왔다.

커리어의 상당 기간을 해운 시장에서 보냈습니다. 해운 시장에서의 경험이 현재 역할을 수행하는 데에 어떤 도움이 되었습니까?

원자재 트레이딩에서 성공하기 위해서는 반드시 현물시장에 몸담고 현물시장에서 무슨 일이 일어나고 있는지 깊이 이해하고 있어야 한다는 걸 배웠습니다. 해운 사업을 일으키면서 그 방면으로 많은 개선이 있었습니다. 현물의 흐름을 깊이 이해하게 되었고 이로부터 트레이딩에 많은 도움을 받았습니다. 두 번째로는 고객관계 수립의 중요성과 가치를 배웠습니다. 우리는 배를 운용할 뿐이지 선주가 아닙니다. 이 배들을 가지고 그 어떤 선주가 할 수 있는 것보다 더 나은 서비스를 고객들에게 제공해야 했습니다. 이는 때로 싼 가격을 의미했지만 그보다는 고객들에게 유연성을 제공하는 측면이 컸습니다. 뿐만 아니라 공급자들과의 관계를 잘 유지하는 것도 중요합니다. 카길은 공급자들을 고객과 마찬가지로 대합니다.

현재 맡고 있는 역할은 무엇입니까?

카길은 현재 크게 네 개의 사업 부문으로 나뉘어있습니다. 농산물 서플라이 체인, 동물영양, 단백질과 소금, 식재료 및 바이오 산업입니다. 저는 그 첫 번째 농산물 서플라이 체인 사업을 맡고 있습니다. 저는 이 사업을 '오리지널' 카길이라고 부릅니다. 이곳은 곡물 및 유지 외에도 기타 농산물과 관련된 오리지네이션부터 최종 판매 및 유통까지 서플라이 체인에서 일어나는 모든 일들을 아우릅니다. 또한 전 세계에 진출해있는 모든 유지 크러싱 사업과 알비언 같은 원당 사업 그리고 팜유 사업도 농산물 서플라이 체인 사업 부문 소관입니다. 저는 카길의 전 세계 사업 전략을 담당하는 10인의 최고 경영진 그룹의 일원이기도 합니다.

커리어에서 가장 즐거웠던 일과 가장 어려웠던 일을 꼽는다면 무엇입니까?

해운 사업이 가장 재미있었습니다. 그때는 정말 어마어마한 시기였습니다. 저는 투자하고 성장할 수 있는 사업을 좋아합니다. 어려운 일을 꼽으라면 고민할 것도 없이 바로 지금 하고 있는 일을 꼽겠습니다. 맡고 있는 책임의 크기와 사업의 규모 때문에 그렇습니다. 농산물 시장에 영향을 줄 수 있는 다양한 요소들을 관리하고 세계에서 벌어지는 복잡다단한 일들을 이해하기 위해서는 엄청난 노력이 필요합니다. 계속 성장하는 영역도 물론 있지만 어떤 영역은 사업 포트폴리오에서 빼내기도 했습니다. 이는 결코 즐거운 일이 아닙니다. 실업이 동반되는 일이기도 하고요. 그럼에도 불구하고 우리가 포트폴리오를 관리하는 동안 전반적인 사업은 꾸준히 성장하였습니다.

오늘날의 환경은 원자재 트레이더들에게 무척 어렵습니다. 너무나도 박한 마진 때문에 항상 긴장의 끈을 늦출 수 없습니다. 이는 개인적으로 큰 압박이 되고는 합니다.

스트레스 관리법에 대해 알려주십시오.

원자재 트레이딩은 고통을 견딜 수 있는 내성이 필요합니다. 시장은 항상 자신의 뜻대로 움직여주지 않습니다. 이는 매우 큰 스트레스가 될 수 있습니다.

저는 퇴근 후 집에서 가족들과 저녁을 함께 먹으며 긴장을 풀고 머릿속을 비워내고는 합니다. 항상 그럴 수 있는 것은 아니지만 대체로 휴식을 취할 수 있는 환경에 있습니다. 운동도 합니다. 핸디캡 15의 썩 좋은 실력은 아닙니다만 골프 치는 것을 좋아합니다. 글렌코어 농업부문 CEO 크리스 마호니만큼은 아니더라도 헬스장에서도 시간을 꽤 많이 보냅니다. 등산도 좋아하고요. 제네바에서 일하면 주말에 등산을 다니기가 무척 좋습니다.

뛰어난 트레이더들은 보통 안 좋았던 트레이드에 대해서만 털어 놓습니다. 당신에게 최악의 트레이드는 무엇이었습니까?

물론 제게도 좋지 못한 거래들이 있었습니다. 그 기억을 지금 떠올리고 싶은지는 모르겠군요! 대신 모두에게 악몽으로 기억되는 시기에 대해 말씀드리겠습니다. 해운 사업을 맡고 있던 2009년이었습니다. 당시 우리는 많은 배들을 용선자들에게 내놓았습니다. 그러나 해운 시장이 곧 완전히 붕괴했지요. 케이프 선형의 용선료는 한 달 만에 하루 20만불에서 하루 5천불로 폭락했습니다. 우리의 마켓 익스포저(market exposure)는 무척 컸고 우리 배를 (높은 가격으로) 용선한 용선자들이 디폴트를 선언할까봐 걱정했습니다. 익스포저를 관리하면서 계약이 제대로 이행되도록 관리해야만 했습니다. 많은 우여곡절 끝에 결국은 그럭저럭 잘 헤쳐 나왔습니다.

인생에서 가장 열정을 쏟는 건 시장입니까 골프입니까?

둘 다 아닙니다. 최우선 순위는 가족입니다. 일과 삶의 균형을 유지하는 것은 제게 개인적으로 가장 큰 과제 중 하나였습니다. 완벽한 균형을 찾는 건 어렵습니다. 우리 모두 커리어의 어느 단계에서 가족들과 충분한 시간을 보내지 못하는 실수를 하고는 합니다. 그러나 나이가 들수록 가족의 중요성을 더욱 이해하게 됩니다. 제 자녀들은 이제 성인이지만 그럼에도 그들이 어떻게 성장해나가는가 보는 일이 즐겁습니다.

    시장에 대해서는 매료되었다는 표현이 열정을 쏟는다는 것보다 맞을 것입니다. 시장은 언제나 저를 매료시켰습니다. 가격에 영향을 주는 변수들은 너무나도 많습니다. 이 변수들이 어떻게 작용할 것인가 이해하기 위한 지적 도전을 저는 즐깁니다.

1987년 이 일에 뛰어든 이래 곡물 시장은 어떻게 변화했습니까?

이런 말을 하면 놀랄지도 모르겠지만, 제 생각에는 크게 바뀌지 않은 것 같습니다. 다시 말해 비즈니스 모델은 크게 바뀌지 않았습니다. 지난 150년간 카길의 역할은 농장에서 식탁까지 식량을 움직이며 전 세계 식량 서플라이 체인을 관리하는 것이었습니다. 카길은 팜유 사업을 제외하고 직접 농사에 뛰어든 일이 없습니다. 팜유의 경우 인도네시아에서 플랜테이션을 운영하며 업계 내 가장 엄격한 (환경적) 기준을 고집하는 것을 자랑스럽게 생각합니다. 대신 우리는 농부들과 관계를 구축합니다. 농부들에게서 곡물과 유지류를 사들이고, 저장한 후, 트레이드하며, 선물시장에서 리스크를 헷지합니다. 또한 이를 운송하고 내수 시장과 수출 시장 사이의 차익거래(arbitrage) 기회를 모색합니다. 이는 늘 해왔던 일이기도 하고 지금도 하고 있는 일입니다.

만약 많이 바뀐 게 있다면 새로운 기술과 데이터의 사용일 것입니다. 카길은 언제나 데이터 수집과 분석의 최전선에 서 있었습니다. 우리는 언제나 데이터의 가치를 중시했습니다. 그것이 사업 속에서 얻게 되는 내부정보이건 날씨와 같은 누구에게나 공개된 정보이건 말입니다. 오늘날에는 넘쳐나는 데이터를 분석하는 일이 그 어느 때보다 필요합니다. 그러나 기본적인 서플라이 체인 비즈니스 모델은 크게 바뀌지 않았습니다.

말이 나온 김에, 곡물 산업에 가장 큰 변화는 아직 찾아오지 않았다고 생각합니다. 기술발전과 함께 성공의 조건들뿐만 아니라 고객들에게 제공하는 서비스의 내용도 달라질 것입니다. 새로운 세대의 농부들은 생산과 관련된 새로운 기술들을 적극적으로 받아들이며 과거와는 다른 방식으로 사업에 임하기를 원합니다. 기술발전과 함께 우리가 관계를 맺는 방식에도 변화가 찾아올 것입니다.

업계에 합병이 일어날 것으로 전망합니까?

초과공급 문제를 해결하기 위해 시장에 합병이 일어날 것으로 보입니다. 언제 어떻게 일어날지는 제게 물어보지 마십시오. 저도 잘 모릅니다. 그러나 반드시 규모가 큰 회사들 사이에만 합병이 필요한 것은 아닙니다.

마지막으로 업계에 초과공급 문제가 심각했던 때는 1980년대 후반부터 1990년대까지였습니다. 이때 거대한 플레이어 두 곳이 시장을 떠났습니다. 리스크 대비 보상이 적절하지 않다는 이유로 말이죠. 이러한 일들이 또 일어날 것으로 보십니까?

항상 새로운 업체들이 업계에 들어오고 또 떠납니다. 이 업계가 리스크를 관리하는 방식에 변화가 필요합니다. 오늘날 세상에는 뛰어난 인재뿐만 아니라 IT 시스템에 많은 투자가 필요합니다. 이러한 측면에서 사업의 규모와 현물시장에 참여하는 일의 중요성은 간과할 수 없습니다. 규모가 뒷받침되지 않거나 현물시장에 참여하지 않는 회사들에게 어려움은 점점 증가할 것입니다. 회사가 커지면서 관료화되는 것도 방지해야 합니다. 관료화가 트레이딩을 방해하거나 인재들의 의욕을 꺾어서는 안 됩니다. 카길에서도 개선할 점이 많습니다. 복잡한 관료화는 비용증가로 이어집니다. 폭증하는 비용을 떠안고 계속 경쟁력을 유지할 수는 없습니다.

오늘날 곡물 트레이딩 업계의 가장 큰 문제점은 무엇인가요?

2000년에서 2010년까지의 붐 동안 업계는 공급 설비에 지나치게 많은 투자를 했습니다. 전 세계의 농부들도 농가 내 저장시설에 크게 투자했습니다. 농가들은 곡물이 넘쳐나는 수확기에 곡물을 가져가서 저장해줄 상인들이 전과 같이 필요하지 않습니다. 이는 우리처럼 중개인의 위치에 있는 사람들에게 큰 변화입니다. 우리는 과거와 다른 방식으로 농부들에게 가치를 제공해야 합니다. 또 다른 어려움은 정부의 개입입니다. 오늘날 벌어지는 무역분쟁이 좋은 예가 되겠습니다. 관세 부과와 수출입금지 조치는 식량이 세계 이곳저곳으로 움직이는 일을 더욱 어렵고 비싸게 만듭니다. 이는 비효율과 추가비용으로 이어집니다.

LDC의 CEO 이안 맥킨토시는 트위터 한 줄이 모든 걸 바꾼다고 최근 말한 바 있습니다. 트레이더들에게 변동성은 필요합니다만 적어도 어느 정도 예측 가능해야 하지 않겠습니까?

트레이딩에는 가격 변동성이 필요합니다. 가격이 움직이지 않으면 돈을 벌 기회도 없습니다. 물론 돈을 잃지도 않겠지요. 그러나 돈을 잃지 않는 것만으로는 사업에 남아있는 이유가 될 수 없습니다. 따라서 트레이더에게는 가격의 변동이 물론 필요합니다.

그러나 예측 불가능한 정치적 변동성은 리스크와 비용을 증가시킵니다. 이렇게 되면 트레이딩이 아니라 카지노의 도박이 되어버립니다. 시장에 영향을 주는 트윗이 최근 무척 많았습니다. 이는 지난 몇 년간 트레이딩을 더욱 어렵게 만들고 있습니다. 그럼에도 불구하고 우리의 글로벌한 사업 스케일이 이에 대한 대응책을 찾는 데에 도움이 된다는 점을 말하고 싶습니다. 최근의 관세는 중국으로 수출되는 미국산 대두를 훨씬 비싸게 만들었습니다. 그러나 글로벌한 사업 범위 덕분에 우리는 브라질산 대두를 대신 공급할 수 있습니다. 이는 글로벌한 스케일 없이는 불가능한 일입니다. 만약 미국 내에서만 활동하는 규모가 작은 지역기반의 업체였다면 이러한 상황에 꼼짝없이 당했을 것입니다.

중개인의 역할을 벗어나 곡물 상인들이 계속 가치를 더할 수 있습니까?

세상에는 곡물 트레이딩을 둘러싼 많은 미신들이 있습니다. 트레이더들은 농부들과 소비자들의 등뒤에서 땅 짚고 헤엄치기 식으로 돈을 번다고 말입니다. 이는 결코 사실이 아닙니다. 현실에서 농업 부문의 트레이딩 마진은 매우 박하기 그지없습니다. 이를 긍정적으로 보자면 마진 압박은 가장 비용 효율적인 방법으로 농산물이 움직일 수 있도록 끊임없이 시스템을 더 효율적으로 만들고자 하는 노력을 낳습니다. 가치 창출을 위한 계속적인 재투자가 이뤄지는 한 중개자의 역할은 필요합니다. 수출국과 수입국에서 모두 가치를 더할 수 있도록 경쟁자들과의 차별화가 필수적입니다. 만약 가치를 더할 수 없으면 이 사업에 남아있을 이유가 없습니다.

거래가능성(tradability)과 추적가능성(traceability)은 양립 가능합니까?

추적가능성이 반드시 거래가능성을 완전히 제거한다고 생각하지는 않지만 어느 정도 제한하는 것은 사실이지요. 추적가능성은 생산, 유통, 처리과정이 다 세세히 기록된 IP(identity preserved) 상품을 낳습니다. 원자재가 원자재인 이유는 교환과 상호 대체가 쉽기 때문입니다. 그러나 IP 상품은 표준화된 상품이 아니기 때문에 따로 분리되어야만 합니다. 카길의 목표는 모든 상품이 지속가능성을 충족하도록 만드는 것입니다. 그리하면 더 이상 거래가능성과 추적가능성의 구분도 무의미해지겠지요.

카길에 입사한 이래 카길의 변화상에 대해 설명해주시겠습니까?

회사의 본질은 달라지지 않았습니다. 우리는 기업윤리와 준법을 최우선으로 하는 가치중심의 회사입니다. 이는 150년 동안 바뀌지 않았고 앞으로도 바뀌지 않을 것입니다. 이는 창업가문의 필수 요구사항이기도 합니다. 카길 가문은 회사가 다음 세대로 계승되는 일에 각별한 주의를 기울이고 있으며, 이는 오직 올바른 방식으로 회사를 돌보고 가꿀 때 가능한 일입니다.

다만 사업 포트폴리오 차원에서 보자면 변화가 있었습니다. 제가 1987년 카길에 입사했을 때 우리는 트레이딩이 주업인 회사였습니다. 물론 트레이딩 사업은 카길에게 여전히 중요하며 오늘도 서플라이 체인 자산을 중심으로 트레이딩에 적극적으로 참여하고 있습니다. 그러나 또한 부가가치가 높은 상품으로 포트폴리오를 다변화했습니다. 가축 사료, 육류, 전분, 감미료, 발효제품 등에 많은 투자가 이뤄졌습니다. 이로 인해 수익원이 더욱 다양해졌고, 트레이딩 마진이 압박을 받는 동안 다운스트림에서의 마진을 포착할 수 있게 되었습니다.

글렌코어 농업 부문의 CEO 크리스 마호니는 오늘날 회사 매출의 15% 정도만이 트레이딩에서 나온다고 말한 바 있습니다.

정확한 숫자를 제시하기는 어렵습니다. 트레이딩은 과학이 아닌 예술입니다. 매년 변화무쌍하기도 하고요. 우리는 아직도 트레이딩 인력에 많은 투자를 하고 있으며, 이는 오늘날 경쟁자들보다 클 것으로 생각합니다. 그럼에도 과거에 비해 카길 전체 사업 내 트레이딩의 비중이 축소된 것은 사실입니다. 다른 특별한 이유가 아니라 카길의 사업 포트폴리오 내에서 다른 부가가치 사업이 크게 성장했기 때문입니다.

다른 곡물 트레이딩 회사들에 비해 카길만이 갖는 장점은 무엇입니까?

경쟁자들에 대해서는 언급하지 않고 우리가 정말 잘하는 게 무엇인지에 초점을 맞추어 답변드리겠습니다.

첫 번째는 뛰어난 인적 자원입니다. 두 번째는 진정으로 글로벌한 사업 내용입니다. 수출국 수입국을 막론하고 전 세계 주요 거점에 풍부한 자산을 갖고 있습니다. 세 번째는 카길 내에서 다양한 사업부가 함께 일하는 방식입니다. 네 번째는 고객 및 공급자들과의 관계를 매우 중시한다는 점입니다. 우리는 최종소비자 및 공급자들의 변화하는 니즈에 부합할 수 있도록 함께 일합니다.

젊은이들에게 트레이더라는 직업과 카길이라는 회사를 추천하시겠습니까?

질문을 받는 제 자신은 시장과 트레이딩에 매료된 사람입니다. 당연히 대답은 '예'일 수밖에 없습니다. 저는 누구에게나 트레이더라는 직업을 추천하겠습니다. 트레이딩은 영원히 사라지지 않을 것입니다. 트레이더는 리스크를 관리합니다. 바로 그 리스크도 영원히 사라지지 않을 것입니다. 농산물 서플라이 체인 내에는 리스크가 상존하며 그 리스크는 누군가에 의해 관리되어야 합니다. 리스크를 관리하기 위해서는 시장을 이해해야 합니다.

리스크 관리에서 한 걸음 나아가서 트레이딩 기회에 대해 생각해봅시다. 어느 순간 시장의 가격이 잘못되었다는 걸 당신은 포착하게 될 것이고 그 잘못 책정된 가격에서 이익을 창출하고자 할 것입니다. 이것이 바로 시장이 작동하는 방식입니다. 이는 무척 멋진 비즈니스입니다.

오늘날은 과거에 비해 수학적 모델을 이해하는 능력이 더욱 요구됩니다. 데이터 사이언스 또한 더욱 중요해지고 있습니다. 저는 인터넷이 존재하기도 전에 카길에 들어갔습니다. 그리고 수학이 아니라 법학을 전공했습니다. 물론 저도 수학적 사고를 어느 정도 했겠지요. 그렇지 않았다면 오늘날 이 자리에 있지 못했을 테니 말입니다.

따라서 오늘날 훌륭한 트레이더가 되기 위해서는 수학에 강해야 합니다. 이는 모든 사람이 할 수 있는 게 아닙니다. 또한 스트레스도 현명하게 관리할 수 있어야 합니다. 당신의 직업이 당신의 건강을 앗아가서는 안 됩니다. 트레이딩의 환경은 매우 고됩니다. 많은 사람들이 트레이딩 업계에 들어왔다가 떠나곤 합니다. 매우 성과중심적 문화를 띠기도 하고요. 만약 꾸준히 성과를 내지 못한다면 당신은 대체될 것입니다. 트레이더들은 언제나 최전선에 서 있습니다.

업계 내에서 카길은 마치 인재 사관학교와도 같습니다. 이에 대해 어떻게 생각하십니까?

좋거나 나쁘게만 볼 일이 아니라고 생각합니다. 한편으로는 저를 매우 성가시게 합니다. 우리의 트레이닝 프로그램을 통해 경쟁자들에게 뛰어난 인력을 제공한다는 사실은 말이죠. 그러나 또 한편으로는 우리가 뛰어난 사람들을 뽑고 잘 훈련시킨다는 사실이 자랑스럽습니다. 이러한 사실 자체가 카길이라는 회사와 직원들에게 하는 투자에 대해서 많은 이야기를 해주는 것 아니겠습니까? 그건 좋은 일이라고 생각합니다.

솔직하게 말하면 결국 선택의 여지가 없습니다. 카길은 피라미드 구조입니다. 직원들은 성과에 따라 승진이 이뤄지며 이 과정에는 밀려나는 사람들도 생기게 마련입니다. 우리의 목표는 가장 뛰어난 인력들을 보존하는 것입니다. 물론 언제나 성공하지는 못합니다. 모두가 피라미드의 정점에 도달할 수는 없기 때문에 언제나 다른 기회를 찾는 사람들이 생겨날 수밖에 없습니다. 이는 괜찮은 일이라고 저는 생각합니다. 피할 수 없는 일이기도 하고 결국 시스템이 작동하는 방식입니다.

곡물 트레이딩을 다룬 책에서 읽고 싶은 내용이 있다면 말씀해주십시오.

농업 분야에서 곡물 트레이딩은 필수불가결한 역할을 수행합니다. 이 사실을 독자들이 알 필요가 있습니다. 이 업계에는 쉽게 지워지지 않는 오명이 씌워져 있습니다. 해결책은 투명성입니다. 우리가 하고 있는 좋은 일들에 대해서도 반드시 이야기해야 하지만 우리가 직면한 과제와 취약성에 대해서도 인정하고 털어놓을 필요가 있습니다. 저는 카길이 진화한 방식이 자랑스럽습니다. 올바른 신념을 가지고 우리의 이야기를 소개합니다. 우리에게는 매우 확고한 가치가 있으며 장기적인 안목을 가지고 사업에 임합니다.

증가하는 인구를 먹여 살리기 위해서는 농부들이 번영하고 그들이 키워내는 작물이 정당한 대가를 받도록 할 필요가 있습니다. 동시에 우리 모두가 살고 있는 지구의 환경도 돌봐야 합니다. 더 이상의 삼림 파괴는 없어야 합니다. 이처럼 해결해야 하는 모순들은 한둘이 아닙니다. 카길은 이러한 모순 한가운데에서 기꺼이 역할을 수행하고자 합니다. 어느 한쪽을 위해 다른 한쪽을 소홀히 하거나 버려둘 수 없습니다. 충돌하는 문제들이 해결될 수 있도록 많은 노력을 기울여야 합니다.

12장

코프코 인터내셔널
(COFCO International)

코프코도 ABCD와 같은
국제적 트레이딩 하우스가 되기를 원합니다.
_쟈니 치

카길 미니애폴리스 본사 첫 출근 날 내 상사는 사무실을 구경시켜주었다. 그는 특히 메인 사무동과 지하통로로 연결되어 있는 호수 사무동을 내게 보여주고 싶어했다. 지하통로를 지나던 중 그는 갑자기 멈춰섰다. 이내 주변에 누군가 있는지 둘러보더니 화려하게 꾸며진 유럽풍 회의실 문을 열었다. "바로 이곳이 소련의 Prodintorg가 찾아와 곡물을 사간 곳이다."라고 내게 말해주었다. "이 회의실은 러시아 방문객 전용이다. 중국의 코프코가 찾아오면 다른 회의실을 사용한다."라고 덧붙이며 조금 더 걸어가더니 '중국 회의실'을 보여주었다. 중국 회의실 또한 동양적 분위기로 화려하게 꾸며져 있었다.

"소련과 중국 중 누가 더 까다로운 협상가입니까?" 내가 물었다. "코프코와 Prodintorg 모두 자국의 식량 수입 독점권을 가진 국영기업이다. 이 두 조직의 트레이더들은 해당 국가의 가장 상층부에 있는 똑똑한 사람들이다. 둘 다 협상하기가 무척 까다로우나 중국인들은 나면서부터 상인의 기질을 가지고 있다는 걸 곧 느끼게 될 것이다. 만약 수가 틀리고 네가 계약을 제대로 이행하지 못하면 아주 크게 조심해야 할 것이다."라고 상사는 답했다.

불행히도 몇 달 후 그의 말이 맞다는 것을 깨달았다. 브라질 선적항에서 기상악화와 체선으로 중국으로 가는 배의 선적 작업이 지체되어 선하증권의 날짜가 한 시간 차이로 계약기한을 넘기게 되었다. 우리는 코프코에게 그 모선이 자정까지 출항할 것이라고 이미 보장한 터였다. 그러나 배는 새벽 1시에 출항하게 되었고, 계약시점에서 선적시점까지 가격은 폭락해있었다. 결국 계약위반을 주장하는 코프코에게 우리는 1백만불을 주고 화물을 가져가도록 설득했다. 큰 돈이었지만 코프코가 물건을 가져가지 않아 시장에 되팔아야 할 경우의 손실보다는 여전히 작은 돈이었다.

1979년에 우리는 이 악연의 카고를 CNF 플랫 가격으로 팔았다. 즉 선적과 목적지까지의 해상운임은 카길이 직접 조율했다. 그러나 시간이 흐르면서 코프코의 트레이딩은 점차 진보했고 CNF로 구매하는 대신 FOB 구매를 시작했다. 여전히 플랫 가격으로 구매하였으나 본인들이 직접 용선하여 선적항에 배를 갖다 대고 해상운임을 조율했다. 이내 진화를 거듭하여 플랫 가격이 아닌 베이시스로 구매하기 시작했고 선물 헷지와 가격 리스크를 직접 관리하기 시작했다. 코프코의 선물시장 포지션 관리는 그들이 현물을 구매하는 기존 곡물 트레이딩 하우스에 못지않았다.

나는 이 업계에 있는 동안 40년 넘게 코프코와 관계를 맺어왔다. 그중 2012년 중국에서 코프코의 고위 경영진과 가졌던 미팅이 특히 기억에 남는다. 그들은 브라질의 제당공장 인수를 검토하고 있었는데 그에 대해 내 의견을 듣고 싶어했다. 코프코는 이미 해외 생산기지 진출의 일환으로 호주에서 제당공장을 인수한 바 있었으며 원산지를 더욱 다변화하고자 검토 중이었다. 중국 정부는 증가하는 인구를 위해 식량 공급을 안정적으로 유지하고 싶어한다고 말했다. 뿐만 아니라 국영기업들에게 전 세계의 농지 및 농산물 공급 설비에 투자하도록 장려하고 있었으며, 그에 따라 브라질의 제당공장까지 검토하게 된 것이었다.

중국 기업들은 30개국 이상에서 해외 식량 생산 관련 투자를 일으켰다. 중국은 호주에서 가장 많은 농지를 보유한 외국 국가이기도 하다. 코프코가 노블을 인수하면서 실제로 브라질 제당공장도 갖게 되었다. 그러나 당시 중국의 해외 농업 투자는 몇몇 국가에서 정치적 반

발을 초래했다. 게다가 투자자산들은 문화적 차이뿐만 아니라 정부 개입 등의 이유로 관리가 쉽지 않다는 사실이 드러났다. 해외에 농지를 갖고 있다고 해서 자국으로 식량 공급이 보장되는 게 아니라는 점도 명백해졌다. 이는 2010년 러시아가 밀 수출을 금지했을 때 여실히 드러났다. (자국으로) 밀을 수출할 수 없다면 러시아 농지를 가지고 있는 건 무의미하다. 차라리 글로벌한 트레이딩 회사를 소유하고 있는 게 식량 확보 목표에 더 잘 부합할 수 있다. 만약 러시아가 밀 수출을 금지한다면 글로벌한 곡물 트레이딩 회사는 러시아산 밀을 다른 원산지로 대체할 수 있다. 가장 최근 미국과의 무역전쟁으로 중국 정부는 미국 대두에 높은 관세를 부과했다. 글로벌한 사업을 가지고 있다면 이를 브라질이나 아르헨티나에서 대체하여 중국에 공급할 수 있다.

코프코는 국영기업으로 중국 최대의 식품 가공업체이자 제조업체이자 트레이딩 회사이다. 1952년에 설립된 코프코는 중국 내 가장 큰 국영기업 중 하나이기도 하며 중국 국무원 산하에 있다. 1952년에서 1987년 사이 코프코는 중국 유일의 농산물 수입처이자 수출처였다. 지난 몇 년간 코프코는 점차 대기업화되어 농업생산, 식품가공, 금융, 물류, 부동산 등으로 사업을 다변화했다. 제네바에 본사를 둔 코프코 인터내셔널은 2014년 9월 코프코가 노블의 지분 51%를 약 15억불을 주고 인수하면서 설립되었다. 노블 그룹은 앙드레가 몰락하던 2001년에 농산물 원자재 트레이딩의 세계에 뛰어들었다. 노블은 앙드레의 곡물 사업을 추정컨대 저렴한 가격으로 사들였다.

노블 그룹은 리차드 엘만이 세웠다. 그는 1960년대 홍콩의 트레이딩 회사를 소재로 한 제임스 클라벨의 1981년작 소설 '노블 하우스'의 이름을 자신의 회사에 붙였다. 이어진 수차례 기업인수를 거쳐 노블은 호주 석탄 광산, 브라질 제당공장, 미국의 연료 터미널 등의 해외 자산을 보유한 대기업으로 성장했다. 리차드 엘만은 15살에 학교를 그만두고 뉴캐슬에 있는 가족의 고철 사업을 도왔다. 얼마 지나지 않아 직접 운영을 맡으면서 훗날 샌프란시스코와 일본에서 더욱 꽃을 피운 금속 매매 거래 경험을 쌓았다. 1970년대 초 엘만은 홍콩에서 메탈 오어 아시아를 세웠다가 당시 원자재 트레이딩 업계의 거인이었으며 엘만의 고용주가 되기도 한 필립 브라더스에 회사를 팔았다.

엘만은 1986년에 필립 브라더스를 떠나 자기자본 10만불을 가지고 노블 그룹을 창업했다. 이후 10년 동안 노블은 원자재 트레이딩 회사로 크게 성장하여 1997년 싱가포르 증권거래소에 상장되기도 했다. 노블은 확장을 거듭하여 어느 시점에는 1만5천명의 직원을 거느리기도 했다. 그러나 이 공격적인 확장은 부채 위에 이뤄졌다. 그리하여 2010년 초반에 이르러서 드러난 수익성 감소는 회사의 미래를 불투명하게 보이게 만들었다.

2015년 2월 아이스버그 리서치라는 애널리스트 그룹은 노블의 회계방식에 비판을 제기하며 일부 회계장부상 수익은 실현되지 않을 것이며 회사는 부채를 갚기도 힘들 것이라고 발표했다. 노블은 그러한 비판을 일축했으나, 나중에 시장 가격과 동떨어진 장기 석탄계약을 비롯하여 약 12억불을 손실처리했다.

흐름이 바뀌자 노블은 자산을 매각하면서까지 유동성을 확보하고자 했다. 그중에는 일전에 앙드레에서 인수한 기초 위에 세운 농산물 사업부도 있었다. 그러나 인수자들은 노블의 절박함을 알고 있었고 노블은 자신들의 희망만큼 가격을 받을 수 없었다. 2018년 상반기 15억불의 채무 상환이 도래하자 구조조정은 불가피해졌으며 이는 같은 해 12월이 되어서야 마무리되었다.

앙드레의 몰락을 노블이 기회로 삼은 것처럼, 노블의 몰락은 코프코에게 기회가 되었다. 2014년 코프코는 노블 아그리의 지분 51%를 15억불에 사들였다. 나머지 49%도 2015년 12월 7억5천만불에 코프코에게 넘어갔다. 그러나 코프코가 사들인 건 노블 아그리만이 아니었다. 더 큰 야망을 가지고 있었던 코프코는 노블의 지분을 사들인지 한 달만에 네덜란드 트레이딩 회사 니데라의 지분 51%를 13억불에 사들였다. 당시 니데라의 가치는 부채를 포함하여 약 40억불 정도로 평가되었다. 니데라의 창립 가문은 나머지 49%의 지분을 2016년 8월 코프코에게 4억5천만불에 넘겼다. 모든 인수작업은 2017년에 마무리되었다.

니데라는 1920년 네덜란드 로테르담에서 세워졌다. 니데라의 초기 활동은 자신들의 이름을 가져온 지역들(Netherlands, (East) Indies, Deutschland, England, Russia, Argentina)에서 곡물과 농산물 거래에 집중되어 있었다. 코프코가 니데라의 지배지분을 인수한 2014년 당시, 니데라는 매년 전 세계적으로 약 3천3백만톤의 곡물과 유지를 취급하고 있었으며 3천8백명의 직원과 170억불의 매출을 기록하고 있었다. 니데라는 비료와 농약 사업에도 진출해있었다. 니데라 시즈는 남미의 주요 종자 기업 중 하나였다. 코프코는 이 종자 사업을 2017년 스위스 소재 신젠타에 팔았으며 신젠타는 켐차이나에게 인수되었다.

기업 간 합병이 으레 그렇듯이 코프코의 노블 및 니데라 인수과정은 그리 순탄하지만은 않았다. 돌이켜보면 두 거대한 회사를 동시에 인수하려는 야망이 과했을지도 모른다. 안 그래도 어려움투성이인 기업인수를 하나도 아니라 동시에 두 곳을 진행했으니 말이다. 특히 이 인수과정은 트레이딩 업계 전반이 많은 어려움을 겪던 시기에 이뤄졌다. 연이은 4년의 풍작과 과잉공급 상황은 업계의 마진을 위축시켰다. 한동안 노블과 니데라는 독립적으로 활동하면서 종종 같은 사업을 두고 서로 경쟁을 벌이기도 했다. 아마 2018년에 이르러서야 두 기업의 완전한 통합이 이뤄지고 하나의 사업체로 부드럽게 굴러가기 시작했다고 봐도 좋을 것이다.

특히 니데라의 합병이 더욱 복잡했던 이유로는 니데라의 라틴아메리카 사업 중 처음에는 드러나지 않았던 약 1억5천만불의 손실과 네덜란드 바이오연료 사업부의 승인받지 않은 거래에서 발생한 2억불의 손실이 있었기 때문이다. 이 글을 쓰는 시점 코프코는 니데라의 전 주인과 네덜란드에서 소송 중에 있다. 이러한 감춰진 손실 때문에 니데라의 인수 가격이 과대평가 되었다는 이유로 말이다.

이토록 어려운 탄생과정에도 불구하고 코프코 인터내셔널은 현재 주요 곡물 트레이딩 하우스로 자리매김했다. 2018년 기준 코프코는 브라질에서 네 번째로 큰 대두 수출업체였으며 1천1백만톤을 수출하여 세 번째 자리에 위치한 LDC와 거의 비등했다. 참고로 1위는 1천8백만톤을 수출한 벙기였으며 카길이 1천2백만톤으로 뒤를 이었다. 한편 아르헨티나에서는 카길에 이어 두 번째로 큰 곡물 수출업체가 되었다. 흑해 지역에서도 매우 활발하게 활동하고 있으며 2018년 기준 매출 340억불을 기록했다. 이는 LDC의 80% 수준이며, 전체 매출의 대략 20%가 중국에서 발생했다.

2019년 1월 코프코 인터내셔널의 회장은 이코노미스트지와의 인터뷰에서 앞으로 더욱 성장에 박차를 가할 준비가 되어있음을 밝혔다. 그들의 전략은 중국에서의 강점을 지렛대 삼아 글로벌 사업을 확장하는 것이다.

코프코 인터내셔널에 대한 회의론도 일부 존재한다. 과연 코프코 인터내셔널이 곡물과 유지 시장에서의 기존 쟁쟁한 경쟁자들에 도전할 수 있겠냐는 것이다. 회의론자들에 따르면 결국 코프코는 중국의 전략적 식량 확보를 경제적 논리와 목표보다 우선시할 것이며 지금처럼 국가 간 무역의 긴장이 높아지는 때는 더욱 그러할 것이다. 전직 코프코 직원은 로이터와의 인터뷰에서 말했다. "코프코는 거대한 기계와 같습니다. 코프코는 기업처럼 생각하지 않습니다. 그들은 마치 정부처럼 생각합니다." 그러나 코프코는 이러한 주장을 대응할 가치가 없는 것으로 여겼다.

코프코 인터내셔널의 지분 48%는 코프코가, 12%는 중국투자공사(CIC)가 보유하고 있다. 그 외에 스탠다드차타드 은행, 세계은행 산하 IFC 그리고 싱가포르 국부펀드 테마섹(Temasek)이 지분을 보유하고 있다. 소수지분을 가진 주주들은 코프코 인터내셔널이 약속한 IPO를 통한 엑시트 전략을 기대하고 있다. 코프코 인터내셔널의 경쟁자들에게 가장 큰 우려는 중국 곡물 시장으로의 직접 접근을 국가전략적인 이유에서건 사업적인 이유에서건 코프코 인터내셔널이 독점해버릴지도 모른다는 점이다. 코프코 인터내셔널이 중국의 식량 수입을 장악해나갈수록 그들의 강점은 따라가기 힘들어질 것이다.

모든 것의 시작과 끝은 결국 중국의 수요입니다.

어느 트레이딩 회사의 전직 임원이 이코노미스트지에서 말한 바 있다.

가장 큰 수입국이 무얼 하고 있는지 이해하면, 트레이딩 게임은 손아귀 안에 있습니다.

다방면으로 인터뷰를 시도했으나 불행히도 코프코 인터내셔널은 이 책의 인터뷰를 끝내 거절하였다.

트레이딩은 사람의 일
이토 반 란쇼트 Ito van Lanschot

이토 반 란쇼트는 사업 개발, 전략 기획, 투자, 리스크 관리 등 원자재 트레이딩과 관련된 다방면의 전문가이다. 그는 원자재 데이터 및 솔루션 제공 사업의 선두주자인 Tradesparent BV를 창업하였다.

이토는 베이와 아그리의 CEO, 릴라이언트 에너지 유럽의 사장 겸 COO 그리고 니데라의 CEO를 역임했다. 니데라에서는 곡물과 유지류 트레이딩, 가공 사업, 운임, 에너지, 리스크 관리 등 폭넓은 책임을 맡았다.

당신은 네덜란드의 유명한 은행가 가문 출신입니다. 집안 배경에 대해 말해주시겠습니까?

1400년대에 우리 집안은 네덜란드 남부에서 양조업을 했습니다. 당시는 스페인의 지배 아래 있었지요. 1600년대 후반에 들어서는 상업어음 할인을 시작했습니다. 사실상 우리 집안이 은행업을 처음 시작하게 된 때라고 볼 수 있지만 공식적으로 우리 가문의 첫 은행은 1737년에 설립되었습니다.

1993년까지 가족들이 은행 경영을 맡았다고 알고 있습니다. 은행업에 합류하지 않은 이유는 무엇입니까?

사실 잠시 은행업에 종사했습니다. 그러나 지루하게 느껴졌습니다. 저희 집안의 은행은 다소 보수적인 분위기입니다. 그럼에도 꽤 규모가 있었던 외환거래 데스크에서 처음 트레이딩의 맛을 보았고 그 매력에 빠졌습니다. 1974년에 은행을 떠나 콘티넨탈 그레인의 독일 함부르크 지사에 수습으로 들어갔습니다. 콘티넨탈 그레인에서 함부르크, 마드리드, 제네바로 자리를 옮기면서 커리어를 보냈습니다. 이후 부에노스아이레스에 트레이딩 매니저로 배치되었다가 미국 카터 대통령이 금수조치를 내렸던 1980년에 뉴욕 본사로 이동했습니다.

1980년대 초 뉴욕에서는 대두박과 밀을 주로 다뤘습니다. 그러나 수출금지 조치 때문에 미국 내 과잉공급이 일어났고 마진은 매우 박했기에 이익을 내기 위해 혁신적인 아이디어들을 고민해야 했습니다. 콘티넨탈 그레인은 많은 물량을 수출하고 있었지만 대부분이 파나막스 선형처럼 큰 배로 이뤄지는 사업에 집중하고 있었습니다. 이는 매우 경쟁이 심한 시장이었습니다. 저는 당시 회사가 상대적으로 작은 바이어들에게 덜 집중하고 있다고 느꼈습니다. 이들은 단독으로 큰 배의 모든 물량을 구매하기 어려운 바이어들이었습니다. 따라서 카리브해 연안에 있는 여러 국가들의 다양한 품목의 수요를 모아 크기가 보다 작은 핸디사이즈 선형으로 합적하는 아이디어를 생각해냈습니다.

이 아이디어는 대규모 무역금융이 필요했기에 고위 경영진을 설득하는 데에 시간이 걸렸습니다. 그러나 재무팀의 창의적인 지원에 힘입어 끝내 시행되었고 카리브해와 중남미 연안을 따라 넓은 교역망을 구축했습니다. 이는 매우 수익성이 높은 사업으로 발전되어 '콘티 라틴'으로 불린 독립적인 사업부로 성장했습니다. 프리부르 가문이 카길에 곡물 트레이딩 자산들을 매각했을 때, 콘티 라틴만큼은 넘기지 않고 성공적으로 운영해 나갔습니다. 그러한 사업의 기원에 관여되어 있었다는 사실을 자랑스럽게 생각합니다.

1990년에 스페인으로 돌아가 매니징 디렉터 자리를 맡았습니다. 그 이전에 이미 콘티넨탈 그레인의 마드리드 지사에서 트레이더로 일한 바 있으며, 10년이 지나 매니징 디렉터의 자리로 돌아온 것입니다. 콘티넨탈 그레인에는 이토록 좋은 기회들이 많았습니다. 그러나 이로부터 1년 후 니데라로 자리를 옮기게 되었습니다.

1970년대의 호황과 1980년대의 불황을 다 경험하셨군요.

그렇습니다. 그러나 대곡물강도사건 당시 저는 수습에 불과했습니다. 따라서 70년대의 호황보다는 80년대의 불황에 대한 기억을 더 많이 가지고 있습니다. 물론 이야기는 많이 들었습니다. 프리부르씨가 어떻게 소련에 곡물을 판매했는지 등 말입니다. 콘티넨탈 그레인 출신이라는 게 자랑스럽습니다. 이는 무척 값진 경험입니다. 프리부르 가문은 직원들에게 많은 재량권을 주었습니다. 앞서 말한 것처럼 우리에게는 새로운 기회를 창출할 공간이 많이 주어졌습니다.

콘티넨탈 그레인처럼 큰 회사에서 니데라같이 작은 회사로 옮기는 일은 어땠습니까?

두 기업 다 지배 가문에 의해 운영되는 회사들인지라 공통점이 많았고 회사문화도 비슷했습니다. 니데라는 크게 두 개의 회사로 구성되어 있었습니다. 네덜란드의 니데라(NHBV)와 아르헨티나의 니데라(Nidera SA)로 말입니다. 네덜란드의 니데라는 국제 식용유 사업의 주요 플레이어였는데 당시에는 더 큰 회사들이 식용유 트레이딩에 본격적으로 뛰어들기 전이었습니다. 저는 잘처-레위씨를 대신하여 NHBV의 이사회 의장을 맡아달라는 제안을 받았습니다. 잘처-레위씨는 니데라를 소유하는 가문의 일원이었습니다. 그들은 경쟁력 높은 식용유 트레이딩팀을 보유하고 있었고 이에 더해 곡물과 유지 사업을 성장시키는 일을 제가 맡아주기를 원했습니다.

니데라의 지배 가문은 일상적인 비즈니스에 얼마나 깊이 관여했습니까?

세 가문 모두 비즈니스에 어느 정도 개입하기는 했습니다. 잘처-레위씨는 적극적으로 NHBV를 운영하는 것에서 감사회로 한발 물러났습니다. 우리는 좋은 관계를 형성했고 저는 점차 신임을 얻어 사업 성장에 필요한 보다 많은 자유와 지원을 얻었습니다. 산업에 대한 그의 깊은 이해와 상호신뢰가 회사가 거둔 성공의 밑바탕이 되었습니다.

그럼에도 2000년에 처음 니데라를 떠난 이유는 무엇입니까?

미국 에너지 기업 릴라이언트 에너지의 유럽 사업부 사장 겸 COO로 합류하게 되었습니다. 릴라이언트 에너지는 휴스턴에 본사를 두고, 1990년대 초 시작된 에너지 시장 자유화의 물결을 타면서 급격하게 성장했습니다. 미국에서 처음 사업을 시작한 릴라이언트 에너지는 이후 유럽 시장으로 진출했습니다. 당시 유럽 내 영국을 포함한 여러 국가들이 정부가 소유하거나 통제하고 있던 공공기업들을 민간에 매각하기 시작했습니다. 릴라이언트 에너지는 당시 네덜란드의 가장 큰 공기업 중 하나였던 UNA를 인수하여 이를 맡아 상업적으로 탈바꿈하고 운영하는 일을 제게 제안했습니다. 그 과정에는 원자재 트레이딩에 필요한 기술, 원칙, 전문성이 요구되었습니다. 이는 큰 도전이었습니다. 우리는 자유화된 에너지 시장에서 살아남아야 하는 발전소들을 보유하고 있었습니다. 정교한 모델링, 구조설계, 리스크 관리 원칙들이 도입되었습니다. 아직은 미성숙한 에너지 시장에서 트레이딩 플랫폼을 지원하고 발전소 운영을 최적화하기 위한 기술과 시스템의 지원도 있었습니다. 역동적으로 성장하는 에너지 산업에서 보낸 흥미로운 시간들이었습니다.

엔론 사태가 일어나면서 업계 전체가 붕괴할 때까지 3년 동안 릴라이언트에 있었습니다. 자본시장은 발전 산업에 대한 지원과 관심을 끊었고 릴라이언트는 사업을 매각하였습니다.

이후 니데라로 돌아간 것입니까?

2000년 니데라를 떠날 때 잘츠-레위씨는 감사회에 합류하라고 제게 권유했습니다. 이를 받아들였고 결국 의장직도 맡았습니다. 따라서 릴라이언트에 있는 동안에도 니데라와 계속 끈끈한 관계를 유지했습니다. 이후 주주들의 요청으로 니데라의 CEO를 맡았습니다. 과거 몇 년 니데라의 실적은 실망스러웠고 주주들은 제게 사업의 정상화를 부탁했습니다.

2006년 니데라에 돌아갔을 때 가장 처음 한 일은 리스크 관리 부서를 만든 것입니다. 저는 데이터 기술과 결합된 리스크 관리에서 나오는 체계적인 원칙만이 사업 포트폴리오를 관리하고 최적화할 수 있는 유일한 길이라고 믿었습니다. 또한 프런트 오피스에 적용할 새로운 시스템과 기술에도 투자했습니다. 몇 년 후 우리는 회사 역사상 최고의 실적을 달성할 수 있었습니다.

제 자신의 사업을 시작하기 위해 2010년 니데라를 떠났습니다.

2016년에 Tradesparent로 이름을 바꾼 커머디티 서비스 & 솔루션을 세웠습니다. 제 계획은 농산물 원자재 시장과 에너지 발전 사업에서의 경험을 활용하는 것이었습니다. 주로 엔지니어들에 의해 운영되었던 에너지 산업에서 보낸 시간이 트레이딩과 가공 사업에 대한 새로운 관점을 제게 심어주었습니다. 특히 리스크와 이익 관리의 측면에서 말입니다.

에너지 발전 산업의 역동성과 변동성을 관리하면서 쌓은 경험은 농산물 원자재 트레이딩과 가공 산업에도 좋은 참고가 됩니다. 두 산업 모두 현물을 다룬다는 점에서 금융상품이나 파생상품을 다루는 것과는 또 다른 능력이 요구됩니다. 두 산업의 차이점도 있습니다. 에너지 산업은 주로 엔지니어들이 이끄는 반면 곡물 산업은 트레이더들이 주도합니다. 두 분야를 종합하면 전통적으로 농산물 원자재 사업에서 리스크를 바라보는 관점에 변화를 가져올 수 있습니다. 사업이 처음부터 성공을 거두고 첫 고객이 아직도 적극적으로 저희의 서비스와 시스템을 사용하면서 좋은 결과를 얻고 있다는 사실은 무척 흐뭇한 일입니다.

Tradesparent에 대해 조금 더 설명해주십시오.

일반적으로 시장은 바이어들이 주도합니다. 생산자와 가공자들은 뒤처질 수밖에 없습니다. 특히 2006년에서 2008년 사이의 원자재 슈퍼사이클 동안 그리고 2010년까지 가격 변동성이 무척 컸던 시기에 이러한 경향이 두드러졌습니다. 당시에 트레이더들은 많은 돈을 벌었습니다. 그러나 가공업체들은 허덕였지요. 가공업체들은 전통적으로 원료를 구매하며 완제품을 생산하기까지 부가가치를 창출하는 데에 집중합니다. 변동성이 큰 시장에서는 이게 무척 어렵습니다. 변동성은 가공업체들의 마진에 부정적인 영향을 주었습니다.

Tradesparent는 가공업체들에게 트레이더들의 사고방식과 행동원칙을 소개합니다. 여기서 철저한 리스크 관리가 매우 중요한 부분을 차지합니다. Tradesparent팀은 업계의 전문가와 기술자들로 구성되어 있으며 다이내믹 마진 관리법(Dynamic Margin Management)이라는 개념을 고안했습니다. 우리가 축적한 정보자산과 분석기술을 활용하여 원료 가격과 완제품의 가격을 유기적으로 연동시키는 작업이며, 마진을 구성하는 여러 요소들의 선도가격곡선(forward price curve)이 함께 고려됩니다.

릴라이언트 에너지의 사업이 그랬듯이 가공회사들은 엔지니어들이 이끌어 나갑니다. 그러나 엔지니어들은 가격 변동성에 대응하는 훈련이 부족한 경향이 있습니다. 바로 이러한 약점을 보완하여 마진을 개선할 수 있도록 철저한 리스크 관리가 수반되는 변동성 대응과 활용법을 소개하고 제공하는 것입니다.

코프코가 니데라의 지분을 인수하기 4년 전에 또다시 니데라를 떠났습니다. 당신이 CEO로 있는 동안 니데라의 지분 참여 파트너를 찾는 일을 이미 시작했습니까?

물론입니다. 회사가 크게 성장하면서 자금조달이 문제가 되었습니다. 미래의 성장을 위해 어떻게 자금을 조달해야 할 것인가 고민했습니다. 시장은 여전히 변동성이 컸고 가격은 상승하고 있었으며, 가격이 높을 때에는 더 많은 무역금융이 필요합니다. 은행들은 기꺼이 돈을 내줄 의사가 있었지만 점점 더 니데라의 장기 유동성 비율을 자세히 들여다보기 시작했습니다. 우리에게는 더 많은 자기자본이 필요했고 10%-15%의 지분으로 참여할 파트너들을 모색하기 시작했습니다.

그렇다면 니데라 가문은 왜 10%-15%의 지분이 아니라 아예 회사 전체를 팔아버리기로 결정한 것입니까?

이미 말한 것처럼 저는 니데라를 2010년에 떠났기 때문에 코프코에 매각하는 작업에 직접 관여하지 않았습니다. 오직 이후에 들은 내용을 바탕으로만 얘기하겠습니다.

처음 계획은 분명히 지분에 참여할 파트너를 찾는 것이었습니다. 또한 니데라 가문은 사업을 성장시킬 수 있는 전략적 파트너를 찾기 원했습니다. 바로 그 전략적 파트너의 모습을 코프코에서 발견한 것으로 보입니다. 코프코는 니데라가 아르헨티나와 브라질에 가지고 있었던 오리지네이션 자산을 갖고 싶어했습니다. 51 대 49로 지분을 나눈 거래는 그러한 논리를 따른 것입니다. 니데라 출신의 인력들이 코프코의 도움 아래 니데라를 계속 운영하는 것이 원래의 아이디어였습니다.

2015년 니데라는 5년 만에 처음으로 손실을 기록했습니다. 회사 승인 없이 제멋대로 거래한 트레이더가 바이오연료 시장에서 2억불의 손실을 본 다음 말입니다. 도대체 이 일은 어떻게 일어난 것이며 회사 내부에서 어째서 이를 더 일찍 포착하지 못한 것입니까?

저는 리스크 관리와 트레이딩 경험이 있는 니데라의 마지막 CEO였습니다. 이후에 재무 출신 관리자가 역할을 이어받았고 나중에는 유니레버 출신이 CEO를 맡았습니다. 트레이딩 업계에서 자주 보이는 것처럼, 트레이더들을 관리하는 일은 쉽지 않습니다. 아무리 내부통제 시스템을 잘 갖추어 놓았더라도 항상 눈을 부릅뜨고 뭔가 이상한 일이 없는지 들여다보아야 합니다. 제 생각에는 경험이 풍부한 트레이더 출신이 이러한 일을 더 잘할 수 있습니다. (잘못된) 트레이더를 잡아내기 위해서는 트레이더가 필요합니다.

코프코가 니데라와 노블을 동시에 인수한 것은 실수였다고 누군가 제게 말하더군요. 코프코에게는 니데라 하나만 인수하는 편이 더 나았을 것이라는 의견에 동의하십니까?

농산물 원자재 트레이딩은 고정자산보다 지식과 전문성이 더 중요합니다. 자산만 가지고 있는 것은 충분하지 않습니다. 적합한 고정자산이 도움이 되는 것은 오직 이를 운영하는 트레이더들이 능력과 경험을 충분히 갖추었을 때입니다. 니데라는 사람, 지식, 네트워크에서 출발했습니다. 자산을 더한 것은 나중의 일입니다.

농산물 원자재 트레이딩과 서플라이 체인은 다 사람에 의해 굴러가는 일입니다. 자산은 도움이 되지만 핵심은 올바른 사람을 먼저 갖추는 일입니다. 사실 트레이딩의 성공에는 자산을 소유하는 것보다 기술이 더 중요할 수도 있습니다. 원자재의 흐름을 이해하고 예상하는 능력은 필수적입니다. 니데라는 이를 충분히 이해한 후에야 비로소 자산에 투자했습니다.

노블을 충분히 존중하지만 그들은 원래 고철을 다루는 회사지 농산물을 다루는 트레이딩 회사가 아닙니다. 리차드 엘만의 철학은 자산을 먼저 구매하고 그 주변부를 따라 트레이딩 사업을 구축해나가는 것이었습니다. 결국 노블 아그리는 이게 가능하지 않은 일이라는 사실을 증명했습니다.

코프코에게는 중국을 위해 농산물 원자재의 오리지네이션을 확보하고 ABCD 회사들에 덜 의존할 수 있도록 하는 과제가 중국 정부로부터 주어졌습니다. 이를 달성하기 위해서 동시에 두 회사를 인수했지만 완전히 통합하는 데에 큰 어려움을 겪었습니다. 우선 니데라와 노블 간의 융합도 쉽지 않았고 그들을 코프코의 조직체계와 회사문화로 흡수하는 일도 어려웠습니다. 트레이딩 사업의 어려운 점 중 하나는 트레이더들이 성공할 수 있도록 충분한 자유와 그들만의 공간을 주면서 동시에 리스크를 관리해야 하는 점입니다. 코프코의 문화는 트레이더들에게 필요한 충분한 자유를 주기 어려웠을 것입니다.

따라서 코프코가 니데라만 인수하는 편이 나았을 것이라는 의견에 동의합니다. 노블은 자산을 가지고 있었지만 그중에는 덜 쓸모 있는 것들도 있었습니다. 또한 많은 자산들이 비교적 최근에 비싸게 지어진 것들이었습니다. 노블 출신 인력들은 자산보다 사람의 능력에 보다 집중한 니데라 출신의 인력만큼 경험과 능력이 뒷받침되지 못했습니다.

만약 코프코의 경영을 맡고 있었다면 무엇을 어떻게 다르게 했겠습니까?

코프코는 중앙집권적인 회사문화를 가지고 있습니다. 반면 니데라와 노블은 이와 완전히 반대의 회사문화를 가지고 있었습니다. 저였다면 우선 두 조직이 독립적으로 서 있을 수 있도록 한 후에 그들의 문화를 이해하는 데에 시간을 들였을 것입니다. 그들의 다른 문화를 완전히 이해하기 전에 조직부터 합치는 일은 하지 않았을 것 같습니다. 따라서 먼저 두 백 오피스부터 통합을 시작하는 동안 두 프런트 오피스는 독립적으로 운영을 하다가 코프코가 이 두 독립적인 사업체의 중국 사업에 어떻게 도움을 줄 수 있는지 살폈을 것입니다. 그러나 무작정 두 사업체를 합침으로써 큰 혼란이 야기되었고 뛰어난 인력들을 많이 잃었습니다.

이제 코프코 인터내셔널은 글로벌 무대에서 ABCD 등과 경쟁할 준비를 하고 있으나 아직 해결하지 못한 과제도 많이 있습니다. 제가 코프코라면 우선 중국 수입 사업에 집중을 하면서 그 흐름을 최적화하기 위해 노력하겠습니다. 그러나 지금은 가장 크고 오래되었으며 뛰어난 트레이딩 회사들도 고전을 면치 못하고 있기 때문에 코프코가 직면한 문제들은 충분히 이해할 만합니다.

만약 코프코가 니데라를 인수하지 않았다면 여전히 니데라는 시장에 남아있었겠습니까?

좋은 질문입니다. 소수의 주주들만으로 회사를 계속 운영하는 것은 가능하지 않다고 앞서 주주들에게 말한 바 있습니다. 니데라는 성장을 뒷받침하기 위한 더 많은 자본이 필요했습니다. 주주 가문의 일부는 기꺼이 지분을 팔고자 했지만 어떤 이들은 이를 꺼렸습니다. 따라서 강력한 파트너 없이는 니데라가 오늘까지 계속 존속했을 것 같지 않습니다.

오늘날의 시장 환경에서 규모가 작은 트레이딩 하우스들에게도 여전히 역할이 있다고 보십니까?

트레이딩 시장에서 살아남기 위해서는 고도의 전문성이 필요합니다. 생산자와 소비자의 힘 사이에서 트레이더들이 할 수 있는 역할과 더 할 수 있는 가치는 한정되어 있습니다. 정말로 그들만이 할 수 있는 특수한 강점이 있지 않는 한 작은 트레이더들이 가치를 더할 수 있을 것이라고 쉽게 생각되지 않습니다. 오늘날 시장은 너무나 투명하기 때문에 이러한 일은 일어나기 쉽지 않을 것입니다.

규모가 큰 트레이딩 회사들도 이미 고전을 면치 못하고 있습니다.

우리 업계는 대곡물강도사건이 있은 후 불황의 시기와 비슷한 시간을 보내고 있습니다. 80년대와 90년대는 이익을 내기가 매우 힘들었습니다. 오늘날도 마찬가지입니다. 마진이 박할 때에는 지나친 투기의 유혹에 빠지는 경향이 있습니다. 이는 언제나 관리가 필요한 일입니다. 업계 전반적으로 비용이 너무 높은 것도 문제입니다. 저는 블록체인 기술이 비용 절감과 마진 개선에 도움이 될 것으로 생각합니다. 미래는 기술에 달려있습니다. 이런 기술에 대한 투자는 고위 경영진이 적극적으로 주도해야지 IT부서에 알아서 하라고 맡겨 둬서는 안 됩니다.

오늘날 트레이딩 하우스들이 직면한 가장 큰 리스크와 과제는 무엇입니까?

관리자에게 가장 큰 리스크는 불완전하거나 부정확한 정보를 바탕으로 결정을 내리게 되는 일입니다. 빠르게 변화하는 복잡한 시장에서 정확한 정보 수집은 대부분의 트레이딩 하우스들에게 쉬운 일이 아닙니다. 고위 경영진은 여기에 노력을 더 기울이고 새로운 기술을 자신들부터 적극적으로 받아들여야 합니다. 과거에 트레이딩 회사들은 마진이 충분했기에 잘못된 결정에 대해서도 누구나 종종 잘못된 결정을 내릴 수 있다며 얼버무릴 수 있었습니다. 그러나 오늘날처럼 마진이 박한 시기에 내려지는 잘못된 결정에는 즉각적으로 큰 대가를 지불하게 될 수도 있습니다.

니데라가 한 실수들에 대해서도 말해주십시오.

쿽쿤홍이 월마를 처음 창업했을 때 니데라에게 파트너가 되어달라고 요청했습니다. 그 기회를 잡지 않은 것은 큰 실수였습니다. ADM이

니데라 대신 그 기회를 잡았습니다. 제가 합류하기 바로 직전에 일어난 일이었습니다. 당시 니데라의 주주들에게 아시아는 미지의 영역이었습니다. 니데라는 유럽과 남미에서의 기회에 집중하고 있었습니다. 명백한 실수였습니다. 이후에 우리는 다시 시장으로의 진입을 시도했고 팜유 생산 투자 계획을 준비했지만 주주들의 생각과 거리가 좁혀지지 않았습니다.

러시아에서도 니데라가 조금 늦지 않았습니까?

항구 인프라와 사일로 등에 대해 얘기한다면 맞습니다. 니데라는 너무 보수적이었고 늦었습니다. 그러나 러시아 내의 트레이딩을 완전히 등한시했던 것은 아닙니다. 우리는 해바라기씨를 내륙에서 사들여 수출하는 비즈니스를 개발했습니다. 이는 나중에 우크라이나와 카자흐스탄으로 확장한 좋은 사업이었습니다. 주주들은 러시아 내의 트레이딩에 대해서는 긍정적으로 받아들였지만 고정자산에 투자하는 일은 꺼렸습니다.

2014년에서 2016년 사이 독일 베이와의 국제 트레이딩 사업을 맡아 이끌었습니다. 농업 협동조합이 국제 곡물 시장에서 역할이 있다고 보십니까?

베이와는 협동조합으로 시작했습니다만 지금은 다양한 사업에 몸담은 공개기업이 되었습니다. 2012년에 베이와는 네덜란드계 서플라이 체인 회사 세페트라를 인수했고, 독일 북부에 위치한 본호스트 아그라핸델의 지배지분을 인수했습니다. 이 두 회사의 인수는 베이와에게 국제 곡물 시장으로의 문을 열어주었습니다. 베이와의 CEO 클라우스 요제프 루츠 교수는 베이와에 합류하여 국제 트레이딩 사업 포트폴리오 구축을 도와달라고 제게 요청했습니다. 저는 유럽 시장에서의 점유율을 높이고 서플라이 체인과 특수 품목 사업에 집중하는 일을 제안했습니다. 베이와는 독일과 오스트리아에서 오리지네이션 강점을 가지고 있었습니다. 이를 세페트라와 결합한다면 유럽 전역으로 서플라이 체인을 확장할 수 있었습니다. 베이와는 유럽 내 흐름을 잘 이해하고 있었기 때문입니다. 베이와는 성공을 거두었지만 전통적인 농업 협동조합에게는 훨씬 어려움이 클 것입니다.

마지막으로 하고 싶은 말이 있으십니까?

두 가지를 말하고 싶습니다. 우선 정보는 데이터이며 이는 다른 산업에서도 마찬가지지만 원자재 트레이딩 사업을 운영하는 데에는 더욱 반드시 필요합니다. 데이터를 수집, 정돈, 분류하는 모든 작업은 결코 소홀히 할 수 없습니다. 그 이후에야 탄탄한 의사결정을 내릴 수 있도록 돕는 데이터 분석과 비즈니스 솔루션 제공을 시작할 수 있습니다. 두 번째는 급격하게 복잡해지는 시장에서 거대한 트레이딩 회사들조차 종종 다양한 품목과 여러 트레이딩 사업부로 구성되어 있는 글로벌 사업 포트폴리오 관리에 애를 먹는다는 점입니다. 복잡성에 제대로 대응하기 위해서는 적합한 기술의 도입이 필요합니다.

13장

루이 드레퓌스
(Louis Dreyfus Company)

우리는 서플라이 체인 그 자체입니다.
_이안 맥킨토시

레오폴드 루이-드레퓌스(Léopold Louis-Dreyfus)는 스위스 바젤에서 불과 수 킬로미터 거리에 있는 프랑스 알자스 지방 시에렌츠의 농부 집안에서 1833년 태어났다. 그에게는 12명의 형이 있었는데 16살이 되었을 무렵 그가 집안 농장에서 꿈꿀 수 있는 미래는 뻔하다는 사실을 깨달았던 것 같다. 곡물 거래에 손을 댄 그는 집안 농장에서 수확한 밀을 스위스 바젤로 운송하여 이익을 남기고 팔았다. 1851년 레오폴드는 그의 이웃들에게서 밀을 수매하여 스위스로 팔기 시작했다.

자기 이름으로 회사를 설립하기에 레오폴드는 아직 너무 어렸다. 그는 아버지 루이 드레퓌스(Louis Dreyfus)의 이름을 따서 스위스 베른에 회사를 세웠다. 훗날 레오폴드는 자신의 성을 루이-드레퓌스(Louis-Dreyfus)로 하이픈을 붙여 바꾸었지만 회사 이름은 여전히 하이픈이 없는 루이 드레퓌스(Louis Dreyfus)로 남았다. (나는 왜 루이-드레퓌스 가문의 이름에는 하이픈이 붙고 회사 이름 LDC에는 하이픈이 없는지 늘 궁금했는데 이제는 그 궁금증이 해소되었다.)

170년이 지난 지금 레오폴드가 세운 회사는 여전히 건재하다. 루이 드레퓌스는 매년 약 8천만톤의 농산물을 오리지네이션, 가공, 운송하고 있으며 이는 전 세계 농산물 교역량의 약 10%에 달하는 규모이자 5억명의 인구를 먹이고 입힐 수 있는 양이다. 루이 드레퓌스는 전 세계 약 100여 개국에서 1만8천여 명의 직원들을 고용하고 있다. 더욱 놀라운 것은 회사가 아직도 루이-드레퓌스 가문의 지배 아래 있다는 것이다.[1]

---

[1] 2021년 루이 드레퓌스는 지분의 45%를 아부다비의 국영지주회사 ADQ에 팔았다. 이는 170년 회

1915년 레오폴드가 세상을 떠나면서 회사는 두 아들 샤를과 루이가 물려받았다. 당시 루이 드레퓌스는 벙기와 더불어 세상에서 가장 큰 곡물 트레이딩 회사였다. 그러나 2년 후 러시아 혁명으로 당시 러시아에 있었던 LDC의 모든 자산들이 몰수되는 것을 레오폴드가 직접 보지 않고 세상을 떠난 것을 다행이라고 생각해야 할까? 이 같은 어려움에도 레오폴드의 두 아들은 새로운 시장에서 회사를 계속 성장시켰다. 그들은 사업의 초점을 트레이딩에서 물류 방면으로 살짝 틀어 상당한 규모의 선단을 갖추었다.
　제2차 세계대전 이후 드레퓌스 가문은 회사를 곡물 트레이딩과 해운업 위주로 재편하였으나 마진이 낮았다. 경쟁자들은 크러싱과 가공 사업 같은 밸류 체인 내의 다른 영역으로 사업을 다각화했으나 루이 드레퓌스는 이를 따라가지 않았다. 결과적으로 LDC는 세계 5대 곡물 트레이딩 회사의 첫 번째 자리에서 다섯 번째로 밀려나고 말았다.
　제라르 루이-드레퓌스는 1969년 37살의 나이로 LDC의 CEO를 맡게 되었다. 그는 회사의 강점이 차익거래에 있다는 사실과 이러한 강점이 곡물 시장 밖에서도 사용될 수 있다는 걸 재빨리 알아챘다. 1971년 LDC는 부동산 개발 사업에 뛰어들었을 뿐만 아니라 곡물이 아닌 원자재들도 건드리기 시작했다. 또한 차익거래의 영역을 회사를 사고파는 데까지 넓혀 성장이 더딘 분야는 팔고 성장이 빠른 분야의 회사는 사들였다. 그런 의미에서 LDC는 사모펀드와 헤지펀드의 하이브리드 사업을 개발해낸 셈이었다. 흥미롭게도 이는 몇 년 후 콘티넨탈 그레인이 따라한 모델이기도 하다. 그러나 콘티넨탈 그레인과 달리 LDC는 계속하여 곡물 사업을 가져갔다.
　1976년 제라르는 회사의 전략을 담은 서한을 직원들에게 보냈다.

사 역사상 처음으로 창업 가문이 아닌 외부자를 주주로 받아들인 것이다.

편지에는 다음과 같은 내용이 담겨있었다.

> 루이 드레퓌스는 오늘날 프랑스에 있는 레스토랑의 종류만큼이나 다양한 사업에 몸담고 있습니다. 중동의 관개 사업, 브라질의 호텔 사업, 남미의 유리 제조와 목재 사업 그리고 미국과 캐나다의 사무용 건물 개발 사업 등이 있습니다. 우리는 지속적으로 사업을 다각화해왔으며 앞으로도 우리의 기존 사업에 시너지를 일으킬 수 있는 기회가 있는 곳에 지속 투자할 것입니다.

1986년 LDC는 석유와 가스 같은 에너지 상품을 원자재로 트레이딩한 초기 플레이어들 중 하나였다. LDC는 이를 위해 루이 드레퓌스 에너지라는 자회사를 두었다. LDC는 지속적인 사업 다각화를 추진하면서 1988년에는 브라질의 오렌지 가공 플랜트를 인수했다. 이후 미국 플로리다로 오렌지주스 사업을 더욱 확장하여 2만5천 에이커의 오렌지 밭과 매년 25만톤의 오렌지주스 농축액을 가공할 수 있는 설비를 사들였다.

1996년 루이 드레퓌스 에너지는 미국에서 전기를 트레이딩한 첫 회사들 중 하나였으며 몇 년 후 이 사업을 유럽으로 확장했다. 1998년에는 LDCom Networks를 출범시켜 프랑스에서 광섬유 네트워크를 구축하는 데에 뛰어들었다. 2003년에 이르러 LDCom Networks는 프랑스의 3대 통신회사 중 하나가 되었다.

2006년 런던에 머물며 고객들을 방문하는 동안 LDC의 트레이더들과도 저녁 약속이 있었다. 당시 그들의 사무실은 메이페어의 중심에 위치한 올드 벌링턴 스트리트에 있었는데 맞은편에는 내가 젊은 날에 자주 드나들었던 레전드라는 이름의 나이트클럽이 있었다. LDC의 사무실들은 원래 소박하고 잘 드러나지 않는 것으로 유명했는데,

런던 사무실을 이토록 시크하고 비싼 곳으로 옮겼다는 소식에 모두가 놀랬다.

저녁 7시쯤 LDC 사무실을 걸어서 찾아갔다. 내 앞에는 배기 청바지를 입고 블레이저를 걸친 다소 부스스한 남자가 같은 방향으로 걸어가고 있었다. 그가 발을 질질 끌며 리셉션 데스크를 향해 걸어가자 경비직원이 그의 이름을 물었다. 그러자 그는 "루이-드레퓌스"라고 짧게 대답했다. 경비직원이 다시 정중하게 물었다. "네 이곳은 루이 드레퓌스가 맞습니다. 누굴 찾아오셨습니까?"라며 그의 이름을 재차 물었다. "루이-드레퓌스"라는 살짝 짜증 섞인 대답이 다시 돌아왔다. "죄송합니다. 건물에 들어가시려면 먼저 이름을 제게 알려주셔야 합니다."라고 경비직원이 다시 엄숙하게 대답했다. 신사는 다시 한 번 짧고 단호하게 "루이-드레퓌스"라고 대답했다. 그러자 경비직원은 다소 당황한 눈치로 뒤에 있는 나를 쳐다봤다.

"여기 이 사람은 로베르 루이-드레퓌스인 것 같은데요. LDC의 소유주 말입니다. 이분을 어서 들어가게 하는 게 좋을 것 같습니다." 경비직원에게 내가 답했다. 그러자 경비직원은 알아보지 못해 미안하다며 로베르에게 사과했다. 로베르는 뒤를 돌아 내가 누군지 확인하고 별로 중요한 사람이 아니라고 생각하자 다시 사무실 건물로 걸어 들어갔다.

1946년에 태어난 로베르는 레오폴드의 증손자다. 그는 학업에서 뛰어난 성취를 보이지는 못했지만 포커에 뛰어난 재능을 보였다. 포커로 딴 돈으로 나중에 들어간 하버드 비즈니스 스쿨의 학비를 댔을 정도로 말이다. 로베르는 아버지 장의 요청으로 LDC에 합류했다. 당시 장은 회사의 절반 정도를 소유하고 있었다. LDC에 합류하고 나서 로베르는 브라질 사업에 집중하여 현지 식용유 공장의 턴어라운드에 성공했다. 그러나 1980년대 초에 이르러 회사 내에서 성장의 한계를 느낀 그는 LDC를 떠나 여러 다른 산업에 몸담았다. 먼저 미국 제약회사 인터내셔널 메디컬 서비스의 CEO를 맡았다가 영국계 광고회사 사치 & 사치 그리고 2001년까지 머무른 아디다스의 CEO를 역임하면서 턴어라운드 전문가라는 명성을 얻었다.

1996년 12월 마르세유의 시장은 올림피크 드 마르세유 축구팀을 맡아달라고 로베르에게 부탁했다. 로베르는 2억유로를 구단에 지출했고 수많은 감독을 교체했다. 그곳에 있는 동안 로베르는 선수들의 이적과정에서 불법 스캔들에 연루되어 항소심에서 결국 20만유로의 벌금과 10개월의 집행유예를 선고받았다.

LDC 밖에서 20년의 시간을 보냈을 무렵 그의 가족들은 LDC에 돌아와 통신 사업을 맡아달라고 로베르에게 제안했다. 이어 2006년에는 LDC 그룹 전체의 CEO에 올랐다. 로베르는 미국에서 배우로 활약하던 줄리아 루이-드레퓌스의 아버지이자 전 CEO 제라르를 포함한 친척들에게서 지분을 사들여 그의 지분을 61%까지 끌어올렸다. 또한 LDC의 해운사업부를 친척 필립에게 팔았다. 3년 후 63세의 나이로 로베르는 13년 동안 앓아왔던 백혈병으로 세상을 떠났다.

로베르는 두 번 결혼했다. 첫 번째 아내와 1989년에 이혼한 후 그는 마가리타와 1992년 재혼하여 에릭, 모리스, 키릴 세 아들을 두었다. 로베르는 죽기 전 그의 세 아들을 위해 회사를 지키겠다는 약속을 마가리타에게서 받았다. 로베르가 처음 백혈병을 진단받았을 때, 그는 아키라고 불린 가족 재단을 세워 그가 가지고 있던 LDC의 지분 61%를 두었다. 그는 재단의 운영을 아내 마가리타와 최측근 두 명에게 맡겼다. 그러나 재단 운영을 맡은 셋 사이에는 불협화음이 일어났고 권력투쟁이 뒤따랐다. 결국 승리한 마가리타는 이사회의 의장이 되었으나 싸움이 완전히 끝난 것은 아니었다.

로베르는 죽음을 준비하며 그의 두 누이와 두 사촌들이 가지고 있는 LDC의 지분을 가족 재단에 팔 수 있도록 설계했다. 이 풋옵션 중 첫 번째가 2014년에 행사되어 재단의 지분은 80%까지 늘어났다. 나머지 지분은 2018년에 팔려 마가리타의 지분이 96.6%까지 늘어났다. 나머지 3.4%의 지분은 마가리타와 좋은 관계를 유지하고 있는 로베르의 사촌에게 남아있다.

혹자는 LDC가 위기에 빠졌다며 이를 마가리타의 탓으로 돌렸다. 회사 내부에서는 MLD라고도 불리는 마가리타가 친척들의 지분을 사들이기 위해 너무 많은 배당금을 회사에서 빼냈다는 것이다. 이것이 사실일지라도 그에게 최우선 과제는 언제나 세 아들을 위한 회사의 지배권을 확립하는 것이었다. 이 과정에서 그는 여러 차례 CEO를 교체했고 많은 고위 경영진과 트레이더들이 회사를 떠났다. 심지어 기존에 지분을 가지고 있던 루이-드레퓌스 가문의 일부 친척들은 따로 시에렌츠라는 이름으로 경쟁 곡물 트레이딩 회사를 세웠다. 시에렌츠는 LDC의 모든 것이 탄생한 프랑스의 작은 마을이었다. 게다가 LDC의 브라질 설탕 사업 자회사 바이오세프는 계속 자금난에 허덕이며 모기업의 재무적 도움을 필요로 하고 있다. 바이오세프에 들어간 자금은 2018년에 10억불이 넘었다. 바이오세프는 상파울루 증권거래소에 상장되어 있으며 시가총액은 3억8천만불이다. 이는 LDC가 지난 수년간 투자한 금액의 10분의 1 정도 될 것이다.

2016년 새롭게 탈바꿈하는 일환으로 LDC는 회사의 이름을 Louis Dreyfus Commodities에서 여전히 앞 글자는 같은 Louis Dreyfus Company로 바꿨다. 회사가 지향하는 미래를 짐작할 수 있는 상징적인 변화였다. LDC는 이제 재무구조 개선에 힘쓰면서 핵심 사업에 집중하고 있다. 이 과정에서 아프리카 비료 사업을 처분하였으며 뛰어난 수익성을 자랑하던 금속 사업을 4억7천만불을 받고 중국에 매각하였다. 나아가 LDC는 아시아 시장에서의 발자취를 확대하고 있다. 2018

년 중국 톈진에 신규 대두 가공 플랜트를 열었다. 이 신규 플랜트를 통해 LDC는 식용유의 포장과 유통이 이뤄지는 서플라이 체인의 다운스트림까지 진출하게 되었다. 2019년에는 식품 이노베이션 사업부를 세워 식량 산업의 다운스트림으로 사업을 더욱 확장하려는 노력을 기울이고 있다.

40년 전 LDC는 전통적인 곡물 트레이딩 사업 밖에서 사업 다각화를 시도하는 동시에 본원의 식량 사업 서플라이 체인의 강화에도 힘썼다. 오늘날 LDC의 시도는 그들이 늘 해왔던 것과 크게 다르지 않다. 핵심 식량 사업의 강점을 계속 지켜나가면서 호황이 왔을 때 기회를 공략하는 동시, 다른 분야로 다각화를 시도하여 원자재 시장이 침체된 동안에도 수익성을 강화하는 것이다.

우리는 어디로 향해 나아가는지 알고 있습니다

이안 맥킨토시 Ian McIntosh

이안 맥킨토시는 1986년 영국 노퍽에 위치한 LDC 내수 곡물팀의 수습생으로 입사했다. 그는 런던, 파리, 멜버른에서 곡물을 트레이딩하다 다시 런던으로 돌아와 글로벌 원당 트레이딩 사업부를 관리하게 되었다. 이후 커피, 코코아, 쌀, 에탄올, 곡물을 다뤘으며 2008년에는 LDC를 떠나 드레퓌스 그룹 내의 이데시아 자산 운용에 합류하여 2017년까지 있었다. 그러다가 다시 LDC로 돌아와 최고전략책임자를 맡았다가 2018년 9월 CEO가 되었다.

1986년 이 일을 시작한 이래 시장은 어떻게 변했습니까?

완전히 바뀌었습니다. 러시아로 갔던 첫 출장 기억이 납니다. 고객들은 실시간으로 가격을 확인할 수 있는 아이폰이나 로이터 화면은커녕 팩스조차 가지고 있지 않았습니다. 디지털 혁명은 현실입니다. 소비자와 생산자 모두 과거보다 훨씬 많은 정보를 신속하게 얻고 있습니다. 그러나 전통적인 트레이딩 회사들에게도 여전히 강점이 있습니다. 수요와 공급에 대한 깊은 이해, 밸류 체인의 보유 그리고 이를 활용하는 타이밍처럼 말입니다. 수요와 공급에 대한 면밀한 분석은 아직도 유효합니다. 공급 과잉과 결손이 있는 시장 사이의 가격 수렴과정은 그것이 플랫 가격이나 월별 스프레드이든 현물 베이시스이든 시장의 반응을 낳습니다.

알고리즘 트레이딩의 도래는 이 업계가 경험한 많은 변화 중 하나일 뿐입니다. 시장 가격 변화는 공급 과잉 시장에서 공급을 억제하고 수요를 촉진하는 방향으로 움직이고 반대의 경우도 마찬가지입니다. 그러나 이 같은 가격 수렴과정의 변동성이 전보다 심해졌습니다. 오늘날 시장은 즉각적으로 차익거래의 기회를 포착합니다. 시장 가격은 언제나 컨센서스를 담고 있습니다. 시장 가격의 컨센서스에서 현실이 다른 방향으로 움직인다면 다시 가격이 수렴하기 위한 과정은 어떻게 될 것인가 우리는 반드시 질문을 던져야 합니다.

오늘날 이 과정에 변동성이 늘어나고 복잡해진 이유는 선물시장에서 자유롭게 움직일 수 있는 자본(discretionary capital)의 비중이 그렇지 않는 자본의 비중보다 줄었기 때문입니다. 지금은 롱온리(long-only) 상품, 초단타매매 그리고 거시경제에 투자하는 자본의 유입 등이 훨씬 많아졌고 이들에 의한 시장 왜곡이 발생합니다. 만약 공정가격이 100달러이지만 이러한 자본의 유입이 가격을 110달러나 90달러로 밀어올리거나 내리면 가격 수렴의 과정이 더 복잡해집니다. 아직도 진화 중인 시장에서 이러한 요인들은 전통적인 리스크 관리 기법을 재고하게 만듭니다. 옛날 방식의 "우리의 판단이 옳아. 옳다고 증명될 때까지 기다리면 돼." 같은 접근은 더 이상 통하지 않습니다.

원자재 시장에서 중개인의 역할이 크게 사라졌다는 점도 중요합니다. 사라지지 않았다면 최소한 크게 변화했습니다. 우선 시장의 '탈중개화'가 상당히 이뤄졌습니다. 과거에 대부분의 트레이딩 하우스들은 오리지네이션에 집중했습니다. 시장에 신규 진입하는 플레이어들도 오리지네이션을 집중했습니다. LDC는 자신의 역할을 밸류 체인의 매니저로 보고 있습니다. 우리는 밸류 체인과 불가분의 관계에 있는 시장 참가자들입니다. 오늘날 트레이딩 하우스가 성공하기 위해서는 밸류 체인을 따라 통합이 이뤄져야 하며 전통적인 의미의 트레이더의 모습에서 벗어나야 합니다.

LDC가 아직도 서플라이 체인에 가치를 더할 수 있다고 보십니까?

당연히 그렇습니다. 단백질을 예로 들어 생각해봅시다. 단백질 소비의 증가는 아시아를 중심으로 이뤄지고 있습니다. 특히 중국의 육류 수요 증가세는 육류를 생산하기 위해 들어가는 원자재의 중국 내 생산능력을 아득히 초월합니다. GDP와 인구의 증가, 도시화, 서구화된 식습관의 변화 등이 복합적으로 이러한 현상을 초래합니다. 사람들은 부유해질수록 더 많이 먹습니다. 이에 따라 구조적이고 빠른 속도로 단백질 소비가 늘어납니다.

중국에 대한 서구사회의 선입견을 벗고 중국을 바라보면, 중국은 서구사회가 거쳤던 많은 발전단계를 건너뛰고 있는 걸 알 수 있습니다. 중국의 소비자들은 내가 먹는 음식의 안전성을 확인하고자 하며 식량에 대한 추적가능성의 요구를 분명하게 가지고 있습니다. 식품의 생산과 소비 사이의 리드타임 때문에 발생한 식품 오염 사례들이 종종 있어 왔습니다. 많은 개발도상국들은 서구적인 서플라이 체인 모델에 익숙하지 않습니다. 만약 당신이 소비하는 식량이 산업화된 체인을 따라 공급된다면 이에 대한 안전을 확신할 수 있을 것입니다.

글로벌 원자재 시장의 참여자로서 LDC는 거의 완벽한 추적가능성을 제공할 수 있습니다. LDC 자신이 생산자이거나 최초의 생산자와 직접 연결되어 있기 때문입니다. 우리는 상품의 물류에만 관여하는 것이 아니라 산업화된 식품의 직접 가공자이기도 합니다.

농산물 서플라이 체인 내에서 트레이딩 회사가 성공하기 위해서는 통합이 필요합니다. 마진은 서플라이 체인 내 분리된 각각의 단계에 있는 것이 아니라 통합된 전체 서플라이 체인에서 찾을 수 있습니다. 오늘날은 대두의 마진이 오리지네이션에 있다거나 트레이딩에 있다고 딱 잘라 말하기 어려운 환경입니다. 마진은 통합된 밸류 체인에 있습니다. 업스트림 또는 다운스트림으로의 진출은 더 이상 선택이 아닙니다. 이는 필수입니다. 이에 실패하면 회사가 사라질 위기에 처할 수 있습니다.

추적가능한 서플라이 체인으로 나아가면 트레이딩의 유연성과 거래 가능성을 잃게 되지 않습니까?

반드시 그런 것은 아닙니다. 일단 한번 추적가능성이 표준으로 널리 받아들여지면 그 추적가능성은 양도 가능해집니다. 그러나 우리가 다루는 원자재의 추적가능성뿐만 아니라 생산과정의 지속가능성에 대해서도 각별히 노력을 기울여야 합니다. 이는 우리가 매우 심각하게 받아들이는 문제입니다. 최종소비자들의 추적가능성과 지속가능성에 대한 요구는 매우 빠르게 증대했으며 오늘날 주된 관심사입니다. 이 흐름을 받아들이지 못하면 결국 시장에서 밀려나게 되어있습니다. 따라서 업계 전체가 추적가능성과 지속가능성을 받아들이면 트레이딩의 유연성은 여전히 지켜질 수 있습니다. 예를 들어 만약 인도네시아로 브라질산 원당을 판매하였는데, 운임이 크게 변동하여 그 화물을 다른 수입국으로 돌리더라도 추적가능성과 지속가능성에 어긋나지 않을 수 있습니다. 회사의 구조가 잘 갖춰져 있으면 그 추적가능성은 얼마든지 양도할 수 있습니다. 중요한 것은 세계 여러 지역에 널리 펼쳐진 사업 범위입니다. 이는 트레이딩 하우스들에게 큰 규모가 강점이 되는 것들 중 하나입니다. 지리적으로 넓고 다양한 사업 범위를 가지고 있는 것은 트레이딩 하우스들에게 정말 중요합니다. 만약 여기서 뒤처지면 트레이딩의 유연성도 상실하게 됩니다.

경쟁자들 중 글렌코어는 수익의 85%가 유통과 물류에서 나오고 오직 15%만이 트레이딩에서 나온다고 합니다. 카길은 단백질 사업에 큰 투자를 하고 있고 ADM은 재료 사업과 고부가가치 상품으로 나아가고 있습니다. 올람은 한때 틈새시장으로 여겨졌던 분야에서 성공을 거뒀습니다. LDC가 특별히 집중하고자 하는 영역이 있습니까?

물론입니다. LDC에게는 네 개의 기둥이라고 부르는 사업 전략이 있습니다.

첫 번째는 전통적인 트레이딩 사업을 발전시키고 그 기초 위에 새로운 사업을 쌓아가는 것입니다. 전통적인 트레이딩이 변화했다는 걸 잘 알고 있습니다. 또한 수익성의 핵심요소인 트레이딩의 유연성을 지키기 위해서는 세계 곳곳에서 일어나는 가격 변동을 올바로 이해하고 포착할 수 있는 지리적 사업 범위와 정확한 정보원을 확보해야 합니다. 이는 공급 측의 오리지네이션을 유지하는 것을 의미하기도 하고 필요하다면 수요 측으로 한 발 더 나아가는 것을 의미하기도 합니다. 예를 들면 커피나 설탕의 최종소비자에 더 가까이 다가간다거나 곡물이나 유지류의 다운스트림 사업을 키우는 것입니다. 이는 결국 물류와도 밀접한 관련이 있습니다.

두 번째는 탈중개화의 현실을 받아들이고 통합된 밸류 체인 내에서 소비자를 향해 더 가까이 다가가거나 우리 자신이 아예 소비자가 되어버리는 것입니다. 우리는 수직 통합, 그중에서도 다운스트림 쪽으로의 전방 통합을 아주 중요하게 생각하고 있습니다. 중국 톈진에 세운 신규 대두 크러싱 플랜트가 좋은 사례입니다. 이를 통해 동물성 단백질 시장의 다운스트림으로 더욱 가까이 갈 수 있습니다. 나아가 최종소비자들에게 판매되는 병입된(bottled) 식용유나 브랜드 상품을 다룰 수도 있습니다.

세 번째는 재료 산업에 진출하고 식품 산업에 보다 적극적으로 뛰어드는 것입니다. 사실 이는 새로운 게 아닙니다. 예를 들어 LDC는 대두 사업과 연계하여 글리세린과 레시틴을 생산하고 있으며 오렌지 주스 사업과 연계하여 감귤유(citrus oil)를 생산하고 있습니다. 이것들은 전통적으로 부산물로 여겨왔습니다. 분명한 건 다른 원자재 간의 경계를 넘나드는 기회를 포착해야 한다는 점입니다.

네 번째는 혁신입니다. 이는 단순히 기술의 혁신만이 아니라 식품의 혁신을 의미합니다. 우리는 대체 단백질이나 재료 같은 미래의 식품들을 검토하고 있으며 소비자의 수요를 맞출 수 있도록 앞장서 노력하고 있습니다.

우리는 우리가 향하는 길을 알고 있습니다. 5년 후 LDC는 전통적인 트레이딩 회사의 역할에 더해 다각화된 식품 및 영양회사가 될 것입니다. 우리에게는 분명한 전략과 로드맵이 있습니다. 이 전략을 성공적으로 시행하는 것이 바로 제 일입니다.

LDC만의 강점은 무엇입니까?

회사의 오랜 역사, 농산물 포트폴리오의 다양성과 지리적 범위, 밸류 체인의 통합이 LDC가 차별화되는 부분입니다. 이러한 요소들이 합쳐지면 회사는 고유한 정체성을 갖게 됨과 동시에 기회는 극대화하고 리스크는 감소시킬 수 있는 능력을 보유하게 됩니다.

사람들은 흔히 ABCD와 글렌코어, 코프코, 윌마 등을 묶어서 바라보지만, 오늘날 이들은 각기 다른 포커스를 가지고 있습니다. 따라서 직접 비교는 유효하지 않고 ABCD 같은 약자도 의미를 다했다고 생각합니다.

브라질 설탕 사업은 LDC와 벙기에 많은 어려움으로 작용했습니다. 탈출구가 보이십니까?

브라질 사탕수수 산업은 경제적으로도 환경적으로도 성공할 수 있는 모든 요소를 갖추고 있습니다. 다만 정부의 지나친 개입으로 업계는 많은 어려움을 겪었습니다. 계속된 정부의 개입으로 가솔린 가격이 생산비용 이하로 억눌리면서 에탄올의 경쟁력이 상실되었고 결과적으로 큰 손실로 돌아왔습니다. 브라질의 새로운 대통령은 자국 내 에탄올 산업에 보다 우호적으로 보이며, 우리 또한 이러한 상황이 점차 개선될 것으로 전망하고 있습니다. 사실 브라질뿐만 아니라 전 세계적 설탕 소비량의 장기 추세와 에탄올 정책에 관해서도 아직 불분명한 점이 많이 남아있습니다.

콘티넨탈 그레인은 오래전 그들의 곡물 사업을 카길에 팔았습니다. 당시 그들은 곡물 사업의 리스크가 보상 대비 너무 크다고 생각했습니다. 전 세계 이곳저곳으로 막대한 물량의 식량을 리스크 관리와 함께 움직이는 일이 LDC 같은 회사에게도 어려움이 있습니까?

앞서 말한 내용과 맞닿아 있습니다. 콘티넨탈 그레인이 곡물 사업을 팔았을 때에는 대부분의 트레이딩 회사들이 전통적인 방식으로 곡물을 트레이딩하고 있었습니다. 오늘날 탈중개화의 추세는 리스크를 증가시키기보다 감소시키는 편이며, 우리 자신의 리스크 관리도 더욱 용이해졌습니다. 만약 당신이 자기 자신의 직접 소비자가 된다면 결국 남이 아닌 자기 자신의 신용 리스크를 떠안는 것뿐이지 않겠습니까?

사업 다각화의 이점도 분명합니다. 앞서 시장에서 퇴출되거나 합병당한 회사들은 비교적 협소한 사업 포트폴리오를 가지고 있었습니다. 다른 종류의 원자재 간 가격 상관관계는 제각각입니다. 어떤 품목들 간의 상관관계는 매우 높고 어떤 품목들은 그렇지 않습니다. 예를 들어 커피와 옥수수의 상관관계는 낮습니다. 특정 품목이 아니라 전체 포트폴리오로 접근하는 리스크 관리 방식과 사업 범위의 지리적 분산이 주는 이점은 상당합니다.

다운스트림 아래로 내려갈수록 그리고 개발도상국들에 더욱 많이 진출할수록 다른 종류의 리스크들이 도사리고 있는 것은 자명합니다. 과거 1990년대에는 주로 시장 리스크에 대해 걱정했지만 오늘날은 시장, 지정학, 국가, 개별 회사들의 리스크를 신경써야 합니다. 통합적인 접근은 이같이 다양한 리스크를 희석시킬 수 있습니다.

지난 몇 년간 트레이딩 환경은 녹록지 않았습니다. 어디까지가 구조적인 문제고 어디까지가 사이클의 문제라고 생각합니까?

곡물은 단순한 원자재입니다. 진입장벽이 낮은 곡물 사업은 크게 사람의 영양공급과 동물의 영양공급으로 나눠서 생각할 수 있습니다. 여기에 더해 옥수수가 주가 되는 바이오연료 부문이 있습니다. 오늘날 곡물 사업에서 성공적인 회사들은 이 세 영역에 모두 몸담고 있습니다. 곡물 사업의 가치 제안(value proposition)은 유지류와 연계하여 다양한 지역을 연결하는 통합적 물류에서 나옵니다. 현재 과잉공급과 치열한 경쟁은 곡물 시장이 매우 어렵다는 것을 보여주지만 이는 사이클의 일부일 뿐입니다. 모든 원자재가 이 문제에서 자유롭지 않습니다.

블록체인 같은 기술발전은 산업의 미래를 어떻게 변화시키고 있습니까?

블록체인은 디지털화로 나아가는 큰 흐름의 일부입니다. 블록체인 같은 새로운 기술은 추적가능성이나 통합된 밸류 체인 접근 방식에 많은 도움을 줄 수 있습니다. LDC는 중국으로 수출한 대두 카고의 오퍼레이션에 처음으로 블록체인 기술을 적용했으며, 앞으로도 이 같은 첨단기술을 적극적으로 활용할 예정입니다. 블록체인 기술은 점차 밸류 체인 내의 필수적인 기술로 자리잡을 것입니다.

약 30-40%의 식량이 농장에서 식탁까지 운송되는 과정에서 낭비됩니다. 이 문제에 LDC는 어떻게 기여할 수 있습니까?

낭비의 대부분은 LDC가 활동하는 서플라이 체인 범위의 밖에서 이뤄집니다. LDC는 식량의 직접 생산자가 아니기 때문에 농장 단계에서 발생하는 식량의 낭비 문제에 기여할 수 있는 부분이 제한되어 있습니다. 서플라이 체인의 또 다른 반대편에는 유통기한을 지키며 판매하는 슈퍼마켓들이 있습니다. 이러한 유통기한이 얼마나 적절한지의 문제는 차치하고, 유통기한 자체는 우리의 통제 밖에 있습니다. 이렇게 말하는 것이 이 문제에 관여할 의사가 전혀 없다는 것을 말하는 건 물론 아닙니다만 현실적으로 접점이 없거나 적다는 걸 언급하고 싶습니다. 따라서 식량낭비 문제의 해결책을 원자재 트레이딩 단계에서 모색하는 건 올바른 접근이 아닙니다. 우리가 활동하는 단계에서는 거의 낭비나 쓰레기가 발생하지 않으며, 거의 유일하게 '낭비'라고 부를 수 있는 가공과정의 부산물은 버려지지 않고 다시 사용됩니다.

글렌코어는 최근 농산물 원자재 사업 부문을 외부 자본에 개방했습니다. LDC도 이 같은 일을 검토할 수 있습니까?

이는 주주들과 LDC의 지배지분을 가지고 있는 드레퓌스 가문 소유의 아키라가 결정할 사안입니다. 그룹 회장 마가리타 루이-드레퓌스는 최근까지 몇 차례 아키라는 회사의 이익을 항상 최우선으로 모든 옵션을 열어두고 있다고 말한 바 있습니다. 이는 전략적 파트너십을 포함한 여러 가지 형태로 이뤄질 수 있습니다. 또한 신규 사업을 합작투자, 파트너십, 합병 등 여러 방식을 통해 성장시키려는 계획이 있습니다.

오늘날 젊은이들에게 이 업계에서 일하는 걸 권하시겠습니까?

강력히 권하겠습니다. 우리의 일은 농업, 산업적 생산, 금융, 물류 등의 요소가 경제학적 그리고 지정학적 요인들과 복잡하게 얽히고설킨 매우 특수한 일입니다. 제가 생각할 수 있는 일들 중 가장 다면적인 사업이 아닐까 싶습니다. 바로 이 점 때문에 애초에 제 자신도 원자재 업계에 매력을 느꼈습니다. 우리 업계는 젊은 수습생이 들어와서 세상을 부양하는 방식에 의미 있는 변화를 가져올 수 있는 곳입니다. 앞으로는 지속가능성, 추적가능성 그리고 인권문제 등의 화두가 다면성을 더할 것입니다. 진정으로 글로벌한 사업의 일부가 되고 싶은 야심찬 젊은이들에게 우리 업계는 좋은 커리어 기회가 될 것입니다.

더 하시고 싶은 말씀이 있습니까?

제가 정말로 강조하고 싶은 것은 과거 트레이딩 하우스들에 대한 일반적인 선입견들이 더 이상 유효하지 않다는 점입니다. 이러한 인식은 이미 시대에 뒤처진 것입니다. 또한 적응성(adaptability)의 중요성을 말하고 싶습니다. 오늘날 성공한 회사들은 변화를 신속하게 알아차리고 그에 맞추어 구조와 직원들을 적응시킨 곳들입니다.

저는 원자재 트레이더로 시작하여 트레이더의 DNA를 한 번도 잃은 적이 없습니다. 이는 제가 하는 모든 일에 아마 녹아있을 것입니다. 그러나 회사 전체로 놓고 보면 오늘날 우리는 30년 전에 비해 트레이더로서의 모습을 훨씬 많이 벗어났습니다. 이러한 추세는 계속될 것입니다. 사람들은 아직도 우리를 가리켜 트레이딩 하우스라고 합니다. 이는 쉽게 바뀌지 않겠지요. 그러나 저는 더 이상 진정으로 트레이딩 하우스라고 부를 만한 게 남아있지 않다고 생각합니다. 우리는 모두 농업이라는 산업 내의 서플라이 체인을 작동시키며 영양을 공급하는 회사들입니다. 동시에 이 회사들은 각자 다른 사업 전략을 가지고 다른 방향으로 나아가고 있습니다. 트레이딩 하우스에 대한 오랜 이미지가 바뀌기까지는 많은 시간이 필요할 것입니다.

14장

글렌코어(Glencore)

이익을 내는 건 바로 서플라이 체인입니다.

_크리스 마호니

글렌코어(Glencore)의 이름은 Global Energy Commodity Resources 의 앞 글자들에서 따왔다. 글렌코어의 역사는 전설적인 만큼 논쟁도 많은 트레이더 마크 리치가 Marc Rich & Co. AG.을 세운 1974년까지 거슬러 올라간다. 파이낸셜타임즈는 한때 마크 리치를 가리켜 지금까지 세상에 존재한 가장 부유하고 강력한 원자재 트레이더라고 말했다.

마크 리치는 벨기에 앤트워프에서 원래 마르셀 라이히라는 이름으로 태어났다. 그는 홀로코스트를 피해 가족과 함께 모로코를 거쳐 미국으로 피신했다. 1954년 20살이었던 그는 당시 가장 큰 원자재 트레이딩 회사였던 필립 브라더스에서 사환으로 일하기 시작했다. 곧 성실함과 능력을 인정받아 뉴욕의 트레이딩 데스크에서 일하게 되었으며, 필립 브라더스의 마드리드 지사를 이끌게 되었다. 마드리드에서 마크 리치는 오일 트레이딩을 시작했다. 혹자는 마크 리치가 현물원유시장(spot crude market)을 개척했다고 평가하는데, 이전까지 모든 원유는 고정된 가격의 장기계약으로 거래되었다.

필립 브라더스의 역사는 1901년까지 거슬러 올라간다. 율리우스 필립은 독일 함부르크에서 작은 금속 트레이딩 회사를 세웠다. 8년 후 그의 남동생 오스카는 필립 브라더스라는 이름으로 런던에서 금속 트레이딩 회사를 또 열었고, 율리우스는 독일 함부르크의 사업을 계속 운영하였다. 1914년 런던 필립 브라더스의 파트너였던 지그프리트 벤드하임이 뉴욕으로 건너가 필립 브라더스 주식회사를 세웠다. 1934년에 율리우스는 나치 독일을 피해 암스테르담으로 독일에 있던 사업을 옮겼으나 결국 안네 프랑크가 세상을 떠난 베르겐-벨젠 유대인 강제수용소에서 1944년 목숨을 잃고 말았다. 이에 따라 뉴욕 브로드웨이에 있던 사무소가 필립 브라더스의 본사가 되었다.

1960년 필립 브라더스는 미국 MCCA와 합병한 후 공개기업이 되었다. 그때에 이르러 이미 필립 브라더스는 세계 최대의 금속 트레이딩 회사가 되었다. 특히 주석에 있어서는 볼리비아 수출 물량의 대부분이 필립 브라더스의 손을 거쳤다. 1967년 필립 브라더스는 EMC와 합병하였다. 2년 후에는 앵글로 아메리칸이 합병으로 태어난 회사를 인수하였으며, 1981년에 피브로 코퍼레이션으로 기업분할을 진행했다. 같은 해, 피브로 코퍼레이션은 당시 세계 최대의 투자은행이자 채권 딜러 중 하나였던 살로몬 브라더스를 인수하였다.

아마 오늘날 독자들에게는 원자재 트레이딩 회사가 살로만 브라더스처럼 거대한 은행을 인수했다는 사실이 놀랍게 들릴 것이다. 그러나 1970년대 후반 원자재 붐 시절에는 원자재 트레이더들이 비즈니스 세계의 진정한 현금부자들이었다. 그들은 일등석을 타고 세계 이곳저곳으로 다니며 가장 좋은 호텔에 머무르며 가장 좋은 레스토랑에서 식사를 했다. 운이 좋게도 나는 이 끝물을 경험해볼 수 있었다. 파리로 간 첫 출장에서 나는 지금의 포시즌스 호텔 조지 V의 스위트룸에서 일주일간 머물렀으니 말이다. 1980년대 중반 원자재 트레이더들은 이제 비즈니스 세계의 빈곤층으로 굴러 떨어지고 말았다. 일등석은 은행가들과 채권 딜러들이 차지하고 원자재 트레이더들은 뒷좌석으로 밀려났다.

마크 리치는 필립 브라더스의 부족한 공격성에 답답함을 느끼다가 박차고 나와 1974년 스위스 추크에 직접 회사를 차렸다. 스위스를 새로운 회사의 터전으로 고른 이유는 낮은 세율과 중립국이라는 점 때문이었다. 당시 스위스는 유엔 회원국도 아니었다. Marc Rich

& Co.는 시작부터 큰 성공을 거두었다. 1970년대 후반에 이르러서는 이미 30여 개의 해외 사무소를 두었으며, 마크 리치를 포함한 다섯 명의 핵심 파트너들은 뉴욕, 런던, 마드리드, 추크를 오가며 지냈다. 그러나 1983년에 미국 정부는 마크 리치에게 탈세와 이란 제재 위반 혐의를 제기하였고, 마크 리치는 스위스로 도주하여 그곳에서 17년간 미국 정부의 수배자로 살았다.

다니엘 암만의 책 *The King of Oil*에서 마크 리치는 엠바고 기간 동안 이란에서 석유를 구매한 사실, 아파르트헤이트가 실시된 남아프리카공화국에 석유를 공급한 사실, 나이지리아 같은 국가들의 관리들에게 뇌물을 제공한 사실을 인정한다. 동시에 이 모든 것들이 당시의 기준으로는 불법이 아니었다고 주장한다. 외국 공무원들에게 뇌물 제공은 1977년 미국에서 FCPA법이 제정되기 전까지 합법이었다는 것이다. 스위스에서는 훨씬 나중인 2000년까지도 합법이었다. 또한 스위스 소재의 비(非)미국 기업으로서 Marc Rich & Co.는 이란과 남아프리카에 가해진 제재의 적용을 받지 않았다.

미국 빌 클린턴 대통령은 2001년 1월 임기 마지막날 마크 리치를 공식적으로 사면했다. 논쟁 많은 이 사면에는 이스라엘의 집중적인 로비가 뒤에 있었다고 다니엘 암만은 말한다. 마크 리치는 커리어 내내 이스라엘에 많은 돈을 기부하였으며 정보기관 모사드와도 긴밀히 협조하였다. 스위스 의회 의원 한 명은 마크 리치를 가리켜 제3세계의 흡혈귀라고 비난했다. 그러나 다니엘 암만은 보다 균형 잡힌 견해를 고수한다.

> 세상이 필요로 하는 대부분의 원자재는 아직 민주주의나 인권이 성숙하지 못한 나라들에서 생산된다. 정치경제학자들이 자주 사용하는 자원의 저주나 풍요의 역설 같은 용어들은 원유, 가스, 금속

등이 풍부한 나라에서 빈곤, 부패, 무능력한 정부가 만연한 현실을 가리킨다. 만약 원자재 트레이더가 성공하고자 한다면, 기자나 정보요원들처럼 상대를 가리지 않고 마주앉아 정보를 얻어내야 한다. 설령 그 상대가 개인적으로는 절대로 친구 삼지 않을 사람들이라고 해도 말이다. 그러다 보면 나머지 세계에서 얼굴을 찌푸릴 관행이나 불법에서 완전히 자유로울 수 없게 된다.

1990년대 초에 이르러 마크 리치를 둘러싼 법적 분쟁은 그에게 큰 타격을 주고 있었다. 설상가상으로 복잡한 이혼과정과 사랑하는 딸의 죽음도 그에게 많은 아픔을 안겼다. 이 고통스러운 시기에 파트너들은 회사의 미래에 대해 심각하게 우려하기 시작했다. 회사를 떠난 핵심 트레이더들뿐만 아니라 시장도 그를 저버리기 시작했다. 아연 시장을 쥐어짜보려는 마크 리치의 시도는 실패로 돌아가 회사에 큰 손실을 남겼다. 결국 마크 리치의 지배지분 51%는 회사의 경영진들에게서 약 6억불에 바이아웃 당하고 말았다.

새롭게 회사의 주인이 된 이들이 한 첫 작업은 사명을 글렌코어(Glencore)로 바꾼 것이었다. 글렌코어는 2011년 5월 공개기업이 되었으며 현재 시가총액이 420억파운드를 넘는다. 마크 리치는 2013년 6월 26일 향년 78세로 세상을 떠났다. 공식적인 사면이 이뤄진 후에도 그는 다시는 미국 땅을 밟지 않았다.

글렌코어 애그리컬처의 뿌리는 마크 리치가 리치코 그레인을 설립한 1980년으로 거슬러 올라간다. 1년 후 그는 네덜란드계 곡물회사 그라나리아의 해외 자산들을 인수했다. 마크 리치는 중동에서의 강력한 인맥을 지렛대로 삼아 사우디아라비아의 경우 거의 독점적인 보리 공급자로 발돋움하였다.

글렌코어 애그리컬처를 탈바꿈한 사건은 2012년에 찾아왔다. 이해

캐나다 최대 곡물회사 비테라의 인수 기회가 나타났다. 비테라의 역사는 캐나다 프레리 지역의 곡물협동조합들에서 시작되며 그중에는 서스캐처원 소맥 풀(Saskatchewan Wheat Pool)도 속해있었다. 오늘날 비테라가 소유한 곡물 처리시설들은 세계에서 가장 비옥한 지대들로 꼽히는 캐나다 서부와 호주 남부에 집중되어 있다. 2012년 비테라는 약 24억불의 매출과 2억4천만불의 이익을 기록하고 있었다. 비테라가 시장에 매물로 나왔을 때, 글렌코어는 경쟁자 ADM을 제치고 기업가치를 약 61억불에 평가한 가격으로 사들였다.

비테라의 인수는 글렌코어 애그리컬쳐를 단숨에 곡물업계의 메이저 플레이어 중 하나로 끌어올렸다. 인수 이전 글렌코어는 연간 약 4천5백만톤의 곡물과 기타 농산물을 취급하였으나 비테라 인수 후 7천만톤 수준으로 올라섰다. 오늘날 글렌코어 애그리컬쳐는 전 세계 17개국에서 274곳의 곡물 처리시설, 12개국에서 36곳의 가공시설, 8개국에서 23곳의 수출항구 터미널을 보유하고 있다. 그 외에도 약 180척의 선단과 2천량의 화물열차를 운영하고 있다.

글렌코어가 비테라를 인수한 지 얼마 지나지 않아 시작된 석유, 구리, 니켈, 석탄 등 원자재 가격의 추락은 2015년 글렌코어와 원자재회사들의 주가폭락을 불러왔다. 이에 따라 부채를 감소시키기 위한 막대한 정리작업이 이뤄졌고 이 과정에서 비핵심 자산들이 매각되었다.

글렌코어는 농업 사업을 확대할 수 있는 전략적 파트너를 끌어들이는 방안에 대해 오랫동안 고민해왔다. 그리하여 글렌코어 애그리컬쳐의 지분 40%를 캐나다연금투자위원회(CPPIB)에 약 25억불에, 9.9%를 캐나다 브리티시컬럼비아투자회사(BCIMC)에 약 6억2천만불에 팔았다. 이 거래는 글렌코어 농업부문의 가치를 약 62억불로 평가했다. 지분매각 작업 후 모회사 글렌코어 PLC와 분리된 글렌코어 애그리컬쳐라는 독립적인 회사가 탄생하였다.

글렌코어 애그리컬쳐는 전 세계에 1만4천여 명의 직원을 두고 있으며 곡물, 유지, 두류, 원면, 원당 등을 취급하고 있다. 세계 각지에 있는 유지 크러싱 플랜트에서는 식용 및 연료용 대두유, 해바라기씨유, 유채유 등을 생산하고 있다. 연간 크러싱 용량 1천1백만톤을 자랑하는 세계 최대의 대두 크러싱 플랜트는 바로 글렌코어 애그리컬쳐가 운영 중이다. 또한 병아리콩, 렌틸콩, 루핀 등을 포함한 두류를 세계에서 가장 많이 거래하는 업체가 글렌코어이며, 미국, 호주, 브라질, 인도, 서아프리카 등지에서 원면을 활발하게 거래하고 있다.

글렌코어의 야망은 여기서 끝이 아니다. 2011년 글렌코어 PLC의 기업공개 직전 LDC와의 합병이 검토된 바 있으나 두 회사 간의 의견은 몇십억불 차이로 좁혀지지 못했다. 2018년 글렌코어는 다시 한 번 벙기와 인수합병을 논의하였다. 이후 아무 결론에 이르지 못하였으나 그해 또다시 글렌코어가 ADM의 곡물 사업을 인수하려는 협상에 돌입했다는 루머가 시장에 돌았다. 결국 또다시 루머로 끝나고 말았지만 이 글을 쓰는 시점에 글렌코어가 벙기의 곡물 트레이딩 사업 인수를 재차 검토하고 있다는 소문이 들린다. 여타 곡물 트레이딩 하우스들은 전통적인 트레이딩에 대한 의존도를 줄이고 식품 가공회사나 특수 재료 사업으로 변화를 꾀하고 있는 것과 달리 글렌코어는 여전히 수출 인프라와 물류에 대한 강점을 지켜나가는 데에 집중하고 있다.

스포츠는 비즈니스의 축소판
크리스 마호니 Chris Mahoney

크리스 마호니는 1998년 글렌코어에 합류했다. 2002년부터 글렌코어의 농산물 사업부를 이끌었고 2016년 글렌코어 애그리컬쳐가 설립되면서는 CEO를 맡게 되었다. 글렌코어에 합류하기 이전 크리스는 17년 동안 카길의 영국, 미국, 싱가포르, 스위스 사무소에서 원당과 곡물을 넘나들며 다양한 포지션을 경험했다. 그는 옥스퍼드대학을 졸업했다.

1979년에서 1981년 사이 옥스퍼드 케임브리지 대항전의 조정 경기에 선수로 참여했습니다. 헨리 로얄 레가타에서 네 번이나 우승을 거두기도 했습니다. 1980년 모스크바 올림픽에서는 은메달을 따기도 했군요. 조정 선수로서의 경험이 원자재 트레이더인 당신에게 준 교훈은 무엇입니까?

제게 스포츠는 인생의 축소판입니다. 특히 비즈니스의 축소판이죠. 더 많은 노력을 들일수록 더 많은 것을 얻어가고, 더 열심히 할수록 더 잘하게 됩니다. 운동 경기에서 성공하기 위해 필요한 것들이 비즈니스에서 성공하기 위해 똑같이 필요합니다. 노력, 집중, 규율, 헌신 같은 것들 말입니다. 다만 운동 경기의 매력은 정치가 없다는 점입니다. 당신이 빠르기만 하다면 아무도 이를 부정할 수 없습니다. 지름길은 없습니다. 운동을 잘하기 위해서는 시간과 노력이 필요합니다. 비즈니스도 똑같습니다.

2016년 캐나다의 한 기자는 당신과의 인터뷰에서 마치 삽만 가지고도 10분 만에 곡물 사일로를 비워낼 것 같은 모습이라고 말한 바 있습니다. 건강을 유지하는 비법이 무엇입니까? 이토록 운동을 하는 것이 일에서 받는 압박을 완화하는 데에 도움이 됩니까?

아마 주 5회 정도 운동을 합니다. 주말에는 자전거를 탑니다. 자전거를 탈 때에는 매우 격렬하게 탑니다. 헬스장에서는 로잉 머신에 앉아 45분 내내 반복하는 방식으로 운동하지 않습니다. 대신 1천 미터 구간의 인터벌 훈련을 5회 강하게 실시합니다. 그렇게 하는 편이 지루하지도 않고 운동효과도 좋습니다. 또한 모든 운동 시간을 기록하고 심장박동수 측정장치를 착용합니다.

글렌코어의 CEO 이반 글라센버그는 남아프리카공화국과 이스라엘의 경보 챔피언이기도 했습니다. 글렌코어에서는 이토록 신체 단련을 장려하는 문화가 있습니까?

아마 이반은 요즘도 매일 아침 직원들과 뛰거나 수영을 할 것입니다. 이걸 아는 이유는 스위스 바르에 있을 때 몇 번 같이 해봤다가 무리에서 뒤처졌던 기억이 있어서입니다. 우리는 동반 출장을 가면 함께 뛰고는 했습니다. 모두에게 강요하는 건 아니지만 글렌코어 문화의 일부인 것은 같습니다. 열심히 운동을 하는 동안은 다른 어떤 것도 생각나지 않습니다. 고통스럽지 않고 오히려 쉬는 것처럼 느껴집니다.

마크 리치는 결혼을 하면서 그의 아내에게 "토요일에 30분, 일요일에 45분 가족과 보낼 수 있다."라고 말한 유명한 일화가 있습니다. 당신은 어떻게 일과 삶의 균형을 유지합니까?

저는 그렇게는 못합니다. 비테라를 인수할 때 딱 한 번 예외가 있기는 했습니다. 당시 6개월 넘게 눈코 뜰 새 없이 바쁠 동안에는 주말의 대부분을 캐나다에서 보냈습니다. 그때를 제외하면 저는 항상 가족과 업무 사이의 균형을 유지할 수 있었습니다. 저는 절대로 주말에는 출장을 가지 않습니다. 가족이 매우 중요하기 때문에 이를 꼭 지키려고 노력합니다.

카길에 있을 당시 원당 트레이딩의 현대적 모델을 개발하셨습니다. 막대한 현물포지션을 지렛대 삼아 선물포지션에서 큰 이익을 보는 방식으로 말입니다. 비록 이 모델은 오늘날 수명을 다한 것으로 보이지만 당시에는 매우 혁신적이었습니다. 카길에 계속 남아있을 수도 있었을 텐데 글렌코어로 옮긴 이유는 무엇입니까?

정말 카길에 계속 남아있을 수 있었을지는 잘 모르겠습니다. 저는 원당으로 커리어를 시작했습니다. 원당사업부는 상대적으로 독립적인 부서이며 카길 전체를 놓고 봤을 때 다소 주변부에 있습니다. 카길의 원당사업부에서 일하는 것은 마치 자기 회사를 직접 경영하는 것과 같은 느낌이 있었습니다. 상부의 간섭은 없으나 여전히 회사의 자원을 지원받을 수 있었습니다. 매우 이상적인 환경이었습니다.

카길은 고위 관리자들의 순환근무를 좋아합니다. 이에 따라 90년대 후반 저는 한 지역 총괄을 맡으면서 동시에 곡물사업부로 배치되었습니다. 카길은 좋은 회사이고 곡물 전문가도 많지만 수많은 각자의 주장과 의견 중에 저와 맞지 않는 것들도 있었습니다. 판단착오인지도 모르겠습니다만 저는 이것이 다소 답답하게 느껴졌고 트레이딩이 그리워져 떠났습니다. 아마 카길보다는 제 탓이 클 것입니다.

한때 커피 트레이딩도 하지 않았습니까?

맞습니다. 매우 짧은 기간이었지요. 매일 아침 일어나 다른 등급의 커피를 맛보고는 했습니다. 하루는 동료들이 장난으로 커피에 차를 섞었는데 저는 그 차이를 알지 못했습니다. 아마 커피를 음미하는 데에는 크게 소질이 없었던 것 같습니다.

카길을 떠나고서 잠시 피브로에서 근무할 때는 어땠습니까?

코네티컷 웨스트포트에서 앤디 홀과 일했습니다. 공교롭게도 앤디 또한 저보다 몇 년 앞서 케임브리지에 대항하여 옥스퍼드의 소속으로 조정 경기에서 활약했습니다. 원래 제게 익숙한 순수 원당 트레이딩 역할로 돌아가는 쉽지만 아마 올바른 선택은 아니었던 결정을 내렸습니다.

제가 합류했을 때 피브로는 살로몬 스미스 바니의 일부였으나 몇 달 후 트래블러즈 그룹에 인수되었다가 다시 세 달 후 씨티은행과 합병하였습니다. 이는 두 거대한 금융회사 간의 합병이었고 원자재는 그들의 안중에 없었습니다. 앤디는 제가 계속 남아있어도 된다고 했지만 원자재 사업은 축소될 것이며 주로 선물과 파생상품에만 집중하게 될 것이라고 말했습니다. 당시 저는 이미 순수 파생상품 거래만으로는 원당 사업에서 살아남을 수 없다고 믿고 있었습니다. 원당 사업은 구매와 판매가 수반되는 현물 사업 기반이 있어야 했습니다. 단순히 오늘내일 가격이 오를 것인가 내릴 것인가 예측하는 것만으로는 절대 성공할 수 없습니다. 적어도 저는 그러한 방식으로 성공할 수 없다고 생각했습니다.

그래서 로테르담에 있는 글렌코어로 옮긴 것이군요. 몇 달 사이에 스위스 제네바에서 미국 코네티컷으로 갔다가 다시 유럽으로 옮겨왔습니다. 아내는 이에 대해 어떻게 생각하던가요?

아내는 이를 달갑게 여기지 않았습니다. 미국인인 아내는 미국으로 돌아가는 것을 반갑게 여겼고 그것이 바로 제가 피브로의 포지션을 받아들인 이유 중 하나였습니다. 앞으로 미국이 삶의 기반이 될 것이라고 아내에게 약속하고 코네티컷에서 영국 식민지 시절의 고풍스러운 저택을 매입하였습니다. 딸도 그곳에서 태어났습니다. 그러나 8개월 후 다시 아내와 논의를 했고 글렌코어에서의 기회가 거절하기에는 너무 좋은 기회라는 결론에 이르렀습니다. 일단 몇 년 유럽에서 다시 살아보고 뜻대로 일이 풀리지 않으면 코네티컷으로 돌아오는 것으로 합의했습니다. 그게 지금부터 21년 전입니다. 우리는 네덜란드 헤이그로 이사했고 초반에는 아내가 적응에 조금 어려움을 겪었지만 이내 해결되었습니다. 네덜란드는 특히 아이들에게 매우 살기 좋은 곳입니다. 우리는 금세 이곳에서의 삶을 무척 좋아하게 되었습니다. 글렌코어에 합류한 1998년에는 남아메리카, 아프리카 및 구소련 지역의 부총괄을 맡았고 2002년에는 글렌코어 농업 부문의 총괄이 되었습니다.

2011년 원면 트레이딩 부서가 약 3억불의 손실을 기록했습니다. 도대체 무슨 일이 일어난 것이며 그 사건에서 어떤 교훈을 얻었는지 말해주시겠습니까?

우리는 미국 밖에서 큰 규모의 현물 롱포지션을 가지고 있었고 이를 미국 선물시장에서 헷지하였습니다. 즉 베이시스 또는 프리미엄이라고 부르는 포지션을 가지고 있었던 것이죠. 일반적으로 베이시스 포지션의 리스크는 상대적으로 제한되어 있습니다. 당시 현물시장의 수급은 미국과 전 세계 모두 무척 타이트하였습니다. 우리의 포지션은 미국 밖 세계 원면 시장이 미국 내 원면 시장에 비해 과소평가되어있다는 분석에 기반하고 있었습니다.

그런데 우리의 경쟁자 중 하나는 미국 원면 선물계약들을 인도받기로 결정했습니다. 그들은 그들의 고객에게 원산지를 미국으로 특정하여 원면을 판매하였고, 판매계약을 이행하기 위해 미국 원면을 사들였습니다. 문제는 실제 현물로 인도 이행 가능한 미국 원면보다 많은 수량을 그들은 인도받고자 했습니다. 미국 원면을 보다 값싼 다른 원산지의 원면으로 바꾸어 이행하는 대신 그들은 미국 선물시장에서의 롱포지션을 계속 유지하였고 미국 원면 선물 가격은 천정부지로 올랐습니다. 미국 외 원산지의 원면 가격도 덩달아 상승하였으나 미국 원면 가격의 상승에는 턱없이 미치지 못했습니다. 미국과 미국 밖 원면 가격의 차이가 엄청나게 벌어졌습니다.

당시 글렌코어의 농업 부문을 맡고 있을 때였는데, 이 문제에 대해 책임을 지게 되었습니까?

원면 데스크를 세우는 것이 저의 책임이었기 때문에 당연히 모든 것은 명백히 저의 책임이었습니다. 글렌코어 내부에는 원면 사업이 없었기 때문에 당시 외부 인력을 많이 영입했습니다. 이제 와 돌이켜보면 내부 인력으로 먼저 원면 데스크를 세우고 외부 인력을 보충하는 방식으로 나아갔어야 하지 않나 싶습니다. 스위스의 글렌코어 본사는 이 사건을 달갑지 않게 여겼지만, 이반은 절대 잊을 수 없는 신뢰를 제게 여전히 보냈습니다.

트레이딩 업계에서 기업문화라는 것이 얼마나 중요하다고 생각합니까? 특히 인수합병을 어렵게 만드는 이유는 무엇입니까?

기업문화는 매우 중요합니다. 바로 이것이 트레이딩 사업을 인수하는 게 어려운 이유 중 하나입니다. 물류시설이라든가 서플라이 체인 운영 등의 자산을 인수하는 것은 쉽습니다. 감수하고자 하는 리스크를 두 배로 중대시키지 않는 이상 트레이딩 사업을 인수한다고 해서 단순히 일 더하기 일이 이가 되지 않습니다. 글렌코어는 이미 트레이딩의 전문성을 가지고 있기 때문에 딱히 트레이딩 사업의 인수 필요성을 느끼지는 않습니다.

비테라의 인수를 살펴봅시다. 비테라의 인수는 매우 복잡한 작업이었습니다. 당시 저는 M&A 경험이 별로 없었습니다. 캐나다소맥위원회가 가지고 있던 독점적 권리들이 캐나다 정부에 의해 폐지되려던 참이었기에 비테라는 우리의 관심대상이 되었습니다. 글렌코어는 이미 밀, 보리, 카놀라 트레이딩의 주요 플레이어였으며 이 품목들은 전부 캐나다의 핵심 수출품이었습니다. 비테라의 사업을 전체적으로 바라보면서 우리가 원하지 않는 것들은 무엇인가 골라내기 시작했습니다. 먼저 비료 사업의 생산과 유통 부문을 떼어내어 애그리움과 CF 인더스트리에 매각하였습니다. 또한 남아있는 비료 사업과 곡물 처리 시설의 일부를 리차드슨에 매각하였습니다.

이런 사업들을 미리 매각한 자금으로 비테라의 인수 작업의 자금조달을 도운 측면도 있지만, 이 사업들은 글렌코어가 정말로 원하지 않았거나 인수작업에 캐나다 회사들을 관여시키고 싶은 이유들도 있었습니다. 글렌코어는 기존에 캐나다에 사업을 갖고 있지 않았기 때문에 독점금지법이 문제가 되지는 않았지만 외국기업으로서 캐나다에게 국가적으로 전략적인 회사를 인수하는 데에 승인이 필요했습니다. 캐나다 회사들에게 비테라의 일부 사업을 떼어내어 미리 매각한 것은 캐나다 정부의 승인을 받는데 크게 도움이 되었습니다.

비테라의 인수가 완료된 후에도 일부 사업들을 계속 매각하였습니다. 예를 들면 파스타나 맥아 제조 사업 또는 휘발유 유통 사업 같은 것들입니다. 결국 비테라의 기존 사업 중 50% 정도만이 최종적으로 글렌코어에게 남았습니다. 인수 가격은 총 73억불 정도로 평가되었으며, 이는 당시 업계에서 이뤄진 최대 규모의 기업인수였습니다.

인수 협상은 토론토에서 최종 마무리되었습니다. 비테라의 사람들은 사무실 건물 안에 있었고 글렌코어 측 인수팀과 저는 길 건너 레스토랑에 있었습니다. ADM에게 기회를 뺏겼다고 생각했을 때 한순간 긴 정적이 있었습니다. 제가 이반 글라센버그에게 전화를 걸었을 때 잠깐 야단법석도 있었습니다. 애그리움과 리차드슨은 우리가 더 많은 돈을 지불해야 한다고 주장했습니다. 글렌코어에서 이반 글라센버그랑 일하는 매력이 가장 극대화된 시기가 이때였습니다. 이토록 큰 회사임에도 글렌코어에는 관료제의 폐해가 거의 없었습니다. 큰 결정을 무척 신속하고 쉽게 현장에서 내릴 수 있었습니다. 이는 엄청난 강점입니다. 글렌코어는 과거에 비해 더 체계적으로 바뀌었습니다. 일정 정도는 필요한 부분이라고 생각합니다. 엑스트라타와의 합병 이후 더욱 성장한 회사의 규모를 고려하면 말입니다. 그러나 여전히 같은 사람들이 회사에 있고 회사는 곧 사람입니다. 회사는 딱 이를 운영하는 사람의 능력만큼 좋아질 수 있습니다.

비테라의 이름을 유지한 이유는 무엇인가요?

캐나다에서 비테라는 오랜 역사와 훌륭한 평판을 가지고 있고 농업계에서 존경받는 위치에 있기 때문에 굳이 이름을 바꿀 이유가 없었습니다. 호주에 비테라가 진입한 것은 인수 시점에서 불과 3-4년 전이었고, 글렌코어는 이미 호주 멜버른에 본사를 두고 많은 트레이딩 사업을 벌이고 있었습니다. 비테라의 호주 본사는 애들레이드에 있었으며 글렌코어를 포함한 제3자에게 서비스를 제공하는 비(非)트레이딩 사업을 주로 하고 있었습니다. 따라서 둘을 따로 분리하여 두는 것이 오히려 타당했습니다.[1]

글렌코어 본사는 순수 트레이딩 회사에서 광업과 트레이딩을 병행하는 회사로 거듭났습니다. 글렌코어 애그리컬쳐 또한 비슷한 변화를 꾀하고 있습니까? 아니면 비테라를 인수한 것이 이미 그러한 작업의 일환입니까?

이미 그러한 작업이 상당히 이뤄졌다고 생각합니다. 우리의 수익 중 약 80%가 비(非)트레이딩 부문에서 나오고 있습니다. 그러나 글렌코어 애그리컬쳐의 자산 기반 사업은 글렌코어 PLC의 광산 사업과는 상당히 다릅니다. 비록 캐나다에 곡물 엘리베이터와 수출항만시설을 포함해 밀도 높은 자산을 보유하고 있습니다만, 전 세계적으로 우리는 농부들에게서 수매하여 고객들에게 판매하는 일을 합니다. 그 어떠한 일도 완전히 백투백 거래인 경우는 없습니다. 따라서 자산 기반 사업들 또한 트레이딩의 요소가 강하게 흐르고 있습니다. 말했듯이 이러한 사업 구조가 글렌코어 애그리컬쳐 수익의 약 80%를 창출하고 있습니다.

---

1   2020년 글렌코어 애그리컬쳐는 회사의 이름을 비테라로 공식적으로 바꾸었다.

모두가 잘 아는 이유로 트레이딩은 점차 어려운 사업이 되었습니다. 이는 바뀌지 않을 것입니다. 자산 기반 회사로의 변모가 글렌코어를 연간 140-150억불의 EBITDA를 벌어들이는 지금의 위치로 만들었습니다. 순수 트레이딩 회사로 남아있었다면 아마 불가능했을 것입니다. 2000년대 초에 이미 순수 트레이딩 사업은 점점 많은 어려움에 직면할 것이라고 전망할 수 있었습니다.

다른 트레이딩 하우스들은 서플라이 체인을 따라 양방향으로 모두 확장하고 있습니다. 카길은 단백질 사업으로 확장하였고 ADM과 LDC는 재료 사업으로 진출했습니다. 글렌코어도 비슷한 계획을 가지고 있습니까?

아니요. 이는 어려운 일이라고 생각합니다. 만약 카길처럼 이미 4-50년 전에 이 같은 작업을 시작했다면 이는 올바른 결정이었을 것입니다. 그들은 계속 이미 나아온 방향으로 나아갈 수 있습니다. 자연스러운 전진이기 때문입니다. 그러나 우리에게 현재 업스트림 위주의 활동에서 전체 밸류 체인을 아우르는 가공, 병입, 제분, 브랜딩, 사료 사업 등으로 나아가라면 매우 어려운 작업이 될 것입니다. 이유는 간단합니다. 글렌코어는 매년 약 8천만톤의 농산물 오리지네이션에 관여합니다. 이토록 거대한 물량은 소수의 원산지로 국한된 업스트림에서 집중하여 다루기가 더 쉽습니다. 예를 들어 러시아는 매년 약 4천만톤의 밀을 단 5-6개의 항구에서 수출합니다. 아르헨티나는 전 세계에서 수입하는 대두박의 절반가량을 단 몇 곳의 수출항을 통해 공급합니다. 이토록 상대적으로 적은 개수의 국가에서 거대한 물량을 취급하는 편이 용이합니다. 그러나 소비 수요는 훨씬 파편화되어 있습니다. 전 세계 최대 밀 수입국인 이집트는 연간 약 1천 1백만톤 남짓의 밀을 수입합니다. 그 물량은 다시 무수한 수입자들과 제분업체들로 쪼개집니다.

우리 업계에서 주문처럼 자주 듣는 말은 전체 밸류 체인을 아울러야 한다는 것입니다. 그러나 현실적으로 지금 우리는 이를 할 수가 없습니다. 업스트림 비즈니스와 조금이라도 연관될 수 있는 다운스트림 비즈니스를 구축하기 위해서는 수십억불의 비용이 소요됩니다. 이는 오늘 당장 감당 가능하지 않습니다. 대신에 우리는 가장 적합한 곳에 자본을 투입하고 핵심 사업을 더욱 강화시키는 데에 집중하고 있습니다.

오늘날 글렌코어 애그리컬쳐의 사업에 캐나다 주주들이 기여하는 부분은 무엇입니까?

글렌코어 애그리컬쳐는 이미 지분의 50%를 글렌코어 모회사가, 나머지 50%는 두 캐나다 주주들이 소유하고 있는 별개 회사입니다. 캐나다 주주들은 자본구조 건전성에 크게 기여하고 있습니다. 그들은 장기적인 안목을 가지고 글렌코어의 주주로 있는 것입니다. 또한 글로벌 투자, 분석, 파이낸싱 등에 있어서 외부자로서 의미 있는 통찰을 제공할 때가 많습니다.

추가적인 인수합병을 검토하고 있습니까?

우리 업계에는 아직도 인수합병을 통한 통합이 더 필요하다고 생각합니다. 다운스트림으로 진출하는 것은 문제의 해결책이 아닙니다. 진짜 해결책은 핵심 사업을 고수하고 지리적 사업 범위를 넓혀서 작황과 예측 불가능한 사건들의 리스크를 감소시키는 동시에 규모의 경제를 증대시키는, 체계적이고 유기적인 확장을 추구하는 것입니다. 전 세계적으로 식량에 대한 수요는 탄탄하며 해상무역은 소비의 증가보다 빠른 속도로 성장할 것입니다. 기술만으로는 처리 및 가공 사업을 위협할 수 없으며 자산 그 자체를 대체할 수도 없습니다.

과잉공급이 일어나는 곳은 어디입니까?

브라질 북부, 미국 북서부 태평양 연안과 걸프, 우크라이나, 호주 동부 해안입니다. 캐나다 서부 해안도 과잉공급 문제가 심각하지는 않았으나 최근 밴쿠버 항구에 투자가 이뤄지면서 과잉공급 문제가 대두될 것입니다.

문제는 신규 공급뿐만 아니라 기존 설비의 효율성도 더욱 증가 되었다는 점입니다. 이는 물류 전반의 효율성이 크게 개선되었기 때문입니다. 화물 기차와 트럭들의 크기가 커졌고 터미널의 처리용량도 확대되었습니다. 예를 들어 캐나다의 철도와 아마존강 유역의 바지선 시스템은 갈수록 효율적으로 작동하고 있습니다. 효율성의 증대는 곧 공급 능력의 증대를 의미합니다.

업계 내 M&A를 가로막는 요인은 무엇입니까?

많은 이유들이 있습니다. 아마 위축된 마진이 인수합병을 촉진한다고 생각하시겠죠? 업계는 지난 2-3년간 혹독한 시기를 거치면서 잠재적 인수자들은 내부의 수익성 문제로 대담성을 잃었습니다. 시장 내 매물들의 가격이 내려갔지만 인수자들은 더욱 조심스럽습니다. 반면 판매자들 또한 그다지 적극적이지 않은 이유는 곧 업황이 회복될 것으로 믿기 때문입니다. 물론 아직 회복되지 않았습니다. 그 외에도 독점금지법과 외국자본에 대한 규제가 문제를 더욱 복잡하게 만드는 경향이 있습니다.

브라질에서 생산되는 사탕수수의 절반이 에탄올에 들어갑니다. 바이오연료의 미래를 어떻게 보십니까?

바이오연료에 대한 세간의 인식은 무척 변덕스럽습니다. 12년 전 정치인들은 바이오연료에 대해 무척 긍정적이었고 의무혼입제나 세제혜택 등을 통해 업계를 지원했습니다. 이로 인해 미국과 브라질 내 에탄올 생산과 유럽 내 바이오디젤 생산이 가속화되었습니다.

2007년에서 2008년 사이 그리고 2012년 고곡가의 시대가 찾아왔습니다. 그러자 사람들은 식량과 연료의 경쟁이라는 문제를 걱정하기 시작했습니다. 연료 생산을 위해 사용되는 작물의 양을 보면 이것이 왜 문제인지 알 수 있습니다. 우리는 사람들이 먹을 식량이 부족한 시기에 연료 생산을 위해 작물을 사용하는 문제를 걱정해야 합니다. 또 다른 문제는 바이오연료의 탄소 발자국을 계산할 때 식량 생산을 위해 투입되는 비료, 물, 화석연료의 양을 생각하면 이게 정말로 친환경적인 것인지 의문을 갖게 된다는 점입니다. 이 문제는 완전히 해결되지 않았습니다. 바이오연료에 대한 정치인들의 태도가 오락가락하는 것은 이 때문입니다.

그러나 저는 재고할 여지가 있다고 봅니다. 식량 가격은 엄청나게 내려왔고 또다시 잉여 물량이 넘쳐나고 있습니다. 이러한 시기에는 바이오연료가 농가들을 위해 가격 지지를 도울 수 있습니다. 미국 옥수수 생산량의 40% 이상이 에탄올에 사용되며 EU 유채 생산량의 50% 이상이 바이오디젤에 사용됩니다. 이 수요를 제거하면 가격은 붕괴하고 농가들의 소득도 추락할 것입니다.

바이오연료 산업에 관여하고 있는 바가 있습니까?

우리는 EU 내 세 곳의 바이오디젤 플랜트를 가지고 있습니다. 지난 3-4년간 정체된 수요와 과잉공급으로 마진은 크게 위축되었습니다. 지난 몇 년간 신규 설비 증대는 없었고 오히려 기존 설비의 일부가 퇴출되었는데도 말입니다. 한편 지난 여름의 가뭄으로 몇몇 플랜트의 가동이 멈췄습니다. 강을 따라 바지선이 올라올 수 없었기 때문이죠. 동시에 EU는 아르헨티나에서 들어오는 대두 메틸에스테르(SME)와 일부 아시아 국가들에서 들어오는 팜유 메틸에스테르(PME)의 수입을 제한했습니다. 그러자 마진은 크게 개선되었습니다. 바이오연료는 농산물업계의 자산에 내재된 옵셔널리티의 좋은 사례입니다.

결국 이러한 고정자산들이 글렌코어의 최대 자산인가요?

오늘날 고정자산은 반드시 필요합니다. 그러나 고정자산 포트폴리오에 더해 회사를 진정으로 차별화하는 것은 결국 그 안의 사람과 그들의 문화, 경영진과 직원들이 서로를 존중하고 대하는 방식입니다. 어떤 회사를 만들어나가고 싶습니까? 총명한 사람들을 뽑는 것은 어떤 회사도 다 할 수 있습니다. 그러나 창의적이고, 근면하며, 동기부여가 충만하고 신속한 팀을 만드는 데에는 여러 단계가 필요하며 결국 이것이야말로 회사의 성공에 필요한 것입니다.

사람들은 인생의 많은 시간을 회사에서 보냅니다. 오직 돈 때문에 그토록 많은 시간을 보내는 것은 아닙니다. 제 생각에 글렌코어만의 문화는 분명한 강점이며 회사가 아직 비공개 기업이었던 초창기에 더욱 힘을 발휘했습니다. 앞으로 계속 회사가 성장하더라도 이는 우리가 잃어버리지 말고 더욱 잘 가꾸어 나가야 하는 소중한 문화입니다.

15장

윌마(Wilmar)

중국과 인도네시아가 윌마의 토대입니다.
_쿽쿤홍

월마 인터내셔널은 1991년 싱가포르에서 초기 자본금 10만불로 세워진 월마 트레이딩의 탄생과 함께 시작되었다. 월마는 현재 아시아의 선두 식량 기업으로 시가총액 160억불과 2018년 기준 매출 450억불을 자랑한다. 전통적으로 완만한 성장세를 보이는 산업의 신규 진입자로서 괄목할 만한 성과다. 그러나 회사의 공동 창업자이자 CEO인 쿽쿤홍의 출신 배경을 생각하면 놀랄 만한 일만은 아니다.

쿽쿤홍은 1949년 말레이시아 조호르주의 어촌에서 태어났다. 그의 숙부 로버트 쿽은 1949년 조호르바루에서 쿽 브라더즈를 세웠다. 가족 기업으로 시작한 쿽 브라더즈는 초기에 쌀, 설탕, 밀가루 등을 사고팔았다. 이후 1953년 싱가포르로 본사를 옮겨 설탕을 중심으로 해외 사업을 크게 개발하였다. 로버트 쿽은 금세 아시아의 설탕왕(Sugar King)으로 널리 알려졌다.

1974년 로버트 쿽은 중국과 대규모 설탕 계약을 체결할 기회가 있었으나, 중국은 그의 회사 본사를 홍콩으로 옮기길 원했다. 그는 곧바로 싱가포르에서 홍콩으로 건너가 공항에 도착하자마자 아일랜드 출신의 어느 한 변호사의 사무소를 찾아 변호사가 이미 설립해 둔 회사를 하나 사들였다. 그 회사의 이름은 케리 트레이딩이었다.

케리 트레이딩은 재빠르게 중국의 식품 산업으로 진출하였다. 특히 식용유와 운송 사업에서 두각을 나타냈다. 로버트 쿽은 이익의 일부를 활용하여 샹그릴라 호텔 체인을 일으켰으며 회사는 아시아 지역의 주요 부동산 개발업체로 자리매김했다.

나는 *The Sugar Casino*를 집필하면서 로버트 쿽을 인터뷰할 기회가 있었다. 그는 내게 "내 인생의 모토는 단순합니다. 내 삶의 모든 물질적인 것들은 거래 가능합니다. 문제는 언제 어디서 누구에게 얼마에 파느냐 하는 것입니다. 만약 상대를 좋아하면 가격은 중요하지 않습니다."라고 말했다.

쿽쿤홍은 싱가포르국립대학에서 경영학을 전공한 후, 1973년 숙부의 밀가루 제분 사업에 합류했다. 로버트 쿽은 이내 그를 회사의 농업 사업 확장의 원동력이라고 일컬었다. 쿽쿤홍은 그룹의 사업을 사료 생산, 옥수수와 팜유 트레이딩, 야자, 팜, 대두 크러싱, 팜유 정제, 소매용 식용유 등으로 확장해나갔다. 그는 또한 중국 선전에 최초의 현대적 식용유 정제소를 건설했다. 식용유 사업은 수직적으로, 수평적으로, 지리적으로 크게 성장했다. 로버트 쿽은 그의 자서전에서 "나는 처음으로 내 조카들 중 나만큼 뛰어난 기업가의 자질을 쿤홍에게서 발견했다. 쿤홍에게는 가장 뛰어난 쿽가의 피가 흐르고 있었다."라고 회고한다.

쿽쿤홍은 1991년 쿽 그룹을 떠나 인도네시아 화교 마르투아 시토루스와 손을 잡고 윌마를 세웠다. 그들의 첫 프로젝트는 수마트라에 있는 작은 팜 플랜테이션이었다. 이후 그들은 인도네시아의 식용유 정제 사업으로 확장했고 중국으로도 진출했으며 인도에서는 아다니 그룹과 합작하여 사업을 확장했다.

1994년 쿽쿤홍은 ADM의 회장 드웨인 안드레아스를 만났다. 이 만남 이후 ADM은 윌마의 지분 20%를 인수했다. 이후 ADM은 윌마의 지분을 꾸준히 늘려 지금은 25%에 조금 미치지 못한다. 이어진 10년간 윌마는 팜 플랜테이션, 식용유 정제, 유지 크러싱, 비료 사업 등에서 기하급수적으로 성장했다. 윌마는 인도네시아에서 가장 큰 팜유 플레이어로 성장했고, 숙부의 쿽 그룹은 말레이시아에서 가장 큰 팜유 기업이 되었다. 또한 중국에서 윌마는 가장 큰 유지 크러싱업체이자 정제업체가 되었으며 퀵 그룹은 가장 큰 소매용 식용유 판매자가 되었다.

2006년 윌마는 싱가포르 증권거래소에서 약 24억 싱가포르 달러의 기업가치로 IPO에 성공했다. 곧이어 로버트 퀵은 윌마에 1천5백만불을 투자한 후 조카에게 윌마의 지분 10% 인수를 제안했으나 조카는 오히려 두 회사 식량 사업의 합병을 역으로 제안했다. 로버트 퀵은 자서전에서 다음과 같이 회고한다.

> 나는 측근들로 하여금 작은 욕심을 버리고 불협화음 없이 어떻게든 이 합병이 진행되게 하라고 당부했다. 이 달리는 말에 올라타는 것이 중요하기에 만약 쿤홍에게 살짝 유리한 조건으로 거래가 되는 것 같더라도 양보하라고 타일렀다. 쿤홍은 같은 편으로 삼을 수 있는 최고의 비즈니스맨이다.

로버트 퀵과의 인터뷰 동안 자신을 트레이더로 시작한 기업가로 보는지 아니면 자신의 트레이딩 기술을 사업에 적용하는 트레이더로 보는지 질문했다.

> 지난 50년 동안 나 자신에게 그 질문을 던졌습니다. 축구를 예로 들어봅시다. 누구나 축구를 배울 수 있지만 아무나 펠레, 호날두, 메시가 될 수는 없습니다. 메시가 되기 위해서는 천부적인 재능이 필요합니다. 결코 모두가 똑같은 재능을 가지고 태어나지 않았습니다. 사람은 누구나 각자 다른 재능이 있고 이후에 처해진 환경이나 운명이 자신의 재능을 발휘할 수 있는 공간을 제공합니다. 만약 엉뚱한 환경에 태어나 당신의 부모님이 예를 들어 군인이 되도록 강요한다면 어떻게 트레이더가 될 수 있겠습니까? 그러나 트레이더는

그렇게 태어나는 것이지 가르쳐서 되는 게 아닙니다.

만약 로버트 퀵의 주장이 맞다면 쿽쿤홍은 타고난 트레이더다. 오늘날 윌마의 사업은 팜 경작, 식용유 정제, 유지류 크러싱, 소매용 식용유 가공 및 유통, 올레오케미칼, 바이오디젤 생산, 곡물 가공 및 유통, 제당 및 정제 등의 사업을 아우른다. 전 세계 500여 곳의 생산시설에서 9만명이 넘는 직원들이 일하고 있으며 폭넓은 유통망은 중국, 인도, 인도네시아 외 50여 개국에 촘촘히 뻗어나가 있다.

윌마는 오늘날 세계 최대의 팜 플랜테이션 소유주 중 하나이다. 전체 경작면적이 230,409헥타르에 이르는데 그중 67%가 인도네시아에 있으며 25%가 동말레이시아 그리고 8%가 아프리카에 있다. 우간다와 서아프리카의 팜 플랜테이션은 합작투자를 통해 소유하고 있다. 또한 윌마는 팜 플랜테이션에서 생산된 팜 열매에서 기름을 추출하는 착유시설들도 보유하고 있다. 이처럼 윌마는 인도네시아와 말레이시아에서 열대 기름(tropical oil)을 생산 및 가공하는 수직 통합을 이뤘으며 그 외에 중국, 베트남, 필리핀, 스리랑카, 미국, 남아프리카공화국, 가나 등지에서도 가공 플랜트를 보유하고 있다. 만약 합작투자를 포함한다면 인도, 방글라데시, 싱가포르, 러시아, 우크라이나, 코트디부아르, 나이지리아, 우간다, 탄자니아, 잠비아, 짐바브웨, 독일, 네덜란드, 폴란드까지 범위가 넓어진다.

2018년 7월 윌마는 중국의 대두 가공시설 확장 계획을 발표했다. 비록 중국 내 아프리카돼지열병의 발병으로 사료 수요가 크게 줄어들었음에도 윌마는 사료 수요가 다시 회복할 것으로 보았으며 양돈 수요의 감소분을 양계 수요의 증가가 상쇄할 것으로 내다보았다. 사람들이 돼지 대신 닭이나 오리를 더 먹게 되면서 중국 내 양계 사료의 증가는 2019년에 약 20% 성장할 것으로 전망되었다. 2018년 기준으로 윌마는 이미 연간 2천만톤의 크러싱 능력을 중국에 보유하고 있었으며 이는 코프코에 이어 두 번째로 큰 규모다. 비교를 해보자면 중국 내 카길의 크러싱 능력은 연간 5.4백만톤, 벙기는 4.3백만톤 그리고 LDC는 3.5백만톤 정도에 불과하다.

윌마의 곡물 사업은 밀가루 제분과 쌀 가공 및 미강유 생산을 포함하고 있다. 윌마는 중국에서 가장 큰 밀과 쌀 가공업체 중 하나이며, 단독 또는 합작으로 말레이시아, 인도네시아, 베트남, 태국, 파푸아 뉴기니에서 밀가루 제분공장을 보유하고 있다.

2010년 호주의 수크로젠과 인도네시아의 제당업체 PT 자와마니스 라피나시를 인수하면서 설탕 사업에도 뛰어들었다. 이후 윌마는 인도네시아와 호주에서 추가로 제당업체들을 인수했으며, 2013년에는 모로코 유일의 설탕회사 코수마르의 지분을 인수하여 현재는 30% 이상의 지분을 보유하고 있다. 코수마르는 카사블랑카 항구를 기반으로 정제공장과 일곱 곳의 사탕무 및 사탕수수 가공공장을 운영 중이며, 아프리카에서 세 번째로 큰 설탕 생산자이자 두 번째로 큰 정제업체이다. 2014년엔 인도의 원당회사 슈리 레누카 슈가에 투자했다. 이 업체는 마두르라는 자체 설탕 브랜드와 두 곳의 정제소 및 일곱 곳의 사탕수수 공장을 보유하고 있다. 2018년에는 윌마가 슈리 레누카 슈가의 지분을 58%로 늘리고 재무구조를 조정하면서 윌마의 자회사로 편입되었다. 그 외에도 2014년 윌마는 미얀마의 그레이트 월과 합작투자로 두 곳의 원당공장을 운영하고 있다.

윌마는 인도네시아 최대의 비료 생산자 중 하나이기도 하다. 팜 시장을 겨냥하여 윌마가 생산하는 비료의 고객들은 윌마에게 팜 열매 등을 판매하는 공급자들이기도 하다. 2015년에는 인수를 통해 비료 사업을 말레이시아로 확장시켰다. 뿐만 아니라 윌마는 자신들의 생산물을 운반할 65척의 탱커선과 2백30만톤 규모의 건화물 선단을 보유 및 운영하고 있다.

로버트 쿽은 그의 자서전에서 "쿤홍은 사업의 달인이다. 그 아이는 사업에 필요한 전략적, 전술적 기술들에 통달했으며 자신의 비전을 행동으로 옮기는 능력을 가지고 있다. 매일 하루에 16시간 이상을 일하며 말보다 행동이 앞서는 관리자다."라고 평가했다.

이 모든 것들의 이면에는 팜유 생산을 둘러싼 비판과 논쟁도 존재한다. 그러나 윌마는 기존 관행을 개선하기 위해 많은 노력을 들였다. 2013년에 윌마는 삼림 벌채, 이탄지 파괴, 노동착취에 반대하는 NDPE 정책을 자기 자신과 외부 공급자들에게 적용하기 시작했다. 윌마는 NDPE를 위반하는 공급자들과는 거래를 끊겠다고 선언했다. 이는 지속가능한 팜유 개발을 위한 중요한 시도로 높게 평가되었다. 2015년에는 한 발짝 나아가 주요 팜유 생산자들 중 최초로 자신들의 서플라이 체인을 인권침해 및 어떠한 형태의 삼림 파괴와도 완전히 단절시키겠다는 의지를 천명했다.

기업의 책임도 가볍게 여기지 않는다. 로버트 쿽은 "팜유는 특히 토지 이용에 관해서 가장 경제적이고 효율적인 식물성 기름이며, 지속가능한 개발을 추구하는 사회의 기대에 업계 전체가 부응하는 것이 매우 중요하다."라고 강조한 바 있다.

사업의 달인
퀵쿤홍 Khoon Hong Kuok

퀵쿤홍은 윌마의 공동 창업자이다. 나는 그를 북경에 있는 케리 센터 호텔에서 만났다. 퀵쿤홍은 이런 인터뷰가 처음이라고 했다. 내가 집필하고자 하는 이 책에 대해 그에게 설명했고, 설명을 들은 그는 누군가 예전에 그에게 댄 모건의 책을 건넸으나 너무 바빠서 아직 읽지 못했다고 답했다. 어떻게 이 일을 시작하게 되었는지 묻는 것으로 인터뷰를 시작했다.

1972년에 대학을 졸업했습니다. 곧바로 가족들의 회사에서 일하고 싶지 않았기에 외부에서 일자리를 찾았습니다. 몇 달간의 구직활동 끝에 저는 싱가포르에 있는 슈퍼마켓 그룹의 수습 자리를 얻게 되었습니다. 그러나 저는 말레이시아 국적인 탓에 싱가포르에서 일하기 위해서는 취업 허가증이 필요했습니다. 당시 양국 간의 관계가 좋지 않았기에 취업 허가증 신청은 끝내 거절당하고 말았습니다.

졸업 후 부모님과 약 두 달 정도 여행을 하였고 더 이상 구직활동을 위해 시간 낭비를 하고 싶지 않았습니다. 그래서 회계학과 대학원 진학을 결정했습니다. 진학 과정은 또다시 시간이 많이 소요되었기에 그동안 숙부 로버트 퀵을 찾아 그의 회사에서 인턴 자리를 얻었습니다. 저는 진짜 비즈니스가 어떻게 굴러가는지 직접 보고 싶었습니다. 숙부께서는 제가 밀가루 제분공장에서 한 달, 설탕 정제공장에서 한 달, 원당 플랜테이션에서 또 한 달을 보낼 수 있도록 조치해주셨습니다.

당시 로버트 퀵의 처남이 밀가루 제분공장을 책임지고 있었습니다. 그는 제게 인턴 대신 밀 구매 담당으로 회사에 합류하는 것이 어떻겠냐고 제안했습니다. 1972년 이전 밀 가격은 미국 정부의 막대한 재고 탓에 거의 변동하지 않았습니다. 제분공장을 수익성 있게 운영하는 데에는 생산과 판매에만 집중하면 되었습니다. 이 상황이 1972년 소련이 시장에 들어와 막대한 양의 밀을 사들이면서 바뀌었습니다. 저는 이미 대학원 진학이 예정되어 있던 터라 거절 의사를 밝혔습니다.

쿠알라룸푸르에 있는 제분공장에서 한 달 동안 근무하며 제분공정의 기술적인 측면들을 익혔습니다. 한 달 후 작별 인사를 고하기 위해 다시 대표를 찾았을 때 그는 회사에 남는 게 어떻겠냐고 권유했습니다. 이번에는 그 제안을 받아들였습니다. 그간에 쿠알라룸푸르에서 아내를 만나면서 사랑에 빠진 저는 이곳에 남아있는 게 좋겠다고 생각했습니다.

밀 구매가 저의 임무로 주어졌습니다. 그러나 작은 제분공장이었기 때문에 회사 내에는 세계 밀 시장에 대한 정보가 적었습니다. 저는 싱가포르의 원당 트레이딩 부서로 다시 배치되어 원자재 트레이딩에 대해 배웠습니다. 그곳에 두 달 동안 있다가 제네바로 건너가 카길 Tradax에서 두 주를 보냈고 미국으로 건너가 LDC에서 두 주 동안 머무르면서 밀 시장에 대해 배웠습니다.

퀵 그룹과 살림 그룹의 합작투자로 세워진 보가사리 제분공장은 1972년 자카르타에서 가동을 시작했습니다. 퀵 그룹에서 인도네시아 사업을 담당하던 고위 이사 피에트 얍이 운영을 책임졌습니다. 보가사리는 호주소맥위원회와 30만톤의 밀 구매계약을 체결했고 피에트는 계약의 이행을 맡아 도와줄 사람이 필요했습니다. 마침 밀 시장에 대해 제가 훈련을 조금 받았던 탓에 로버트 퀵은 저에게 그 일을 주라고 제안했습니다. 곧 인도네시아와 말레이시아로 밀을 구매하는 업무를 시작했습니다.

보가사리의 생산능력은 급격하게 증가했습니다. 불과 몇 년 후 보가사리는 세계에서 가장 큰 상업적 밀 구매자가 되었습니다. 덕분에 이 사업에 대해 많이 배울 수 있었습니다. 아무 때나 곡물 트레이딩 회사들의 최고 밀 트레이더들에게 전화를 걸어 궁금한 것들을 물어볼 수 있었습니다. 또한 물류와 해운에 대해 많이 배웠습니다. 우리는 연간 약 백 척이 넘는 배들을 용선하였습니다.

쿽 그룹이 말레이시아에서 최초로 갖게 된 제분공장은 쿠알라룸푸르 근처 포트 클랑에 있었습니다. 원래의 호주인 소유주는 아주 적은 예산으로 그 제분공장을 지었습니다. 제분공장에는 밀을 보관하기 위한 작은 평창고(flat warehouse)가 있었을 뿐입니다. 때문에 우리는 항상 창고의 공간이 부족하거나 밀이 부족하거나 하는 문제에 시달렸습니다. 쿽 그룹이 새로운 제분공장을 싱가포르와 마주보고 있는 파시르 구당에 짓기 시작했을 때, 해당 책임자는 훨씬 큰 저장용량을 설계하기로 결정했습니다. 그곳에서는 일일 제분능력 230톤을 위해 2만2천톤의 밀을 저장할 수 있었습니다.

어느 날 로버트 쿽의 친한 친구 하나가 은퇴 후 고문으로 쿽 그룹에 합류했습니다. 로버트 쿽은 그를 보내 회사의 사업들을 둘러보도록 하였고 그는 제분공장에 대한 보고서를 하나 올렸습니다. 보고서에서 그는 신규 제분공장의 책임자가 터무니없이 큰 저장설비를 짓느라 예산을 낭비했다고 말했습니다. 이후 제게 초과 저장용량을 어떻게 활용할 수 있을지 검토하는 임무가 주어졌습니다.

옥수수는 동물사료의 50-55%를 차지하는 주요 원료입니다. 당시 말레이시아가 수입하는 옥수수는 대부분 태국에서 자루에 담겨 들어오고 있었습니다. 말레이시아 북부 지역에서는 옥수수가 철도로 수입되고 있었습니다. 중부 지역은 말라카를 통해 수입되었고 남부 지역은 싱가포르를 통해 옥수수가 들어왔습니다. 배가 싱가포르나 말라카의 항구로 들어오면 옥수수는 다시 바지선에 옮겨졌고 이를 해안으로 끌고 와 곧바로 트럭이나 창고로 옮겨 담았습니다. 만약 판매자가 모든 수량을 곧장 트럭에 싣는 조건으로 판매하지 않았다면 추가 창고비용과 처리비용을 지불해야만 했습니다. 반대로 바이어들이 직접 바지선에서 옮겨 담는 조건으로 구매하지 않았다면 이미 창고로 옮겨진 옥수수를 구매하는 데에 더 높은 비용을 지불해야 했습니다.

바이어와 셀러들은 계속 상황을 저울질하면서 누가 먼저 양보할지 대립하고는 했습니다. 저는 제분공장의 사일로를 활용하여 옥수수를 벌크로 구매하기로 결정했습니다. 본선인도가격(FOB), 해상운임, 하역비용 등은 자루에 담긴 옥수수보다 벌크로 옮기는 것이 훨씬 저렴했습니다. 게다가 우리 사일로의 저장 공간은 어차피 남아돌고 있었습니다. 배가 도착했다고 해서 저는 억지로 옥수수를 팔아야 할 필요가 없었습니다. 이 점이 저희에게 협상의 우위를 제공하였습니다. 또한 바이어들에게 창고에서 옥수수를 벌크로 가져가든 자루에 담아가든 한 달 동안의 시간을 주었습니다. 이로 인해 바이어들은 저장비용과 이자비용을 절약할 수 있었습니다. 이러한 강점 덕분에 2년 내에 우리는 말레이시아에서 가장 큰 옥수수 트레이더가 되었습니다.

동물사료에 들어가는 원료 중 옥수수 다음으로 중요한 것은 대두박입니다. 그래서 대두박도 트레이딩하기 시작했습니다. 당시 곡물 메이저들은 남미에서 곧장 2만톤 규모의 대두박을 가져와 싱가포르 외해에 정박한 후 수백 명의 일꾼들로 하여금 자루에 담아 바지선으로 해안에 옮겨 말레이시아로 보냈습니다. 저는 처음에 몇백 톤씩 사는 것으로 시작하여 우리의 옥수수 바이어들에게 대두박을 판매하였습니다.

말레이시아의 모든 사료공장들은 내륙에 위치하고 있었기 때문에 모든 원료를 자루로 구매해야 했습니다. 저는 우리 제분공장 옆에 사료공장을 짓기로 결심했습니다. 그렇게 하면 벌크로 가져온 사일로 내의 옥수수들을 사용할 수 있었을 뿐만 아니라, 제분공장에서 생산되는 부산물들 또한 활용할 수 있었습니다. 이렇게 엄청나게 절약된 비용으로 7-8년 만에 우리는 말레이시아에서 가장 큰 동물사료 생산자가 되었습니다.

나중에 저는 파시르 구당의 제분공장과 사료공장 옆에 대두 크러싱공장도 짓기로 결심했습니다. 세 공장을 하나로 묶으면 비용도 절감하고 시너지도 발생시킬 수 있었습니다. 대두 크러싱 플랜트는 하루에 400톤의 대두를 크러싱할 수 있었으며 여기서 약 70톤의 대두유가 생산되었습니다. 이 정도 물량으로는 효율적인 정제유공장을 운영하기에는 부족했지만, 저는 정제 대두유와 대두유 원유를 모두 판매할 수 있는 유연성을 원했습니다. 결국 일일 200톤 규모의 대두유와 팜유를 정제할 수 있는 공장을 짓기로 했습니다. 이렇게 대두 크러싱과 정제유 사업을 시작하게 된 것입니다.

쿽 그룹에 합류한 지 얼마 만에 크러싱 플랜트와 정제공장을 짓게 된 것입니까?

1973년부터 쿽 그룹에서 일하기 시작했고 대두 크러싱 플랜트는 1980년 8월, 정제공장은 1981년 2월부터 가동하기 시작했습니다. 1970년대 후반 정제 마진은 매우 좋았습니다. 톤당 50불을 넘을 때도 있었으니까요. 그러나 정제공장을 짓는 일은 너무 쉬웠기 때문에 공급이 금세 늘어났습니다. 1981년에 이르러서는 적자를 보게 되었습니다.

대부분의 다른 정제공장들은 구매와 판매를 동시에 하는 백투백으로 거래를 했습니다. 그들은 롱이나 숏포지션을 많이 가져가지 않았습니다. 그러나 퀵 그룹에는 트레이딩의 문화가 있었습니다. 로버트 퀵은 정제 설탕 사업에서 많은 돈을 벌었는데 이는 백투백 거래로 벌어들인 것이 아니라 많은 포지션을 가져간 덕분이었습니다. 기름 정제 마진이 적자에 접어들었기 때문에 우리는 이를 만회하기 위해 트레이딩에 많은 노력을 기울여야 했습니다. 덕분에 우리는 정제 마진이 적자인 동안에도 계속 이익을 내고 확장을 거듭하면서 살아남을 수 있었습니다.

팜 플랜테이션 사업은 어떻게 시작했습니까?

퀵 그룹은 말레이시아에서 정부가 매물로 내놓은 플랜테이션을 인수하면서 팜 플랜테이션 사업을 시작했습니다. 저는 그 사업의 이사를 맡게 되었고 플랜테이션 사업을 배웠습니다.

    팜 플랜테이션 사업을 시작하려면 먼저 1만 헥타르 정도 되는 적합한 땅을 구한 뒤 먼저 도로, 인부들이 머무를 숙소, 묘목장 등을 건설하고 파종을 위한 정지작업을 거쳐야 합니다. 묘목은 땅에 심기 전 1년 정도 따로 키워야 합니다. 첫해에는 500헥타르 정도를 심고 둘째 해에는 1천5백 헥타르를 심고 셋째 해에는 3천 헥타르를 심고 이렇게 계속 나머지를 심습니다. 팜 나무는 마치 망고 나무와 같습니다. 망고 나무를 심으면 몇 년이 지나야만 비로소 열매를 맺기 시작합니다. 처음에는 열매가 매우 적고 크기도 작으며 과즙도 별로 없습니다. 그러나 매년 열매가 많아지고 크기도 커지며 과즙도 많아집니다. 팜도 똑같습니다. 2년 반 정도가 지나야 첫 열매를 얻을 수 있습니다. 첫해에는 헥타르당 7톤 정도의 열매를 얻으며, 둘째 해에는 13톤, 셋째 해에는 20톤, 넷째 해에는 26톤까지도 얻을 수 있습니다. 따라서 새로운 플랜테이션을 시작하고 매년 파종면적을 늘리면 나무들은 매년 더욱 많은 열매를 맺고 생산은 기하급수적으로 늘어납니다.

이에 따라 새로운 지역의 팜유 정제공장은 초반에 정제할 팜 원유의 부족으로 가동이 원활하지 않을 수 있습니다. 그러나 몇 년만 지나면 금방 설비의 확장이 필요할 정도로 팜의 공급이 늘어나기 시작합니다. 우리는 동말레이시아 산다칸에 있는 정제시설을 인수했습니다. 정제할 팜 원유가 부족하여 가동에 많은 어려움을 겪고 있던 시설입니다. 그러나 몇 년 만에 팜 생산이 금방 늘어났고 정제시설의 수익성은 크게 향상되었습니다. 동말레이시아의 정제시설은 중국으로 팜유를 공급하는 데에 저렴한 생산비용과 해상운임의 이점으로 서말레이시아보다 유리한 위치에 있었습니다. 덕분에 쿽 그룹은 중국으로 가는 팜유의 가장 큰 공급자로 성장할 수 있었습니다.

인도에도 판매를 하십니까?

당시에는 인도의 국영기업 STC가 모든 팜유의 수입을 관장하고 있었습니다. 팜유 사업을 시작한 후 로버트 쿽은 저를 쿠알라룸푸르의 밀가루 제분공장 관리자로 다시 파견했습니다. 제가 맡고 있던 팜유 정제 사업을 이어받은 직원은 인도 STC에 팜유 6천톤을 톤당 CNF 600불에 판매하였고 한 주 후에 두 번째 카고를 톤당 660불에 판매했습니다. 이 계약들은 가격 하락 전망 속에 숏포지션으로 판매되었습니다. 그러나 가격은 떨어지지 않았습니다. 오히려 톤당 1천2백불까지 치솟았습니다. 시장에는 물량 부족이 발생하였고 우리가 숏포지션에 몰렸다는 것을 모두가 알았습니다. 회사에 큰 위기였습니다. 우리는 1만2천톤의 물량에 대해 톤당 600-700불의 손해를 보고 있었습니다. 저는 쿠알라룸푸르에서 돌아와 다시 원유 정제 사업과 이 사건의 해결을 맡게 되었습니다.

저는 곧장 인도로 건너가 STC를 만났습니다. 그리고 현재 시장 내 물량 부족으로 계약물량을 인도하기가 어렵다는 점을 설명했습니다. 그러나 퀵 그룹은 신용을 중시하기 때문에 우리가 디폴트를 할 리는 없다는 점도 분명히 했습니다. 다만 평소에는 팜유보다 비싸게 거래되지만 당시에는 팜유보다 싸게 거래되던 대두유로 대신 계약을 이행하면 안 되겠냐고 양해를 구했습니다. 두 품목의 가격차도 지불하겠다는 의사를 밝혔습니다.

당시 35살에 불과했습니다. 많은 손실을 보게 될 것이라는 건 자명했지만 계약을 어떻게든 이행함으로써 회사의 평판을 손상시키면 안 된다고 생각했습니다. 저는 일단 이 계약을 마무리 짓고 나면 회사를 그만두고 원자재 트레이딩에서의 제 커리어를 끝낼 각오까지 하고 있었습니다.

무척이나 어려운 협상은 길게 늘어졌습니다. 그러나 최종적으로 STC 측에서는 계약 단가의 4%를 할인하는 조건으로 물건의 인도를 한 달 늦춰주었습니다. 무척 운이 좋았습니다. 그 한 달 동안 시장은 폭락했고 심지어 이 계약은 끝내 흑자로 마무리되었습니다.

문제 해결을 위해 인도에 머무르는 동안 STC의 구매방식을 이해하게 되었습니다. 대부분의 시장 참가자들이 공개된 그들의 구매계획을 접근할 수 있었고 이를 있는 그대로 받아들였지만, 저는 그들의 진짜 계획을 파악하고 그들의 수급 상황을 예측하는 방법을 배웠습니다. 이후 STC에 대한 판매를 늘리면서 우리는 그들의 주요 공급자 중 하나가 되었습니다. 또한 인도라는 나라에 대해서도 많이 배웠습니다. 그 경험과 지식은 제가 이미 가지고 있던 중국에 대한 지식과 결합되어 팜유 트레이딩에서 많은 이익을 낼 수 있도록 도움이 되었습니다.

트레이딩만큼이나 자산 투자에도 관심이 있는 것 같습니다.

덩샤오핑이 1978년 경제개혁을 시작하고 나서 중국은 곡물은 수입할 수 없었지만 식용유는 수입할 수 있게 되었습니다. 중국에 처음 식용유가 수입되었을 때, 식용유는 드럼통에 담겨 들어왔고 물량도 매우 작았습니다. 이후 경제가 발전하고 수입량도 증가했지만 여전히 대부분의 식용유 수입은 드럼통으로 들어왔습니다. 오직 상하이만 벌크로 기름을 하역할 수 있었습니다. 우리는 원래 석유 산업이 발달하고 드럼공장이 많았던 싱가포르에서 주로 작업을 했습니다. 말레이시아의 팜유와 남미의 대두유를 싱가포르에 가져와 드럼통에 담았습니다. 취급 물량은 금세 커졌고 싱가포르보다 토지, 인건비, 운반비 등이 훨씬 저렴한 파시르 구당에 드럼공장을 짓기로 결정했습니다. 덕분에 중국 수출을 위해 싱가포르에서 작업을 하는 경쟁자들보다 톤당 10불 가까이 비용절감을 할 수 있었습니다.

전체 서플라이 체인을 통제할 수 있으면 상품의 품질도 통제할 수 있습니다. 싱가포르에 있던 트레이더들은 매번 가장 값싼 기름을 찾고는 했지만 우리는 기름의 품질을 유지하기 위해 노력을 기울였습니다. 결과적으로 우리 브랜드는 시장에서 프리미엄을 요구할 수 있었습니다. 기름의 품질이나 드럼의 상태가 훨씬 나았기 때문입니다. 한때는 중국에 드럼으로 들어가는 팜유의 거의 100%를 우리가 판매했습니다. 동말레이시아의 정제시설과 함께 중국에서 우리가 크게 성장할 수 있었던 이유입니다.

중국에서 사용되는 브랜드에 대해 설명해주십시오.

바다의 왕이라는 뜻을 가진 넵튠(Neptune)이라는 브랜드로 우리의 드럼 기름이 유통되었습니다. 이 브랜드로 드럼 기름 시장을 완전히 장악했지요. 경제개혁 이전과 초기까지 중국의 소비자들은 준정제 기름을 사용했습니다. 정제 기름은 톤당 70-80불 정도 프리미엄으로 거래가 되고 있었으나 수요가 많지 않았습니다. 대부분의 소비자들은 이 가격을 감당할 수 없었습니다. 또한 소량으로 포장된 소매용 기름은 아주 작은 물량만이 홍콩에서 중국 남부로 들어와 판매되었습니다. 대부분의 중국 소비자들에게 이 기름은 너무 비쌌습니다.

그럼에도 불구하고 저는 하루에 300톤을 처리할 수 있는 정제시설과, 드럼 생산 및 소매 포장 공장을 짓기로 결심했습니다. 당시 중국의 인구는 약 11억명이었습니다. 그중 0.1%만이 우리의 제품을 사용한다면 공장의 운영이 가능할 것이라 생각하고 진행했습니다. 공장을 짓는 데는 1천1백만불이 소요되었습니다. 11개월 만에 우리는 투자금을 전부 회수할 수 있었습니다.

당시 중국의 모든 임금은 국가에 의해 고정되어 있었습니다. 따라서 회사가 돈을 벌어도 공식 임금 이상으로 직원들에게 급여를 지급할 수 없었습니다. 회사들은 현금 대신 명절에 다양한 복지를 지급했습니다. 많은 회사들이 직원들에게 우리의 정제 식용유를 지급했습니다. 준정제 기름으로 요리를 하면 주방이 연기로 가득찹니다. 대부분 중국인들의 주방은 협소했기에 금방 연기로 가득차고 이것이 폐암의 원인이 되었습니다. 그러다가 갑자기 황금색 정제 식용유로 연기 없이 요리가 가능하다는 것을 깨닫게 된 것입니다. 사람들은 곧 자기 돈으로 식용유를 구매하기 시작했고 수요는 빠르게 치솟았습니다. 매해 우리는 생산 능력을 확장해나갔습니다. 드럼 팜유 판매가 중단된 반면 소매용 브랜드 아라와나가 매년 4백만톤씩 팔러나갔습니다.

퀵 그룹을 떠난 이유는 무엇입니까?

1991년에 퀵 그룹을 떠났습니다. 저는 숙부와 다른 점들이 있었으나 험악한 다툼이 있었던 것은 결코 아닙니다. 회사를 떠나 인도네시아로 건너갔고 팜 플랜테이션과 정제 사업에 뛰어들었습니다.

왜 하필 팜과 인도네시아를 선택했습니까?

팜유의 수요는 중국과 인도에서 급격하게 증가하고 있었습니다. 팜유는 가장 저렴하면서 다용도로 쓸 수 있는 기름입니다. 대두유는 샐러드를 만드는 데는 사용할 수 있지만 튀김 요리에는 적합하지 않습니다. 비누를 만드는 데에도 대두유를 사용할 수 없습니다. 대두유로 마가린이나 쇼트닝을 만들기 위해서는 수소로 경화처리를 해야 합니다. 그러나 팜유로는 이 모든 것을 어렵지 않게 할 수 있습니다. 전 세계에서 가장 생산비용이 저렴한 기름인데도 말입니다. 당시에 인도네시아에서의 생산비용은 톤당 120불 정도였습니다. 이를 정제하고 중국으로 보내는 데까지 톤당 200불이 들지 않았습니다. 대두유는 이보다 훨씬 비용이 높습니다.

   인도네시아는 땅 덩어리가 커서 당시만 해도 좋은 토질의 땅을 헥타르당 100불만 주고도 살 수 있었습니다. 말레이시아보다도 훨씬 땅값이 쌌습니다. 이미 말레이시아 플랜테이션 노동자들은 대부분이 인도네시아 출신일 정도로 인건비도 저렴했습니다. 인도네시아는 농부들에게 비료 사용을 장려하기 위해 보조금을 지급하고 있었기 때문에 비료 가격도 말레이시아보다 저렴했습니다.

윌마(Wilmar)라는 이름은 어떻게 정해졌습니까?

동업자의 이름이 우선 마르투아 시토루스(Martua Sitorus)입니다. 앞서 그는 싱가포르에서 윌슨(Wilson)이라고 하는 친구와 함께 고무장갑 제조회사를 세웠습니다. 인도네시아에서 고무장갑을 제조하겠다는 사업 계획은 끝내 시행되지 않았고 회사는 아무런 활동 없이 존속하고 있었습니다. 따라서 마르투아와 처음 동업을 하기로 했을 때 이미 세워진 그 회사를 활용하기로 했습니다. 많은 사람들이 제 이름이 윌리엄(William)이라든가 윌슨(Wilson)인줄 아는데 그렇게 따지면 회사 이름을 마홍(Marhong)이나 홍마(Hongmar)로 할 걸 그랬나 봅니다.

처음 사업을 시작할 때 자본조달은 어떻게 이뤄졌습니까?

1991년에는 인도네시아에서 1헥타르의 팜 플랜테이션을 개발하는 데에 약 1천5백불 정도가 소요되었습니다. 일반적인 경험으로 40%의 자기자본과 40%의 부채 그리고 20%는 앞서 심은 땅에서 발생하는 수익으로 운영하는 게 적당합니다. 따라서 6천 헥타르를 경작한다면 3백60만불 정도가 몇 년 동안 필요합니다.

팜 플랜테이션은 수익이 발생하기까지 몇 년을 기다려야 합니다. 처음 사업을 시작했을 때는 수중에 자금이 많지 않아 대규모로 플랜테이션 사업을 진행할 수 없었습니다. 우리는 트레이딩과 정제 사업에서 나오는 마진으로 사업을 성장시켜야 했습니다. 운이 좋게도 정제 시설이 1993년에 가동을 시작했을 때 정제 마진이 전반적으로 양호했고 트레이딩으로 수익을 내는 것도 어렵지 않았습니다. 우리는 해운 사업에도 진출하여 인도네시아 내수 시장과 수출 시장 사이의 차익거래 기회를 공략했습니다. 여기서 발생한 수익으로 인도네시아와 해외에서 성장할 수 있었고 플랜테이션 개발도 박차를 가할 수 있었습니다.

1991년에 인도네시아는 약 2백만톤의 팜유를 생산했습니다. 오늘날은 4천3백만톤 이상이 생산됩니다. 이 급격한 성장세에 힘입어 팜유와 연관된 정제 사업, 트레이딩 사업, 그 외 기타 부대 사업을 크게 확장할 수 있었습니다.

NGO들은 지속가능성과 환경문제를 지적하며 윌마를 비판합니다. 어떻게 대응하십니까?

예전에는 팜 플랜테이션들이 실제로 숲을 태우고 폐수를 강에 배출했습니다. 오늘날 대부분의 주요 플랜테이션 그룹들은 지속가능한 생산방식을 실천하고 있습니다. 이러한 방향으로의 변화에 NGO들이 긍정적인 역할을 많이 했습니다.

그러나 NGO들이 자금을 지원받기 위해 지나친 관심을 유도할 때 문제가 발생합니다. 이때 가장 큰 플레이어들이 가장 많은 주목을 받는데 바로 팜유업계에서 윌마가 그렇습니다. 몇 년 전부터 신규 팜 플랜테이션 개발을 중단하고 업계에서 가장 먼저 지속가능한 생산방식을 받아들인 게 윌마임에도 불구하고, NGO들은 아직도 화전을 일삼는 다른 업체들에게서 팜유를 사들인다는 이유로 윌마를 비난합니다. NGO들은 우리처럼 큰 업체들을 공격하지 우리에게 판매하는 작은 생산자들은 건드리지 않습니다. 우리는 기업의 사회적 책임에 공감하기 때문에 지속가능한 생산방식을 받아들이기로 결정했습니다. 화전으로 인한 환경파괴와 플랜테이션 개발과정에서 발생하는 기타 악습들을 보고 사업의 일부를 희생하는 한이 있더라도 이를 막아야겠다고 다짐한 것입니다. 팜유 자체가 환경파괴적이라는 주장은 더 이상 타당하지 않습니다.

노동문제는 어떻습니까?

팜 플랜테이션은 도시에서 멀리 떨어진 내륙 깊숙한 곳까지 일자리를 창출합니다. 엔지니어, 농학자, 경리직원 등 다양한 직업이 필요합니다. 대략 1헥타르의 팜 플랜테이션당 0.2명의 사람이 필요합니다. 따라서 1만 헥타르를 경작한다면 약 2천명의 사람이 필요할 것이고 그들의 가족까지 포함하면 꽤나 많은 인구를 부양하게 됩니다. 직원들을 모으기 위해서는 좋은 주택과 교육 및 의료시설도 제공해야 합니다. 보통 정부의 손길이 미치지 않는 시골 지역까지 말입니다.

경작면적을 늘리지 않고도 팜유 생산을 증가시킬 수 있다고 들었습니다. 좋은 종자를 심으면 두 배까지 생산을 늘릴 수 있다는 게 맞습니까?

좋은 종자, 기술, 관리가 뒤따르는 오늘날 최신 팜 플렌테이션의 단위면적당 생산량은 과거에 비해 훨씬 높습니다. 특히 오래된 플랜테이션이 많은 아프리카 지역에서 이 같은 개선을 통해 환경파괴를 피하면서 획기적으로 생산량을 늘릴 수 있습니다.

윌마의 성공 비결은 무엇이었습니까?

적기적소에 운도 따랐습니다. 팜유가 등장하기 전까지 아시아는 주요 농산물 원자재의 수출지가 아니었습니다. 생산되는 대부분은 증가하는 자체 인구를 먹이기 위해 소비되었습니다. 인도네시아와 말레이시아의 팜유 생산량은 1991년 9백만톤에서 2018년 6천2백50만톤까지 늘어났습니다. 그사이 팜유는 전 세계적으로 거래되는 상품이 되었습니다.

중국은 1991년 13만 6천톤의 대두를 수입했는데 2018년에는 8천 4백만톤으로 늘어났습니다. 세계 최대의 대두 수입국이 되었지요. 아시아의 인구증가와 경제성장은 인당 농산물 소비량의 증가를 불러왔을 뿐만 아니라 가공된 농산물의 품질향상도 불러왔습니다. 이 같은 성장세에 힘입어 윌마는 주요 팜유 트레이딩 회사이자 주요 농산물 원자재 가공업체로 성장할 수 있었습니다.

ADM과의 파트너십에 대해 설명해주실 수 있습니까?

윌마를 시작한 지 약 2년 후 독일계 트레이딩 회사 토퍼 측 트레이더 한 명이 왜 중국으로 확장하지 않느냐 물었습니다. 당시 토퍼는 우리에게서 팜박을 구매하고 있었습니다. 그에게 기꺼이 중국으로 진출하고 싶으나 아직 자금과 인력이 부족하다고 답했습니다. 제 말을 들은 그는 토퍼의 지배지분을 가지고 있는 ADM이 최근에 아시아 태평양 사무소를 홍콩에 열었는데 자기가 잘 아는 그곳의 임원을 소개해주면 어떻겠느냐 제안했습니다. ADM에는 좋은 사람들이 많다는 말과 함께 말입니다.

일주일 후 홍콩의 ADM 임원은 저를 만나기 위해 싱가포르로 건너왔습니다. 며칠 후 다시 저에게 연락하여 본사의 드웨인 안드레아스 회장이 저를 ADM 본사가 있는 미국 디케이터로 초대했다는 사실을 말해주었습니다. 저는 시카고 오헤어 공항으로 갔다가 그곳에서 ADM의 전용기를 타고 디케이터에 도착했습니다. 전용기를 타본 것은 이때가 처음이었습니다. 당시 윌마의 기업가치는 천만불도 미치지 못하는 반면 ADM은 이미 시가총액 120억불의 공개기업일 때였습니다. 게다가 드웨인 안드레아스는 매우 막강한 힘을 가진 사람이었습니다. 그는 고르바초프나 레이건과 친구인 사람이었습니다. 저는 이제 막 회사를 시작한 30대 중반의 청년이었고요.

미팅에는 최고 경영진 예닐곱 명이 동석했습니다. 그는 우리 사업에 대해 물어봤고 월마의 비전에 대해 질문했습니다. 미팅을 마친 후 ADM의 구내식당에서 식사를 했고 드웨인 회장은 자신의 집 옆에 있는 게스트하우스에 제 숙소를 잡아주었습니다. 고르바초프도 그곳에 묵었다는 사실을 나중에 들었습니다. 그날 저녁 드웨인 회장은 저를 위해 칵테일 파티를 열어주었고 자신의 집에서 저녁 식사를 함께했습니다. 그다음 날 아침 식사도 그와 함께했습니다. 작별 인사를 고하러 가기 전 다시 한 번 우리는 마주앉아 15분 정도 대화를 나눴습니다. 그는 제게 말했습니다. "젊은 친구. 우리 서로 다투지 말고 함께 돈을 벌어봅시다. Young man, let's make money together, and not from each other." 우리는 그 말대로 했습니다.

드웨인 안드레아스는 비전이 있는 사람이었습니다. ADM은 세계 최대의 대두 크러싱업체였고 따라서 가장 큰 대두유 생산자였습니다. 한편 아시아 특히 중국에서는 팜유가 더욱 중요해지고 있었습니다. 안드레아스는 그 흐름에 동참하고자 한 것입니다. 그러나 ADM은 아시아에서 사업방식을 잘 알지 못했기 때문에 파트너십을 원한 것입니다. 반면 대부분의 다른 큰 회사들은 직접 홀로 뛰어드는 방식을 선택했을 것입니다. 그는 사업 기회를 평가하고 사람들의 그릇을 파악하는 데에 천부적인 소질을 가지고 있었습니다.

저는 코프코와 함께 시작하는 양자강 유역 상하이 부근의 신규 곡물 및 유지 사업 프로젝트 지분 20%를 드웨인 회장에게 제안했습니다. 그는 지분을 받아들였으나 월마의 지분 20%도 함께 가질 수 있기를 원했습니다. 저는 10%를 역으로 제안했으나 결국 20%를 넘겨주었습니다.

이후 그를 다시 만날 기회는 많지 않았습니다. 약 3년 후 중국에서 크러싱공장을 크게 확장하려는 계획을 가지고 있었습니다. 드웨인 회장은 별로 좋은 생각이 아닌 것 같다며 디케이터에서 다시 만나자고 제안했습니다. 그는 중국에서 대두를 크러싱하는 것보다 미국이나 남미에서 크러싱한 후 생산된 대두유와 대두박을 중국으로 가져가는 편이 낫다고 말했습니다. 이에 동의하지 않았습니다. "중국이 언젠가 3천만톤의 대두를 수입하는 것을 상상하실 수 있겠습니까?" 그에게 물었습니다. "그때가 되면 어떻게 2천4백만톤의 대두박과 5백만톤의 대두유를 효과적으로 수입할 수 있겠습니까? 차라리 대두를 가져와 중국에서 크러싱하는 편이 낫습니다."라고 덧붙였습니다.

이틀 후 드웨인 회장은 제게 돌아와 프로젝트에 합류하겠다는 의사를 밝혔습니다. ADM이 처음 윌마의 지분을 인수했을 때 우리는 그 어떤 주주 간 계약서나 파트너십 계약서도 쓰지 않았습니다. 결국 파트너십을 견고하게 묶어주는 건 높은 수익성입니다. 우리는 수많은 프로젝트를 함께했고 이는 매우 성공적인 파트너십이었습니다. 오늘날 ADM은 윌마의 지분 24.9%를 보유하고 있습니다.

1995년에 중국은 약 1백만톤의 대두를 수입했습니다. 2017년에는 9천4백만톤을 수입했습니다. 지난 22년간 시장이 94배로 성장한 것입니다. 덕분에 우리는 중국 내 대두 크러싱 설비를 엄청나게 확장할 수 있었고 오늘날 중국 내 윌마의 대두 크러싱 능력은 미국 내 ADM의 크러싱 능력보다 큽니다.

퀵 그룹과의 합병에 대해 말씀해주십시오.

윌마가 IPO를 준비할 때, 로버트 퀵은 해운 사업을 맡고 있던 조카를 시켜 윌마의 지분 일부를 자신에게 팔 의사가 있는지 제게 물어봤습니다. 저는 선뜻 승낙했고 퀵 그룹은 약 1천5백만불어치 윌마의 지분을 사들였습니다.

상장 후 얼마 되지 않아 윌마가 홍콩 소재 미국계 사모펀드와 함께 지분 10%에 대한 투자를 유치한다는 소식을 로버트 퀵이 듣게 되었습니다. 로버트 퀵은 골드만삭스 싱가포르 사무소에서 발표를 하고 있던 제게 전화를 걸어 몇 년 후면 손을 털고 나가는 사모펀드를 통해 자금을 조달하는 건 좋은 생각이 아닌 것 같다며 만약 도움이 필요하면 자신이 돕겠다고 말했습니다. 그 제안에 감사를 표한 후 다만 지금은 미팅 중이고 저녁에 런던으로 건너가 가족과 며칠을 지낸 후에 미국에 갈 예정이기에 며칠간 생각해보고 메일로 답하겠다고 말했습니다. 그러나 며칠까지 기다리지 않았습니다. 런던으로 가는 비행기 안에서 윌마와 퀵 그룹의 농업 사업을 합치자는 메일을 썼습니다. 그는 다음 날 런던에 있는 제게 전화를 걸어 좋은 생각이라며 가능한 빠른 시일 내에 홍콩에서 만나자고 했습니다. 며칠 후 미국에서 돌아온 저는 다시 홍콩으로 건너가 그를 만났습니다. 로버트 퀵은 두 아들과 조카를 함께 데리고 나왔습니다. 그러고선 두 아들과 조카에게 자세한 내용을 저와 협의하라고 시킨 후 만약 의견이 맞지 않는 게 있거든 다시 자신에게 찾아오라고 말했습니다.

친척 형제들과의 협의는 오래 걸리지 않았습니다. 윌마와 퀵 그룹의 향후 3년간 예상 수익을 말해보고 주가수익비율에 따른 밸류에이션을 하자고 제안했습니다. 이는 매우 공평한 제안이었고 로버트 퀵의 개입 없이도 우리는 금방 합의에 도달했습니다. 그다음 주 두 그룹의 재무팀이 만나 자세한 내용을 마무리지었습니다. 이 모든 딜은 투자은행의 관여 없이 일주일도 걸리지 않고 끝났습니다. 퀵 그룹의 식용유 사업, 팜 플랜테이션 자산, 트레이딩 사업 등은 윌마의 지분 33%와 맞바꾸어 윌마에게 합병되었습니다. 퀵 그룹은 현재 윌마의 가장 큰 투자자입니다. 뒤를 이어 ADM이 25%의 지분을 보유하고 있습니다.

　윌마를 시작했을 때 제가 몸담았던 쿽 그룹과 경쟁하는 대신 다른 영역에서 도전하고 성장하기로 결심했습니다. 결과적으로 두 회사는 상호보완적인 역할을 하게 되었습니다. 합병으로 인한 시너지는 엄청났습니다. 1 더하기 1은 2가 아니라 3-4가 되었습니다.

중국 사업이 크게 성장하였는데도 1970년대 로버트 쿽처럼 홍콩으로 옮기지 않은 이유는 무엇인가요?

몇 년 전까지 중국 사업은 전체의 40%를 차지했습니다. 나머지 40%를 인도네시아가 그 외 국가들이 20%를 차지했습니다. 중국 사업은 이제 55%까지 커졌습니다. 그러나 아직도 제 생각에는 상하이에서 중국 사업을 관리하고 싱가포르에서 팜 사업을 관리하는 편이 좋습니다. 저는 일 년 중 4분의 1에서 3분의 1을 중국에서 보냅니다.

서양으로 진출하지 않은 이유는 무엇입니까?

우리는 45억명의 인구를 자랑하는 아시아와 아프리카 국가들에서 이미 강점을 가지고 있습니다. 이 지역의 인구증가와 경제성장은 나머지 세계보다 훨씬 빠릅니다. 게다가 인당 농산물 원자재 소비량도 빠르게 늘어나고 있습니다. 아메리카 대륙과 서유럽을 합쳐도 전체 인구는 15억명에 미치지 못하고 인당 소비량은 크게 늘어나지 않고 있습니다. 서양 식량 대기업들이 가지고 있는 재원, 브랜드, 유통망 등도 우리는 가지고 있지 않습니다. 우리가 비교우위를 가지고 있지 않은 시장에 굳이 진출하고 싶지 않습니다.

서양 원자재 트레이딩 회사 인수를 검토한 적은 없습니까? 아마 원자재를 조달하는 데에 도움이 될 텐데요.

서양 원자재 트레이딩 하우스 인수가 우리의 기존 사업과 효율적으로 통합되어 시너지를 발휘할 수 있을 때만 인수할 가치가 있습니다. 이를 위해서는 제 자신부터 많은 시간을 서양에서 보내야 합니다. 저는 이미 70살입니다. 제 시간과 에너지를 쏟기에 더 좋은 기회는 아시아와 아프리카에 있다고 생각합니다.

중국 시장에 대한 견해를 말씀해주십시오.

중국인들은 음식에 관해서는 세계에서 가장 유별난 사람들입니다. 중국은 곧 가장 큰 식품 시장이 될 뿐만 아니라 가장 세련된 식품 시장이 될 것입니다. 비록 비용이 더 들더라도 우리는 항상 더 높은 안전 기준이 적용되는 가공 플랜트들을 지어왔습니다. 과거에는 이로 인해 타 플랜트에 비해 비용상의 불리함을 안게 되었습니다만, 오늘날은 정부가 나서 매우 엄격한 기준을 요구하기 때문에 경쟁자들도 우리와 같은 시스템을 구비해야 합니다. 환경오염 방지와 관련해서도 마찬가지입니다. 덕분에 기울어진 운동장이 수평을 되찾았습니다.

    중국처럼 경쟁이 치열한 시장에서 성공하기 위해서는 최고의 품질을 가장 낮은 비용으로 생산하고, 마케팅하고, 유통해야 합니다. 수직통합이 이뤄진 우리 플랜트들은 타 경쟁자들에 비해 생산비용을 낮출 수 있고, 우리가 취급하는 대규모 물량과 지리적 네트워크는 마케팅과 유통비용을 절감시킵니다.

한때 아시아의 유니레버가 되고 싶다고 말한 적이 있습니다.

아닙니다. 저는 윌마가 식량 경작에서부터, 가공, 트레이딩, 다운스트림의 브랜드 제품을 아우르는 통합된 농산물 원자재회사가 되기를 원합니다. 유니레버는 현재 다운스트림에만 집중하고 있습니다. 한때 그들은 플랜테이션과 가공 플랜트 등을 보유하고 있었으나 지금은 고부가가치 사업에 집중한다는 전략으로 전부 매각하였습니다. 그러나 우리는 통합된 모델이 훨씬 낫다고 생각합니다.

당신은 하루에 16시간을 일한다고 로버트 퀵이 제게 말하더군요. 일을 직원들에게 좀 나누도록 설득해야겠다는 말도 덧붙였습니다. 어떻게 이토록 크게 회사를 성장시키면서 아직도 관리를 놓치지 않을 수 있었습니까?

하루에 16시간을 일하기는 하지만 매일은 아닙니다. 저는 항상 사람들에게 말합니다. 만약 내일 제가 갑자기 세상을 떠나도 우리 회사는 멀쩡하게 굴러갈 것이라고 말입니다. 저를 바쁘게 하는 건 신규 프로젝트들입니다. 쌀 사업에 진출할까? 원당 사업에 진출할까? 누구에게 그 일을 맡길까? 어떻게 구조를 설계할까? 가장 적합한 사업모델은 무엇인가? 이 모든 질문들이 많은 시간을 필요로 하고 그 질문을 답하는 데에는 아마 제가 가장 적합한 사람일 것입니다.

 사람들은 제가 기존 사업을 운영하는 데에 많은 시간을 쏟는다고 생각합니다. 아닙니다. 제 시간은 튼튼한 리스크 관리 체계를 구축하고, 적재적소에 인재가 배치되고, 여러 사업부가 온전한 시너지를 발휘할 수 있도록 돕는 데에 쓰입니다. 예를 들어 인도네시아가 팜 원유에 대한 수출세를 높인다고 생각해봅시다. 그러면 중국은 원유를 수입하여 정제하는 것이 아니라 이미 정제된 제품을 더 많이 수입하기 시작할 것입니다. 우리 팀은 그룹 전체의 수익에 집중하지 개별 사업부의 수익에 집착하지 않습니다. 기존 사업을 운영하는 것은 그다지 어렵지 않습니다. 생산 기준을 잘 마련하고 이대로 원활한 생산이 이뤄지기에 저는 원료 구매와 제품 가격 책정에만 신경을 쓰면 됩니다. 물론 좋은 인재를 선발하여 일을 맡기는 게 핵심입니다.

당신에게는 아들 세 명과 딸 한 명이 있습니다. 그들이 사업을 물려받도록 설득한 적이 있습니까?

아이들이 각자 원하는 길을 가도록 놔두는 편이 낫다고 생각합니다. 우리가 하는 일은 쉬운 일이 아닙니다. 열정이 있어야만 할 수 있는 일입니다. 열정이 있으면 하루에 16시간을 일하고도 피곤하지 않습니다. 열정이 없으면 9시간만 일하고도 금세 피곤하게 마련입니다. 지겹다고 생각하기 때문에 아침에 눈을 떠서 잠들 때까지 일만 생각하지도 않겠지요.

아이들에게 말했습니다. 다른 사업에 관심이 있으면 그 길로 가고, 그 길을 갈 수 있도록 제가 금전적인 지원을 하겠다고 말입니다. 그러나 만약 우리 집안 사업에 관심이 있으면 또한 얼마든지 환영하겠습니다. 그럴 능력이 있다는 전제하에서요. 저의 경우 결정이 더욱 단순한 이유는 제가 월마의 지배지분을 가지고 있지 않기 때문입니다. 단순히 제 자식이라고 해서 제게서 자리를 물려받을 수 없습니다. 오직 능력으로만 얻을 수 있을 뿐입니다.

마지막 질문을 드리겠습니다. 당신은 자신을 트레이더로 생각합니까 아니면 사업가로 생각합니까?

저는 더 이상 순수 트레이딩의 미래를 믿지 않습니다. 인터넷은 정보가 너무나 신속하고 투명하게 흐르도록 만들어서 백투백 마진은 이제 존재하지 않습니다. 그러나 트레이딩을 도울 수 있는 생산과 물류 인프라를 구축하는 것의 가치는 믿습니다. 플랜트에 들어가고 나오는 원료와 제품의 트레이딩은 가능합니다. 더 많은 공장과 제품들을 보유할수록 더욱 많은 트레이딩 기회가 창출될 수 있습니다. 또한 트레이딩은 생산과 제조의 기회 포착을 돕습니다. 트레이딩에서 얻은 지식이 아니었다면 동말레이시아의 정제시설을 인수하거나 중국 최초의 정제시설을 짓지 않았을 것입니다. 따라서 저는 자신을 트레이더와 사업가 둘 다로 생각하겠습니다.

16장

치열한 경쟁의 미래

원자재 트레이딩 산업의 미래는 지속가능하지 않습니다.
일반적으로 트레이딩 회사의 마진은
매출 대비 0.5% 수준입니다.
이 트렌드는 계속될 것입니다.
이는 업황의 문제가 아니라 구조적인 문제입니다.
_마르코 뒤낭

1979년 댄 모건의 책이 세상에 나왔을 때는 ABCCD(André, Bunge, Cargill, Continental Grain, Dreyfus) 그룹의 회사들이 전 세계 곡물 무역을 장악하고 있었다. 그 책이 나오기 직전 또 다른 'C'였던 쿡 인더스트리가 청산절차를 밟았다. 이후 40년 동안 앙드레와 콘티넨탈 그레인은 업계를 떠났고 ADM이 새로운 'A'의 자리를 물려받았으며, 이제 'C'는 카길 하나밖에 남아있지 않다. 그 결과 기자들과 경영 컨설턴트들의 입맛에 쏙 들도록 'ABCD'라는 약자가 탄생했다. 브라질, 러시아, 인도, 중국, 남아공을 가리키는 'BRICS'같은 단어처럼 ABCD는 같은 업계에 속해 있기는 하지만 다방면으로 큰 차이점을 보이는 네 회사를 하나로 묶은 단어다. 이를 ABCD+로 확장하여 코프코 인터내셔널, 글렌코어, 윌마를 포함해도 마찬가지다. 그들은 제각각 매우 다른 회사들이다.

게다가 오늘날 ABCD+그룹의 회사들은 전 세계 곡물 및 유지류 교역량의 50% '밖에' 차지하고 있지 않다. 그럼 나머지는 누가 움직이는가?

2017년 아시아 원자재 트레이딩의 거인 올람이 주류 곡물 사업을 철수하고 식품 서플라이 체인의 틈새시장에 집중하겠다는 전략적 결정을 내렸다. 그러나 올람은 또다시 아시아향 브라질 대두 수출에 적극적으로 뛰어들었다. 올람의 주요 지분은 싱가포르 국부펀드 테마섹이 소유하고 있다.

CHS Inc.는 미네소타에 소재한 농업협동조합으로 곡물과 유지류의 해외 트레이딩도 활발히 참여하고 있다. CHS는 다양한 식품가공과 농자재 사업도 소유 및 운영하고 있으며, 식물성 식용유 가공업체인 벤투라 푸드의 공동 소유주이기도 하다. 이 협동조합의 역사는 1931년까지 거슬러 올라간다. 이해 미네소타 세인트폴에서 Farmers Union Central Exchange가 설립되었다. 이는 이후 원래 이름의 뒷 단어를 따 세넥스(Cenex)로 이름을 바꾸었다. 1998년 세넥스는 Harvest States Cooperatives와 합병하여 Cenex Harvest States를 탄생시켰고 2003년에 다시 이름을 CHS Inc.로 바꾸었다. CHS는 1만1천명 이상의 직원을 두고 있다.

네브라스카 오마하에 소재한 가빌롱은 저장능력으로 보았을 때 북미에서 두 번째로 큰 곡물 처리 기업이었으며, 전 세계에 2천명의 직원을 두고 있다. 곡물과 유지류 사업 외에 비료 사업도 영위하고 있다. 가빌롱의 역사는 1874년까지 거슬러 올라간다. 이해 Peavey Company가 처음으로 곡물 처리시설을 세웠다. 1982년에 Peavey는 콘아그라에 인수되었고 콘아그라 트레이드 그룹의 일부가 되었다. 이것이 2008년에 매각되어 가빌롱이라는 독립적인 회사가 탄생했다. 2013년에는 일본 종합상사 마루베니가 가빌롱의 농업 자산 및 사업을 인수했다.[1] 인수를 통해 마루베니는 일본과 아시아로 향하는 곡물 사업을 확대할 수 있었으며, 마루베니는 중국향 주요 대두 수출자 중 하나가 되었다. 그들은 특히 중국의 민간 바이어들에게 많은 대두를 판매했다.

그 외 미쓰이, 미쓰비시, 이토추 같은 일본 종합상사들도 주로 아메리카 대륙에서 오리지네이션하여 아시아에 판매하는 형태로 곡물 트레이딩에 활발히 참여하고 있다. 일본의 1,173곳 농업협동조합 연맹 젠노는 1972년에 설립되었으며 특히 미국에서의 오리지네이션에 적극

---

1   2022년 1월 마루베니는 가빌롱의 비료 사업을 제외한 곡물 사업을 비테라에게 매각한다고 발표했다.

적이다. 젠노는 일본에서 가장 큰 가축 사료 및 비료 수입자 중 하나다. 젠노는 트랙터 같은 농기계 생산에도 관여하고 있다.

ECTP로도 잘 알려져있는 엥겔하트 커머디티 트레이딩 파트너스(Engelhart Commodities Trading Partners)는 브라질 투자은행 BTG Pactual에서 2013년 기업분할된 회사다. 2018년 ECTP는 지난 3년간 5억불에 가까운 손실을 기록한 것으로 언론의 헤드라인을 장식했다. 이러한 손실 탓에 ECTP는 에너지, 금속, 원면의 현물 트레이딩 사업을 접었으나 곡물, 커피, 원당 트레이딩은 여전히 지속하고 있다. BTG Pactual은 아직도 ECTP의 지분 15%를 소유하고 있다고 보고하였으며, 사내 경영진들이 15%를 보유하고 있다.

지역적 강자들을 살펴보면 브라질에는 아마지가 있다. 세계 최대의 민간 대두 생산자이자 자신의 이름으로 직접 많은 물량의 대두를 수출하기도 한다. 브라질 마토그로소주의 주지사이자 전 브라질 농업부 장관이었던 블레로 마지가 회사를 지휘하고 있다. 아마지는 3천1백 명의 직원을 고용하고 있으며 브라질 내 세 곳의 크러싱 플랜트에서 연간 2.4백만톤의 대두 크러싱 능력을 가지고 있다. 2019년 아마지는 중국과 일본으로 대두 및 기타 곡물을 공급하는 협약을 마루베니와 맺었다.

비센틴은 1929년 세워진 아르헨티나의 메이저 대두 크러싱 및 수출업체이다. 1948년에 세워진 AGD 또한 오리지네이션과 수출 강자이며 몰리노스는 아르헨티나 최대의 식품 브랜드를 가진 업체다.

비록 흑해 지역에서 ABCD+그룹의 회사들이 소련의 붕괴 이후 적극적인 확장을 이뤘으나 여전히 지역 기반의 트레이딩 회사들과 치열한 경쟁에 맞닥뜨리고 있다. 2018년 러시아 최대의 밀 수출업체는 RIF였다. 글렌코어 출신이 2010년 러시아 남부 도시 로스토프나도누에 세운 RIF의 트레이딩 오퍼레이션은 원래 스위스 로잔에 있었으나 이후 두바이로 옮겼다. 2018년 기준 러시아에서 두 번째로 큰 곡물 수출업체는 글렌코어였으며 뒤이어 아스톤이 세 번째 자리를 차지했다. 아스톤은 흑해 지역에 자체 터미널들을 소유하고 있으며 아조프 해에서 화물을 옮겨 싣는 주요 업체다. 아스톤은 러시아에서 세 번째로 큰 곡물 수출업체일 뿐만 아니라 러시아 최대의 식물성 기름 수출업체이자 유지류 가공 분야의 선두주자이다. 2018년 ADM은 아스톤의 러시아 내 전분 및 감미료 사업을 인수했고 현재 두 회사는 합작투자의 형식으로 사업을 운영하고 있다.

우크라이나 최대의 곡물 수출업체는 2018년 기준 커넬이었다. 1995년에 세워져 1만5천명의 직원을 두고 우크라이나와 러시아에 걸쳐 활약하는 우크라이나계 농산물업체다. 커넬은 우크라이나 중부에 막대한 농지를 소유하고 있으며 곡물 수출 터미널, 사일로, 환적 사업 등을 운영하고 있다. 커넬은 스위스 제네바에 소재한 역외 트레이딩 회사 아베리를 소유하고 있다. 니뷸론은 2018년 기준 우크라이에서 두 번째로 큰 곡물 수출업체로 1991년 설립되었다. 곡물과 유지류를 생산 및 수출하는 니뷸론의 회사 홈페이지에 따르면 이들은 388곳의 곡물 사일로와 2백만톤가량의 곡물 저장시설 그리고 25곳의 환적 터미널을 보유하고 있다.

2007년에 세워진 아그로프로스페리스 또한 우크라이나의 주요 곡물 및 유지류 수출업체 중 하나다. 뉴욕에 소재한 사모펀드 NCH Capital이 이 회사를 소유하고 운영하고 있다. NCH Capital은 러시아에서 아그로 테라라는 회사도 소유하고 있는데 이를 아그로프로스페리스와 합치면 약 70만 헥타르의 농지를 가지고 총 4백만톤이 넘는 곡물, 유지류, 사탕무 등을 생산하고 있다.

2019년 국영은행 VTB는 러시아 노보로시스크에 있는 세 곳의 항구 사일로 중 두 곳의 운영을 맡으면서 러시아 곡물 시장에 진출하기 시작했다. 뿐만 아니라 열차 및 물류회사 루스트란스콤의 지분을 가지고 있기도 하다. 이 글을 쓰는 시점에 VTB는 러시아 타만 항구 사일로의 지분 50%를 인수하는 방안을 협의 중이다. 만약 성공한다면 이 은행은 흑해 지역 사일로 용량의 절반을 컨트롤하게 될 것이다.

VTB는 자신들의 자산을 기반으로 트레이딩 회사를 설립하는 일에도 박차를 가하고 있다. 이를 위해 스위스 모르주에 위치한 곡물 트레이딩 회사 솔라리스 코모디티와 밀접한 관련이 있는 미로그룹 리소스를 인수하였다. 이 책이 나온 2019-2020 시즌을 기준으로 솔라리스는 러시아산 밀을 세 번째로 많이 취급하는 트레이딩 회사가 되었다.

일부 트레이더들은 러시아 정부가 곡물 수출을 중앙에서 통제하지 않을까 우려한다. 곡물 사업은 소련의 붕괴 이후 줄곧 러시아 정부의 감시망 아래 있었으며, 러시아의 곡물 수출이 급격하게 증가해온 지금, 러시아 정부는 곡물 수출을 외교적 수단으로 삼는 것을 고려하고 있을 수도 있다. 이렇게 된다면 흑해 지역 곡물 시장에 중국 코프코와 비슷한 새로운 비상업적 경쟁자가 등장할 수도 있다. 만약 러시아 정부가 수출 자산에 대한 통제를 기반으로 러시아 내륙에서 생산되는 곡물의 주요 곡물 구매자가 되고 가격을 통제할 수 있다면 세계 밀 시장에 상당한 영향을 주게 될 것이다. 몇 년 만에 VTB가 지금의 코프코 같은 위치에 있게 될지 누가 아는가?

그러나 코프코라고 해서 중국 내부에 경쟁자가 없는 것도 아니다. 여러 중국 기업들이 현재 중국으로 곡물과 유지류를 수입하고 있다. 이들은 북미와 남미 FOB 시장에서 치열한 구매 경쟁을 벌이고 있다. 2019년에 중국 정부는 다섯 곳의 중국 업체들에게 연말까지 중국에 도착하는 미국 대두에 부과된 25%의 관세 면제 신청을 허락했다.

아프리카에서는 ETG가 자신들을 '아프리카의 트레이딩 회사'로 내세운다. ETG는 아프리카 대륙에 걸쳐 주요 플레이어로 활동하고 있다. 2018년에 일본 종합상사 미쓰이는 ETG의 지분 30%를 인수했으며, 동남아에서 빠르게 성장하며 지역의 트레이딩 강자로 자리매김한 에네르포의 지분을 가지고 있기도 하다.

이 모든 비교적 작은 업체들은 지역 시장에서 전통적 강자들에게 도전하며 성장하고 있다. 벙기의 전 CEO 소렌 슈뢰더는 "작은 마진을 놓고 똑같은 사업을 하려는 업체들이 너무나도 많다."라고 말했다. 이들은 전부 두 가지 방법으로 돈을 벌기 위해 노력하고 있다. 첫째, 서플라이 체인을 따라 공간, 시간, 형태를 바꾸어 현물을 움직이는 동안 발생하는 작은 마진을 포착한다. 둘째, 자신들의 능력과 정보를 가지고 시장에서 리스크 포지션을 떠안는다. 이때 리스크 포지션은 플랫 가격일 수도 있지만 상대적 가격 차이인 베이시스 또는 프리미엄 포지션인 경우가 더 많은데, 이는 일시적으로 발생하는 잘못된 시장 가격을 자신들은 포착할 수 있다는 믿음에 근거하고 있다. 첫 번째 종류의 활동을 'commercial(상업적)'이라고 부르며 두 번째 종류의 활동을 'speculative(투기적)'이라고 부른다. 미디어, 일반 대중, 정치인들은 전자의 활동이 세상을 먹여 살리고 식량 서플라이 체인에 효율성을 더하는 좋은 일이라고 여기지만 후자의 활동은 아무런 가치도 더하지 않으면서 소비자들의 식량 가격은 높이고 농부들이 받는 식량 가격은 후려친다고 여긴다. 언젠가 아내의 친구 한 명이 내게 "나는 농부와 나 사이에 투기자들이 존재하는 걸 원하지 않아요."라고 말한 것이 기억난다.

곡물 트레이딩 회사들은 역사적으로 커머셜한 활동을 중심으로 사업을 일으켰다. 농부들에게서 곡물을 사서, 저장하고, 운송하고, 가공하고, 판매하는 일련의 활동이 이에 속한다. 그 외에도 트레이더들은 때때로 금융 서비스를 제공한다거나 농자재를 공급하기도 했다. 그러나 투기(speculation)는 언제나 그래왔고 앞으로도 항상 사업모델의 필수불가결한 부분일 수밖에 없다.

　어떠한 투기적 행위도 없이 식량을 재배하고 유통하는 것은 불가능하다. 무엇보다 서플라이 체인의 이편에서 저편으로 상품을 옮기는 과정에서 발생하는 작은 마진만 가지고는 애초에 트레이딩 하우스들이 살아남을 수가 없다. 투기는 케이크의 토핑이 아니라 케이크를 만드는 재료 그 자체다. 오늘날 곡물 트레이딩 회사들이 경험하는 저조한 마진은 업황의 문제이자 구조적 문제이기도 하다. 불황에는 가격의 변동성이 줄어들고 무역의 흐름이 단조롭다. 이 같은 상황에서는 트레이딩 회사들이 가치를 더하기 어렵다. 시장에 충격과 왜곡이 발생할 때 트레이딩 회사에는 더 많은 기회가 열린다. 현물 트레이딩 마진이 위축되면 트레이더들은 투기의 유혹에 빠지기 쉽다. 때로는 이 때문에 과도한 투기가 발생하며 이를 보여주는 좋은 역사적인 사례들이 많다.

　마진이 저조할 때 과도한 리스크를 가져가는 것 말고도 트레이딩 하우스들은 비용절감의 압박을 받는다. 그러나 원자재 서플라이 체인에서 비용절감은 종종 공급 증가로 이어지고 다시 약세장이 연출된다. 만약 시장에 혼자밖에 없다면 비용절감을 통해 마진 개선을 바랄 수 있을지도 모르겠지만 시장의 모든 참가자가 같은 행동을 한다면 공급 증가로 발생하는 가격 하락은 비용절감분을 상쇄하고도 남는다. 비용절감이 정말로 효과를 볼 수 있는 방법 중 하나는 적절한 합병이다. 만약 시장 내 합병이 적절히 이뤄진다면 초과 공급을 완화하고 시장의 정상화를 꾀할 수 있다. 또한 개별 회사에 있어서는 글로벌 사업 반경이 더욱 넓어져 원산지 간의 옵셔널리티 증대 효과를 기대할 수 있고 규모의 경제도 이룰 수 있다. 그러나 부적절한 합병은 가치를 증대시키는 게 아니라 가치를 파괴하는 결과로 이어진다. 한편 크리스 마호니가 올바로 지적한 것처럼 주주들은 불황기에는 회사를 팔고 싶어하지 않는다. 때문에 적절한 합병과 다각화가 더욱 어려워진다. 호황기에는 회사를 인수하고자 하는 쪽에서 급하게 서두르지 않는다. 게다가 불황기에는 은행이나 투자자들이 주머니에서 돈을 꺼내고 싶어하지 않는다. 그리하여 외부에서 자금을 조달하는 것보다 내부자금 조달이 사업 다각화의 주된 재원이 되기에 카길이나 ADM이 벙기나 드레퓌스에 비해 유리한 위치에 서 있다고 볼 수도 있다.

지난 몇 년간 글렌코어가 드레퓌스나 벙기의(심지어 ADM까지) 곡물 자산을 인수하려 한다는 루머가 있었으며, 코프코는 드레퓌스와의 합병을 검토하기도 했다. 부분적으로 위에서 언급한 이유들 때문에 아직 어떠한 일도 일어나지는 않았다. 트레이딩은 코미디와 마찬가지로 타이밍이 전부다.

곡물 트레이딩 회사들은 실제로 얼마나 거대한 것일까? 가장 큰 세 회사 카길, ADM, 벙기를 제외한다면 나머지 네 곳의 추정 기업가치는 약 250억불 정도다. 이를 에너지회사 BP의 1천2백억불에 비교해보라. 곡물 트레이딩 회사들은 더 넓은 비즈니스 세계와 비교하면 거인이 아니라 상대적인 난쟁이에 불과하다. 비록 일곱 난쟁이들에게 합병이 허락되지 않는다고 해도 여전히 협력할 수 있는 영역이 있다. 그 중 하나는 기술이다. 주요 트레이딩 회사들은 이미 업계 전반에 통용될 수 있는 블록체인 기반 트레이딩 프로세스 구축에 협력하고 있다. 지속가능성도 마찬가지다.

수직 통합을 통해 서플라이 체인의 위아래로 이동하면 비용절감과 보다 나은 리스크 관리가 가능해질지 모른다. 외부자와의 거래가 아닌 자기거래가 많아지기 때문에 거래 상대방의 신용 리스크도 감소시킬 수 있으며 부가가치가 높은 활동으로 최종소비자에 더 가까이 다가갈 수도 있다. 저조한 마진의 원자재 사업에서 고마진의 재료 사업으로 전환하는 것이 가능한 이유는 소비자에 더 가까운 재료 사업의 가격 결정력이 원자재 사업보다 크기 때문이다. 다만, 서플라이 체인의 위아래로 움직이는 것의 문제점 중 하나는 자기 자신의 공급자나 고객들과 경쟁하게 될 수 있다는 점이다. 또 다른 문제는 익숙하지 않은 사업 분야에 발을 담그게 될 수도 있다는 점이다. 사탕수수를 키우는 것은 원당을 트레이딩하는 것과 전혀 다른 마인드셋이 요구된다. 식품 가공회사들은 대개 브랜드 관리에 힘쓰는 회사이기도 하다. 즉 가치는 브랜드에 있으며 브랜드 관리는 원자재 트레이딩과 다른 종류의 능력이 필요하다.

글렌코어가 처음 원면 트레이딩에 진출했을 때의 사례에서 보듯이 다른 원자재로의 사업 다각화에는 어려움이 따를 수 있다. 또한 새롭게 진출하고자 하는 원자재의 업황도 저조한 마진이나 치열한 경쟁 측면에서 다를 바 없는 경우가 많다. 그런 곳에 새롭게 진입하는 것 자체가 더욱 경쟁을 치열하게 만들고 업황을 악화시킬 수 있다.

때때로 트레이딩 회사들은 전혀 다른 영역으로 사업 다각화를 꾀한 경우들이 보인다. 예를 들면 부동산 개발, 언론, 통신 등 당대에 잘 나가는 사업들이다. 쿽 그룹이나 드레퓌스는 이 방면으로 제법 성공을 거뒀으나, 다른 회사들은 이만큼 성공적이지 못했다. 사실 이는 어려운 결정이다. 기존 핵심 사업에 집중해야 하는가 아니면 새로운 영역으로 다각화를 모색해야 하는가. 적어도 트레이딩 회사들이 갖는 강점은 트레이딩에 뛰어나다는 점이다. 그들은 원자재를 트레이딩하듯이 자산과 회사도 트레이딩할 줄 안다.

최근 들어 트레이딩 하우스들이 시도하는 새로운 사업 중 하나는 대체육 생산이다. 트레이딩 하우스들은 수익의 상당 부분을 가축 사료의 원료가 되는 옥수수와 대두에서 창출하고 있는데, 전통적인 고기를 기피하는 최근 일부 소비자 성향이 이를 위협하고 있다. 트레이딩 하우스들은 이미 이런 대체육 생산에 필요한 식물성 원료 공급에 강점을 가지고 있으나 규모가 관건이다. 통상적으로 소고기 1칼로리를 생산하는 데 필요한 사료는 그 열 배이지만 식물성 대체육 1칼로리를 생산하는 데 필요한 칼로리는 딱 그만큼이다.

곡물 트레이딩 회사들은 이를 잘 알고 있기 때문에 사료 수요의 감소에 대한 헷지 개념으로 대체육 사업에 투자하고 있다. 2019년 2분기 벙기는 비욘드미트의 주주로서 1억3천5백만불의 미실현수익을 보고했다. 이는 해당 분기 수익의 36% 규모이며 유지 사업 부문 수익의 80%에 해당한다.

대체육 시장의 성장은 빠르게 이뤄지고 있으나 이는 애초에 전통적 육류 시장의 1%도 되지 않는 작은 시장 규모에서 출발했기 때문이다. 그러나 대체육 시장에 투자함으로써 트레이딩 회사들은 자신들의 사업모델을 위협하는 소비자 성향을 더 잘 이해할 수 있게 된다. 카길은 실험실 배양육과 식물성 대체육 모두 투자하였으며, ADM은 대체육 서플라이 체인에 투자하고 있다.

대체육 외에도 곡물 트레이딩 회사들이 추구하는 전략적 방향은 어떤 것들이 있을까?

ADM은 부가가치가 높은 영양과 향미료 사업에 집중하면서 비핵심 사업으로 분류한 사업들을 정리하고 있다. ADM에게 농산물 매매는 여전히 핵심 사업으로 간주되고 있다.

벙기는 내부 리스크 관리를 강화하면서 사업 전반의 비용절감을 꾀하고 있다. 브라질의 사탕수수 공장을 BP와의 합작투자로 전환하였으며 식용유와 지방(fat) 시장의 다운스트림으로 투자를 확대하고 있다. 벙기가 곡물 트레이딩을 접는다는 루머도 있었으나 적어도 현재 벙기는 여전히 유지류와 크러싱 사업의 글로벌 선두주자로 우뚝 남아있다.

카길은 단백질과 수산 양식 사업에서 얼리무버(early mover)의 강점을 십분 활용하고 있다. 카길은 규모의 경제를 극대화하고 파트너십을 확대하여 수요 국가에서의 판매를 증가시키는 중이다. 또한 IT와 인공지능 분야의 혁신에 집중하고 있으며 신제품 개발과 사료 및 식품 생산공정 개선에도 힘쓰고 있다.

코프코 인터내셔널은 중국으로의 소싱 능력 확대를 위해 글로벌 오리지네이션을 확대하고 있다. 이러한 방향에는 특히 미국과의 무역전쟁이 영향을 끼쳤다. 니데라와 노블의 합병을 견고히 만드는 작업이 여전히 남아있는 동안 2020년에 계획했던 IPO는 지연될 가능성이 크다.

드레퓌스는 아시아에 다시 집중하고 있다. 식품과 사료 산업 혁신을 통해 최종소비자에 더 가까이 다가가는 중이다. IPO나 지분 매각 논의는 잠잠해졌으나 여전히 전략적 파트너를 찾고 있는 것으로 보인다.

글렌코어의 목표는 원산지에서의 고정자산을 늘리면서 소비 국가로의 판매를 증가시키는 것이다.

윌마는 팜과 유지 사업에서의 강점에 집중하면서 서플라이 체인의 지속가능성과 추적가능성을 증진시키고자 한다. 또한 최종소비자를 대상으로 한 식품 사업을 늘리고자 하며 중국사업의 IPO가 2020년으로 계획되어 있다.[2]

각자의 전략이 어떻게 열매를 맺을 것인지 오직 시간만이 알 것이다. 인터뷰를 진행했던 대담자 한 명은 당신이라면 트레이딩 회사를 어떻게 운영하겠느냐고 내게 물었다. 나한테 그렇게 중요한 일을 맡길 바보는 없을 것이라고 답하며 상황을 모면하고자 했으나 그 질문은 내게 많은 생각을 남겼다.

이제 책을 마무리하며 그 질문에 대해 진지하게 고민한 답을 공유하고자 한다. 단기적으로는 시장에 교란이 발생하여 커머셜 마진이 개

---

[2] 2020년 10월 윌마의 중국 사업은 Yihai Kerry Arawana(YKA)라는 이름으로 약 20억불의 자금을 유치하며 선전 증권거래소에서 IPO에 성공했다.

선되고 건전한 투기의 기회가 늘어나길 희망해볼 수 있을 것이다. 그러나 역사적으로 희망은 좋은 사업 전략이 될 수 없다는 것이 자명하다. 그렇다면 장기적으로 트레이딩 하우스들이 수익성을 회복하는 유일한 방법은 최근 수십 년간 잃게 된 시장에서의 힘을 되찾는 것밖에 없다고 생각한다. 그렇다면 어떻게 그 힘을 되찾는가? 다소 주제넘은 조언이 될지도 모르지만 나의 다섯 가지 제안은 다음과 같다.

첫째, 시장에 계속 남아있으라. 세상은 당신들을 필요로 하며 앞으로 더욱 필요로 할 것이다. 당신들이 직면하는 어떤 문제들은 구조적인 것이지만 또 많은 문제들은 업황의 문제다. 사이클이 바뀌면 문제도 해결된다. 일상적 업무의 일환으로 당신들이 하고 있는 일의 중요성을 정치인과 대중들에게 가르쳐야 한다. 과거에는 대중의 지지를 필요로 하지 않는다고 생각했을지도 모르나 지금은 다르다. 사업을 계속할 수 있는 '사회적 면허'를 대중들에게서 얻는 게 필요하다.

둘째, 책임감 있게 합병을 추진하라. 수요가 정체되어 있을 때에는 생산증가가 아닌 합병을 통해 비용절감을 시도하라. 규모가 작고 효율성이 떨어지는 시설들은 정리하고 보다 규모가 큰 곳으로의 물량 집중과 생산에 힘써야 할 것이다.

셋째, 혁신하고 혁신하라. 식량 서플라이 체인의 역사는 혁신의 역사다. 그러나 혁신이 더욱 효과적이기 위해선 단순 비용감축이 아니라 새로운 제품과 공정에 혁신이 일어나야 한다. 블록체인 기술은 비용절감에 기여할지 모르나 만약 이것이 업계 전체에 적용된다면 이는 단순히 소비자 가격 인하로 귀결될 뿐이다. (사회 전체적으로) 이는 좋은 일이지만 (개별 회사에게) 더 좋은 일은 소비자들이 기꺼이 더 많은 돈을 지불할 수 있는 새로운 제품이나 재료를 개발하는 것이다. 원자재를 재료로 변형하는 것은 생산자들이 가격 결정권을 소비자들에게서 되찾아오는 방법 중 하나다. 커피, 코코아 같은 일부 원자재들은 이미 원산지에 따른 차별화가 많이 일어나서 원자재로서의 지위를 잃는 중이다. 최종소비자들은 글루텐프리, 락토오스프리, 유기농, non-GMO, 지역 생산 식품에 대해 더 많은 돈을 지불할 용의가 있다. ADM이 알아챈 것과 같이 거대 식품 브랜드들은 자신들의 레시피에 맞는 특정 식재료들에 대해 프리미엄을 지불하기도 한다. 곡물회사들의 기존 가공과정에서 나오는 부산물들에 이 같은 기회가 더욱 열려있을지도 모른다.

넷째, 서플라이 체인을 따라 사업을 다각화하라. 현재 업계 내 가장 성공적인 회사들은 여러 품목에 걸쳐 다각화를 이룬 회사들이다. 충분히 다양한 시장에서 트레이딩을 한다면 최소한 몇 곳의 시장에서는 매년 이익을 낼 것이다. 매년 같은 상품이 이익을 내지는 못하겠지만 바라건대 업황이 좋은 상품에서 보는 이익이 업황이 나쁜 상품에서 보는 손실보다 크면 되는 것이다. 개별 회사에게 있어 자신들이 강점을 갖는 세계 바깥을 집중하는 것은 쉽지 않겠지만 분명 노력할 만한 가치가 있다. 이미 많은 트레이딩 회사들이 다각화된 식량회사로 나아가고 있다. 계속 나아가라.

다섯째, 리스크 관리를 강화하라. 어려운 시기에 많은 회사들은, 그리고 특히 트레이더들은 선물 가격의 움직임에 베팅하는 과도한 리스크의 유혹에 빠진다. 이 같은 유혹은 재앙으로 끝난다는 것을 역사가 보여줬으며 앞으로도 마찬가지일 것이다. 내가 트레이딩 하우스에게 제공할 수 있는 가장 중요한 조언은 리스크 관리를 강화하라는 것이다.

연극 더 리먼 트릴로지(The Lehman Trilogy)를 보면, 훗날 리먼브라더스를 세운 삼 형제 중 막내 메이어 리먼이 아이작 뉴개스에게 그의 딸 바베타와의 결혼 허락을 구한다. 극중 1858년인 이해에 삼형제는 앨라배마에 있으면서 현지 플랜테이션들에서 면화를 사들이고 북부 면직공장으로 판매하여 처음 돈을 벌어들이기 시작한다.

"자네는 거간꾼이라는 말이구만!"

훗날 장인이 될 아이작이 말한다.

"우리는 거간꾼이 아닙니다, 우리는 사업가입니다."

화가 난 메이어 리먼이 답한다.

저자 본인의 아버지처럼 아이작 뉴개스 또한 이 리먼 형제들이 도대체 무슨 일을 해서 돈을 벌어들이는 것인지 잘 이해하지 못했다. 150년이 지난 지금 곡물 트레이더들은 아직도 그들에게 씌워진 거간꾼의 이미지를 벗어버리고 여느 산업과 다를 바 없는 사업가들로 세상에 인식되기 위해 노력하고 있다.

뉴 노멀

J-F 랑베르 J-F Lambert

J-F는 전직 은행가 출신으로 커리어의 대부분을 그리스와 아시아에서 국제 은행 업무 및 무역금융에 보냈다. 처음에 그는 CCF에 있다가 HSBC 은행이 CCF를 인수하게 되면서 런던으로 건너갔다. 그곳에서 무역금융과 글로벌 원자재 파이낸싱 사업을 설계했다. 그는 이제 컨설턴트로 일하면서 은행, 펀드 등에게 무역과 원자재 파이낸싱에 대한 컨설팅을 제공한다. 또한 파리 시앙스포에서 원자재 시장을 가르치고 있으며 런던 비즈니스 스쿨에도 정기적으로 출강한다.

농산물 트레이딩 하우스들이 직면한 가장 큰 어려움은 무엇이라고 생각합니까?

상품의 수요와 공급 그리고 무역 흐름에 대한 똑같은 정보를 이제는 모두가 접근할 수 있다는 게 가장 큰 문제입니다. 즉 이제 농산물 원자재 트레이딩 하우스들이 트레이딩으로 돈을 벌 수 있는 때는 오직 시장에 교란이 일어났을 때뿐입니다. 그러나 이러한 시장의 교란조차 점점 예측하고 대응하기 용이해지고 있습니다.

1998년에서 2008년 사이 세계는 원자재 슈퍼사이클을 거쳤습니다. 이 슈퍼사이클이 세상을 어떻게 변화시켰고 원자재가 주요 금융 자산이 되었는지 많은 사람들이 알고 있습니다. 그러나 1992년에서 현재까지 인플레이션을 감안한 숫자를 살펴본다면 식품과 농산물의 가격은 지난 30년간 제자리에 머물렀다는 것을 알 수 있습니다.

이는 매우 이례적인 현상입니다. 제가 세상에 태어났을 때 지구상에는 27억명의 사람들밖에 살고 있지 않았습니다. 그중 아마 3억5천만명 정도가 중산층이었겠지요. 오늘날 세상에는 76억명의 사람들이 살고 있으며, 곧 90억명을 향해 가고 있습니다. 중산층의 숫자는 앞으로 10년 안에 50억명에 도달할 것입니다. 이는 엄청난 식량 수요의 증가를 의미하며, 특히 바이오연료에 들어가는 작물들까지 생각하면 더욱 그렇습니다. 그럼에도 공급은 기술발전과 함께 이토록 빠르게 증가하는 수요를 따라가며 식품 가격을 제자리에 묶어둘 수 있었습니다. 앞으로를 내다본다면 글로벌 기후변화는 더욱 큰 시장 혼란을 초래할 것입니다. 그러나 제 생각에는, 또한 바라기는, 공급은 지금까지 그래왔던 것처럼 직면한 도전들을 극복해나갈 수 있을 것입니다.

두 번째 과제는 원자재의 금융자산화입니다. 과거에 선물시장은 현물 상품 트레이딩을 보조하고 원활하게 돌아가도록 만드는 역할을 수행했습니다. 오늘날 선물시장은 현물의 흐름보다 훨씬 커졌으며, 자동화 트레이딩의 출현으로 더욱 정교해졌습니다. 2019년 3월 CFTC는 곡물과 유지류 시장에서 자동화된 선물 및 옵션 거래의 비중이 전체 거래의 70%에 달한다고 발표했습니다. 이는 현물 트레이더들이 선물시장을 활용하여 트레이딩 전략을 설계하고 헷지하는 일을 더욱 어렵게 만듭니다. 현물 트레이더들은 항상 바로 앞에서 누군가가 자신의 주문을 예측하고 1초라도 먼저 움직이는 존재들을 마주하게 될 것입니다. 이는 큰 어려움입니다.

트레이딩 하우스들은 각자의 방법으로 이 어려움들을 극복하기 위해 노력하고 있습니다.

글쎄요, 기초부터 살펴봅시다. 트레이더에게 물류는 절대적으로 중요합니다. 오늘날 트레이더들이 가치를 더하는 방법은 비가 오든 눈이 오든 여러 원산지에서 가장 효율적이고 부드러운 방식으로 수요자들의 니즈를 충족시키는 데에 있습니다. 이 점에서 물류는 트레이딩 하우스들의 필수적인 도구입니다.

모두가 물류에 대한 투자를 하고 있지만 특히 글렌코어는 규모에서 차별화 전략을 꾀하고 있습니다. 그들은 규모의 확장을 통해 비용을 절감하고 가격 수용자가 되는 대신 가격 창조자가 될 수 있다고 믿습니다. ADM이나 카길과 대화를 해보면 그들은 원자재 트레이딩을 하지 않는다고 말합니다. 대신 통합된 서플라이 체인을 따라 농장에서 식탁까지 상품을 움직인다고 말하죠. 그들의 수익은 트레이딩에서 나오는 것이 아닙니다. 그들의 수익은 정교한 서플라이 체인 관리에서 나오는 것입니다. 또한 다운스트림에서 고부가가치 상품을 생산하고 판매하여 수익을 더하는 일에 힘쓰고 있습니다.

카길은 이미 여러 해 동안 이 같은 일들을 해왔으며 점점 동물성 단백질과 수산물 사업으로 초점을 옮기고 있습니다. 증가하는 세계 인구와 중산층을 생각하면 이는 타당한 전략입니다. 세계는 더 많은 단백질을 필요로 합니다. 단백질 공급 서플라이 체인의 위부터 아래까지 이뤄진 카길의 투자는 빛을 발하고 있습니다.

ADM은 전혀 다른 종류의 회사입니다. ABCD의 원년 멤버 중 A는 ADM이 아니라 앙드레였다는 사실을 잊지 맙시다. 제가 말하고자 하는 바는, ADM은 거대한 종합 농산물 기업이지 트레이딩 하우스가 아니라는 점입니다. 물론 트레이딩으로 진출을 하기도 했습니다만 그들 주머니의 돈은 대부분 트레이딩이 아닌 산업적 부분에 쓰이고 그곳에서 나오고 있습니다.

드레퓌스에게 질문한다면 그들 또한 더 이상 트레이딩 하우스가 아니라 이제는 서플라이 체인의 관리자라고 말할 것입니다. 그러나 드레퓌스는 아마도 시장에 얼마 남지 않은 진정한 트레이딩 하우스들 중 하나일 것입니다. 불행히도 이는 그들의 선택이 아니었습니다. 과거에 이뤄진 잘못된 투자가 오늘날 그들의 발목을 잡고 있는 것입니다. 예를 들어 드레퓌스는 고도로 효율적인 냉동 농축 오렌지주스 서플라이 체인 통합을 이룩했습니다. 그러나 이를 통해 얻을 수 있는 게 많이 있을까요? 사람들은 더 이상 냉동 오렌지주스를 마시고 싶어하지 않습니다. 대부분의 레스토랑도 냉동 오렌지주스를 아침 식사용으로조차 내놓지 않습니다. 게다가 브라질의 사탕수수 사업도 크게 허덕이고 있지 않습니까? 따라서 현재 드레퓌스는 업계 경쟁자들에 비해 트레이딩에 더욱 의존할 수밖에 없는 구조입니다. 고부가가치 사업에 새롭게 진출할 수 있는 재무적 능력에 한계가 있기 때문입니다. 트레이딩을 통한 이윤 창출이 갈수록 어려워지는 시기에 이는 상당한 어려움입니다.

벙기는 카길과 드레퓌스의 중간 정도에 위치해 있습니다. 벙기는 카길보다 트레이딩 의존도가 높습니다. 그러나 벙기는 자신들의 업스트림에서의 강점을 다운스트림에서의 활동으로 더욱 보완하는 데에 힘쓰고 있습니다. 그들의 목표는 트레이딩에 대한 의존도를 줄이고 종합 농산물 기업으로 한 발짝 더 나아가는 것입니다. 최근 이뤄진 Loders Croklaan 인수가 이 같은 방향을 보여주는 대표적 사례입니다.

중요한 사실은 벌크 원자재 트레이딩이 더 이상 꾸준한 수익을 보장할 수 있는 활동이 아니라는 점입니다. 지속적인 수익을 내기 위해서 대형 트레이딩 하우스들은 프로세스를 통합하는 방향으로 진화해야 합니다. 그러나 모두가 진화를 금전적으로 감당할 수 있을까요? 설령 감당할 수 있다고 하더라도 통합에 적합한 서플라이 체인을 제대로 찾아낼 수 있다고 어떻게 장담할 수 있을까요?

올바른 결정은 쉽지 않으며 결정의 타이밍이 절대적으로 중요합니다. 순수 트레이딩은 수익성에서 허덕이고 있지만 적어도 사업의 민첩함만큼은 확실합니다. 성공적인 통합은 수익성을 높일 수 있지만 리스크가 더 큰 옵션일 수도 있습니다. 통합에 필요한 비용의 하한선은 훨씬 높고 업황을 반대로 타면 무시무시한 결과를 맞게 됩니다.

코프코 인터내셔널은 어떻습니까? 그들의 역할은 용(중국)을 먹여 살리는 것이라고 말하지 않았습니까?

최근 중국에서 코프코와 시노그레인 사이에 구조조정이 있었습니다. 시노그레인의 대두 크러싱 자산들이 코프코로 이전되었습니다. 둘은 모두 국영기업입니다. 이 같은 구조조정은 코프코가 중방그룹을 합병한 후에 일어났습니다. 중국 정부가 농산물 원자재 소싱의 최적화를 위한 대형 조직을 만들고 싶어하는 사실은 분명합니다. 중국은 더 이상 식량의 자급자족을 이룰 수 없기 때문에 원산지에서의 트레이딩 능력이 더욱 중요해졌습니다. 바로 이 지점에서 코프코 인터내셔널의 역할이 중요해집니다. (중국을 위한) 식량과 농산물 원자재의 소싱 말입니다. 코프코 인터내셔널은 노블 아그리와 니데라의 합병을 통해 탄생했습니다. 원활한 과정이 아니었지요. 그러나 이제는 한 지붕 아래의 식구들이 점점 효율적으로 움직이고 있습니다. 앞으로의 과제는 과연 코프코 인터내셔널이 다양한 원산지와 (중국 외) 판매지에서 옵셔낼리티를 활용할 수 있는 제대로 된 대형 트레이딩 하우스가 될 수 있느냐는 것입니다.

제 생각에 그들의 진정한 미션은 원산지에서의 소싱을 최적화하여 중국 시장으로의 원활하고 효율적인 식량 공급을 보장하는 것입니다. 중국 시장에 대한 그들의 강점은 이미 매우 강력하며 앞으로 더욱 강력해지기만 할 것입니다. 이는 ABCD 메이저에게 큰 문제입니다. 갈수록 중국 시장을 읽기가 어려워질 것이기 때문입니다. 코프코 인터내셔널은 결국 가장 중요한 판매지를 장악할 것이기에 그들의 진짜 다음 아젠다는 원산지에 있습니다. 미·중 무역전쟁을 거치면서 이 점이 더욱 중요해졌습니다.

미국과 중국 사이에 일어나는 일은 단기적인 현상이 아닙니다. 미국과 중국 사이의 라이벌 관계는 뉴 노멀입니다. 그렇다면 코프코 인터내셔널의 역할은 더욱 중요해집니다. 미국에 대한 의존도를 줄이기 위해 중국의 식량 수입구조를 재조정해야 할 것입니다. 이를 위해 코프코 인터내셔널은 원산지로서 남미, 아시아, 유럽, 아프리카에서 더욱 민첩하고 효율적으로 움직여야 할 것입니다. 코프코 인터내셔널에게는 지정학적으로 전략적인 임무가 주어졌습니다. 이 임무를 효과적으로 달성하기 위해서 앞으로 더 많은 인수합병과 제휴가 있을 것으로 저는 생각합니다.

코프코와 LDC 사이에 파트너십에 대한 이야기가 오고갔습니다.

앞서 말했듯이 드레퓌스는 현재 다섯 중에 가장 어려운 처지에 있습니다. 그들은 경쟁자들보다 트레이딩에 더 많이 의존하고 있으나 원산지에서 그들의 전문성은 그 누구도 반박할 수 없습니다. 결과적으로 이 때문에 중국에게 드레퓌스는 전략적으로 가장 매력적인 파트너십의 대상입니다.

또한 무역전쟁 때문에 중국은 미국 소재 트레이딩 하우스들에게 도움을 구할 형편이 아닙니다. 미국 정부와 현재 복잡한 문제로 얽혀 있는 글렌코어를 바라볼 수도 없습니다. 따라서 드레퓌스의 독특한 위치가 코프코 인터내셔널과의 제휴에 오히려 결정적인 강점이 될 수도 있습니다.

트레이딩 회사들이 전통적인 트레이딩에서 벗어나 사업 다각화를 이루기 위한 투자들을 저는 지금껏 봐왔습니다. 한데, 당신의 설명을 들으면 이는 다각화가 아니라 수직 통합을 말하는 것으로 보이는군요.

마찬가지로 앞서 말했듯이 벌크 원자재 트레이딩은 적어도 한 품목을 완전히 장악하지 않는 이상 지속가능한 수익 창출원이 아닙니다. 예를 들어 원면 시장에서 드레퓌스가 좋은 사례이겠습니다. 드레퓌스는 원면업계의 지배적인 위치에 있고 전 세계에서 사업을 벌이고 있기 때문에 여전히 원면 트레이딩을 통해 많은 돈을 벌고 있습니다.

대형 트레이딩 하우스들이 꾸준한 이익을 내는 유일한 방법은 커머셜 마진을 내는 것입니다. 만약 효율적으로 원자재를 소싱하고 이를 변형하고 가공하여 최종소비자 제품을 만든다면 빈약한 트레이딩 마진을 보완할 수 있는 커머셜 마진을 만들어낼 수 있습니다. 어디까지나 효율적이라는 전제하에, 다운스트림에서 창출하는 마진은 업스트림에서의 활동을 지원할 것입니다. 이토록 상호보완적인 모습이 되어야 합니다. 농산물 벌크 원자재 세계에 순수 트레이딩이 과연 앞으로도 존재할까 의문을 갖게 되는 것은 이 때문입니다.

대부분의 대형 트레이딩 하우스들이 택한 또 다른 길은 무역금융과 리스크 관리로 트레이딩 사업을 지원하는 것입니다. ABCD와 코프코는 금융공학 역량을 개발했습니다. 정확한 숫자가 공개되지는 않았습니다만 다섯 회사 모두 이러한 활동을 통해 준수한 이익을 만들어내고 있습니다. 고객과 공급자들에게 신용 리스크 솔루션을 제공하여 도움을 주는 것뿐만 아니라, 무역 흐름에서 발생하는 리스크를 패키지로 만들어 외부 투자자들에게 판매함으로써 자신들의 재무구조에 부담을 주지 않으면서 이익을 발생시키는 것입니다. 이 분야에 있어서는 카길이 크게 앞장서고 있습니다.

추적가능성이 앞으로 새로운 사업모델의 필수적인 요소가 될 것이라 생각하십니까?

네 그렇습니다. 선진국 시장의 소비자들은 더 많은 것들을 신경 쓰고 더 많은 것들을 요구하고 있습니다. 이제 추적가능성은 있으면 좋고 없으면 말고 하는 성격의 것이 아닙니다. 이제는 반드시 필요합니다. 밸류 체인 통합을 이루는 과정의 일부는 추적가능성 요구에 효과적으로 대응하기 위한 것이라고 생각합니다. 지금은 선진국 시장의 소비자들이 주된 요구를 하고 있습니다만 전 세계적으로 빠르게 증가하는 중산층들도 이 추세에 가담할 것입니다. 자신들이 다루는 상품의 품질에 대한 완벽한 컨트롤과 신뢰 가능하며 인증 가능한 정보를 제공하지 못하는 업체들은 머지않아 식품과 농산물 서플라이 체인에서 퇴출될 것입니다.

점점 많은 은행들도 파이낸싱과 지속가능성 및 인권문제를 연결지으려 하는 것처럼 보입니다.

그 분야에 있어 은행들의 전략은 사회의 시대정신을 따르고 있습니다. 특히 환경문제와 인권문제를 걱정하는 선진국 시장에서 더욱 그렇습니다. 대부분 은행들의 CEO와 이사회에는 평판 리스크가 최우선

의제이기 때문이기도 하며, 기업시민으로서 은행들은 올바른 일을 하고자 노력합니다. 따라서 은행가들은 지속가능한 무역 흐름을 촉진하고 지원하고자 합니다.

예를 들어 제 전 직장에서는 인도네시아와 말레이시아의 팜유 산업을 파이낸싱하면서, 거래 상대방을 RSPO의 인증을 받은 생산자들로만 제한하였습니다. 그러나 당시에는 매우 소수의 생산자들만이 그들의 생산이 100% 지속가능한 방식으로 이뤄졌다고 보장할 수 있었습니다.

팜유 생산자들과 트레이딩 하우스들로 하여금 지속가능한 팜유 사업을 은행으로 가져오게 하는 방법은 우리 자신의 마진을 낮추는 것이었습니다. 다른 은행들도 마찬가지였습니다. 파이낸싱하는 사업이 지속가능한 방식이든 아니든, 고객들에게 돈을 빌려주기 위한 필요자본량(capital requirement)은 변하지 않았기 때문에 만족스러운 결과는 아니었습니다. 자신의 발등을 찍는 꼴이었습니다. 돈을 빌려주는 사람 입장에서는 결코 지속가능한 일이 아니었습니다. 그러나 환경문제 같은 이슈들이 더욱 민감해질수록 머지않은 미래에 적어도 대형 은행들은 지속가능한 생산방식만 파이낸싱하게 될 것입니다. 이는 거부할 수 없는 추세입니다. 석탄 산업을 한번 보십시오. 그 어떠한 국제은행도 신규 석탄발전소 프로젝트를 파이낸싱하지 않을 것입니다. 지속가능하지 않은 농산물 사업에서도 은행들은 손을 떼게 될 것입니다. 그렇지 않으면 사회 전체에 문제일 뿐 아니라, 개별 은행의 평판 리스크도 감당할 수 없게 되기 때문입니다.

벌크 원자재 트레이딩 사업은 완전히 접고 서플라이 체인 내의 고부가가치 사업에만 집중하는 대형 트레이딩 하우스가 나올까요?

어떤 트레이딩 하우스도 트레이딩을 완전히 접지는 않을 것입니다. 트레이딩은 그들의 핵심 경쟁력이자 문화입니다. 다만 트레이딩'만' 하는 것은 어렵겠지요. 그러므로 모든 대형 트레이딩 하우스들이 그들의 트레이딩 역량을 서플라이 체인 내의 고부가가치 사업으로 보완 또는 보강하고자 하는 것입니다. 말은 쉽지만 행동으로 옮기기는 그만큼 쉽지 않습니다.

첫째, 업스트림이든 다운스트림이든 적절한 서플라이 체인을 찾아내야 하며 그중에서도 가장 적합한 부분이 어디인지 분별해내야 합니다. 벙기와 드레퓌스는 브라질에서 사탕수수 사업에 용감하게 뛰어들었으나 돌이켜보면 이는 적절한 타이밍이 아니었습니다. 카길은 동물영양 사업 체인에 뛰어들었고 이는 적절했던 움직임으로 보입니다. 미국과 중국 사이에 발생하는 뉴 노멀은 사업 환경을 그들에게 더 어렵게 만들고 있습니다. 벙기는 유럽에서 팜유 가공 사업에 투자했으나 대체연료든 식재료든 점점 더 팜유에 대한 유럽 소비자들의 거부감이 커지고 있기 때문에 어려운 사업이 될 것입니다.

둘째, 서플라이 체인 투자는 비용이 많이 들어가며, 회사의 재무적 능력이 뒷받침되어야 합니다. 벙기는 Loders Croklaan을 인수하기 위해 10억불 가까이 지불했습니다. 드레퓌스는 브라질 바이오세프의 재무구조를 개선하기 위해 10억불을 사용했습니다. 카길은 이보다 큰 돈을 동물영양 사업 서플라이 체인 구축을 위해 투자했습니다. 그러나 모든 플레이어들이 이 같은 비용과 리스크를 감당할 수 있지 않습니다. 따라서 그들은 파트너십과 동등 합병 사이 갈림길에 서게 됩니다.

산업적 활동에 집중하는 기존 농식품업체들은 트레이딩이 원산지에서의 옵셔낼리티 활용을 통해 가져오는 유연성 때문에 트레이딩 하우스들과 파트너십을 맺고 싶어할 것입니다. 물론 개별 트레이더들을 영입하거나 심지어 내부에 트레이딩 데스크를 만들어볼 수도 있겠지만 아마도 파트너십이 더 안전한 선택이 될 것입니다. 트레이딩은 제조업이나 산업시설을 운영하는 것과 전혀 다른 능력을 요구하기 때문입니다.

트레이딩 하우스들 간의 합병도 가능하겠으나, 트레이딩 플랫폼 간의 중복되는 영역과 각기 다른 시스템을 관리해야 하는 어려움은 말할 것도 없고 현재의 사업 환경은 이런 일이 일어나기에 좋은 환경이 아닙니다. 미국 소재 트레이딩 회사들은 어떻게 중국과의 사업을 계속 안전하게 발전시켜나갈 수 있을지 고민해야 합니다. 미국 회사가 아닌 글렌코어는 앞서 벙기에 대한 관심을 표명했듯이 북미에서 트레이딩과 물류 자산을 인수하는데 관심을 가져볼 수 있습니다. 그러나 우선 미국 정부와의 법적 문제들부터 해결해야 할 텐데 이는 적잖은 시간이 소요될 것입니다. 게다가 북미에서 대규모 인수는 독점금지 문제에 저촉될 수도 있습니다.

간단하게 정리해 보겠습니다. 만약 미국 회사라면 남미에 소재한 독립적인 업체를 인수하지 않는 한 할 수 있는 일이 많이 없습니다. 설령 남미 업체를 인수하더라도 어떻게 활용할 것인지 깊은 고민이 필요하며, 앞으로 미국 회사들이 어떻게 중국 시장에 참여할 것인가 저는 걱정이 많이 됩니다.

당장 대규모 합병이 일어날 것처럼 보이지는 않는군요. 약간의 자산 이동 정도를 제외하면 말이죠.

맞습니다. ADM, 벙기, 카길 또는 글렌코어라면 독점금지 문제에 걸립니다. 무역전쟁도 있고요. 결국 가장 그럴듯한 파트너십은 LDC와 코프코 인터내셔널 사이에 기대해볼 수 있습니다. 드레퓌스의 소유주들은 돈이 필요합니다. 드레퓌스가 매물로 나온 것은 아니기 때문에 코프코 인터내셔널이 드레퓌스를 전면적으로 인수할 수 있는 건 아니지만, 드레퓌스와의 파트너십은 충분히 가능성 있는 얘기입니다. 드레퓌스의 전문성은 코프코 인터내셔널의 소싱 전략에 가치를 더할 수 있고 드레퓌스도 자신들이 필요로 하는 것을 얻을 수 있습니다.

트레이딩 회사들이 공개기업으로 전환해야 한다고 생각합니까?

공개기업은 매년 투자자들에게 성장에 대한 확신을 제공해야 합니다. 이는 원자재 사업의 주기적인 업황과 잘 부합하지 않습니다. 그러나 한 발 더 나아가봅시다. 앞서 말했듯 원자재 트레이더들은 이미 저조한 마진에 시달리고 있습니다. 앞으로 몇 년간도 계속 그럴 것이라 저는 생각합니다. 이 때문에 향후 10년에서 15년 사이에 상장하는 원자재 트레이딩 회사는 없을 것으로 보입니다.

이미 상장된 대부분의 원자재 트레이딩 회사들은 슈퍼사이클 기간에 상장을 진행했습니다. 글렌코어가 예외이겠습니다만, 그들의 전략은 트레이딩을 넘어 사업을 다각화하기 위한 자본을 축적하는 것이었습니다. 결국 광산회사 엑스트라타의 역인수합병으로 이어졌습니다.

이미 상장된 기업들이 계속 공개기업으로 남아있을 것인가도 좋은 질문입니다. 그러나 윌마와 올람의 사례를 살펴보십시오. 일반 대중들의 지분은 얼마 되지 않습니다. 싱가포르 국부펀드 테마섹은 사실상 올람을 비공개 기업처럼 소유하고 있고, 쿽 가문은 윌마의 지분을 크게 차지하고 있으며 ADM이 뒤를 잇고 있습니다.

상장 이후 회사의 전략을 전면적으로 점검하고자 하면서 벙기 경영진들의 어려움은 가중되었습니다. 벙기는 변화의 한복판에 있습니다. 앞으로 몇 년 동안 현재 경영진 아래 변화에 성공할 것인지 흥미롭게 살펴봅시다. ADM은 사실상 제조업에 가까운 회사입니다. 그들 수익의 대부분은 산업적 활동에서 나옵니다. 그마저 트레이딩 수익은 윌마와의 거래에서 나오는 비중이 큽니다.

최근에 발표된 BP와의 합작투자가 벙기의 브라질 사탕수수 사업에 해결책이 되겠습니까?

벙기 경영진이 직면한 문제는 갈수록 활용할 수 있는 카드가 줄어들고 있다는 점입니다. 설탕과 에탄올 가격이 개선되지 않는 한 그들의 투자는 지속적으로 어려움을 겪을 것입니다. 합작투자는 현명한 결정이었습니다. 브라질에 있는 벙기의 사탕수수 사업 익스포저를 분산할 수 있기 때문입니다. 새로운 합작투자 법인이 자산을 들고 가고, 벙기는 여전히 필요한 때에 기회가 찾아오면 설탕을 오프테이크(offtake)할 수 있는 위치에 있으며 에탄올 생산은 BP가 맡을 것입니다. 벙기는 무거운 자산들을 줄이면서 리스크를 감소시키고 트레이딩 마진이 저조한 업스트림에서 더욱 가벼워질 수 있습니다.

드레퓌스의 사탕수수 자산에는 어떤 해결책이 있을까요?

바이어를 찾거나 가격이 회복될 때까지 참고 견디는 수밖에 없다고 생각합니다. 문제는 에탄올 사업의 수익성이 브라질 정부의 손에 전적으로 달려있다는 점입니다. 드레퓌스가 이 자산들을 남들보다 잘 관리하지 못하는 것이 아니라 운이 나쁘게 좋지 못한 상황에 꼼짝없이 갇혀버린 것입니다.

젊은이들에게 대형 곡물 트레이딩 회사에서 일하는 것을 권하겠습니까?

세상이 어떻게 움직이고 시장이 어떻게 돌아가는가 배우는 데에는 이보다 좋은 학교가 없습니다. 원자재는 역사, 인구, 지리, 경제, 금융, 정치를 아우르는 산업입니다. 설령 나중에 다른 산업으로 옮긴다고 해도, 젊은이들에게는 매우 좋은 훈련의 장입니다.

   은행에서 일하는 트레이더와 원자재 트레이딩 하우스에서 일하는 트레이더를 비교해봅시다. 전자는 자본시장의 달인이 되겠지요. 그러나 후자는 자본시장도 접하면서 실제 삶에서 현물은 어떻게 움직이는지, 물류는 어떻게 작동하는지, 협상은 어떻게 해야 하는지 현장에서 이해하는 힘을 키우게 됩니다. 이보다 좋은 학교가 있습니까?

트레이더의 역할

제이슨 클레이 Jason Clay

제이슨 클레이는 미국 세계자연기금(World Wildlife Fund-US)에서 세계 식량 시장과 관련된 업무를 이끌고 있다. 그는 이곳에서 농업, 양식업, 소프트 코모디티를 아우르는 식량회사들과 여러 국제적 프로젝트들을 진행했다. 다음은 워싱턴 DC의 집에 있는 그와 전화로 나눈 대화 내용이다.

좋은 아침입니다 제이슨. 이렇게 대화를 나눌 시간을 제게 내주어 고맙습니다. 이야기를 시작하기에 앞서, 당신은 어렸을 적 농장에서 자랐다고 들었습니다.

네. 저는 경제적으로 성공하기 어려운 매우 작은 농장에서 자랐습니다. 156에이커(약 19만평) 정도 되는 농장이었지요. 지난 세기에 미국 정부에서 서부 지역 정착자들에게 공여하던 땅의 크기였습니다. 우리 가족이 필요한 식량의 4분의 3정도는 텃밭에서 농사를 짓거나, 산과 들에서 따거나, 사냥을 하거나, 낚시를 통해 구했습니다. 우리가 직접 생산할 수 없는 것들만 사서 먹고는 했습니다.
　제가 태어나던 해에 우리집에 전기가 처음 들어왔습니다. 그러나 집 안에 수도가 들어온 건 15살 무렵에서였습니다. 영하 29도까지 내려가는 겨울에도 저는 가림막으로 둘러싸인 현관 같은 곳에서 자고는 했습니다.

장남인 제게는 네 명의 누나와 두 명의 남동생이 있었습니다. 행복한 시절이었습니다. 저는 일을 많이 하기는 했지만 그렇다고 책임져야 할 것은 없었습니다. 그러던 어느 날 아버지가 트랙터 사고로 돌아가셨습니다. 15살 때 일이었지요. 이후 장남인 저는 어머니를 도와 농장의 경영을 책임져야 했습니다. 그것은 완전히 다른 경험이었습니다.

아버지가 돌아가시고 나서 처음 몇 년 동안은 이웃과 친척들의 도움을 받았습니다. 저는 농장일을 하면서 고등학교 공부를 병행하는 것이 힘들었습니다. 결국 농지의 일부는 임대를 주었지요. 하지만 이로 인해 소들을 먹일 풀과 건초를 구할 수 없게 되었습니다. 따라서 소들도 팔아버렸습니다. 우리는 모든 동물들, 트랙터, 농기계들을 경매로 처분했습니다. 어머니께서는 이후 두 남동생과 농장에서 함께 사셨지만, 동생들이 고등학교를 졸업하자 농장을 팔아버리고 도시로 이사하셨습니다.

그렇군요. 그럼 아버지가 경영하던 작은 농장을 이어받으려다가 갑자기 인류학 박사로 선회하게 된 계기는 무엇인가요?

아버지는 당시 보험에 들어있었습니다. 아버지가 돌아가시자 우리 가족이 받게 될 보험금이 아버지가 살아계실 때의 소득보다 훨씬 크다는 것을 알게 되었고, 그 돈으로 어머니가 가족의 생계를 꾸려나갈 수 있었습니다. 슬프지만 아버지가 돌아가셨다는 사실과 그로 인해 제가 져야만 했던 책임들이 저를 눈에 띄는 지원자로 만들었고, 덕분에 하버드에 입학할 수 있었습니다.

인류학을 선택한 건, 하버드에 입학하고 나서 제 주변에 있는 사람들을 이해하고 싶었기 때문입니다. 하버드에서 우리는 대부분 같은 미국인이었지만 저는 조금 배경이 특이한 축에 속했습니다. 지주 출신들은 많았으나 저 같은 농부 출신은 없었습니다. 저는 잘 어울리지 못했지요. 인류학을 선택한 다른 이유들도 있었습니다. 규모가 작은 인류학과는 마치 가족과도 같았습니다. 저는 학과 내 모두를 알고 지냈습니다. 연구기금도 있었고요. 덕분에 어느 해 여름에는 브라질 북부에서 토지를 둘러싼 갈등을, 또 다른 해에는 멕시코 남부에서 마야 원주민들과 함께 살며 연구할 수 있었습니다.

졸업 후 저는 업무 경력이 필요하지 않았습니다. 농장에서 일하는 동안 제가 몸담았던 그 다른 어떤 교육기관보다 인생에 대해 많이 배울 수 있었습니다. 하지만 그 기관들이 제 인생의 변화에 필요한 도구들(인맥, 자금을 마련하는 노하우, 자격증)을 준 것도 사실이지요.

하버드를 떠나면서 런던정치경제대학교에서 공부할 수 있는 일 년짜리 펠로우십을 얻었습니다. 이후 미국으로 다시 돌아와 코넬대학교에서 박사학위 과정을 밟았는데, 당시 코넬대학교는 세계에서 가장 좋은 농업대학교로 알려져 있었습니다. 제 전공은 인류학이었으나 국제농업에 대해 공부하고 싶었습니다.

박사학위 과정을 밟은 것은 연구비 지원과 흥미로운 작업을 해볼 수 있을까 하는 이유에서였지만, 학생들을 가르치는 일에는 별로 흥미가 없었습니다. 하버드와 예일대학교에서 학생들을 몇 번 가르쳐봤음에도, 그때마다 앞서 언급한 이유들을 더욱 확실하게 느끼게 될 뿐이었습니다. 이후 인권과 관련된 일을 하면서 사회생활을 시작했습니다.

박사학위를 마치고는 아프리카의 난민 캠프에 갔다고요?

그렇습니다. 에티오피아에 기근이 있었던 1984-1985년 무렵이었지요. 난민 캠프는 에리트레아, 티그레, 수단 사이의 경계에 위치해 있었습니다. 냉전의 절정이었던 시기에 미국과 소련은 원주민들을 국내 갈등의 대리전에 내세웠지요. 니카라과에서 모스키토족, 이라크에서 쿠르드족, 에티오피아에서 오로모족, 수단에서 딩카족 같은 사례들입니다. 이들 그룹은 미국이나 소련을 지지하기 때문이 아니라, 자신들이 추구하는 독립이나 자치를 달성하기 위해 돈을 받았습니다.

저는 난민 캠프에서 사람들에 대한 데이터를 수집했습니다. 난민들이 집으로 돌아가려면 무엇이 필요한지, 난민들이 고향에 남기고 온 것은 무엇인지, 가족들 중 몇 명이나 강간의 피해자가 되었는지, 몇 명이나 살해당했으며 누가 살해한 것인지 등을 조사했습니다. 우리의 정보에 따르면 정부가 기근을 초래한 것이 분명했으나, 원조기관들은 이 정보를 공론화 하고 싶어하지 않았습니다.

그레이트풀 데드의 콘서트는 왜 갔나요?

열대우림 행동 네트워크의 창설을 도운 적이 있습니다. 그곳의 대표가 그레이트풀 데드의 드러머를 알았어요. 그는 그레이트풀 데드의 드러머에게 연락해 혹시 열대우림을 위한 콘서트를 개최해줄 수 있는지 물어봤습니다.

이후 밴드와 몇 차례 미팅을 가졌습니다. 그들은 도대체 자신들이 어떻게 열대우림을 도울 수 있는지 이해할 수 있다면 기쁜 마음으로 수락하겠다고 했습니다. 우리는 일 년간 매달 한 번 밥 위어(그레이트풀 데드의 보컬리스트)의 집에서 모여 그들에게 열대우림에 대해 가르쳤습니다. 일 년 후 그들은 매디슨 스퀘어 가든에서 13일에 걸친 콘서트를 열었습니다. 우리 콘서트는 마지막 날 예정되어 있었습니다. 속으로 생각했습니다. '도대체 누가 열세 번째 콘서트에 올까?' 하고 말이죠. 그러나 관객들은 왔습니다. 객석을 가득 채우도록 말입니다.

콘서트의 뒤풀이 파티에 참석했던 미국 그린피스 대표가 제게 와서 말했습니다. "저쪽에 어떻게 하면 열대우림을 도울 수 있는지 알고 싶어하는 남자가 있습니다." 저는 그에게 가서 말을 걸었습니다. "당신은 누구시죠?" "나는 벤이라고 하는 아이스크림을 만드는 사람입니다."[1]

몇 달 후 벤이 제게 연락했습니다. 우리는 보스턴에 있는 작은 레스토랑에서 만났습니다. 그는 제게 브라질에 가서 캐슈와 브라질 호두의 샘플을 가져다 달라고 말했습니다. 이어서 필요한 모든 스펙과 품질 조건에 대해 말해주었습니다. 도대체 그가 무슨 말을 하는지 이해할 수 없었습니다. 저는 인류학자이지 트레이더가 아니었는데 말입니다. 하지만 저는 곧 종이로 된 식탁 매트에 이를 받아 적었습니다.

곧 브라질로 건너가 아마존 서쪽에서 그가 필요한 견과류를 구하기 시작했습니다. 우리는 열대우림 마케팅이라는 걸 수립했는데, 이는 미국 내 최초의 공정무역 에코 라벨(eco-label)이었습니다. 나아가 벤엔제리와 함께 열대우림 크런치라는 상품을 개발했고, 더바디샵 같은 회사들과도 협업하여 200개가 넘는 상품을 공동으로 개발했습니다.

브라질에서 우리는 호두 껍질을 제거하는 플랜트에 자금을 댔습니다. 저는 한 번에 10만불씩 직접 현금을 나르고는 했습니다. 우리는 공장에서 껍질이 제거된 호두를 구매했고 (껍질이 제거되지 않은) 호두 열매를 모으는 사람들은 세 배씩 돈을 남기고는 했습니다.

과거의 브라질 호두는 배에 실려 마나우스(브라질 북서부 아마조나스주의 주도)로 보내졌습니다. 그 과정에서 바지선에 실린 많은 호두들이 썩어버렸습니다. 호두 열매가 모이는 근처에 껍질을 제거하는 공장을 세움으로써 낭비되는 호두의 양을 40%에서 5%까지 줄일 수 있었고, 생산자들에게는 세 배나 더 가격을 쳐줄 수 있었습니다. 결국 다른 구

---

[1] 벤엔제리(Ben & Jerry's) 아이스크림 제조회사의 창립자.

매자들도 우리와 경쟁하기 위해서 기존 가격의 두 배를 생산자들에게 지불했습니다. 지금까지 전 세계 그 어떤 프로그램도 이토록 생산자에게 돌아가는 몫이 많아지도록 하지 못했습니다. 우리는 이 일을 단지 브라질 호두 시장의 10-20%만 가지고도 한 것입니다.

우리의 트레이딩 회사는 비영리 목적으로 세워졌습니다. 저는 트레이더 한 명과 그 외 약 30명의 직원을 고용했습니다. 수매한 원료는 미국과 유럽에서 1억불 가까이 매출을 내는 수준으로 성장했습니다. 공급자들과 장기 달러 계약을 체결했고, 그들은 계약서를 가지고 현지 은행에서 돈을 빌려 생산성을 높여나갔습니다.

열대우림 마케팅이 아직도 존재하나요?

미국 국제개발처에 3백50만불, 맥아더 재단에 1백만불의 대출한도를 운전자본으로 가지고 있었습니다. 하지만 이사회 구성원들은 일이 잘못될 경우 그들 개개인이 부채에 책임을 져야 한다는 우려가 있었습니다. 그들은 이 리스크를 불안해했습니다.

저 개인적으로는 이 모든 일이 지역 공동체와 원주민들에게 경제적 대안을 제공하기 위한 것이었습니다. 앞서 말했듯 저는 작은 농장에서 자랐고 15년 동안 하루에 1불 미만으로 살았으나 별다른 경제적 대안이 없었습니다. 그게 어떤 느낌인지 잘 알고 있습니다. 만약 가난한 사람들이 독자적으로 생존 가능한 경제적 기반이 있다면 그들은 자신의 운명을 스스로 통제할 수 있습니다.

하지만 이사회는 다른 생각을 가지고 있었습니다. 결국 저는 7 대 6으로 신임 투표에서 지고 말았습니다.

그래서 회사는 문을 닫았고 당신은 WWF에 합류한 것이군요?

아내는 쭉 워싱턴 DC에 살았습니다. 그래서 저도 그곳으로 이동하여 WWF에 시니어 펠로우 자격으로 합류했습니다. 지난 몇 년 동안 환경을 위한 기금을 마련하는 것이 원주민들을 위한 기금을 마련하는 것보다 훨씬 쉽다는 것을 알게 되었습니다. WWF는 전 세계 100개국 이상에서 활동하면서 제가 지금까지 본 가장 큰 예산을 운용하고 있었습니다. 농업은 그들에게 새로운 분야였는데, WWF의 리더들 중 일부는 이미 농업이 그들에게 중요한 미션 중 하나라고 생각하기 시작했습니다.

WWF에서 제 첫 프로젝트는 새우 양식과 트롤링 사이의 환경 영향을 비교하는 것이었습니다. 그들은 어떠한 방식을 지지하고 개선하도록 도와야하는지 알기 원했습니다.

WWF는 단순히 외부의 비행을 폭로하는 기관이라기보다 실질적인 문제의 해결책을 찾는 기관처럼 보이는군요. 이러한 제 판단이 맞나요?

그런 것 같습니다. 적어도 우리는 현지인들을 매우 많이 채용합니다. 따라서 우리의 과제는 그들에게 개인적인 문제이기도 하며 그 결과와 함께 그들은 살아가야 합니다.

외부의 비행을 폭로하는 것은 매우 개괄적인 접근 방법입니다. 이 과정에서 실제로 문제가 아닌 많은 사람들을 문제라고 규정하고 비난할 수 있습니다. 만약 당신이 해결책을 찾기를 원한다면 같은 편을 찾고 무대 뒤에서 조용히 일하는 데 집중하십시오. 이게 바로 WWF의 전략입니다. 대부분의 국제적인 문제들을 해결하기 위해서는 모두가 해결책의 일부가 되어야 합니다. 적어도 그렇게 하는 것이 더 빠른 변화를 가져옵니다.

예를 들어 만약 삼림 파괴 문제에 집중하고 싶다면 삼림 관리인 200명을 찾는 게 해결책이 아닙니다. 정말로 필요한 것은 삼림 파괴가 어디에서 일어나고 있는지 알려주는 조기경보시스템입니다. 이를 통해 왜 이 일이 일어나고 있으며 누가 이 일을 주도하고 있는지 알 수 있습니다. 이 일이 선행되어야 대응 전략이라고 할 만한 것을 수립할 수 있습니다.

WWF는 과학에 기초한 조직입니다. 우리 프로그램은 과학과 연구를 중시합니다. 우리의 행동지침은 "먼저 정보를 얻고, 그다음에 관여하라."입니다.

WWF는 몇몇 지속가능성 인증 프로그램의 수립에 관여해왔습니다. 이를 테면 지속가능한 팜유 생산을 위한 협의체(Roundtable of Sustainable Palm Oil, RSPO) 또는 책임감 있는 대두 생산을 위한 협의체(Roundtable of Responsible Soy Association, RTRS)같은 것들입니다. 우리는 평판에 신경쓰는 가장 큰 원자재 구매 회사들과 작업을 시작했습니다. 서플라이 체인의 지속가능성을 개선하기 위해 필요한 것이 무엇인지 그들에게 물었고, 대두나 팜유 같은 원자재를 아예 구매하지 않는 것은 딱히 해결책이 되지 못한다고 그들에게 설명해주었습니다. 어차피 다른 사람들이 구매할 것이기 때문입니다. 대신에 구매자들이 생산자들에게 요구할 수 있는 특정 기준들을 마련할 수 있도록 도와주었습니다.

그들에게 제시한 조건과 실행계획은 매우 구체적이고 실제적인 성과를 요구했습니다. 우리는 성과를 보기를 원했지 단순히 무엇을 어떻게 하라고 말하는 것으로 그치지 않기를 원했기 때문입니다. 만약 문제 상황과 성공의 정의에 동의할 수 있다면, 생산자들은 이를 개선하기 위한 가장 좋은 방법을 찾을 수 있을 것입니다.

그러나 본질적인 질문은 도대체 무엇을 위해 인증기구들을 두느냐는 것입니다. 이에 대한 대답은 현재 각국의 정부들이 지구와 미래 세대를 보호하기 위한 충분한 노력을 하고 있지 않다고 보기 때문입니다.

결과적으로 우리는 지속가능한 방식은커녕 어떻게 원자재의 생산이 이루어지는지 잘 알지 못하는 사람들이 운영하고 있는 다소 비효율적인 구조를 만들고 있는 것입니다. 이러한 인증제도가 물론 최선의 방법은 아니겠지만 지금 당장 우리가 손에 쥐고 있는 하나의 수단이기는 합니다. 더 나은 방식이 있겠냐고요? 물론입니다.

하지만 이러한 인증기구들이 상위 10% 정도의 생산자에게만 인증을 부여하는 동안, 실제 환경에 악영향을 미치고 도움이 필요한 것은 하위 25%의 생산자들이라고 말한 적이 있지 않나요?

불행히도 종종 완벽을 추구하다가 좋은 것을 놓치고는 합니다. 더 나은 생산방식이 더 나은 결과를 가져온다는 것을 생산자들이 일단 직접 보고 나면 자신들도 어떻게 동참할 수 있는지 물어보고는 합니다.

그러나 결국 환경에 끼치는 가장 큰 악영향은 하위 25%의 생산자들이 초래하는 것이 맞습니다. 그래서 정부의 개입이 필요한 것입니다. 이러한 악영향을 끼치는 하위 생산자들은 문제를 개선하거나 시장에서 퇴출되어야 합니다. 오직 정부만이 이를 가능하게 할 수 있습니다.

인증기구들이 지나치게 지속가능성에 집중하는 동안 경제성은 간과하고 있다고 생각하지는 않나요?

옛날에는 그랬다고 생각합니다. 그러나 경제적으로 지속가능하지 않다는 것은 지속가능하지 않다는 것이기도 합니다. 많은 사람들이 외면하는 문제는 대부분의 가난한 농부들이 독자적으로 생존하기에 너무 작은 부지를 경작하고 있다는 점입니다. 제가 한때 그랬기 때문에 이를 잘 알고 있습니다. 이는 세계적인 현상입니다. 이러한 소농들은 나아질 방법을 찾거나 떠나야 합니다. 계속 남아있는 것은 그들의 인생과 자녀들의 미래를 위해서도 좋은 일이 아닙니다.

세상에는 농장에 발 한 번 들여놓지 않고, 소농들을 보호하고 유지해야 한다는 선의의 주장을 펼치는 사람들이 많지만 이는 그들이 알든지 모르든지 간에 가난을 계속 유지하자는 말과 다를 바 없습니다. 세상에는 사실상 가난을 인증하는 프로그램들이 있습니다. 그건 정당화될 수 없습니다. 만약 인증제도 자체를 비판하고 싶다면 그런 프로그램들을 먼저 들여다봐야 할 것입니다.

삼림 파괴는 팜유 생산이 직면하는 가장 큰 문제입니다. 하지만 나무 한 그루 베지 않고 팜유의 생산량을 네 배 이상 늘릴 수 있다는 말을 한 적이 있는데요, 어떻게 가능한 것인가요?

팜유 생산지, 특히 인도네시아에는 삼림이 아닌 단순 외래종 수풀로 뒤덮인 땅이 많이 있습니다. 영세농들은 이러한 땅을 어떻게 가꾸어야 할지 곤란해합니다. 하지만 이 땅들은 팜유 플랜테이션에 가장 적합한 곳입니다. 이토록 황폐하고 버려진 땅을 활용하는 것만으로도 인도네시아 팜유 생산을 두 배로 늘릴 수 있습니다.

각국 정부는 삼림을 팜유 생산을 위한 농장으로 활용하는 것을 막아야 합니다. 팜유가 인간에게 가장 생산성 높은 식물성 식용유라고 하더라도 말입니다. 만약 팜유의 생산과정이 제대로 개선된다면 다른 어떤 식물성 식용유보다 환경에 끼치는 영향이 가장 작은 식용유가 될 수 있습니다. 다른 식물성 유지 작물의 생산을 늘리는 것은 팜유의 생산을 늘리는 것보다 환경에 더 큰 영향을 끼칠 것입니다. 팜유야말로 그저 버려진 땅을 유용한 자산으로 바꿀 수 있습니다.

이미 존재하는 플랜테이션들도 개선될 여지가 있습니다. 많은 팜 플랜테이션들이, 그중에서도 특히 작은 농장들은, 유전적으로 우수한 품종들이 생산할 수 있는 것의 3분의 2 내지는 절반에도 못 미치는 품종들을 사용하고 있습니다. 이들 기존 종자를 대체하는 것만으로도 생산량을 두 배 가까이 늘릴 수 있습니다. 이러한 품종들은 질병에도 강한 내성을 가지고 있습니다. 나무의 키도 작아 생산자들이 더욱 쉽게 수확할 수도 있고요.

이미 이러한 변화들이 감지되고 있습니까?

있기는 하지만 충분하지는 않아요. 아무도 단위당 수확량(yields)을 늘리는 데에 관심이 없습니다. 가격이 높을 때는 자신들이 이미 하고 있는 관행을 바꾸고 싶어하지 않고, 가격이 낮을 때는 관행을 바꿀 돈이 없다고 합니다. 게다가 각국 정부는 근시안적입니다. 그들은 미래에 투자하는 가치를 보지 못하고 있어요. 한편 가장 큰 팜유 가공자들은 영세농들을 일종의 완충물로 여기고 있습니다. 가격이 오르면 (가격 협상력이 약한) 영세농에게서 더욱 많이 구매하고 가격이 내리면 반대로 덜 구매합니다.

저는 왜 사람들이 변화를 받아들이는데 거부감을 가지는지 이해합니다. 하지만 회사 입장에서 향후 50년 또는 100년을 살아남기 위해서는 지금 투자하고 혁신해야 합니다. 그것이 비록 현재 기준으로 수지타산이 맞는 일이 아니라고 하더라도 말이죠. 끊임없이 실험하고 새로운 시도를 해봐야 합니다.

이 구조에서 트레이더의 역할은 무엇인가요?

대부분의 사람들은 원자재 트레이더들이 자신들이 하는 일에 매우 효율적이라는 것을 이해하지 못합니다. 문제는 원자재 트레이딩 시스템이 설계된 것 이상으로 트레이더들에게 많은 것을 요구한다는 사실입니다. 원자재 트레이딩은 구매자들로 하여금 같은 상품이라면 같은 조건 내에서 자유롭게 대체 가능한 상품을 구매할 수 있게 만들었습니다. 예를 들어 구매자가 2등급의 황옥수수(#2 Yellow Corn)를 샀다면 2등급의 황옥수수의 조건에 부합하는 옥수수를 인도받을 것입니다.

  1860년대부터 1970년대까지 원자재는 물리적 특성으로 등급이 규정되었습니다. 무게, 수분함량, 이물질, 파쇄립 같은 기준들로 말입니다. 하지만 1970년대 이래 사람들은 원자재 트레이더들에게 노동문제(최저임금, 아동 노동 등), 환경문제(농약, 삼림 파괴, 토양 영향 등) 등을 문제 삼기 시작했습니다. 구매자들은 자신들의 브랜드와 업계 평판에 영향을 미칠 수 있는 이토록 구체적인 조건들을 트레이더들에게 요구하게 된 것입니다. 이는 기존의 원자재를 규정하는 물리적 조건들을 벗어난 것이지요.

이러한 변화를 받아들이는데 트레이더들이 직면하는 어려움은 무엇인가요?

트레이딩 회사들은 새롭게 요구되는 조건들을 검증할 수 있는 시스템을 갖추기 위해 노력하고 있지만 여기에는 두 가지 문제가 있습니다. 첫째로, 구매자들이 일회성 구매에 그치지 않도록 만들어야 합니다. 원자재에 따라 다르겠지만 구매자들 측에서 다년간의 구매 보장이 있어야 합니다.

트레이더들이 노동·환경문제 등을 검증할 수 있는 새로운 시스템을 도입하는 데에는 적지 않은 비용이 들어갑니다. 이러한 도입비용을 상쇄할 수 있는 다년간의 계약이 트레이더들에게 필요합니다. 그렇지 않으면 트레이딩 회사들만 이 비용을 떠안아버리게 될 수 있습니다. 만약 지속가능한 팜유나 대두를 원하는 구매자에게서 5년짜리 구매계약을 얻어낼 수 있다면, 트레이딩 회사는 초기의 시스템 도입비용을 5년에 걸쳐 상계해나갈 수 있습니다.

트레이딩 회사들이 한 건의 거래를 통해 만드는 마진은 1.5%에서 3%도 채 되지 않습니다. 만약 검증비용에 1%가 들어간다면, 1.5% 마진의 절반 이상을 이미 잃게 되는 것입니다. 그러나 이러한 비용을 5년에 걸쳐 분할할 수 있다면 상대적으로 감당 가능한 수준이 되겠지요. 이 일이 실제로 일어나게 만들기 위해서는 구매자들이 자신들의 요구와 주장에 따라 행동해야 하는데 대부분 잘 일어나지 않는 일입니다. 예를 들어 만약 카길이 변화에 동참해 기꺼이 새로운 투자를 하고 판매 가격은 유지했는데, 벙기가 나타나서 기존 상품에 1% 가격을 후려치면 대부분의 구매자들은 벙기에서 구매를 할 것입니다.

따라서 결국 두 가지 문제에 직면하게 됩니다. 첫째, 어떻게 하면 실제 구매자들이 자신들이 요구하는 조건에 따라 구매를 약속할 수 있게 만들 수 있을 것이며, 둘째 트레이더들 사이에 담합과 공모가 아닌 건전한 협업을 이끌어낼 수 있느냐 하는 문제입니다.

지속가능성 측면에서 보면 업계 공동의 노력이 반드시 필요합니다. 이는 가격 담합을 말하는 것이 아니라 환경과 관련된 외부효과(externality)를 어떻게 상품 가격에 내재화(internalize)할지 고민하는 문제입니다.

우리는 반드시 협력해야 합니다. 개별 생산자로서, 개별 트레이더로서, 개별 브랜드 또는 판매자로서, 개별 정부로서 단독으로 우리의 행성을 지킬 수는 없습니다.

방금 외부효과에 대해 말씀하셨는데요, 소비자들은 외부효과의 비용을 지불하겠다고 말하지만 정작 현실은 다릅니다. 이 문제는 어떻게 접근할 수 있을까요?

만약 모든 원자재가 처음부터 지속가능하게 생산된다면 소비자들에게는 선택할 여지가 없을 것입니다. 따라서 원자재의 정의를 바꾸는 것이 도움이 될 수 있습니다. 2등급의 황옥수수가 더욱 지속가능한 무언가를 의미할 수도 있겠지요. 또한 지속가능한 상품의 가격이 반드시 올라갈 것이라고만 말할 수도 없습니다. 만약 지속가능하지 않다고 판단되는 상품들이 사회 전체적으로 더 큰 비용을 초래했기 때문에 생산자들에게는 덜 비용이 들었다면 말이죠. 오늘날 상품 가격의 의미를 정확히 파악할 필요가 있습니다. 지속가능한 상품은 생산에 더 많은 비용이 드는 것처럼 보이지만, 지속가능하지 않은 상품에 대해서 사회 전체적으로 더 큰 비용을 지불하고 있기 때문입니다. 결국 소비자가 환경오염의 주범인 셈이고, 오염의 주범자가 비용을 지불하는 것이 원칙입니다.

마치 지구가 몇 개나 되는 양 지금 일어나는 일들을 보면 비관에 빠지고는 하나요?

지구는 단 하나입니다. 그래서 우리는 지속가능성 문제를 어떻게든 해결해야 합니다. 자녀들의 미래가 제게는 큰 동기부여가 되고는 하지만 그 외에 지구상에 살아가는 모든 것들의 미래에 대해서도 생각합니다. 이는 지구상 모든 생명체에 대한 일입니다.

모두의 머리를 맞대어 가능한 최선의 해결책을 찾기 위해 노력해야 합니다. 때로는 과거를 돌아봐야 합니다. 과거에는 통하지 않았던 접근 방법 중에 지금은 통하는 것이 있을까 질문해야 합니다. 때로는 미래를 내다봐야 합니다. 새로운 기술들에 대해서 말입니다. 그러나 해결책은 하나의 마법 같은 묘책을 찾아내는 것이 아닙니다. 고기 대신 단백질을 공급할 수 있는 최선의 대안은 무엇일까? 태양과 토지에 의존하지 않고도 작물을 생산할 수 있는 방법은 무엇일까? 계속 질문해야 합니다.

향후 50년 동안 지구상에 이뤄지는 농사의 형태가 오늘날과 크게 달라질 것처럼 보이지는 않습니다. 따라서 점진적인 개선에 집중해야 합니다. 토지, 물, 노동, 기타 생산요소의 생산성 향상 방안을 생각할 것입니다.

지금은 간과하고 있으나 지속가능한 서플라이 체인을 위해 반드시 주목해야 할 다른 방안들이 있으면 소개 부탁드립니다.

두 가지가 있습니다. 첫째, 소유권과 자금조달 방식에 관한 것입니다. 노동자들과 생산자들의 지분구조 변화를 통해 생산자와 구매자 모두에게 리스크가 줄어든 방식으로 지속가능한 식량 생산이 이뤄질 수 있도록 돕는 방안을 연구해야 합니다. 둘째, 지금으로부터 약 60년 전에 국제식품규격(Codex Alimentarius)은 기존에 난립하던 수천 종의 인증 프로그램을 정리하여 국제적으로 거래되는 식량의 안전과 건강 기준으로 수립된 바 있습니다. UN식량농업기구(FAO)가 관리하는 이 국제식품규격이 전 세계적으로 거래되는 식량의 환경 기준을 보장할 수 있을까요?

옮긴이의 말

무섭게 치솟는 곡물 가격으로 전 세계 많은 사람들이 고통받고 있다. 우크라이나와 러시아의 전쟁으로 군함이 가득 메운 흑해에는 곡물을 나르던 상선의 발길이 끊겼다. 인도네시아는 세상에서 가장 값싼 식용유인 팜유 수출을 금지하였고 14억의 인구 대국 인도는 밀 수출을 금지했다. 옮긴이가 살고 있는 싱가포르에도 최근 말레이시아의 닭고기 수출이 끊겼다. 세간에는 숲겹살이라는 단어가 등장했으며, 마트에는 식용유 사재기가 일어나고, 옮긴이의 아내는 닭고기를 찾기 위해 한참을 고생하고 있다. 이처럼 세상이 식량문제로 신음할 때면 사람들은 어둠 속에 있는 식량 메이저들을 손가락질하며 광장으로 소환한다.

이 책은 카길의 원당 트레이더로 시작하여 지난 40년간 원자재 트레이딩 업계에 몸담아온 조나단 킹스맨(Jonathan Kingsman)이 2019년 11월에 출간한 Out of the Shadows: The New Merchants of Grain 을 한국어로 번역한 것이다. 옮긴이는 이 책을 2022년 2월에 처음 읽고 반드시 국내 독자들에게 소개해야겠다는 결심을 하여 직접 번역에 이르게 되었다.

이 책의 인터뷰에 등장하는 사람들은 트레이딩, 금융, 해운 등 전 세계 식량 산업의 최전선에서 활약한 전현직 CEO, 고위 임원, 트레이더들이다. 저자 조나단 킹스맨은 이들을 어둠 밖으로 불러내었으며, 이들은 기꺼이 이에 응하여 가장 생생한 업계의 목소리를 독자들에게 전한다. 조심스럽게 이 책을 끝까지 읽은 독자라면 현대 식량 산업의 작동원리를 이해하게 될 것이며 그동안 식량 산업과 식량 메이저에 대한 세간의 인식이 얼마나 무지와 오해로 가득차 있었는지 알게 될 것이다. 또한 같은 문제에 대해 각자 다른 견해와, 책이 세상에 나온 지 불과 2년 반 만에 가장 전문가들이라고 하는 그들의 전망과 얼마나 다르게 현실이 전개되었는가를 살펴보는 일은 흥미로운 작업이 될 것이다. 어둠 속에 숨은 배후의 조종자라는 악명이 칭찬으로 여겨질 만큼 지난 2년 반 세상은 그들의 전망과 다르게 흘러갔다.

이 책에 반복하여 언급되는 1979년은 댄 모건(Dan Morgan)의 명저 *Merchants of Grain: The Power and Profits of the Five Giant Companies at the Center of the World's Food Supply*가 세상에 처음 나온 해다. 조나단 킹스맨이 사용한 원제의 'New'라는 표현에서 알 수 있듯, 댄 모건의 책이 세상에 나온 이후 지난 40년간의 변화상을 저자는 이 책에 담고자 했다. 이러한 이유로 본문에는 1979년이라는 시점이 과거 비교의 대상으로 자주 언급된다.

옮긴이는 최대한 충실히 원문만을 번역하고자 했다. 다만 곡물 산업에서 사용되는 전문용어, 은어, 개념, 사건 등에 대해서는 독자들의 이해를 돕기 위해 업계 종사자로서 설명을 일부 각주에 덧붙였다. 곡물 트레이더들은 다양한 은어를 좋아하며 업계에서 자주 사용되는 많은 용어들이 정확한 국문 번역이 어렵다는 점을 번역 작업을 하면서 새삼 느꼈다. 만약 부드럽지 못한 번역이 있다면 이는 전적으로 옮긴이의 부족함 탓이다. 한편 원서에는 저자가 인용한 참고문헌이 충실하게 정리되어 있지만 대부분의 참고문헌이 영문 웹사이트 링크이다. 그 중 상당수는 이미 유효하지 않다고 보여 옮긴이의 판단에 따라 한국어판에서는 생략하였다. 이에 대한 한국 독자들의 양해를 구한다. 또한 이 책의 본문에는 옮긴이 본인을 비롯하여 옮긴이가 한때 몸담았고 현재 몸담은 어떠한 기관의 공식적인 견해도 대변하지 않는다. 다만 아래에서 처음이자 마지막으로 식량문제에 대한 옮긴이의 개인적 견해를 짧게 밝히고자 한다.

전 세계적으로 보다 많은 사람들이 값싸고 안전한 식량을 먹게 하기 위해서는 보이지 않는 손의 힘을 믿어야 한다. 이 문제를 해결할 수 있는 건 정부의 개입이 아니라 자유로운 시장과 그 시장의 참여자들이다. 시장은 자유롭게 놔두어야 한다. 이 책의 본문에서 언급되듯 트레이더들은 지금과 같은 비정상적인 시장의 혼란 상황에서 기회를 발견한다. 이 때문에 사람들은 트레이더들이 세상의 혼란 속에서 이익을 본다고 손가락질한다. 그러나 역설적으로 이 기회를 보고 앞다투어 달려드는 시장 참가자들과 그들의 경쟁 덕분에 시장은 빠르게 정상을 되찾고 식량은 가장 효율적으로 배분될 수 있다. 지난 반세기의 역사가 이를 증명한다.

지난 반세기간 자유로운 무역과 세계화에 힘입어 전 세계 인구는 38억명에서 79억명으로 두 배 넘게 늘어났고 육류 생산량은 세 배 이상 증가했다. 우리나라의 경우 1970년 곡물자급률이 80.5%에서 2020년 20.2%로 떨어지는 동안 1인당 육류 소비량은 5.2kg에서 52.5kg으로 열 배 증가했다. 식량안보가 취약해지는데 왜 우리의 식탁은 더욱 풍성해지는 것일까? 오늘날 더 많은 사람들이 값싸고 안전한 식량에 접근할 수 있었던 것은 세계 각국이 빗장을 걸어 잠그고 농업사회에 머무르며 자급자족을 꾀했기 때문일까? 그래도 우리가 아직 굶주리지 않고 더 많은 식량을 값싸고 안전하게 소비할 수 있게 된 것은 자유로운 시장과 그 속에서 발휘되는 참가자들의 창의성과 경쟁에 기인한 것이라고 생각한다. 다만 여기서 한 발 나아가 더 많은 생산과 효율적인 배분이 과연 정의로운 것인지, 이 과정에서 자칫 간과된 환경문제 등은 어떻게 바라볼 것인지에 답하는 것은 옮긴이의 역량을 벗어나며 폭넓은 사회적 고민이 필요한 문제라고 생각한다.

   이 책의 한국어판 번역을 제안했을 때, 기쁜 마음으로 선뜻 승낙한 저자 조나단 킹스맨은 자신의 인세를 기부해달라고 부탁했다. 그의 뜻에 따라 이 책의 저자 인세는 높은 식량 가격으로 허덕이는 사람들의 고통을 나눌 수 있는 곳에 귀하게 사용될 것이다. 세상의 고통을 즐기는 것이 아니라 함께 해결하고자 노력하는 식량 메이저들의 생생한 이야기를 한국 독자들이 즐겁게 읽을 수 있기를 진심으로 바란다.

2022년
최서정

찾아보기

ㄱ

가변연료차량(FFV) 95-97
가빌롱 225, 226, 344
거래가능성 140, 141, 245, 246
건식공정 94, 204
건화물 172, 176, 317
걸프 235, 309
겨울밀 71, 72
고르바초프 334
고튼(개리) 145
곡물 수출금지 조치 58
공정무역 375
구름점 101
구조화금융 36
국제해사기구(IMO) 177, 178
글라센버그(이반) 299, 305
글루텐(프리) 85, 94, 142, 150, 213, 355
글리포세이트 74, 85, 86
금융위기 127, 237
기후변화 40, 86, 87, 100, 109, 144, 358

ㄴ

내부자 거래 26
내재화 383
네오비아 205, 214
니뷸론 346

ㄷ

다비(존 넬슨)   165

다비파 형제단 165
다운스트림 125, 129, 152, 157, 160, 213, 220, 246, 279, 283-285, 287, 308, 339, 352, 359, 360, 363, 366
대곡물강도사건 55, 260, 269
대체육 85, 186, 203, 205, 215, 229, 351, 352
독점금지법 305
두류 38, 297
디폴트 52, 115, 191, 237, 241, 326

ㄹ

라운드업 74, 75
런던 금속거래소(LME) 154
런던곡물협회(GAFTA) 16
로사리오 188, 199
로스토프나도누 345
롱(long) 117
롱온리 상품 281
루이_드레퓌스(피에르, 레오폴드, 샤를, 루이, 제라르, 마가리타, 로베르, 장, 줄리아, 에릭, 모리스, 키릴) 23, 273, 274, 276, 277, 289
루치아노(후안) 204, 205
룬웨호스트(게르트) 145
리드타임 282
리먼(메이어) 356
리먼브라더스 356
리차드슨 304, 305
리치(마크) 26, 27, 292-295, 300
린더만 222

릴라이언트 258, 261, 262, 264

ㅁ

마루베니 344, 345
마지(블레로) 345
마토 그로소 95, 96
마켓 익스포저 241
말라카 322
매스밸런스 141
맥밀란(존, 대니얼) 234
메이든헤드 235
메틸에스테르(팜유, 대두, 지방산, 유채, 폐식용유) 105, 311
모던 메도우 186
모에마 그룹 97, 222
몬산토 74, 86
몰리노스 345
무역전쟁 48, 53, 58, 60, 61, 81, 83, 106, 198, 229, 253, 353, 362, 368
물물거래 163
미나스 제라이스 97
미네통카 236
미니애폴리스 55, 56, 124, 163, 201, 233, 235, 236, 251
미로그룹 리소스 347
미쓰이 139, 344, 348
밀레니엄 122

ㅂ

바이사이드 127
바이아웃 234, 295
바이오디젤 77, 82, 89, 101, 104, 105, 109, 113, 222, 310, 311, 316
바이오세프 98, 278, 366
바이오에너지아 99
바이오연료 7, 76, 77, 80-82, 89-92, 95, 100-109, 190, 222, 256, 265, 287, 310, 311, 358
반유대주의 25, 26
발레 97
배양육 85, 352
백 오피스 267
백투백 306, 323, 324, 341
밸런스시트 153
밸류에이션 336
밸류 체인 126, 128, 129, 133, 160, 213, 227, 229, 274, 280, 281, 283, 284, 288, 307, 308, 364
벙기(요한 P.G., 샤를, 에두아르, 에르네스토) 220
베이시스 35, 119, 123, 191, 193, 197, 252, 281, 303, 348
베이와 258, 270, 271
벤처캐피탈 159
보가사리 320, 321
보른(호르헤) 220
보호무역주의 226
봄밀 71, 72
붉은 대두 사건 191
브로커(플로어, 현물, 선물) 46, 119
브리티시컬럼비아투자회사(BCIMC) 296
블랙 스완 195
블랙스톤 155
블록체인 42, 87, 141, 150, 269, 288, 350, 354
비센틴 345
비욘드 미트 229, 352

ㅅ

사일로 49, 113, 188, 270, 299, 322, 323, 346, 347
사치 & 사치 277
사프리나 95
산타페 188
산토스 180

살로몬 브라더스 293
살림 그룹 320
상파울루 증권거래소 278
상품 투기자 120
샤프지수 145
서스캐처원 소맥 풀 296
서플라이 체인 10, 11, 36, 50, 102, 117,
    120, 133, 139, 140, 143, 148-150,
    173, 184, 209, 213, 217, 222,
    223, 239, 242, 247, 266, 271,
    279, 282, 283, 288, 290, 304,
    307, 318, 327, 343, 348-355,
    359-361, 364, 366, 378, 385
선원협회 177
선전 314, 353
세라도 210
세인트루이스 223
세페트라 270, 271
소이벤 216
소프트 코모디티 371
숏(short) 117
수마트라 314
수산화 에탄올 97
수요 대비 재고(stock-to-use) 61
수출세 339
슈뢰더(소렌) 130, 348
슈퍼사이클 28, 169, 172, 189, 190, 192,
    357, 368
스위스-아틀란티크 164
스퀴즈 118, 138
스크러버 178
스타브로폴 71
스트레스 테스트 195
스프레드 60, 195, 281
습식공정 94
시가평가(marked-to-market) 115
시노그레인 361
시에렌츠 273, 278
시카고상품선물시장(CBOT) 166

시토루스(마르투아) 230
식량가격지수 90
신재생연료 의무혼합제(RFS) 53, 89
신젠타 255
싱가포르 거래소(SGX) 176
씨티은행 301

ㅇ

아나 기다 222
아마지 345
아베리 346
아스톤 346
아조프해 346
아처(조지 A.) 201
아키라 277, 289
아파르트헤이트 294
아프리카돼지열병(ASF) 48, 60, 83, 316
안드레아스(드웨인, 로웰, G. 알렌, 마이클
    D.) 24, 202, 314, 333, 334
알고리즘(트레이딩) 10, 196, 212, 281
알비언 239
알파 132
앙드레(조르주, 앙리) 164, 169
애그리움 304, 305
액상과당 77
앵글로 아메리칸 293
얍(피에트) 320
업스트림 129, 157, 233, 283, 307, 308,
    360, 366, 369
에너지세금법 91
에너지정책법 91
에네르포 348
에이전트 119, 120
에코 라벨 375
엑스트라타 305, 368
엑시트 전략 257
엘리베이터(곡물, 수출) 139, 144, 185,

202, 234, 235, 306
엘만(리처드) 253, 266
엠바고 294
연방농지대부법 52
열대 기름 316
오리지네이션 55, 183, 193, 194, 207, 209, 239, 265, 266, 271, 273, 281, 283, 284, 307, 344, 345
오버슈팅 50
오일쇼크 96
옵셔낼리티 37, 42, 133, 193, 311, 349, 367
와일드 플레이버 204, 209, 213
외부효과 383, 384
우리사주제도 237
운임선도거래(FFA) 174-176
워시아웃 116
워츠(패트리샤) 203
유기농(업) 4, 64, 85, 150
유엔무역개발협의회(UNCTAD) 147
유엔식량농업기구(FAO) 90
유전자변형(작물, 기술) 62, 63, 74, 75, 82, 142
이데시아 280
인덱스 펀드 146, 147
인도 매커니즘 193
일본 종합상사 97, 139, 222, 226, 344, 348
임파서블 푸드 186

ㅈ

잘처-레위 261
재생가능 디젤 101, 103-105, 109
재생가능에너지 수정안(RED II) 100, 103
정기용선 174
정제 마진 323, 324, 330
젠노 344, 345
조호르 313

주기성 196, 230
주정박(DDGS) 77, 94, 96
중국 국무원 253
중국투자공사(CIC) 257
중동전쟁 92
중방그룹 361
지속가능성 15, 27, 29, 39, 40, 41, 100, 102, 104, 160, 209, 210, 246, 283, 289, 331, 350, 353, 364, 378, 379, 383, 384

ㅊ

차익거래 242, 274, 281, 330
체르노젬 71
추적가능성 133, 140, 141, 150, 209, 245, 246, 282, 283, 288, 289, 353, 364
추크 293, 294

ㅋ

카길(윌리엄 월리스, 윌리엄 딕, 샘, 제임스) 233, 234
카사블랑카 317
캄사르막스 176
캐나다연금투자위원회(CPPIB) 296
커넬 346
케리 트레이딩 313
켐차이나 255
코페르수카르 188, 194
콘아그라 122, 124, 125, 225, 226, 344
콜옵션 134, 147
쿠반 71
쿡 인더스트리 52, 60, 138, 139, 343
쿼드라 173
쿽(로버트) 313-316, 318-321, 325, 335-337, 339
쿽 브라더즈 313

쿽쿤홍 313, 314, 316, 319

크라스노다르 71

크러싱 8, 12, 59, 60, 99, 113, 114, 120, 123, 124, 159, 189, 191, 193, 194, 204, 215, 216, 221, 222, 227, 228, 234, 239, 274, 284, 297, 314, 316, 317, 323, 334, 335, 345, 352, 361

크러싱(능력, 플랜트) 8, 59, 194, 221, 222, 284, 297, 317, 323, 335, 345

ㅌ

타만 항구 347

탈중개화 140, 284, 286

터미널(곡물, 수출, 철도, 강변, 연료) 138, 141, 144, 149, 183, 185, 220, 253, 296, 309, 346

턴어라운드 276, 277

테마섹 257, 343, 368

텐진 279, 284

트레이딩 마진 46, 50, 52, 113, 138, 139, 166, 178, 181, 223, 245, 246, 349, 369

ㅍ

파나막스 172, 174, 176, 180

파라나 95

파리기후협약 108

파시르 구당 323, 327

페드로 아폰소 97

편의치적 177

평균회귀성향 145

평창고 321

포스트 파나막스 176

포지션(롱, 숏, 선물, 현물, 선물, 매도, 매수, 프리미엄) 115, 118, 126, 137, 164, 168, 174, 184, 191, 300, 303, 324, 325

포트 클랑 321

풋옵션 278

프랍 트레이딩 124

프런트 오피스 262

프리부르(미셸, 폴, 시몽) 24, 137, 183, 185

플랜테이션 242, 314, 316, 320, 324, 325, 329-332, 336, 339, 356, 380, 381

플랫 가격 60, 114, 119, 123, 193, 195, 252, 281

플랫워터 파트너스 225

플리머스 형제단 165

피드백 루프 48

피브로 코퍼레이션 293

필립(율리우스, 오스카) 292

필립 브라더스 254, 292, 293

ㅎ

하비스트 버거 202

항해용선 173, 174

해리슨(수잔) 210

해외부패방지법(FCPA) 138

핸들링 마진 65

허시(알프레도) 220

헌트 형제 138

헷징 29, 45, 123

협동조합 39, 40, 270, 271, 296, 343, 344

호주소맥위원회 320

혼합 장벽 93

홀(앤디) 301

화이트 플레인스 125, 221

회전신용편의(RCF) 41

AGD 345
BP 99, 223, 350, 352, 369
BTG Pactual 345
CF 304
CHS 343, 344
CNF 191, 233, 252, 325
DVaR 195
E10 95, 107
E15 106, 107
E85 92, 95
EBITDA 307
ECTP 345
ETG 347, 348
ExportKhleb 14, 32
FOB 125, 191, 233, 252, 322, 347
GM(O) 63, 72, 74, 150, 355
IFC 257
IFCHOR 171, 172, 175
IP (identity preserved) 245
IPO 237, 257, 315, 335, 353
ISA 46
Loders Croklaan 222, 227, 228, 360, 366
MTBE 91, 92
NDPE 209, 318
non-GM(O) 63, 72, 150, 355
OTC 174
Prodintorg 32, 51, 251
RSPO 41, 365, 378
RTRS 378
SEDEX 210
Tradax 5, 320
VTB 198, 346, 347
WTO 68, 132

그래도 아직,
우리가 굶주리지 않는 이유
곡물과 팜유에서 대체육까지,
어둠 밖으로 나온 **식량 메이저들의 생생한 이야기**

초판 발행 / 2022. 7. 20

지은이 / 조나단 킹스맨(Jonathan Kingsman)
옮긴이 / 최서정
펴낸이 / 권오진
펴낸곳 / 도서출판 산인
         출판등록 제 2013-11
         경기도 광주시 퇴촌면 소미길 18
         tel. 041)544-1045 / fax. 041)544-1046
         e-mail. sanin@saninbooks.com

디자인 / 장윤미
인쇄 / 우진테크

ISBN 979-11-89863-04-03 (03320)

※ 이 책의 한국어판 저작권은 Jonathan Kingsman과 독점계약한 도서출판 산인이 소유합니다.
※ 저작권법에 의하여 무단 전재와 복제를 금합니다.
※ 책값은 뒤표지에 있습니다.